鍾雷著

春華秋實

——鍾雷散文集

文史哲出版社印行

國家圖書館出版品預行編目資料

春華秋實：鍾雷散文集 / 鍾雷著. -- 初版. -- 臺北市 :文史哲, 民 88
面 ; 公分
ISBN 957-549-232-3 (平裝)

855 88010302

春華秋實：鍾雷散文集

著　者：鍾　雷
出版者：文史哲出版社
登記證字號：行政院新聞局版臺業字五三三七號
發行人：彭正雄
發行所：文史哲出版社
印刷者：文史哲出版社
臺北市羅斯福路一段七十二巷四號
郵政劃撥帳號：一六一八〇一七五
電話 886-2-23511028・傳眞 886-2-23965656

實價新臺幣五〇〇元

中華民國八十八年八月初版

ISBN 957-549-232-3

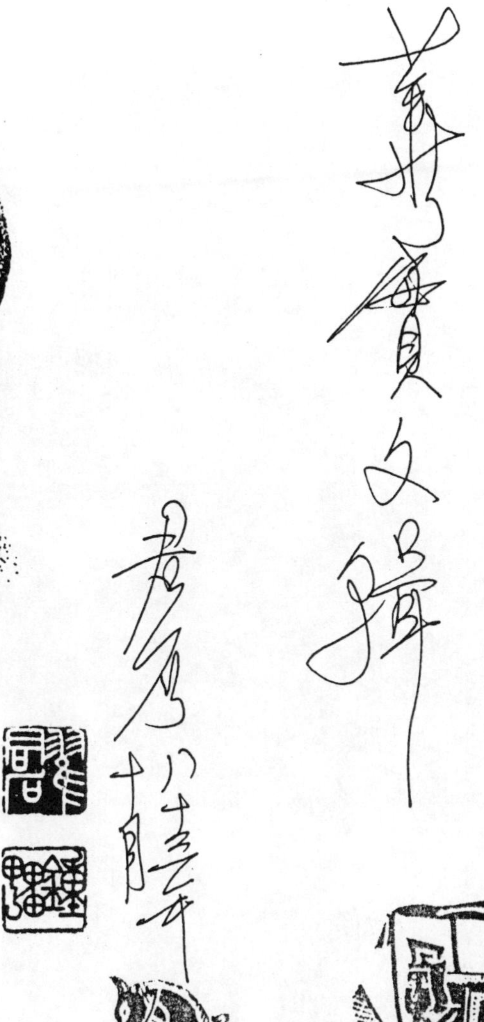

榮獲中山文藝獎後留影

目錄

一、春華秋實

四、游於文藝

五、雪泥鴻爪

卷一

春華秋實

甲戌七夕題贈李席華星橋兄長

五十年來恩愛長並肩攜手歷滄桑神州風雨同山月藝苑烟霞鬢髮霜般若菩提多福慧壽華秋實永共芳星橋更祝期頤壽笑看兒孫年福臨韶光半百華年張萬寶因緣造化恩天上雙星渡玉津人間七夕樂無疆有情歲月和琴瑟無價詩書宜子孫好友歡吟將進酒浮名傳事亦須論

鍾麗耀君彥

自傳

一

翟君石，別號鍾雷。因爲我這個姓氏，常常被人寫錯、印錯、或者誤讀，不得已，在從事文藝創作的里程上，只好把別號作爲我的筆名。

我的故鄉是河南孟縣，也就是古之河陽。老家是一個耕讀和詩禮傳家的大家庭，並且經營「四知恒」和「福昌祥」兩家綢布莊，聯號遍及南北通都大邑。先父福謙公（字六吉），曾歷任縣長、水利局長、及河務總局長等職；因治黃沁兩河而積勞成瘁，壯年逝世。當先父在世的時候，由於長年宦遊在外，因而我出生於洛陽，從幼年到少年時代，經常寄寓他鄉，在開封和北平的時間更比較久些。

記得我是在三歲那年，開始進入家館「啓蒙」，先後跟隨楊仁菴和行梅軒兩位先生讀書，兩位先師都是飽學之士，尤其是「行師傅」腹笥淵博，而且善於因材施教，所以在他的諄諄教誨之下，我們姊弟四人，自幼就奠定了一些國學基礎。後來我一直上了初中，回家還要跟著行師傅讀書；這「十年寒窗」，使我對於經史子集，稗官說部，詩詞曲賦，以至金石碑帖等等，都有了廣泛的涉獵。儘管當時少不更事，仗著一點小聰明而「讀書不求甚解」，但也由此而培養成了以後我對文學藝術方面的認識與興趣。

初中三年，接觸了不少新的知識和事物；特別是在七哥君仁（也就是我的胞兄，在家中大排行第七，我是第十）的啓發之下，對於新文藝也開始有了愛好和嘗試。升入高中之後，對文藝的嚮往和追求更是逐漸與日俱增，參加各種活動的範圍，和個人多方面興趣的擴展，也一天比一天廣闊。辦校刊，印叢書，和同學們組織詩社、文藝社，編報紙副刊，參加金石書畫展覽會、和各類型的音樂會，演話劇，唱平劇，經常代表學校參加運動會和校際的各種球類比賽……總之，高中時代可以說是最爲充實而多采多姿的三年，在我個人生命歷程的黃金歲月中，產生了相當重大的冶煉功能，至今仍使人懷念不已。

高中畢業，經過了升學科系的抉擇，最後聽從了七哥的意見，跟他一起在北平中國大學就讀。而當時正值國事蜩螗，華北的局面尤其日見動盪不安；終於在民國二十六年七月七日，「盧溝橋事變」爆發了；在最高領袖全面抗戰的神聖號召之下，我懷著滿腔沸騰的熱血，離開了學校生活而「投筆從戎」，參加了偉大的抗日行列。

二

入伍之後，我從一名二等學兵幹起，之後因爲體格高大，又被派當了機槍手。經過河北平原的撤退，豫北和晉南山區的轉戰，以及臺兒莊會戰和武漢會戰，我開始擔任排長、連指導員和連長。

在臺兒莊會戰之前，隨軍經過洛陽，我遇到了也是全身戎裝的十一弟本懷（即我的胞弟，大排行爲第十一）；同時又聽說七哥已經南下武漢，投效空軍去了。爲了多難的祖國，我們同胞兄弟三個人，都移孝作忠，離家從軍而勞燕分飛了。家中只留下白髮老母，在漫長而苦難的歲月裡倚閭而望……。

武漢保衛戰之後，我經過調訓，奉命「改行」而當起了政工人員；在蘇、皖、魯、豫、冀、察、晉、綏的萬里轉戰中，先後擔任過團、旅、師政治主任，多次兼任過政工大隊長，也「客串」過省府主任秘書和三縣「七品縣令」的腳色。在這一段期間，爲了適應工作的需要，不但時常「粉墨登臺」，並且也曾經寫過不少各種類型的劇本。而從抗戰入伍開始，爲了排遣個人的悲歡哀樂，寄託一些思親懷鄉的情緒，在戎馬倥偬的餘暇，也曾信手寫了不少的新舊詩篇。到後來，那些劇本早已散失淨盡，詩作則還有些殘存於記憶之中。近若干年來，我曾經不斷的加以搜索整理，新詩有「拾夢草」六十餘首，已經陸續發表；舊詩也有「戎馬吟草餘稿」五十首，其中二十餘首已收在我的「片羽集」中。

在抗戰勝利之前，我又由政工轉任參謀長和代旅長等職務。勝利後，奉命首先率部進入徐州，部署接收，並且兼任城防司令。在接收的初期，我曾特別著眼於當時當地有關文化事業——如報紙、電臺、書店、影院和劇場的管理和運用，藉以安定社會人心。百忙之中，又聯合當地和各軍中戲劇人士，盛大公演了一次抗戰間諜喜劇「虎穴」；我新婚未久的賢妻，也被大家請了出來，串演其中的女主角。這一階段的工作，表現得可以說是「有聲有色」，個人也因此受到了上峰的嘉獎。

之後，部隊北上的任務，受阻於和共匪的「談談打打、打打談談」，接著就奉令大事改編。八年浴血，百戰未死，渺小的個人雖然說不上什麼功勳勞績，但卻奉獻了一生之中最足珍貴的金色年華；而且抗戰總算是在我們這一代的手中，爭取到了最後的勝利，於俯仰無愧之餘，我個人很想再尋求一個深造的機會，使自己更加充實一些，也好準備更進一步的貢獻國家和服務社會。於是，趁此部隊整編的時機，我請求調職，轉往後方的南京。

當時在「復員」聲中，人們也都在戰亂之後重整家園，而我的家鄉又已淪入匪手，骨肉仍然流離四方。噩耗傳來，七哥竟以三十一歲的英年，病逝陝南城固；所幸母親和十一弟都有了消息。爲了一家重聚，爲了妻和即將出世的下一代，我不得不放棄一個難得的深造機會，再奉調上海去接受一次時間較長的訓練。

而由於共匪的全面叛亂，我在上海受訓甫告結業，戰火已經從華北延燃到了長江。在時局日益緊張之中，母親和十一弟先後來到上海，然後立即又隨軍前來臺灣；隨後我也在匆忙迫促的情況下，帶著剛剛分娩不久的妻和兒子，搭乘最後一班飛機，在炮火中離開上海，飛來臺灣。這時候，八姊夫婦也已經輾轉隨軍來臺，十餘年來離散四處的一家骨肉，能夠在臺團聚，眞可以說是動亂年代之中的一大幸事；但在悲歡交集之餘，想起和七哥之間的生離死別，不禁爲之愴痛萬分。

三

三十八年來臺之後，我結束了十二年的「戎衣」生涯，奉命退爲備役；在年齡上，剛剛邁過了「而立」之門，回首往事，眞所謂『三十功名塵與土，八千里路雲和月』！河山變色，家園淪落，而個人學業無成，事業未立，這一切如果追根究底，可說都被毀誤於日本鬼子的侵略戰爭。然而事到如今，「抗戰誤我終不悔」，過去的已成過去，此時此刻我應該把以前「投」開的筆重新拾回，準備在「文藝報國」的戰線上，再去從事另一回合的戰鬥。

我的文藝創作里程，起步於多幕劇本「尾巴的悲哀」，這部作品完成於三十八年秋季，三十九年春在新生報連載，當時被稱爲自由中國的第一部反共劇本。從三十九年到四十一、二年間，「尾巴的悲哀」在臺澎各地由不同的團體先後演出達數百場次之多。由此而帶引著我加入了中國文藝協會，成爲文藝部隊中的一名「新兵」。

之後我又寫詩，特別嘗試於「口語化」朗誦詩的寫作。第一首作品「豆漿車旁」，於三十九年十月獲得中華文藝獎金委員會的新詩獎金；文藝界前輩如張道藩、陳紀瀅諸先生，對我都曾給予不少的勉勵鼓舞。以後，長詩「黃河戀」、「女學生和大兵哥」，也先後獲得中華文藝獎金。四十年秋，我的第一本詩集「生命的火花」出版，次年再版。四十年十二月，曾蒙總政治部蔣主任經國召見，面予獎勉。四十年青年節，當選爲文藝界優秀青年，接受表揚。當時論評家譽我爲自由中國朗誦詩的「開山元勳」，則自覺愧不敢當。

以後我於四十四年又出版了兩本詩集「在青天白日旗幟下」和「偉大的舵手」。四十五年五月，青年救國團舉行全國知識青年閱讀文藝作品意見測驗，「生命的火花」和「偉大的舵手」曾被選爲「現代中國十部優秀詩集」中的兩部。

四十年夏，我從中央委員會奉派擔任中國廣播公司中央電臺大陸廣播組長。由於工作的接觸，對於當時廣播劇的改進，曾經盡了個人一些棉薄之力；我寫了一部「如此優撫」的劇本作爲嘗試，突破了過去一貫以獨幕劇本當作廣播劇本的傳統作法，使其充份發揮「廣播劇」在音效上可以不受時空限制的特性。播出之後，效果與反應俱佳，從而爲廣播劇奠定了寫作型式的雛型。爲此，多年服務「中廣」的王鼎鈞先生，也曾稱道我是中國廣播劇的「舖路功臣」。

從四十三年開始，個人寫作興趣又轉向了電影劇本。先後爲農教公司和中央電影公司寫了「農村進行曲」、「碧海同舟」、「歸來」、「苦女尋親記」、「蕩婦與聖女」等幾部劇本，在四十三年至四十七年間，都已攝成影片；另有「毋忘在莒」、「辛亥大革命」、和「梨園子弟」等數部，則由「中影」購得攝製權。「梨園子弟」的劇本，在五十六年獲得了中山文藝獎。其餘爲國內外民營製片公司所寫的劇本，先後有「天涯比鄰」、「良宵驚魂」、「春愁」、「哀樂青春」、「金馬風雲」、「溫暖人間」、「天之一角」、「紅塵戀」等多部。

五十年間，我曾爲中國文藝協會所主編的「現代中國文藝叢書」，寫了一本「五十年來的中國電影」，由正中書局出版，在當時是頗爲詳盡的一部中國電影史。

在此期間，我也時常寫一些中短篇小說、散文、小品、雜文，以及論評文字和「方塊文章」。四十七年秋，我的第一部小說集「榴火紅」出版，之後受穆中南兄的鼓舞而再接再勵，另一部小說集「江湖戀」，於五十三年由文壇社印行問世。五十四年青年節，幼獅書店由南郭兄所主編的「愛國青年傳記小說叢書」出版，其中有我所寫的一部「青年神」（即鄒容傳）。五十五年冬，我爲臺灣省新聞處「省政文藝叢書」所寫的一本「小鎮春曉」出版，這是我唯一的一部約有十五萬字的長篇小說。

當然，話劇劇本我也仍然在繼續不斷的寫作。繼「尾巴的悲哀」之後，三十九年曾又寫了一部多幕劇本「風聲鶴唳」，在獲得中華文藝獎金之後，由國防部演劇二隊和青年服務團等單位先後演出場次甚多。以後，「雙城復國記」和「華夏八年」（根據陳紀瀅原著小說改編），都由空軍大鵬劇團首演，前者並曾獲得康樂大競賽的冠軍。「長虹」是各大專院校演出場次最多的一部劇本，「柳暗花明」則是各公營企業單位經常演出的一部劇本。另有根據外國原著改編的劇本「金色傀儡」（人之初），曾在臺北和馬尼拉盛大公演多次。

此外，我爲了響應「小劇場運動」的推行，在四十九年秋季聯合影劇界人士，組成了一個「華實劇藝社」，先後演出「愛與罪」、「暴風半徑」、和「西廂記」等劇，我曾親自參予導演，而演員也極一時之選，情況也可稱爲極一時之盛。五十一年冬，又聯合臺港影劇人士，在國光戲院盛大公演歷史劇「秦始皇」。五十四年冬，「華實劇藝社」和菲華「馬尼拉業餘劇藝社」聯合在國軍文藝活動中心隆重公演「天長地久」，除請「影視紅星」助陣之外，我和王藍、蘇子、許希哲等人也都粉墨登場，客串劇中要角，這次的演出不僅盛況空前，同時也爲海內外文藝交流寫下了嶄新的一頁。

在個人的工作崗位上，我先後主編「中央半月刊」和「中央月刊」有十餘年之久；尤其是在擔任「中央月刊」總編輯和副社長期間，經常忙於「爲他人做嫁衣裳」，自己的創作產量日見減少。到六十三年辭去了這份繁重而忙碌的職務之後，才逐漸恢復寫作；而在近年以來，由於電視的興起，我在各方友好的邀請之下，參予電視劇的編寫，當然在我寫作的比重上也佔的比較多些。但我對於編劇的題材，一向都有自己所認定的水準和風格，不願輕易的「人云亦云」。近年來個人所參加編寫的電視劇本，如「開國前後」、「青天白日」、「萬古流芳」、「大路」、「一代暴君」、「大地風雷」、「赤地」、「天怒」等等，都可以說是主題嚴正，劇情精彩的「力作」，其中幾部不但獲得了有關當局的獎勵，而如「一代暴君」尤其得到了廣大觀衆的交口讚譽，也爲中國電視劇締造了一個不可磨滅的紀錄。

大約是從四十五年開始，我的長詩作品逐漸減少，而短詩則仍然不斷的時有寫作。五十九年夏，我有機會隨團前往韓國漢城出席國際筆會，會後轉道日本返國；在韓日兩國「走馬觀花」的餘暇，匆匆寫成了紀行短詩二十多首。六十年夏，又曾應邀到菲律賓講學，爲了教學上的方便，行前出版了一本「片羽集」，作爲個人作品的綜合選集，供作和愛好文藝的華僑青年們互相切磋的資料。那次我在馬尼拉停留將近一個月，在教學和酬酢兩俱繁忙的情形下，又匆匆寫得了短詩十五首；回國後，連同以前韓日之遊的詩作，輯印成爲一本詩集「天涯詩草」，以誌人生的雪泥鴻爪。

三十年來，除了文藝創作之外，我也經常參加各種有關的文藝運動和工作。先後擔任中國文藝協會、中華民國電影戲劇協會、中華民國新詩學會、中華民國編劇學會、中華民國青溪新文藝學會、中華民國歌詞學會等團體的理事和常務理事；國軍新文藝運動推行委員會委員和「國軍文藝金像獎」評審委員；中國文藝協會「文藝獎章」評審委員，中山文化基金會「中山文藝獎金」、以及國家文藝基金會「國家文藝獎金」的評審委員。

四

韶光如水，彈指之間我已是入伍三十年的「文藝老兵」。而今回首加以自反和檢討，在這三十年來的文藝創作里程上，若論「貢獻」，實在微不足道；言及「成就」，更是自覺汗顏。但卻自勉始終秉持著「文藝報國」的信念，鍥而不捨的在從事於耕耘和戰鬥。「豈能盡如人意，但求無愧我心」！

在個人的生活環境方面，這三十年來當然也有很多的變遷。母親已經仙逝，十一弟也早已成家立業了。久爲文藝影劇界友人們稱作「白蒂老」的賢妻蒂華，一直和我甘苦與共，形影相隨，如今我們倆也要開始互稱「老伴兒」了。三十年前由襁褓中抱來臺灣的獨子翟翬，而今已經長大成爲一個英挺的青年，在「政大」畢業之後，現在「中視」公司擔任電視記者；而且他也已娶妻生子，爲我添了兩個寶貝孫子經文和經天，三代同堂，其樂融融，此外更復何求？

而在近兩年來，由於「馬齒徒增」，我似乎對於往日所習的舊學，逐漸恢復了頗爲濃厚的興致；詩詞之外，對金石書畫也有著更多的「醉心」。去年至今，在工作和寫作的餘暇，沉迷於篆刻之道，居然治印一百餘方之多；同時興之所至，也常以臨摹碑帖而自得其樂。此外，寫日記是我自幼養成的習慣，這三十年來的日記從未間斷，倒是值得個人自我安慰的一件事。

我曾經有一個自許的心願，就是要把個人在大時代中的經歷，以及抗戰時期軍中生活的實際體驗，寫成一部「幅員較大」的長篇小說。可惜因爲連年一直忙於「辦公」，無暇從容執筆；而且其中有些故事情節，都已被分割零用到我的中短篇小說裡面去了，所以至今還沒有「如願以償」。希望而今而後，能夠再接再勵，不但要完成個人的心願，並且也要爲我們所身經的大時代作一次「盡其在我」的註腳！

六十六年十二月，臺北市

六十八年十月，改寫

春華秋實之一

這是我和「賢妻」蒂華在婚前的「戀愛」過程中，在當時艱險困阻的環境之下，所寫的有數的「情書」之中「碩果僅存」的一封；由她小心珍藏，歷經動亂顚沛的時空，而從大陸帶來了台灣。民國四十六年，尹雪曼兄爲大業書店主編一本「名作家書簡」，來函索稿，我曾就此信略加簡縮，抄寄應命，刊用的題目是「戰鬥與愛情」。現在我的散文集即將出版，特將此信重加增潤，並將原信後面所附的「七夕有寄」七律二首，一併加上刊出，同時將題名更易爲「春華秋實」，以紀念我們夫婦結婚三十五年來的悲歡歲月於不忘。

六十八年十月，台北市

· · ·

華：

昨天送妳走了之後，一直等到火車遠離站台，看不到妳揮揚著的紗巾，我才惘然若失的在斜風細雨中返回旅社；街頭的人群雖然擁擠如故，但我卻猶如踝蹬於荒漠的曠野，顯得如此的孤獨而又落寞。

回到旅社來，我沒有開燈，蜷坐在沙發裡，任令黃昏帶著難耐的岑寂從四周流過來將我淹沒。但流溢過來更多的，卻是一種溫馨的幽香，我知道這幽香是屬於妳的，是我所稔熟的發自妳的髮際與襟上的芬芳的氣息；我矍然的跳了起來，扭亮了電燈，希冀著第一眼就會看到妳綻開如花的笑，歡躍著向我撲來……然而，我失望了，我所看到的，只是自己的頎長的影子，無力的斜倚在墻上，和我同樣的孤獨而又落寞，甚至他連嘆息都不曾有。

老胡敲門進來，帶著他那慣有的親切與憨厚的笑容，請我下樓吃晚飯；我回答他『不餓，不想吃飯。』但終於被他好心的給拖到樓下的飯廳裡。他一邊替我擺著餐具，一邊絮絮的向我誇讚妳的美麗聰慧和大方，當捧上冷盤和第一邊湯的時候，他竟以責備的語氣，埋怨我不該讓妳走。他還說：『您該結婚了，華小姐不是您最理想的對象嗎？』對這好心的而且爲我們一向以朋友相待的老傭僕，我本應藉此機會向他傾訴一切的，但是我當時的心情的確太紊亂，我不知道應該怎樣回答他，只有把苦澀的啤酒一口一口的嚥下去，希望它會沖開了的的愁腸，不再「百結」。

飯後，我挾著輕微的醺醉，在細雨中漫步街頭，不知不覺的又走上了車站的天橋；凝望著閃爍於雨中的萬家燈火，計數著妳的遙遠的歸程，眞萬分後悔不該和妳別離。我們的朋友凌敏曾說過：『別離是苦酒，即使一秒或一滴，也會使人難於下嚥的！』而今，我們卻是捧著大杯在無盡的啜飲著這苦酒，天啊！這不是太殘忍太苛酷的折磨又是什麼呢？

華！當然妳不會責怪我，而我也不忍對妳責怪；這短暫的別離不是必然的，但卻是必需的。妳為了工作，一個人在異地漂流了很久，自然需要回家去探視一下白髮蒼蒼的父母，何況妳又是兩位老人家的獨生女兒，自幼就看做了掌上明珠那樣的珍貴。而且，我自己本身所負的任務也未終了，日內又將輾轉返防。這一別，妳北我南，相去日遠，在這動盪的時代中，艱難的重逢又在何時何地？想到此處，雖然我平日是一個堅強達觀的人，也不禁黯然神傷！

深夜，我在枕上輾轉反側，不能成寐；我清醒的仰視著天花板，清醒的聆聽著窗外的七月的夜雨，卻又迷惘的追問著自己：『你是不是深陷於愛情的苦惱的淵沼裡了？』華！妳該知道我是如何的回答著自己，除了「是的」之外，當然不會有第二句更適切與更肯定的言詞。我不知道妳會對我怎樣想，而我對於我自己的遭際，除去有突來的幸福感受之外，更多多少少有「可憐又復可笑」的看法與想法。幾年來，我生活並工作於烽火連天的戰場，艱苦的戰鬥使我對於人生有著與衆不同的想像，我沒有想到過事業與愛情，甚至於在今天我也不曾去奢想明天或後天。在戰火硝煙裡，在槍林彈雨中，我只有單純的爭取勝利的意志；憑著這意志，我把一切奉獻給多難的祖國而毫不吝惜！因此，在精神上我是一個黃沙百戰的優秀的鬥士，而在潛在的自我的實質上，我卻又是一個虛擲青春如敝屣的浪子。感謝上帝的安排，使我在特殊的機會中遇到了妳，這相逢，使我意識到我前所未有的意識，使我接觸到人生的美好的另一面，那就是在戰鬥之外，我還需要愛情！而這前所未有的愛情與幸福的到來，卻使我如此的顛倒與失措，甚至於連自己的使命都幾乎淡忘了，妳不覺得我是一個「可憐又復可笑」的人嗎？

在我們相聚的時日中，一切歡愉的痕跡都值得依戀與回憶：北平西山的紅葉，北海的小船；天津聖安娜的通宵歡舞，半夜裡吃凍羊雜夾燒餅；濟南大明湖的游艇，月老祠內進香許願；青島棧橋之夜的散步，湛山早晨看日出……那些，都將隨著我們的別後時光而相去日遠！明天，我就要離此而兼程西行與南下，一星期後，我又將投入未來的更大的戰鬥裡，馳騁於漫天的風砂的疆場上了。但我此去，已非往昔可比，我知道在遙遠的千里之外，正有一個愛我且爲我所愛的女孩子，在時時關心著我，鼓勵著我，而且佇盼著我早日得到勝利，好重相聚首；在未來的戰鬥裡，我不再空虛與孤寂，因爲有妳的影子在時時伴隨著我，與我同在，與我同行。

華！相信妳會記得我的話：只有短期的別離，才能換得永恒的相聚；只有暫時的痛苦，才能獲致久遠的幸福！爲了多難的祖國，不能不使我們在情愛上有短暫的苦惱與折磨，然而我們都是經得起考驗的人，今日的嘆息與流淚，只有使我們在他日重逢時歡笑得更加爽朗與甘美！等待著吧，親愛的！上帝現已爲我們安排了美好的開端，必將爲我們安排更加美好與絢燦的未來。祝妳

康愉！珍重！

實　三十三年七月

21 春華秋實

（附近作「七夕有寄」二律，以博一哂。）

『風雪蒼茫過都門，相逢乍喜笑語溫。藍田玉暖吉士夢，紅袖香添美人恩；石閣雲深春不曉，琴橋月上夜無痕。此夕銀河千里隔，天涯海角欲斷魂。』

『曾憶湖山草青青，踏莎更上月老亭。春華秋實同祈願，地久天長共丁寧；無那深閨人憔悴，若為邊塞夢飄零。關河萬里相思苦，倚馬遙看牛女星。』

大地回春

「心即是佛」

「家家有本難唸經」的這句話，當然是早已「耳熟能詳」，而我則是「只緣身在此山中」，所以平生倒也沒有感到有什麼特別難唸的。然而去年此時，沒想到我個人竟然變成了家中「難唸的經」；不是別的，而是我的「心經」比《金剛般若波羅蜜多心經》還要難唸了。

話說去（八十二）年元月二十日，距離過春節只有三天的時間了，當時節氣適逢「大寒」，天氣也確實很冷；那天上午我和老伴兒一同上街購物並且吃了午飯之後，回到家裡就感覺胸口悶痛難忍，忍不住而出聲呻吟起來了。老伴兒和兒媳婦一看情勢嚴重，當機立斷，立即把我專車送到一家綜合醫院去，並且和那家醫院工作的朋友取得聯絡，好在路也不遠，說到就到，大家七手八腳，一面辦手續，我已經被送上了「心導管室」的手術檯。

然而，這次的心導管手術並未完全成功，我的病因是「冠狀動脈阻塞」，據說經過這次手術仍然半通不通。所謂「冠狀動脈」就是「心臟血管」，其功能是將血液送進心肌，使能獲取充分的營養；血管不通、動脈硬化，就會引起「心肌梗塞」或者「狹心症」等等「非同就小可」的嚴重後果。曾經聽說，人的心臟有「右冠狀動脈」一條；「左冠狀動脈」二條；就漢醫習慣來說，常稱前者爲「黃河」，後者則爲「長江」與「淮河」，而我就是「黃河」發生了淤塞的問題，原因無它，一言以蔽之就是吸煙之害，是香煙所含的「尼古丁」造成了「冠狀動脈粥狀硬化」的疾病。因而無論當前的情況如何，一切得先從戒煙做起，甚至下定決心連酒也不要再喝了！

我在加護病房裡面，度過了前所未有的，也是萬感交集的壬申除夕和癸酉春節，眞個是「七十滄桑閱歷多，幾曾新歲病房過？」窗外是淒風苦雨中的滿城爆竹，病房裡則是氣壓低沉，呻吟時聞；我躺在病床之上，連結在左右兩臂上的都是各種「點滴」以及有關心跳與血壓等等的各種儀錶，前胸上也是如此，琳瑯滿身，使人動彈不得。

到了大年初二日，我總算由於病情穩定而從加護病房轉進住入了頭等病房，又享受到了「闔家團聚」的親情之樂，在此之後，文友詩友們聞訊而前來探望的，每日絡繹不絕，病房裡面擺滿了鮮花，在綻放著友情的可貴。但是，在感動與歡樂之中，卻有著一抹難以揮去的陰影。我雖然是從加護病房「全身而退」的幸運者，然而「黃河」未通，如何是好？難道說還得像別的心臟病患者那樣，再來一次開胸破肚的「血管繞道」大手術嗎？

我是在元月卅一日（正月初九日）出院的。出院之前，我的主治大夫特別到病房來看我，並且告訴我們全家一個「大有轉機」的好消息：他們醫院大概在二月十日左右，要請一位日本的心臟病權威，綽號叫做「宮本武藏」的，前來做一種「冠狀動脈硬化」新療法的示範講學，到時候他將會設法安排我讓那位日本醫生再動一次手術，更可以有成功的把握云云。這一個佳音之來，使我們全家總算能夠抱著一種無限的希望，簇擁著我而出院回家了。

二月十一日，再度住進那家醫院：然後在主治醫師安排之下，接受「宮本武藏」最爲拿手的「氣球膨脹術」，果然妙手回春，一打而通。

二月十七日我又再度出院，我個人和全家三代的心情當然與以前大不相同，陰霾一掃而空，春回大地，滿眼都是生命的陽光與希望！但誠如我在前面所說的，心臟病這玩意兒「非同小可」，所以必須和我的主治醫師充分合作，定期複診，按時服藥，並且要注意有關心臟病的飲食起居和養生之道，更重要的則是安定情緒，以及徹底戒絕煙酒。於是我乃曾有詩曰：

病起欣然更豁然，
人生半悟半隨緣。
安禪但若王摩詰，
尚義豈唯魯仲連？
力不從心且止步，
食難適口莫垂涎；
詩書筆墨情長在，

伴我已無酒與煙！

平日我在朋友們的心目之中，很榮幸的一向被視爲「君子」和「好人」，可見得我的性情之和善可親。但爲了在漫長的康復里程之中，情緒能保持一定程度的穩定，我自認爲「悟禪」和「隨緣」可能是最佳的兩大法門；因而我首先願以安禪悅道的唐代大詩人王維（摩詰）爲師，雖然不一定能作到「晚年唯好靜，萬事不關心」，但一切既由心起，當從「心即是佛」開始，而逐漸趨入「大千文藝小般若，什九才情三菩提」的境界。此外，過去我也常在友好之間，扮演過爲人排難解紛的魯仲連角色，而「義不帝秦」的立場，難免也許偶有得罪他人之處。今後這類事情都已「力不從心」，唯有袖手止步而已了。

日居月諸，轉眼之間已是一年的時間飛逝而去。一年以來，有勞「賢妻」而兼我的「護理長」的辛勤照顧，並且託天之福，使我的康復情況日趨良好而正常，已經算是不太「難唸的經」了，同時，也早已可以在她陪伴之下，參加一些文藝界的集會活動，誠如應未遲兄所言又已「復出江湖」了。正是「老伴緣深牽手愛，同登福壽共天齊」，願以此語互祝共勉！

八十三年三月十七日

「中華副刊」

走過四十六年歲月

韶光似水，逝者如斯，「屈指堪驚」的算來，我和妻結婚至今，已經四十六年了。伴隨著國事大局的動盪變遷，回首於走過四十六年歲月，實在有數說不盡的風雨陰晴與悲歡苦樂；而在這張結婚照之前，也更有一些雲煙飄渺的往事，常使我們無時或忘，而成爲回憶中最充實最有意義的人生歷程。

我和妻都曾身經了中國近代史上偉大而不平凡的時代，雖然我們在大時代中只是渺小的人物，但在抗戰期間的中華兒女，誰又能不爲救國愛國的神聖使命而自我期許呢？因而在當年那個不平凡的大時代裡，我們當然也曾經有過相同不平凡的遭遇；不僅是充滿了悲歡離合的傳奇，而且也體驗了一些出生入死的驚險場面。在槍林彈雨、烽火硝煙的戰場，在危機四伏、步步驚魂的敵後，我們曾有生死患難的扶持、聚少離多的苦樂，甚至竟有海角天涯、音問斷絕的失散，與山重水複、柳暗花明的重聚。而憑著這一段四十六年前的令人永難忘懷的經歷，也就是我們往後四十六年來永不動搖的「患難恩愛」的基石。

抗戰勝利，我以一個年未而立的國軍青年將校，奉命率領我們軍團的先頭部隊，首先進入徐州，部署接收工作，而且表現優異，屢獲上級嘉獎。在意氣風發之餘，更感到愉快的事，莫過於能和妻在戰亂憂患之後，度過一個暫見太平的蜜月。而曾幾何時，復員工作受阻，大地再起烽煙，在部隊改編之際，我得到一個調往上海受訓和工作的機會；這時候，才開始初步建立了屬於我們的「家」的雛型。然而，大局動亂，已成江河日下之勢，在上海撤退的風聲鶴唳的前夕，我們又不得不抱著尚在襁褓之中的兒子，冒著連天的炮火，匆匆搭上了最末一班飛機來到了台灣。

來台之後，一切從篳路藍縷中重新開始，國家如此，我們也同樣邁入了艱苦奮鬥的又一里程。我奉命退役，捨武就文，一面在新的工作崗位上，繼續努力；一面投身於「文藝報國」的行列，以筆代槍而從新兵幹起。而今，四十年了，退役者又已退休，新兵也成為「文藝老兵」了；但我常常自信自勉，老兵不老，筆墨長青，有筆在手，寫作的生涯是無休可退的。

四十年來，我們的大小環境，也隨著國家從安定而進步的成長壯大之中，不斷的成長與前進著。而我賢妻之「賢」，就是在於她能夠在這種生活環境演進的漫長的歲月裡，安於平凡，甘於平淡，相夫教子，以至於含飴弄孫，自得其樂，卻也辛勞備嘗。我們的獨子翟翬，讀了「政大」和「文大」碩士班之後，從事大眾傳播工作有年，尚能「克紹其裘」；而我們家裡早已是三代同堂，孫兒女們繞膝承歡了。她把人生的歡樂，滿注於我們祖孫三代之間；她付出無比的愛心與關懷，讓全家大小在工作和學業上，都不會有後顧之憂。而她個人的才華，她以前在北平藝專所學的聲樂，和她所愛好的話劇與平劇，都早已無暇顧惜，將由棄置而近於湮沒了。

妻是生長在北方的廣東人，能講一口純正的國語和流利的「廣白」，性情也兼具了北方的豪爽和「老廣」的直率；文藝影劇界的老友們，常常稱她爲「白蒂老」，從她二十多歲一直叫到了現在。而在我們全家人的心目中，她始終是朝氣蓬勃，春青永在而不老的。我和她曾經攜手併肩，從大時代風雨陰晴的歲月走了過來，從四十六年的患難情深中走了過來，我們自信「春華秋實，緣永盟堅」，此生縱使再有四十六年的悲歡歲月，我們仍將攜手併肩，在「人間愛晚晴」的勝境中扶持同行，以至來生來世……。

在我和妻結婚四十五周年紀念日的時候，我曾寫有七律一首，以書感懷，現再抄錄於後，用作本文尾聲。詩曰：

枕戈往事半成塵，憂患昇平此寄身。
日月居諸期海曙，箕裘紹衍樂天倫。
萊衣旨酒兒孫孝，白首青春伉儷親。
四十五年非一夢，大千長有物華新。

七十九年六月，台北市
《文訊》第五十七期

春華秋實之二

從台北市郊遷到大安區來居住，不覺已經度過十幾年的歲月了。在距今數年之前，我曾經有一首「居大安區十年」的詩，是這樣寫的：

長安市上大安居，遙對南山結我廬。
三代同堂多笑樂，一齋容膝富詩書。
春華秋實情無限，金石文章意有餘。
世事滄桑誰管得，明朝晴雨又何如？

這首七律，是我近年以來生活與心情的寫照，而其中的第四句，便是指我的書房而言。因爲我的書房，雖是一間「容膝易安」的「斗室」，但卻擁有三壁圖書，頗稱豐富；而且面對著南窗花廊，據有著一張大型書桌，無論風雨陰晴、寒暑晨夕，讀書、寫作，乃至於以篆刻金石爲樂，這個屬於個人的小小的天地，都是相當令人滿意的了。

我這間書房，還有一個與衆不同之點。在最初建屋設計的時候，就把它列爲屬於臥房的「套間」，和主臥室之間出入相連，聲息相通；我可以一面讀書或是看報，一面隨時和隔室的賢妻互相聊天，研究討論一番，在寫作的時候，遇到「靈感不至」，或者感覺有些疲倦，立刻就可以出來到臥室裡伏枕便睡。而有的時候正在睡眠或者假寐之中，忽然想到一些什麼，或者偶發一點「文思」和「靈感」等等，也可以馬上離床而起，跨進書房，揮筆就寫。如此這般，自覺實在是方便之至，而且也是頗爲得意的設計。

在當年遷居之初，依據一般慣例，自然要想到爲我的新居命名。以前住在郊區，從永和到木柵，一直沿用「華實廬」爲名，這是從我們夫婦二人的名字之中，各取一字而成，並且取其含有「春華秋實」之意。而今既然「巢居」在公寓四樓，於是也只好把原名加以「升格」，改爲「華實樓」，也可說是名符其實，順理成章的了。

至於我的書房，當然也不可無名。在構思命名的時候，也曾憶起了故鄉老家的「槐蔭書屋」，以及客寓他鄉各地讀書時期的齋館，但如今都已縹緲如煙，不想也罷！而戰後徐州的「拾夢齋」和上海的「半庸齋」，也都時過境遷了啊！

書房窗外，遙遠的南山青青在望，那麼，就爲我的書房命名爲「見山山房」吧！這一則可以表示我身居十丈紅塵之中，而心卻仍在山林田野之間。再則這其間還可以用上兩個出於前人詩詞的典故：一是陶淵明的「采菊東籬下，悠然見南山」；二是辛稼軒的「我見青山多嫵媚，料青山見我應如是」。這樣，風雅逸趣，兼而有之，豈不是一個好的構思嗎？

然而，曾幾何時，窗外遠遠近近的高樓大廈，一幢幢拔地連雲而起，青青的南山也不知道隱退到什麼地方去了。而在那一時期，我正沈迷於金石篆刻，和勤練書法，既然無山可見，我就又把書房題名爲「師三石齋」，用以自樂自勉。所謂「三石」即是前代和前輩著名的印人鄧石如、吳倉石（昌碩），和齊白石三人。我從高中時代起，就曾在業師指導之下，摹刻這三家的印拓，並且苦練吳昌碩體的「石鼓文」；其後經過抗戰戎馬生涯以迄於今數十年的荒廢，現在重新再握刀治石，當然對於這三家仍然未能忘情。以之名齋，自是合情合理之事。

而在不久之後，我又再度將我的書房更名爲「石巢書屋」了。原因有二：一是金石篆刻的藝術，與詩文同樣的浩瀚深遠，多采多姿，「三石」之外更有我師者，同時也應該「印中自有我在」才是。二是我對文學藝術的興趣是廣泛的，所以凡事不可偏廢，書房的命名也不可以因「獨沽一味」而自囿自限。

「石巢書屋」的涵蓋面，較爲深廣而周延，它可以顯示這是「君石」（作者本名）在公寓「巢居」之中的「書屋」；也說明了這間書房，既是「書」籍之「屋」，同時也是「石」章之「巢」。

其實，這三個名稱，我一直都在同時並用，而且也刻了不少大大小小、形狀不一的所謂「齋館印」。自古文人和書畫家們，所擁有和常用的「齋館印」，實際上比他們所擁有的齋、館、軒、室、樓、閣、堂、院等等要多得多；明代的文徵明甚至曾說：「我之書屋多起造於印上」。由此可見我以一間書屋而有三名，事實並不爲過；再說也不必向有關機構申請登記和請領執照，多少又有何妨？

我的書房既是屬於我的天地，而更重要的則是屬於我讀書和寫作的天地。十餘年來，讀的書不談了，在寫作方面，從這間書房裡創作出來的「產品」，大致可以說是以劇本居其

「大宗」——尤其是適應當前需要的電視劇本；遷居以前不計算在內，遷居後從六十三年到七十三年之間，我在這間書房裡面伏案寫成的電視劇本，大概有三十幾部，二百多本，估計約有四百餘萬字之多。至今回想起來，不免頗有「誰知盤中飧，粒粒皆辛苦」的感慨。

我寫電視劇本，相當的有些「個性」，一慣都寫的是氣勢磅礴、架構宏偉的「大戲」，對於那些婆婆媽媽、或者什麼「三角習題」的劇本，一概不寫；而且製作人不對路也不寫。多年以來，以和魯稚子（饒曉明）合作的機會爲最多，我們所策劃編寫的歷史大戲，如「一代暴君」以至「戰國風雲」，都曾經創下了轟動一時的收視紀錄；後者至今還在海外和大陸各地播映，膾炙人口，歷久不衰。而「戰國風雲」尤其得到了文藝戲劇界自身的肯定，先後獲得了「文協榮譽獎章」，「中興文藝獎章」，以及「編劇學會魁星獎」等等，實感光榮欣慰之至！

在電視劇本之外，從我這間書房之中，也曾生產了兩部舞台劇本和兩部電影劇本。舞台劇本一是和魯稚子合編的「海宇春回」，另一則是和張永祥、魯稚子合編的開國史劇「石破天驚」。這兩部劇本都由行政院文建會策劃主辦，聯合全國影視戲劇人士，於七十二年及七十三年的「文藝季」，在本省北、中、南部隆重公演，不僅盛況空前，佳評如潮，同時也爲沈寂已久的中國劇壇帶來了驚蟄的春雷，開啓了近年以來戲劇運動日趨蓬勃的契機。「石破天驚」並曾榮獲了執政黨中委會和三民主義統一中國大同盟的頒獎表揚。

至於電影劇本，兩部都是爲「台製」（現已改爲「台影」公司）所編寫的。一部是「唐山過台灣」，也可稱爲歷史大戲；而由於天時、地利、與「人爲」的種種因素，攝製的成績似可看出「力有未逮」之憾。還有最近開拍的一部VISION三六〇度電影「美夢成眞」，由我和魯稚子聯合編劇；對於這樣目前全世界僅有十部的九銀幕立體電影，編寫劇本也可以說是一次新的嘗試。古人所謂「做到老，學到老」，可謂不無道理。

我寫劇本，也有屬於我自己的「固癖」。別人在寫電視或電影劇本的時候，往往喜歡接受製作單位的安排，到飯店開了房間去寫，據說可以「圖個清靜」而專心下筆。而我到了那裡，卻會覺得孤寂乏味，要什麼沒什麼，一個字也寫不出來。還是在我自己的家裡，獨坐斗室之中，俯據書桌之上，喝著賢妻爲我泡好的香茗，經常還有蓮子湯、百合粥、和點心等等，右手執筆，左手拿菸，聽著客廳裡面妻子孫兒女們的歡聲笑語，這才能夠文思泉湧，運筆如流。不僅寫劇本如此，而寫其他任何作品也莫不如此。

在我的這間書房之內，十餘年來，除了劇本以外所寫的其他作品——如小說、散文、雜文、論評等等，爲數也還不少，並且有一本十萬字的傳記小說「青年之神——鄒容傳」，由「近代中國社」於七十六年出版。以前我常寫新詩，但近年以來新詩的產品逐漸減少，舊詩卻是愈寫愈有興趣，這可能是由於年齡的關係，不免會有一種回歸傳統的心理之所致；也許在不久的將來，我會有一本舊詩詞集出而面世，也未可知呢！

我的書房既有「石巢書屋」之名，可見我所擁有的印石，和經我篆刻而成的印章，也佔有相當的數量和空間；而事實上，我在這間書房之中，平日除了讀書寫作之外，攻石治印並且勤練篆隸書法，的確也曾用去了不少的心力與時間。當然，比起一般專業印人、金石家或收藏家來，我這近千方的印石和已經刻了幾百方的印章，在質與量上都還是微不足道的；而且我一直是在自得其樂的「玩票」性質，用以修心養性而已。但「行者常至，爲者常成」，只要我有興趣繼續的玩下去、刻下去，說不定將來還會有一本在風格上屬於「文人印」的印拓，出版而就教於海內方家之前。

韶光似水，歲月不居，每個人都會面臨到退休的時日，但値得自我勉勵與鼓舞的，就是所幸有一筆在手，在工作崗位上可以退休，而在寫作里程上卻無休可退。而在工作上退休之後，更可以運用全部的精力和時間，讀你所要讀的，寫你所想寫的，乃至於刻你所能刻的，隨心所卻，樂也無涯！到了那個時候，我這間小小的有如「斗室」的書房，將會伴我度過更多的風雨陰晴，寒暑晨夕；賢妻的殷勤伺候，一家的親情歡樂，永遠是我文思的泉源，創作的動力！

在我書房的一面書架上，懸著一幅我自書的座右銘，寫著：「春華秋實，福壽康寧；寶刀不老，筆墨長青。」願以此自祝自勉，並且永恆自許爲文藝界一個不老的老兵！

七十七年七月，台北市

患難情深四十年

日居月諸，時序如流；一年容易，又是寶島溽暑季節中的秋天。從天上銀漢暗渡，人間穿針乞巧的七夕，到月圓、花好，人壽的中秋節，這一年便又過去三分之二了。

時至今日，每年陽曆的「七七」，和陰曆的「七夕」，常常在人們的漠不關心中，悄然來去。但在我和「賢妻」而言，度過了一年一度的「七七」抗戰紀念日，便是我們結婚紀念日陰曆七月七日的來臨。「七七」事變全面抗戰迄今，已經是四十七年了，韶光如水，眞是使人「屈指堪驚」！而今年的「七夕」，是我們夫婦結婚四十周年紀念日，又怎能不令人慨嘆於悲歡歲月的逝者如斯！

我和妻都是大時代中的小人物，但由於我們所曾身經的時代，是偉大而不平凡的，因而我們身爲大時代裡的中華兒女，也曾經有過相當不平凡的遭遇；不僅是充滿了悲歡離合的傳奇，甚至還有一些出生入死的驚險場面。在烽火硝煙、槍林彈雨的戰場，在風聲鶴唳、杯弓蛇影的敵後，我們曾有生死患難的扶持，聚少離多的苦樂，而且也竟有天涯海角、音訊杳然的失散。我曾寫過七律兩首，就是在抗戰軍中的作品，而用以遙念賢妻的：

「風雪蒼茫過都門，相逢乍喜笑語溫。藍田玉暖吉士夢，紅袖香添美人恩。石閣雲深春不曉，琴橋月上夜無痕。此夕銀河千里隔，天涯海角欲斷魂。」

「曾憶湖山草青青，踏莎更上月老亭。春華秋實同祈願，地老天荒共丁寧。無那深閨人憔悴，若為邊塞夢飄零。關河萬里相思苦，倚馬遙看牛女星。」

這些聚散離合，悲歡哀樂，如今都已成爲我們回憶中最充實最有意義的人生歷程。大約在二十年前，我曾經寫了一篇五萬多字的中篇小說「春華秋實」，在「作品」雜誌連載，那就是寫我們夫妻在抗戰期間那些不太平凡的遭遇；不過當時由於工作繁忙，這篇東西寫得還不夠詳盡，但願在創作方面「寶刀不老」，有待他日的增潤與加工。

抗戰勝利，舉國歡騰。我奉命率領我們軍團的先頭部隊，接收徐州。徐州是一個會合「八方風雨」的兵家重鎮，我以一個年未而立的國軍青年將校，一方面指揮若定，一方面在極端複雜的局面之中，折衝協調，爲淮海軍事重地奠定了大兵團接收的基礎；可以說是其功不小，也因此而屢受上峰的嘉獎。

之後，部隊北上的任務，受阻於「談談打打、打打談談」；接著，整個軍團改編，我請求調到上海受訓和工作，這才開始有了屬於我們「家」的螺殼的雛型，而妻也生了我們的第三個兒子——也就是我們的獨子翟翬（編按：作者本名爲翟君石）。由於從抗戰末期到「復員」過程中，在戎馬倥傯與舟車勞頓的情況下，我們不幸已經夭折了兩個兒子，因而在上海，我們竭盡了一切努力，使這個寶貝兒子得以「安胎」而順利誕生。

但大動亂的時代接踵而來，在上海即將被赤色洪流淹沒的前夕，我們一家三口，總算託天之福，得人之助，在炮火連天中，搭乘了最後一班飛機，倉皇匆促的來到了台灣。當時的驚險緊張，與絕處逢生的經過，使人畢生難忘！我也曾經寫過一篇紀實的散文「南飛記」，並且特別選輯在「鍾雷自選集」裡面，來記述這屬於我們生命史中傳奇的另一章，以留永恒的紀念於不忘。

來台之後，一切從艱苦奮鬥中重新開始，國家如此，我們當然也同樣如此。我奉命辦理退役，捨武就文，一面在新的工作崗位上，繼續努力，爲國效命；一面投身於「文藝報國」的行列，再從筆隊伍的新兵幹起。

三十餘年以來，我們的生活環境，也隨著國家從安定中而進步的步度，不斷的成長和前進著。而賢妻之「賢」，就是在於她能夠在這種生活環境之中，安於平凡，甘於平淡，相夫教子，以至含飴弄孫，自得其樂，絕對「不求聞達」。其實，以她本身的能力與所具備的條件而言，不但並非「吳下阿蒙」，而且在音樂、戲劇、和文藝方面的愛好與才華，也並不在我這個「老公」之下；然而，她從我們一家三口忙起，一直忙到如今的三代同堂，八口之家，在默默的勤勞與忘我的愛心之中，把她自己的才華都湮沒了。舉例來說，妻在讀書時代本來是學音樂的，同時曾經演過話劇，而且曾和龔稼農、王萊、賀賓這些明星們先後同台演出過；但在來臺之後，任誰「三顧茅廬」，她也決不「出山」。民國五十四年間，中菲文藝影劇界合作演出「天長地久」，連我都被迫粉墨登台了，而妻卻只是從旁「加油」，樂觀厥成，同時也樂於分享我在任何一項工作中的成功和快樂，如此而已。

妻不僅湮沒了她自己的才華，同時也經常犧牲了她自己的享受。在日常生活中，她不但毫無「不良嗜好」，甚至連正常的愛嗜，也都越來越簡化了。她出身世家，又是雙親膝下的獨生女兒，愛如掌珠，對於吃喝穿戴，自幼就可以說是講究慣了；但從獻身抗戰，以至今日的操持八口之家，勤儉漸成習慣，大概一貫保持至今的嗜好，唯有「穿」之一字了。妻對於穿著打扮，並不崇尚奢華，而主張以衣著表現儀態的大方。她對於綠色特有偏愛，全身衣履配件，從無二色；親友們有時到我們家裡來，一時找不到地理位置，只要在附近的小店等處，提起那位喜歡穿綠衣服的太太，比問門牌號碼還要具體有效得多。

妻是生長在北方的廣東人，能講一口純正的國語和流利的廣東官話，性情也兼具了北方的豪爽和「老廣」的直率。凡事擇善固執，堅守原則；同時也慷慨尚義，樂於助人。因此，文藝影劇界的朋友們，常常尊稱她一聲「白蒂老」，從她二十多歲一直叫到了現在。而在我的心目中，在兒孫們的心目中，她始終是朝氣蓬勃，青春永在而不老的。她把人生的歡樂，滿注在我們這三代同堂的八口之家，她付出無比的愛心，而所得到最大的快樂和「成就感」，就是讓我們祖孫三代，無論上班工作或上學讀書，都不會有後顧之憂。感謝賢妻，妳是我們全家的精神支柱；四十年來，妳實在太辛苦了！

四十年，在人生的歷程中，並不是一段短暫的歲月。我們是從大時代的風雨陰晴中走過來的人，而從現在到未來，我們仍將是在大時代中走過去的小人物；但我們自信並未虛度這個屬於我們的時代，我們也許會留下一些渺小的足跡。四十年的歲月，我們不僅俯仰無愧，而且已經到了寵辱皆忘的境界；因而雖然平凡淡泊，卻也心安理得，樂在其中。於是，在我和賢妻結婚的紀念日，特別寫了「結婚四十年贈我妻蒂華」七律一首，以抒感懷：

「悲歡歲月渺如煙，患難情深四十年。海雨天風同夢永，春華秋實此盟堅。共修福慧傳昆後，相樂兒孫繞膝前，富貴浮雲身外事，白頭恩愛即神仙。」

我們企盼著，海宇春回日，河山光復時！縱使再有四十年的悲歡歲月，我仍將與賢妻在時代風雨中偕手同行！

七十三年秋於臺北市

愛的綿延

好不容易熬過了六個星期的綁紮束縛，箍在賢妻右臂上的石膏總算是被拆下來了。但是情況並不如預期的那麼理想，她的右腕仍然有些腫痛，甚至在失去了石膏的依托之後，反而覺得一切都使不上力氣似的。

醫生卻認爲這並不妨事，只要平常多用熱水敷一敷，同時也經常作些輕微的手臂運動，慢慢就會好的。於是，我們也只有聽從醫生的話，盡量寄希望於這「復健」的工作了。

妻是一個相當堅強而且樂觀的人，近幾年來，常年的老胃病曾使她瘦下去達十二公斤之多；但她始終仗著一份「不在乎」和「不屈服」的意志力，經過不斷的求醫治療，不斷的吃藥打針，到了今年才算是逐漸恢復健康，體重也勉強達到「恢復舊觀」的程度。沒想到這一跤摔得不輕不重，竟又使她受了一個多月的精神折磨。

說起來，妻的這一跤，是爲兒孫們而摔的；由於出自愛心的緣故，因而她自覺「心安理得」，並無怨尤。

那是七月下旬的一個晚上，天氣相當燠熱，兒子房間的冷氣機，因爲斷了保險絲，在半夜裏突然停了。才四個月大的第三個孫子小天，肥胖得像隻小狗熊，一向就最怕熱，這樣一來，立刻使他無法忍受，又鬧又哭，不肯睡覺。這也難怪，兒子的房間是和後鄰作「背靠背」式的毗連，有時打開窗戶也難得有點兒風吹進來，在燠熱的夏夜實在是「悶如蒸籠」，非得開冷氣吹到下半夜不可。

我們老兩口兒的房間，情況就好得多了。面對寬闊巷道，跟對面人家的四樓「望衡對宇」而「風馬牛不相及」，夏天，夜裏打開窗子和落地玻璃門，可任自然風「登堂入室」，睡覺時根本就用不著什麼冷氣。

「話說」妻一聽到最小的孫子在哭鬧，立即起來跑了過去，問明原委，馬上「採取臨時措施」，叫兒媳婦抱著小天，連同二孫子小文，一起搬到我們房間來睡，我們老兩口兒則搬到客廳去睡地毯；還有大孫子小元，他和小文本來哥兒倆共有一個房間，可是因爲小文經常在他爸媽房間的冷氣裏覺睡，所以小元也就經常過來，跟著我們老兩口睡。現在兒媳婦和三個孫子都睡在我們的房間裡，而小孫子小天仍然哭鬧不肯睡覺，妻只好把我們房間的冷氣機打開，這才算是一切逐漸平靜下來。

到了次日天色初亮，我在矇矓之中，忽然聽到我們房間裡面「咕咚」一聲巨響，接著又是「嘩喇」一聲玻璃破碎的聲音，連忙從客廳的地舖上爬了起來，推門衝進房間，只見「老伴兒」這時已經歪倒在地上，地舖上滿佈著碎玻璃碴兒，兒媳婦和大孫子都在張惶失措的叫著「奶奶」，並且七手八腳的上前救扶……，二孫子小文一直楞在旁邊，事後他形容當時的感受，說是：「一見奶奶那樣，我的心都碎了！」

原來妻是顧慮到房間裡冷氣開得太久，怕三個寶貝孫子受不了，第二天說不定那個又會得了感冒，於是在天亮之後，就爬起來到房間裡去關冷氣。我們房間裡的冷氣機，是「高高在上」的裝在落地玻璃門上面的窗框之中，下面門房的牆上雖然裝有「鍘刀」式的開關，但是據來按裝冷氣的工人說，爲了維護冷氣機的性能和壽命，最好不要使用「鍘刀」開關，還是直接用冷氣機上的開關和旋鈕，也好隨時調節強弱等等。我們當然聽從了「內行」的話，平常開關和調節冷氣，都是踏到妻的化粧檯凳子上去加以「操作」。因爲冷氣機實在離地太高了，連我這一八一公分的身長也「無用武之地」；而賢妻又恐怕我這八十公斤的體重，會使這隻凳子「承受不起」，而且她也比我「年富力強」，所以經常都是由她來執行這項任務。可是萬萬沒有想到，這隻化粧凳子竟在此時此刻，垮在了她的「足下」！

這隻化粧凳子的式樣倒是夠美觀大方的，也就因爲「美觀」的緣故，它的四隻腳都是由木板的「橫碴兒」所鋸成的，外面貼上「順碴兒」的柚木皮，根本也看不出來它的脆弱和「危機」。這一次，妻爬上凳子關了冷氣，在正要先抬左腳下來的一剎那，凳子的一隻腳從「橫碴兒」方面折斷了。凳子這一歪倒，連同妻的右腳一齊衝進了一扇落地玻璃門的下半段，同時也把她半身偏向右方給摔倒在地毯之上，所以玻璃也碎了，妻的右腳從踝骨以下也被玻璃刺傷多處，但幸好並不嚴重；而比較嚴重的，還是妻在摔倒的時候，本能的用右手向地面「撐」了一下，這一「撐」，使她的右腕受到了一種「挫傷」，因而立刻紅腫起來。

兒子也聞聲而慌忙起來，大夥兒立即動員，不管「三七二十一」，馬上半抬半扶的把妻送到了附近的一家「開放醫院」，經過掛號急診，並且電請骨科主治大夫前來檢查和照X光等等，最後判定是右腕骨裂，打針吃藥，並且糊上了石膏，至少得六個星期才可以拆開。至於右腳，倒不過是些外傷，在敷藥包紮之後，一週左右也就痊癒了。

妻在拆去右臂上的石膏以後，雖然還在緩慢的「復健」期間，但她已經開始閒不住了。兒子已經將近「而立」之年，凡事無論大小，還常要這位「老媽媽」操心；孫子們更不用說了，學校開學之後，這位「奶奶」一早就得爬起床來，先照顧大孫子小元去趕校車，接著又幫著兒媳婦打發二孫子小文上學；學校裡如果有什麼事情，也得由她這位「老將出馬」，前去解決問題。平常遇到兒媳婦忙的時候，肥胖得像隻小狗熊似的小孫子小天，也夠她抱弄和忙累的了。然而，妻卻始終認爲三代同堂，其樂融融，她今年也不過是五十出頭，這又何累之有？妻自幼是「嬌生慣養」出身，而且也常常自認她並非「吳下阿蒙」，但卻爲了我們父子二人而「鞠躬盡瘁」，以致被埋沒於家庭瑣事之中；如今又爲了愛心與親情的綿延，把「父母心」貫注到了下一代，爲孫子們的成長茁壯而繼續付出她的「劬勞」。身爲她的「另一半」，除了讚嘆她的「偉大」，並且祝福她的健康之外，我還能說些什麼呢？

六十八年十月十日

「中華副刊」

石巢書屋

六十三年的春，我遷居到四維路現在的住所。這是一座公寓的四樓，在開始建築的時候，我就參與規劃，其中最重要的一部份，就是我的書房經過特別的設計，使它成爲臥室的「套間」；這樣，在我日常寫作的時候，就可以「寫寫歇歇、歇歇寫寫」，而且隨時跟賢妻聲息相通，「聯繫」方便。這是我自認爲很得意的一項設計，也可以說是多年願望的得以實現。

新居落成，在遷入之後，我百事不問，只專心佈置我自己的書房。開始住公寓，雖然有一種「巢居」的感覺，但對於這一間小小的書房，我是相當滿意的。當時，我曾經寫了「巢居」三題的詩，其中有一段就是寫我的書房：

「在此，我獨據斗室一間，
且精心羅列了圖書三壁；
雖僅是容膝易安的小螺殼，
也暫有了坐擁書城的滿足。」

這四句詩非常「寫實」。我的書房的確是一間「容膝易安」的「斗室」，因爲我讓「三壁圖書」佔去了相當大的空間，再加上一面大型的書桌和一把轉椅，我不但可以「坐擁書城」，而且三面書架上的藏書，差不多都在我的指臂之間，取用非常方便。書桌面對南窗，遠山在望，有「巢」如此，也應該心滿意足的了。

談到我的藏書，目前也不過有五、六千册之譜（在辦公室還有兩櫃存書，尚未計算在內），比起一些收藏豐富的人來說，當然是微不足道。不過，在我個人的心目中，這些書卻具有多方面的價值與意義，而且是經過日積月累，從無到有、由少至多這樣積存而來的，所以每一本書都受到我同樣的珍視。尤其是在我書房「北壁」的書架之上，大部份都是文友們的作品，親自簽題相贈，更有著「他山之石」和「相濡以沫」的人情道義與紀念價值。

三十年來，我不斷收到文友們寄贈的作品，從小册到巨構，從「樸質」到「豪華」，從文壇先輩到後起之秀，使我在這一方面的藏書逐漸充實而豐盛。特別由於我平日寫詩和劇本較多的關係，因而至今我所收藏的詩集和劇本，更可以說是相當「齊全」；其次是小說和散文，以至文藝論評等等著作，「應有」的差不多都有了。我對於文友們所贈送的書，一貫的持著兩項原則：第一、凡贈書一定詳細拜讀，絕不會隨手一放，或者置之高閣，從此不聞不問；第二、對於贈書都加以特別的保管，使之雖舊而不破，更不至於受到任何意外的損害。以前我家居永和、木柵，曾經多次遭遇颱風水患，損失不貲，但這些「贈書」卻是歷劫無恙，可見得我對它們是如何的重視和經心，這也是我自覺毋負於友情之處。

除此之外，在我書房裡面所「羅列」的書籍，絕大多數都是屬於文、史、詩、劇這幾類的典籍和實用書。我之所謂「實用」，就是說這些書購買回來不是爲了裝飾書架的，而且以目前市上坊間出書的版本之「亂」之「濫」，有些書買來只是勉強可「讀」而不可「藏」；常常有些非影印本的書，不是錯訛連篇，就是裝訂顚倒，使人連讀都讀不下去，那就只好燒掉再去買另一種版本的了。雖然如此，連年以來，我還是不斷的買書，由「用」而「藏」，就這樣逐漸的多了起來。特別是在詩的方面，「不薄今人愛古人」，所以唐宋詩人的詩集、詞集，以及有關的詩話、詞話、集句、集聯……等等，我都在盡可能的蒐集之中。

要購買書籍，當然得經常逛逛書店和書攤。以前牯嶺街附近的舊書攤，我也是常客之一；「辛苦」所得，曾經也搜尋到有關電影方面的「海內孤本」，可算不無收穫。自從舊書攤集中到光華商場之後，我僅僅去過幾次，也說不出什麼理由，只覺得沒有在牯嶺街時代那麼「夠味」，但是那裡的古董市場，倒也別有引人入勝之處。至於近年來所盛行的「書城」和「書展」，我也時常去湊個熱鬧，有的時候或許能找到一兩本想買的書，不禁欣然色喜；即使白跑一趟，也頗覺得心安理得，何樂不爲。我想這也許就是讀書人的情趣之一吧！

我在少年時代，曾經因爲學畫而旁及治印，對於金石篆刻「嗜迷甚深」了一陣子。近兩年來，忽然舊興大發，不可遏止，除去連續選購新舊石章已有四、五百「方」（其實是各種形狀都有）之外，對於坊間所能見到的印譜，和有關金石篆刻的書籍，莫不盡量蒐集；同時也買了不少篆隸的碑帖，和素以金石見長的名家畫册，以供作鑽研參考之用。這些圖章和譜册都是我書房中近年來的新客，我必須騰出書架上的空間，來對它們好好的加以安頓才是。

當年齊白石大師曾有「三百石印富翁」之印，可以想見他那一份「自得其樂」的滿足。

如今我雖有石章超過三百之數，但無論印質或者藝事，「小康」尚不敢談，遑論「富翁」？然而這數百石章排在架上，不論已刻（已刻的有一百多「方」）未刻，看起來卻也琳瑯滿目，令人心曠神怡；讀書寫作之餘，「摩挲圭璧小從容」，這份兒自得之樂，倒也不讓前賢。

自古文人、畫家，多有「齋館印」。有人調侃這些所謂「齋館」，僅見於印章之上；也就是說，那些齋、館、軒、堂、山房之類，實際並不存在，不過僅僅刻有一方印章為名而已。但是，我個人既有這樣一間小小的書房，而且「事實俱在」，當然不可無印，尤其不可無名；於是幾經思索推敲，且在環顧實況之下，決定把我的書房名為「石巢書屋」，並刻印以紀之。如此命名，可以包含下列兩種意義：

第一、這是「君石」（我的本名）在「巢居」之中的「書屋」。

第二、這間書房，既是「書」籍之「屋」，也是「石」章之「巢」。

寫到這裡，在自覺頗為滿足之外，不免又有幾分感慨。滿足的是，生逢動亂，自己又親歷十年戎馬生活，出生入死，顛沛流離，來台時僅僅帶著半本日記（目前已有三十本相當完整的日記），而今卻能坐擁我的「石巢書屋」，讀讀、寫寫、刻刻……感慨的是，由此想起了老家的學院和書房。

老家的學院，佔地約有三百餘坪。坐西面東有家塾五間，是我幼年時代和兄弟姐妹以及侄子輩讀書的地方；坐北面南又有書房五間，是我先祖、先父和伯叔們藏書的處所。院中花木扶疏，清幽宜人，墻外兩棵大槐樹，覆蔭可及半個學院。書房裡的藏書，我想當可以「萬卷」來形容。據我的記憶，單以「詩韻」來說，從便於攜在袖內的「寸半本」，到專爲老人不戴眼鏡所看的「尺二本」，就有幾十種大小版本之多；其餘在經、史、子、集之中，「宋版」和「明版」書都不在少數。在抗戰期間，家鄉屢次淪入敵、僞、匪的鐵蹄魔掌之下，骨肉流散四方，家中被漢奸匪徒們搜掠一空，聽說所有的藏書都被那些敗類們論斤給賣了，眞是令人欲哭無淚，心痛萬分！

如今，我坐在「石巢書屋」的窗前，神魂卻常會飛繞在我的故鄉、老家、學院，和那幾間古老書房的左右；在讀詩、寫稿、刻石之間，縷縷鄉愁也常常不禁油然而生。今年蔣院長當選總統之後，在大有爲政府的領導之下，反攻復國的大業必可早日完成；我們「漫卷詩書喜欲狂」的日子即將來臨，當河山光復，重建家園的那時候，我得先考慮爲我的新書房另外命名了。

六十七年三月二十二日

「中華副刊」

南飛記

一

天候的低氣壓，連同著大局所造成的低氣壓，重重的籠罩著十里洋場的上海市；在斜風細雨的春寒中，四郊的炮火卻愈益囂熱，歷經變亂以至於形成對時局過份敏感的人們，已意識到淞滬的保衛戰或將接近尾聲了。

在這場激烈的對匪戰鬥開始以前，我所服務的機關，因爲「應變」而裁併了，我個人奉命調往臺灣工作；我應該很早就到臺灣去報到的，但由於等待妻在醫院生產，行程就拖延下來。這其間，我所持有的臺灣入境證已經過期，而我申請的新入境證還沒有寄來；船票雖然早已訂好，而且妻也平安的分娩以後出了醫院，可是在時局日益緊張的關頭，我卻沒有辦法離開上海。眼看著報紙上所載的急轉直下的消息，我那時候的心情之焦灼與紊亂，至今也還是無法可以形容的。

像熱鍋上的螞蟻似的，我每天忙於到一些可能替我轉信的朋友家裡探詢入境證的消息，同時也忙於到輪船公司打聽船期和調換船票；直到很多朋友都陸續離開上海，紛紛的飛穗飛渝和飛臺，直到很多輪船公司都沒有船再開向臺灣，而我的入境證依然還未寄來。

平生總是怨恨「渡年如日」，那時候我才領略到什麼是「渡日如年」；我每天失魂落魄的在馬路上跑著，在報攤上丟下我的雨衣，讓小偷扒去了我的鋼筆，幾次同陌生的女人撞個滿懷，也曾幾乎作了輪下之鬼。天晚回到家裡，也沒有心情去撫慰一下剛剛生產身體尚未復原的妻，更不想抱起我的寶貝兒子親熱一番……總之，我的心裡和腦子裡只有一樣東西——臺灣入境證。

從希望到失望，從失望到……快到了絕望的時候，入境證來了。入境證之來，像是一把火，牠重又燃起我的希望，點亮我的活力；溫暖、光明、歡躍、興奮，馬上使我們一家人都好像重新得到了生命似的。

可是，問題並不簡單；有了入境證而沒有交通工具，那臺灣海峽可並不是能游過去或者跳過去的。於是，我又開始向馬路上跑，跑遍了每一家旅行社和輪船公司，當我知道所有留在上海的船都徵用爲「差船」的消息以後，我更緊張而焦灼了。因爲這個消息告訴我兩點：第一、往臺灣去的船搭不上了——這還在其次；第二、上海一定會在近期撤退——我的天，這可眞是要命。

我又開始跑航空公司。「央航」因爲已經無「機」可「飛」，等於「關張大吉」；「中航」據說還有飛機，所以「門庭若市」，到廣州的、到重慶的、到臺灣的，各色人等，萬頭攢動。我拿出了十年戎伍的看家本領，幾度「衝鋒陷陣」，最後總算以足夠全家生活半年的代價，買到了兩張半飛機票（半張是我兒子的）。起飛的日期是五月二十一日。

我的心這才落到肚子裡；回家告訴妻，她也高興的跳了起來。

我們開始收拾一切，把不必要的東西，分頭的寄存在親友家裡，有的則乾脆送給他們作爲紀念；房子也託人代爲看管，我們爲了搭上飛機方便，暫時搬到「中航」附近的朋友家裡住著。

上海附近戰事日形緊張，市容也逐漸在枯萎而凌亂；有家有業的親友們一時不能離開上海，都祝福我能夠早日平安飛往臺灣，「大展鵬圖」。當然，我不是達官顯宦，不會在危難時棄職潛逃；在上海，我無「職」可「棄」，我的工作，我的前途，我的爲國家繼續效命的關鍵，是在臺灣，是我要飛去的地方！

從買到了機票，到預定起飛的日子，只有五天的距離。當時我的心情是：痛苦而又興奮，安定而又擔心。這種矛盾的情緒是無庸也無法解釋的。

二

我所擔心的事情終於來到了。

五月十九日的下午，我跑到「中航」去打聽消息的時候，發現情形有點不對，那裡集聚著和買票時同樣多的人，使得「沙遜大樓」的裡裡外外喧囂非凡，大家都憤激的叫鬧著，甚至還有些女人們在失望的哭泣著。我趕快擠進去張望，看見公告牌子上赫然的大書著：因爲龍華機場受到匪軍的炮火威脅，停止使用，所有已經購買十九、二十、和二十一日三天機票的旅客，無論是飛重慶、廣州、或者臺灣的，一律按原價退票。

「退票」？我的天！假使按原價退票，幾天前我是以五條「小黃魚」的代價，換成金圓卷來買到的兩張半機票，在那個時候，一天之內金圓卷的身價就會一落千丈，如果按原價退票，我所能「退」回來的金圓卷，恐怕連一條「小黃魚」都換不到了。然而這還不大要緊，最要緊的是我一退了票，就走向了絕路，不但去不了臺灣，那留在上海的後果簡直是不堪設想……。

除去少數優柔寡斷的人們照章退票外，所有在口袋裡揣著飛機票的旅客們，都跟我有同樣的心理和想法；大家在一陣焦急騷動之後，漸漸的沉靜下來，不再像搶購機票時那樣的你爭我奪，形同仇敵，這時大家忽然變得非常和氣而團結，互相商量著辦法；最後大家決定推出一部份能講善道的旅客，向公司交涉。原則是：第一，我們決不退票；第二，請公司設法——無論是什麼辦法——讓我們「飛」！

「中航」公司當局的答覆很簡單：龍華機場的停止使用，是軍事性的，如果軍事當局能夠允許設法再開放兩三天，公司一定盡量設法派飛機來把所有的旅客運走。

好，「團結就是力量」！我們具體的組織了一個「旅客請願團」，奔走於有關當局之間，費了一天多的時間，終於爭得了各方的支持同情，由警備司令部派一個加強營到龍華機場警備起來，「中航」馬上架起了通訊設備，向廣州和臺灣調派飛機，到二十一日下午爲止，一切「OK」，只待二十二日飛機到來後就可以起飛了。然而，還有幸中之不幸；因爲持有十九二十兩天機票的旅客太多，公司恐怕載運不完，所以堅持讓我們持有二十一日機票的旅客們退票。這時候，不但公司的職員們在分別向我們說服，甚至於一些拿著十九二十兩天機票的旅客們，也忘記了我們和他們在一起奮鬥奔走的功績，而紛紛的勸我們退票。說服和勸的理由，不外是：既然飛機不夠，你們要走也走不成啦，何必不退票呢？退了票雖然不夠本，但總還可以拿到幾個錢哪……。

我看到有很多人抹著眼淚去退票了，有的人退了票嚎啕大哭著走了。而我，決不退！我平日雖然肯「奉公守法」，但今天是生死關頭，是光明與毀滅之間的抉擇，我不能再當「老實人」了。

我找到了「中航」的一位大個子簽票員，運用了我從來沒運用過的口才，好話，歹話，軟話，硬話，說的足夠爲一個訓練班上兩個月課的字數；他無可奈何，才答應了我一句：

「好吧，你明天來，咱們再想辦法。」

三

一夜沒闔眼，第二天一早我就把全家人口和行李運到「中航」去。

天下著大雨，外灘已經戒嚴，街面上冷寂的可怕。

「沙遜大樓」裡外又擠滿了人，也堆滿了行李，一些即將到機場去的旅客，又是興奮又是焦急的在等待著。

我讓送行的親友們爲我照顧著妻、子、和行李，匆匆跑到裡面，一下子又釘牢了那位大個子簽票員；他起初好像忘記和懊悔了對我的諾言，經不住我再三的說服，而且我知道十九和二十兩天的旅客們有退票的，他們的空位爲什麼不可以讓給我呢？又糾纏了大半天，他才半肯定的說：

「只要你有辦法到機場，我在那裡一定給你換票。」

我以爲到機場去是一件容易的事，而其實卻是非常困難。「中航」接送旅客的大汽車，都整齊的排在門口，但是每個旅客都是點名上車，所點的是持有十九和二十兩天機票的旅客，那兩張名單上沒有我們全家的名字，點不到自然就上不去。親友們分頭去替我僱出差汽車，然而那時候從市區到龍華機場要經過十幾道崗卡，普通出差汽車沒有特別通行證是通不過去的。雨漸漸的小了，空中響著陣陣的飛機聲，「中航」的接送旅客專車都陸續的開走了，我眞是急得「七竅生煙」……。

「天無絕人之路」。正在我又陷入絕望邊緣的時候，一輛嶄新的「雪佛蘭」小轎車開到我面前停下，司機打開車門走過來，慷慨的向我說：

「先生，你要到龍華機場嗎？我送您去！」

我幾乎以爲是聽錯了話，然而這位和氣健壯的中年人，的的確確是用清楚的北方話向我說的。我高興而又感激，衝動的問他：

「多少錢？」

「談錢幹什麼？上車吧！」他動手來提我的行李。

「那麼……」我反而被他的豪爽與好意所困惑：「好，你有特別通行證嗎？」

「當然有！」他把我的行李往車上送：「快走吧！再遲就趕不上飛機了！」

我那時已把一切置之度外，也不顧親友們和妻對於這件突來的事實的信任程度如何，趕快把人口和行李匆匆塞進車裡，當車子開駛時，也忘記向送行者喊一聲「再會」，我的命運只有交付這位陌生而好心的司機去安排吧！

車子沿著路線飛馳著，不一會兒就開出了市區，當經過第一道崗卡時，我看見這位司機從身上掏出一張綠色的卡片，從車窗遞出去，守衛的兵士們並沒有讓車子停下，只把手裡的綠旗一揚，我們的汽車就駛過去了。

兩道崗卡，三道，四道……最後一道崗卡通過後，龍華機場已在面前，司機回過頭來向我笑笑，說：

「您放心了吧！」

「謝謝你，謝謝你……。」我只能想到這兩句話。

「我是看著您先生急的那種樣子，才自報奮勇的來送您一趟，我是航空公司對面匯中飯店一個客人的司機……。」接著他了一口氣：「上海恐怕不行了，我自己走不了，可是我能送走兩個年青人也是好的！」

四

到了機場，那位司機又好心的幫著我們把行李從車上拿下來，替我照顧著一切，我再去找那位大個子簽票員。

大個子正在忙著磅稱行李，一看見我就喊著：

「你眞有辦法，居然到機場來了；來吧！還好有空位子，快來換票吧！」

大個子爲我換了兩張廿二十日的機票，又在旅客名單上添進我們一家三口的名字，拍拍我的肩膀：

「你老兄有辦法，也眞幸運；我們本公司的人能不能走得了還是問題，祝您一路平安，快拿行李來過磅吧！」

我跑過去提行李，那位好心的司機知道我上飛機已無問題，也高興的不得了，他又嘆口氣說：

「唉，你們年青人還是走了的好！上海恐怕是不行了，我自己走不了，把你們送走也是好的！」

我感動的握著他的手，妻一定要問他的姓名，他微笑著不肯講，只說：

「你們快去磅行李吧，別問這些了；『兩個山不碰頭，兩個人還要碰頭的。』咱們後會有期，我看出來你們是好人，你們知道我也是好人就得了！」

我掏出來十塊「大頭」塞到他的手裡，他用開了我的手，說什麼也不肯接受，最後經過我和妻兩人再三苦說，他才在我的手裡檢出了三塊錢，放在口袋裡說：

「好，我不要你們也放不過我；就這三塊好了，因爲我昨天剛欠下三塊大頭的酒賬。再見，一路平安！」

他頭也不再回，跳上汽車急馳而去。我和妻流著眼淚呆在那裡，直到大個子來叫我們過去磅行李，才意識到當前的緊張場面並不是流淚的時候。

行李磅完，照章要付費買行李票，而且照章要付金圓卷；可是我的身上連一張金圓卷也沒有了，簽行李票的人員不肯收納我的「大頭」，催我趕快去找人調換，可是在這經過撤退而又臨時恢復使用的機場，到處是一片凌亂荒涼，除了一群喧鬧擾嚷的旅客外，連一個小販都沒有，叫我到那裡調換金圓卷呢？

正在拿著「大頭」爲難的時候，一個機場的警察走過來；我請求他幫忙，他略爲遲疑一下，把我領到比較不被人注意的地方，從身上掏出一疊金圓卷，問我要調換多少。這時候飛機已經開始降落，對岸匪軍也開始向這邊發過砲來，我也顧不了那麼許多，塞兩塊大頭在那位場警的手裡，拿起他那疊金圓卷就跑，雖然我清清楚楚知道這疊金圓卷決不値兩枚銀元的價錢。

眞是麻煩透了，到行李過磅處一算賬，這些錢還是不夠，只有再跑去找那位場警老兄，他一面叫我不要著急，告訴我飛機雖然已經降落，但是起飛還要等一會兒；一面又跑到別處叫來另一位場警，經過一番交頭接耳，仍舊以剛才那樣的代價，叫我用兩塊「大頭」換了一疊不夠份量的金圓券。

我向他們兩位特別道謝，趕快去交清了行李票價，等跑回候機室的時候，他們兩位正在跟妻談話，旁邊還站了一個「紅帽子」。據他們說，這是機場現在僅存的唯一腳伕，因爲看到我有三件大行李，而且還有太太小孩，如果不僱腳伕，等一會兒一定擠不上飛機去，所以他們就替我叫來這位「紅帽子」；至於代價，仍是兩塊「大頭」，先付一塊，等把行李送到飛機上以後，再付一塊。

平常行李上飛機都是由航空公司代辦的，這是非常時期，自然無法「照章」辦理。我雖然並非豪富，但是到了這個時候，也只有把錢看得不值錢了；好，兩塊就兩塊，上機第一！不但如此，我索興慷慨到底，把交行李票價所剩的金圓卷也退給了兩位場警；反正我帶到臺灣沒有用處，何不在這裡落著順水人情？

此時，我又變成了不幸中的幸運者。

五

雨又下大了，在大雨裡砲聲顯得特別沉重而鬱悶。

突然，候機室起了一陣瘋狂的騷動，從玻璃窗外可以望見一部雙引擎的飛機，正緩緩的滑行過來，在跑道口停下；那兩位場警在候機室一端的門口大聲喊著：

「到臺灣去的旅客在這裡排隊！」

許多人們都扶老攜幼挾著行李跑過去排隊了，爭先恐後，一時秩序大亂。我們的那位「紅帽子」扛起了行李，催我快走；我拉著妻，妻抱著熟睡的孩子，也不分東南西北的直衝過去，剛準備挿入行列裡面去，被那一位場警給兇惡的拖了出來，他瞪起眼睛向我咆哮著：

「你這傢伙眞莫明其妙，叫你排隊，你往那裡亂擠？去！」

我正想著這小子爲什麼這樣的翻臉無情，剛才還跟我那麼客氣，馬上就會一本正經的罵起人了呢？誰知道他連推帶拉，竟把我們一家三口給推到了門口，讓我站在行列的最前面，妻抱著孩子緊貼在我的身後。他把我安置在那裡，還又大聲斥責著：

「就站在這裡，不許亂動！那一個再不守秩序我就不客氣了！」

我完全明白了他的好意。天啊！我平生不懂得什麼叫做「投機取巧」，而在這最緊急危難的關鍵上，我卻無意中體認了它的意義；在我，這當然的無心的收穫，而且我想這是我生命最重要的轉捩點，即使是取巧，也是值得的！何況巧而又巧，這次的巧事竟是如此之多！

我看看四週：門口就是飛機，牠正敞著胸膛等我們上去；兩位我們認識的場警，像「哼哈二將」似的每人把著一個門柄；那個腳伕扛著行李站在我的旁邊，我的後面是妻和孩子，再後面是一條長蛇陣的旅客行列。沒有錯兒！也不是在做夢！我在心理上作了一個跑百公尺起步的準備，只等大門一開，衝出去，上飛機！

還沒有完成我的心理準備，「哼哈二將」一聲吆喝，大門拉開，我拖著妻而且接過孩子來抱著，在大雨中躍登飛機；百忙中我還沒有忘記補付那位「紅帽子」一塊銀元，同時也沒有忘記同大個子和那兩位場警老兄握手道謝！

飛機冒著大雨起飛，因爲避免對岸的匪軍砲火，離開跑道後就直線上昇；惡劣的氣候加上地面砲火的威脅，使滿艙旅客的心情都過度緊張。我環視大家一週，個個面孔的表情都是那麼嚴肅而呆板。他們好像沒有對未來的嚮往，也沒有對過去的留戀，每一個人都是土色的塑像。

到了海峽的上空，雨也停了，大家才開始喘過一口氣；等到了看見綠色的臺灣，笑容才抹上了每位旅客的雙頰。不知道誰在喊一聲「再會吧，上海！」又引得我身邊的一位老太太嗚咽起來。

經過兩小時的飛行，飛機在充滿著初夏陽光的寶島北端降落下來。當我踏上了這塊安定而新生的土地上時，在欣悅中，不禁爲相去日遠而動盪苦難的大陸洒淚祝福。

在松山機場，我們一面換上夏季的服裝，一面候車進入臺北市；從機場人員那裡聽到，龍華機場又已停止使用，這是從上海到臺北的最後一架飛機。

當臺北「中航」的大汽車載我們駛向市區時，我才發覺到我是眞實的存在，我以外的一切也都完好，妻仍舊那樣美麗，孩子也越顯得可愛。

三天後，我傷感的聽到了上海陷落的消息；我合起掌來，爲那好心的司機祈禱，爲大個子祈禱，也爲那兩位場警祈禱，更爲上海和沒有逃出魔掌的上海親友同胞們祈禱。願神保佑他們平安吧！

而我們什麼時候再飛回去呢？

四十三年三月

《晨光》二卷二期

彌陀晨鐘憶春暉

一

我們又重來彌陀寺，向母親的在天之靈尙饗祭奠。

靈隱塔依然無恙，它隱息了母親的春暉已十餘年。「彌陀晨鐘」的碑石無恙，也許在歲月的風雨中略多斑駁。八掌溪依然無恙，只是它潺潺的流水聲，在我聽來依然有如低低的嗚咽。

八掌溪潺潺的流著，它使我惕然於逝水的年華，使我憶戀一逝不返的童年與母愛；使我懷念起曾孕育多少兒時歡樂的沁園，以及故鄉的大馬河……。

二

當我們全家寄居在沁園的時候，我只是屬於剛剛開始「記事」的年齡。

沁園座落在沁陽城內的一角，是一所頗具規模的園林，當地人稱之爲「小南海」。那是因爲它除了亭臺樓閣，柳橋花榭都應有盡有之外，園中還有一個池塘，名爲「廉泉」，又題

「蓮泉」，池邊不遠有一座觀音堂，四周圍繞著一片紫竹林；在景色和氣象方面來說，都近似一般善男信女所想像的具體而微的「南海聖地」，因而得有此名。蓮泉並沒有泉源，它不過是一條河流的一部份，這條河流便是發源於濟源縣境的濟水。在一般民間傳說中，濟水是一條龍，一條見首不見尾的神龍，它從濟源的盤谷出山之後，就蜿蜒起伏的前進著，時而在地面上潺湲，時而又轉入地層下潛流。沁園中的蓮泉，就是它不知道從何處地下流過來、而忽然冒出地上的這麼一小段；也許是它「一鱗半爪」的支流的匯聚，亦未可知。總之，傳說只是傳說，蓮泉自爲蓮泉，但在我當時幼小的心靈中，卻因此而增添了一份對於這個池塘的神秘感。

父親是一位留學歐洲的水利專家，那時他正擔任著黃沁河務局長。在我的記憶之中，父親那時正當壯年，有一副英挺而瀟灑的身材和神采；母親那時也正年輕，眞是一個美麗而嫻淑的小婦人，在雙親的膝下，我們姊弟四人過著天眞爛漫、無憂無慮的幸福生活。

在故鄉，我們有一個耕讀傳家的大家庭，父親在他上一代的七兄弟之中，排行第六；而我們姊弟四人，也是按著大排行排列下來的，長姊是八姊，大兄是七哥，我是老十，我們的老么則是十一弟。

是的，童年的日子是幸福的。在沁園，春天裏滿園花開，我們在花間捉迷藏；夏天，把蓮泉的藕挖上來，吃蘸著白糖的嫩藕；秋天，園裏到處都結著林檎和沙果，隨我們爬上樹去摘下來吃；冬天，我們在蓮泉上滑冰，在院子裏堆雪人……。

母親經常都在忙碌著。父親的事業正在蒸蒸日上，她免不了有些必要的交際應酬；在那個年代，串串門，打打牌，便是一些作為「官太太」們彼此應酬的模式。母親是一個不太擅於詞令的人，她在牌場上可能也是靠「屢敗屢戰」的精神在支撐著。而對於我們姊弟四人的關愛，也更是夠她操心的；雖然我們每人都各有一位褓姆在照顧著，但她對於我們的生活起居，總是事必躬親的予以照料。特別是我和十一弟兩個人，更是全家大小所共同愛護的「寶貝蛋」。

燒香拜佛，是在那一年代之中所有上一輩人們的共同信仰，母親自然也不會例外。在我的記憶裏面，母親常常到觀音堂去為菩薩燒香頂禮；她的虔誠的喃喃祝告，當然不是我在那個年紀所可理解的，但時至今日，可以想像得到她是在祈求著菩薩賜福，保佑家人平安……

……。

三

之後，由於父親的工作調動，我們舉家曾有過多次的遷徙。大概是在我八歲那一年，我們終於又隨著父親的調轉而又回到了沁陽。

遺憾的是，沁園已在連年的天災與兵燹之中，變成了一座廢園。於是，我們另外在距離沁園不遠的一家宅第中賃居下來，父親則在改建後的沁園前院設局辦公。

記得就在那年秋天，由於上游的豪雨，沁河大事泛濫，幾乎釀成水災；父親每天櫛風沐雨，親自到堤岸上指揮河工兵伕們，向沁河的滔天濁浪展開搏鬥。最後，瀕臨崩決的河堤雖然轉危爲安，但父親卻因此而病倒了。情勢相當嚴重！

爲了父親的病，母親對於燒香拜佛更加虔誠了。在大客廳的一個角落上，她布置了一座小小的觀音佛堂，每天都是「晨昏三叩首，早晚一爐香」；同時她還誠懇的許下了一個心願，倘蒙菩薩保佑，使父親的病體也能夠轉危爲安，早占勿藥，她一定要把她的三個兒子之一，奉獻出來而「記」在菩薩的座下。

於是，當父親的病體逐漸痊癒康復的時候，我的脖頸上多了一副沉甸甸的鍍金鎖鍊，我有幸被選中作爲觀音菩薩座前的「童子」了。

父親病癒的初期，在家靜養；他看到母親那樣虔敬的焚香禮佛，也產生了極大的興趣，便託人遠從上海帶來了許多佛學書籍經典，每天手不釋卷的研讀。以後病體完全康復，在日常忙碌的工作之中，也常常抽暇讀經，並且爲母親和八姊講解經義；至於我，當時實在是天眞未鑿，混沌未開，除了對父親所講的「西遊記」故事聽得津津有味之外，其他也就無法領略高深了。

那時候，我們姊弟都在家塾裏讀書在讀經史詩文之外，每天還要練寫大小楷，並且由老師分配我們臨寫各別不同的碑帖；八姊臨「張黑女碑」，七兄臨「鄭文公碑」，我和十一弟則都臨顏魯公的「多寶塔」和「麻姑山仙壇記」。之後，由於父親向老師的建議，我和七兄都又改臨「泰山金剛經」。當時，八姊和七兄的大小字都寫出了名。八姊常替父親抄經，用來餽贈親友；七兄更是時常當衆揮毫，爲別人寫「金剛經」集聯。因而我家的「才女」、「神童」，日益名聞遐邇。

童年幸福的時光，溜走得太快了。在我十歲那年的夏季，父親積勞成瘁，舊疾復發，請假回到故鄉養病；到了秋天，噩耗傳來，父親以未及五十歲的英年，竟賷志西歸。早登極樂之境！那時我雖然年幼，但卻並非懞憧無知；因而內心的悲哀，也不是涕淚滂沱所可表達於萬一。

父親因爲篤信佛學，深研經義，據說在臨終之前，顯得特別清明而安祥；有條不紊的囑咐一些後事，便含笑而逝。最最遺憾的是，當時我和八姊及十一弟都遠在異鄉，未能侍奉在側，未能得見父親的最後一面………。

四

父親去世之後，我們的生活當然隨之而有了極其重大的改變。

我們姊弟都隨著母親回到了故鄉的老家。母親爲了撫育我們成長，也逐漸拂去了深沉的哀痛，勇毅地擔當起來一切生活的重任。

艱難歲月，逝者如斯！

我和七兄先後負笈他鄉，遠赴童年所曾寄寓的故都求學；正當我們尚未成年，而大學學業尚未完成的時候，「七七事變」突然爆發了！憑著一股青年人的滿腔熱血，七兄南下武漢，立即投入空軍；我正在受著學生軍訓，也毫不遲疑的由「兵九」變成「兵八」，隨軍撤離北平，在轉戰中節節南行。

二十七年春天，我隨著部隊過故鄉而入晉南山區，由於戎馬倥傯，竟未得返家一行。那時，望著滾滾東流的大馬河，兩眼的熱淚也不禁滾滾而下；母親啊！您能原諒您「國而忘家」的孩子嗎？

在晉南山區轉戰出來，我們又奉命南渡黃河而至洛陽，然後開拔到東戰場去增援臺兒莊。在洛陽，居然遇到了也是全副武裝的十一弟；可憐那時他的人還沒有槍高，竟也爲了祖國的多難而投筆從軍了。母親啊！您僅有的三個孩子，如今都奉獻給祖國了；這雖然值得驕傲，但您在老家如何渡過那苦難的歲月呢？

那時候我還畢竟年輕，在感慨良深之餘，畢竟還是堅持著那一份兒如虹的壯志。於是，我曾寫了一首舊詩，以抒胸臆：

「祖國遭劫難，大地烽火紅；青年沸熱血，報國當從戎。我家三兄弟，勞燕各西東；高堂留老母，倚閭望秋風。長兄請纓去，振翼飛長空；我從戰場來，隨軍過洛嵩。可憐我幼弟，羽毛猶未豐；亦懷凌雲志，投筆氣如虹。他鄉忽邂逅，疑是在夢中；歡笑復黯然，淚眼兩迷濛。把臂且互勉，移孝應作忠；男兒身許國，不愧真英雄！相聚恨日短，分離太匆匆；揮手從此別，天涯轉秋蓬；唯願凱旋日，把酒各誇功；臨岐囑珍重，何年再相逢？」

自此之後，我和十一弟便如秋蓬之轉於天涯海角，直到八年抗戰勝利以後的第二年，才重相聚首於上海。而七哥與我則竟成生離而繼以死別，他於勝利後的三十五年秋天，因積瘁而逝世於陝南城固，春秋僅得三十一歲。那時我正駐防在京畿附近的當塗，得到噩耗，不禁痛哭數日，一連數夜不能成寐。七哥是一個富有文學藝術天才的人，而戰爭卻湮沒了他的前途，甚至奪去了他的英年；我爲七哥悲痛，同時也爲一個天才的凋謝而哀傷萬分。

在抗戰八年之中，最可憐的還是母親和八姊。八姊出閣之後，姊夫也在抗戰期間離家從軍了；因爲世亂年荒；八姊回到家裏和母親相依爲命，又不時的東西逃亡。那時故鄉已經淪陷，三個從軍報國的兒子，不但沒有爲母親增加光彩，反而帶來了無窮的麻煩和困擾；在敵、僞、匪，三重惡勢力交替壓逼之下，母親後來實在不敢再在家鄉待下去了，便和八姊潛離老家，天涯奔走，到處去探詢她三個兒子的蹤跡。在逃亡途中，她老人家的腿幾乎摔斷，八姊也幾乎被流彈傷了性命……。

幸虧上天庇佑，母親在「大海撈針」的情形之下，首先在軍中找到了我；我盡了人事和經濟上的全力，總算是把母親的腿疾醫好了。但其時部隊奉令轉戰敵後，情況緊張，母親和八姊當然不便隨軍行動，因而我只好把她們母女二人送往後方，幸而那時已經和七哥聯絡上了，母親迢迢千里的到陝南去投靠七哥，十一弟也趕去相聚，可是誰又能夠想到，七哥竟由纏綿病榻而終於含恨以逝了呢？

天啊！我欲哭無淚，欲語無言……。

五

抗戰終於勝利了，而我們有家欲歸未能歸，因爲赤燄已到處燃燒，家鄉再度作轉手的淪陷。

我在勝利之前已經結婚，勝利後曾經奉令接收徐州，然後又調到南京，轉赴上海。從勝利之前到復員之初，我曾夭折了兩個兒子；到上海以後，妻又懷孕了，爲下一代著想，我們不得不放棄了許多更好的「機會」，而暫時在十里洋場安頓下來。

十一弟隨軍南來，我接信以後，趕快到南京去把他接到上海來；兄弟相見，恍如隔世！在我的記憶之中，他只是一個少不更事的胖娃娃，然而歲月使他成長了，憂患也使他成熟了；那個天眞的胖娃娃，如今已是一個英挺而沉默的青年軍官了。啊啊，在十一弟的心目之中，他十哥又是如何了呢？歲月啊，戰爭啊！我們眞是不幸中大幸的一代！

我們又把母親遠從西安接到上海來，當我到龍華機場去迎接母親的時候，看到她老人家的蕭蕭白髮，我實在忍不住的哭了出來。母親啊！您是爲誰憔悴，爲誰衰老了呢？您有三個爲國盡忠，卻在堂前不能盡孝的子，您該說些什麼呢？

正當我們一家骨肉方慶團聚的時候，上海附近的戰事又告緊急。十一弟的部隊奉調臺灣，爲了安全，只好先請母親跟著十一弟隨軍來臺。離開上海時，母親曾爲了相去日遠的老家和遠留在陝南的七哥遺厝，而雙淚暗彈，傷心欲絕。

在上海最最吃緊的期間，妻平安分娩，生下了一個肥肥胖胖、虎頭虎腦的男孩子。得天之佑，我們還能夠在上海變色的前三天，搭乘最後一班飛機來到了臺灣。

當我們到了嘉義，圍繞在母親膝前時候，見到也已隨軍來臺的八姊和姊夫，更是欣喜不已。啊！在十年離亂之後我們一家人終於團聚在一起了，但，七哥呢？我一生中最最敬愛而且最最懷念的七哥呢？

於是，我在當時寫下了一首「全家在臺團聚有感」的詩：

「故國河山嘆沉淪，桃源何處可避秦？
十年離亂親情貴，四海飄零孝道珍；
三代康強便是福，滿門忠藎不為貧。
堪憐每舞萊衣後，遍數雁行少一人！」

在動亂的大時代中，一家團聚異鄉，當時的生活是貧而樂的。但，這樣的團聚生活又未能維持多久，我因為工作關係，偕妻兒前來臺北，一切基礎未立，有待從頭做起；十一弟又奉調左營，母親因為她的么兒尚是「孤家寡人」，為了方便照顧十一弟的生活，所以也隨而遷居左營。八姊夫婦則仍留在嘉義，一家竟又為現實生活所驅使而分為三處了。唉！

隨著大局的安定與社會的進步，我們的工作和事業剛在開始由復甦而萌芽，母親卻病倒了，而且是群醫束手的「癌症」！我們盡了一切的努力，竟不能挽救母親的生命……母親去世的時候，年紀也不過是五十八歲。天啊！「樹欲靜而風不息，子欲養而親不在」！

母親雖然未曾正式皈依佛門，但卻一生篤信佛教；因而在她老人家西去之後，我們謹遵遺言舉行火化，將骨灰裝罈，寄厝於嘉義彌陀寺的靈隱塔內，待到將來反攻大陸，光復故土，好和遠厝陝南的七兄遺柩，一同運回家鄉，安葬於祖塋的父親墳墓之側。母親啊！您安息吧，安息吧！「誰言寸草心，報得三春暉？」我們將以寸草心化爲丹心一片，以爭取祖國的光榮勝利，以報答您的似海深恩！

六

我們又重來彌陀寺，向母親的在天之靈尚饗祭奠。

母親，您看啊！您的孩子們尚未老去，而您的第一個孫兒已成長爲英俊有爲的青年，他不僅是我家寄託一切希望的下一代，也將是國家社會新生的一代。

母親，您看啊！十一弟已經結婚成家了，他和弟妹將會爲您帶來了第二個以及很多個孫兒，達到您生前盼望著我家「人丁興旺」的心願。

還有，我們始終在人生的大道上努力不懈；在我們這一代的有生之年，我們一定要回去。看看那蘊藏著昔日多少歡樂往事的沁園，看看那流去人世間多少辛酸與憂患的大馬河。

「彌陀晨鐘」又響了，母親呀！讓我雙掌合十，虔敬的祝禱著西方諸佛，爲您接引而與您同行，早登極樂；並庇佑子孫萬代，與中華民國萬壽無疆而同在！

六十年六月，再稿於臺北，《慈航》雜誌第三十四期

伙伴三題

一、鋼筆

提起我的伙伴來，首先我就想到那枝曾經替我立下「汗馬功勞」，而最後「下落不明」的鋼筆。

它並沒有具備名貴的牌子和華麗的裝璜，只不過是一枝普通的老式Rockman。勝利後的第三年，我奉調到十里洋場的上海工作；那時派克51型在市面上已經並不算新奇，而且在同事們的軍服左上袋裏，也是司空見慣的東西，可是我卻在一個大公司的小角落裏，獨獨選購了它。

它沒有趕上我「用筆」的黃金時代，在它以前的一支老派克，可眞是神氣過一時，批「閱」，畫「行」，寫計劃，下命令，一個小兵團的人馬糧秣被服彈藥……全在手下調動指揮。可是，那枝老派克到最後也像老兵一樣的，到了退休的年齡了，換了它，它只趕上替我服無休無盡的苦役，因爲以後我又奉調受訓了，所以在悠長的一年多時間裏，它幹的全是抄筆記，寫日記，作讀書報告……等等吃力的工作。但是它始終任勞任怨，克盡職守，不像那枝倚老賣老的老派克——不高興的時候連一滴水都不肯下，一高興起來弄得我滿口袋都是藍的顏色。

從上海來台灣以後，因爲生活環境的關係，使我正式放下槍桿，提起筆桿；這枝 Rockman 就變成我生產的源泉，我把心血腦汁絞搾出來，經過它的辛勤工作，化爲無數藍色的幼苗，由抽芽而茁長，由開花而結實，雖然花並不絢爛，實也並不豐碩，但是它已的確盡了耕耘者應有的勞苦與努力。一年，二年……歲月不但對人是無情的，對鋼筆也毫不例外。按理說，從它腳底下爬出來的稿費，已經比它原來的身價高出了十倍百倍，論功行賞，也該是它退休養老的時候了；可是一來主人太窮，心餘力拙，再則它對我實在是得心應手，使我不能無時或釋。由於過度的辛勤勞瘁，它終於顯出了老態龍鍾，和搖搖卻墜的姿態了。

我爲了體卹它的年邁力衰，於是正式請它擇日退休（遞補它的遺缺的，是一枝年青而不馴服的二號小派克），同時爲了紀念它的豐功偉績，把它珍藏在書桌的抽屜裡，並爲詩以紀其輝煌而不凋謝的生命。但是，我的唯一「可畏」的「後生」——三歲的虎兒，正在發急沒有鋼筆描畫時，卻發現了我這位可憐的伙伴；他在我打開抽屜而忘記關上的空隙時間裡，毫不客氣的「順手牽羊」，拿去「自得其樂」的任所卻「畫」一番，畫來畫去，我這枝有過「汗馬功勞」的 Rockman，竟弄得「下落不明」了。

事後我火冒三丈的追究責任，妻檢討起來說是責任在我本身——不錯，誰讓我打開抽屜而忘記關上呢？那麼，接著就是到處尋找，可是那裡也找不到！據虎兒的「回憶」，鋼筆是被他扔到門前的水溝裡去了。水溝裡撈鋼筆，雖然不比「大海撈針」困難，但是結果的一無所獲，倒是並無二致；這當然是孩子小腦筋裡的「回憶」不夠正確。然而除此以外，更無別的線索可尋了。

可憐的好伙伴啊！我向何處爲你一賦招魂呢？

二、手錶

我有一只叫做 Nimra 的大型手錶，牌子聽起來雖然不夠響亮，卻是道道地地的瑞士貨，然而朋友看見了它，都硬說它是江西出品。

的確，嚴格的講究起來，我的手錶眞是旣老且舊了。「老」與「舊」自然是無傷大雅，錶的任務只是準確的控制時間，報告時間，我的錶雖然沒有漂亮的儀表，但是它卻始終能夠恪守它的任務，邁著謹愼而堅毅的腳步，一秒一分的不停走著。白天，在我的腕上，黑夜，在我的枕下，隨時向我發出珍重的警告與啓示，讓我不要輕易的放任時間的流逝；就憑著這一點，我特別偏愛它，和它有著濃厚而不能分離的情感。

我這一只 Nimra 手錶的到我手上，和那枝失蹤的 Rockman 鋼筆歷史差不多，也是三十六年在上海買的；當時我之所以選購了它，除去因爲它的體積薄而大以外，再沒有別的理由。記得妻在那時曾經勸我挑擇一個更爲名貴的牌子，然而我到底愛不忍釋的執拗的選中了它。屈指算來，它已經和我相處五年之久，五年對於一只錶的歷程，自然不算太長，可是它也確曾跟隨我受了不少的風霜坎坷，無怪未老先衰了。

因爲我是一個極其隨便而不喜矜持的人，所以對於身上什物的保養與愛護，不像一般人那樣的細心。例如，有的時候我因爲事情太忙，連洗臉的時候，都顧不得把手錶摘下來；我的錶既非「游泳表」，也不是全部「不銹鋼」，因此，一年不到，它已經被我折磨得滿身斑駁，遍體垢痕，「守時」依舊，而「面目全非」了。我在「心疼」之下，發誓以後一定要摘下錶來洗臉；然而就在實行的第一天，我洗完臉以後匆匆去辦事，等離開盥洗室差不多半小時之後，我因爲需要看看時間而抬起手腕一望時，才發覺它並沒有隨我以俱來，連忙趕回盥洗室，還好，它依然靜靜的躺在那裏，正獨自「的的搭搭」的發出輕謳；在這半小時之內，這間公共盥洗室裏人來人往，何止百十？然而他們對我的錶卻都熟視無睹，如果不是世風日「上」人心「太」古的話，一定是我的錶「賣相」不佳，以至毫無誘人的魔力。對於它這種成功的「僞裝」，我也爲它獲得安全保障而欣喜著。

還有值得替我這位伙伴誇耀的，就是它不僅有勤勞的工作精神，而且也更有堅強的生命力；它不像一般闊人，動不動就要生病住醫院；也不像普通的機器，碰一碰就進廠修理；五年以來——一直到現在，它沒有生過任何的毛病，連一次「油膩」都用不著擦。有一次，我參加一個籃球比賽，正在鏖戰廝殺的時候，我的錶竟與籃球脫手齊飛，大驚之下，連忙高呼了一聲「Time out!」幸而搶救適時，使它得免於諸位健將的「鐵蹄」踐踏；就這樣，它已經被摔出數丈以外，在我想像之中，它說不定是「肝腦塗地」，弄得慘不忍睹了；可是當我拾起它來，發覺它的外表完整依舊，再附耳諦聽，它仍是輕謳不輟。我的天！這不是奇蹟又是什麼呢？

終於，它的壞運氣來到了。前幾天天氣太熱，我終日滿身流汗，後來看看它，不知道爲什麼它也是汗如雨下，錶面裏邊凝滿了小水珠；我打算「動」五年以來的第一次「手術」，拆掉錶面，替它拂拭一下，但是不「動手術」猶可，一「動」之下，字盤上面的「2」字不見了，「3」字殘缺了……我面對著這位像是眇了一目的老伙伴，眞是愧悔交集，欲哭無淚！

如今，它依然靜靜躺在我病枕之下，它的腳步顯得那麼衰老，連謳唱也有點沉重而瘖啞了，我默念著，幾時能爲它覓一個「後起之秀」，好讓它退休靜養以終天年呢？

三、刮鬍刀

一個週末的燈下，我同妻「好整以暇」的，一面檢討家事，一面也檢點一下日用的什物。自從來到台灣的將近三年中，我們的家庭，是只見舊物的逐漸減少，不見新物的逐漸增加；在這種感慨之下，我們忽然想起了來一次「選舉」——從我們現存的一切「家當」裏面，選舉出來一件歷史最久資格最老的東西，用它來作爲有紀念性的僅存的「碩果」。

除去了幼年的照片，因爲我們本人都在場而無資格參加「競選」外，妻提出的一名「候選人」，是她已經用了將近十年的一面小鏡子；當然，我們結婚才不過八年，她這一名「候選人」的資格不算不老了。可是正由於這面鏡子的啓示，我卻提出了一名「雷霆萬鈞」的勁敵——一把追隨我十四年的 Valet 牌刮鬍刀，終於以二對零（妻也放棄了她的鏡子而投我一票，虎兒因鬧著要睡覺，臨時棄權）的壓倒多數，榮膺「碩果」稱號。

這把「萬利」刮鬍刀，和我眞是個有趣的結合。記得那是民國二十七年的春末，我隨著部隊由台兒莊轉進魯南，中途宿營在一個不小的鎮上，那裏有一家「麻雀雖小五臟俱全」的洋貨店，我們都紛紛添購一些毛巾肥皂之類的日用品，胖胖的店主捧出了這麼一打「冷門貨」，但在一般虬髯于腮的「老總」們看起來，卻是「熱門」的不得了，你爭我搶，人手一把，結果我也糊里糊塗的趁熱的買了一把。其實我那時候還是一個不到二十歲的毛頭小伙子，連半根鬍鬚也沒有；此後它一直安靜的跟我數年之久，才有一天被正式「啓用」，以後我的年事愈長，它的工作也就日益繁重，到現在簡直是朝夕晤對，不能或離了。

我和它之間，聚首雖是偶然的，可是彼此的「緣分」卻特別堅實而長久。我在部隊裏面前後幹了十多年，身經何止百戰，跋涉不下萬里；因爲戎馬倥偬，生活緊張，所以往往春天用的東西，到了夏季就扔光了，秋天的東西，同樣也過不了冬季。我很奇怪，這把刮鬍刀爲什麼能夠始終追隨左右，一直跟我廝守到今天？如果詳究起原因來，大概是由於它的體積小，便於攜帶，而且有一個長時期，我曾經利用它的盒的空隙，放置我一枚常用的圖章（這枚圖章早已經遺失了）；而最重要的，還是因爲它具備著「斬荆披棘」的鐵腕，爲我的一些有鬍無刀的戰友們所喜愛與珍視，所以它才以「戰場良伴」的資格，被我珍重存用到現在。

十幾年來，在它膛內吞吐的刀片，已經不在少數；被它刮下的鬍碴兒，接在一起，我更無法估計那驚人的長度。隨它同來的伴侶們，盒子早已變成碎片，精造的自動利刀也寸寸斷折，不復再能應用。剩下它孑然一身，卻是老當益壯，一點也看不出衰頹的徵象。

在我的伙伴中，Valet 的確是我的「碩果僅存」的老伙伴，然而它卻好像無意告老歸田；試看當我病癒起床的時候，對鏡薙剗多日積蔓的鬍鬚，它躍馬橫刀，鋒芒四露，誰能不稱讚一聲好個「不凋謝的老兵」呢？

四十年七月，病中，台北市

《暢流》六卷一期（四十年八月）

窗外三章

一、青天

窗外，是青青的天。

它是沒有邊際的，而竹籬卻爲它劃出一道參差的界限。

晴日，天蔚藍的像一片海，白雲是海上的帆；當白色的多變幻的帆，輕輕移來又悠悠逝去時，我的思緒像是它的乘客，也隨著到了不可計算里程的遠方。

那遠方，也許是我離別已久而渴望著早日打回的故鄉，也許是更遠的故國的西北，大草原上的羊群不也是像雲一樣的白嗎？而那吹著豎笛的牧羊女，曾經橫坐在我的馬背上向我唱著情歌的，現在怎樣了，怎樣了啊！

於是，我默默的凝望著這塊青青的天；它有著南中國海的上空的明澈與寧靜，從來沒有響一聲像故都那樣迴旋的鴿鈴。

我退倚在籐椅上，窗外的天被窗口鑲上了一個長方的框子。

它應該是廣無邊際的——像我的思緒一樣，而這長方形的框子卻使它變得那麼狹小。

我從窗裡凝望著天，常常是這樣欣賞著宇宙的表情。

是的，貼緊了我的窗口而被窗口擠得狹小的天，正是宇宙的面孔；它有時是青青的，而有時則是多彩的。

啊啊，來了，大風暴；來了，大雷雨！

我曾看到了兇悍的「貝絲」，潑辣的「妮娜」，她們頭髮，散亂裙裾飛揚；這些希拉（Hera）的叛徒，莫考萊（Mercurg）的棄婦（？）們，在喧囂，呼喊，撕擰，破壞……我閉緊了窗扉，不忍再看那悲戚扭曲的面容。

但，不久又雨霽風停，青青的天懸上一道瑰麗的虹橋，一端低垂在我的窗外；我直欲跨出窗口，踏上這座橋樑，遠上霄漢。

而虹又消失了。

晚霞像一匹錦繡天衣的衣料，照耀我滿室生輝；想起深秋時節，在北平西山，在南京棲霞，看滿山紅葉的情景，恍如昨日。故國啊，我那能不懷念你。

一彎新月，滿天星斗，天更沉默了，像深靜的毫無波浪的海。

孩子的夢裡，正有彼得潘的船在橫過月亮向前飛航，飛航……，那船會停在他們溫馨的家庭的窗口，讓他們跳進父母的懷抱裡去重溫天倫之樂。而我們這成年的大孩子們，也凝望著那遙遠的月亮，希望有童話一樣的奇蹟出現；但，我們溫馨的家呢？父母的懷抱呢？……

對著天，一流思鄉淚吧！讓月與星的光，使你的淚珠顯得特別閃耀而晶瑩，窗外，天已黎明；朝陽發著璀璨的豪光，召喚著沉睡的大地醒來。

我看見戰鬥的機群，掠過青青的天，向遠方飛去。

離開窗口，走到敞闊的郊原；啊啊，青青的無邊際的天啊，我要看見你偉大的全貌。

二、小院

窗外是靜靜的小院。

這小院還沒有故鄉老家的天井大，然而在我——在今天的我，已經覺得它的恩惠不小了。

沒有它，我將被陽光與風雨所遺棄；沒有它，我的靈魂將會感到難以忍耐的窒息。於是，我愛我這靜靜的小院，像愛故鄉老家那寬闊深遠的庭院一樣。

從泥土裡出生成長的孩子們，是嗜愛著泥土的，我的小院裡有泥土；它是芳香的寶島的泥土，雖然沒有故鄉的那麼馥郁，但我從這裡可以嗅出遠在千萬里外的故鄉的氣息。啊，你能說它不是思鄉病的醫治者嗎？

有著祖國大陸血緣的寶島的泥土啊，讓我吻你吧。

我愛小院，我愛我小院的泥土，讓我在泥土上播種著綠的種子與綠的生命吧！

挺拔的馬尾松，堅強的站立起來了。妳把頎長的身影投映到窗紗上，永遠那麼湛綠而英秀。

美人蕉是婀娜多姿的，妳簪著黃色與紅色的瓔珞，給我的小院平添了幾許春色。

這不知名的，我姑且叫妳木槿吧——是的，妳多麼像故鄉的木槿啊！妳爲什麼有這麼旺盛的生命力，幾番風雨，妳竟長得這樣茂密而壯大了；怎麼，妳要統治我的小院嗎？

不，我應該說蔦蘿是我小院的統治者。妳，蔦蘿，當我把妳移植回來的時候，妳是多麼纖弱可憐，而今天，妳已爬滿了我的籬笆，又掛滿了我的屋簷。讓開一點好嗎？我要多看一點青青的天和陽光呢？

還有妳，多刺的玫瑰；在我的小院裡妳該不會感到委屈吧？我知道妳不會委屈，這裡有妳所要的陽光空氣與水，還有在別的地方所沒有的濃厚的愛啊！

濃艷的聖誕紅，妳是小院的新客，不會覺得不習慣，沒有任何人敢對妳不歡迎的。

梔子花啊！妳爲什麼要這樣羞澀呢？總是躲在那陰暗的角落裡，像一個沒見到大場面的鄉下人；妳需要我更多的熱愛嗎？說吧！

而妳們，這些傻頭傻腦的仙人掌，一天到晚楞楞的呆在那裡，妳看著我，我看著妳，別人都長大了，妳們還是和初來的時候一樣，快長吧！

長吧！長吧！所有屬於我的小院裡泥土上的種子與生命。長吧！不要畏怯於亞熱帶的暴風驟雨，我的堅固的竹籬笆，我的熱愛與希冀，都爲妳們提出了有力的保障。

在靜靜的小院裡，生命在無聲的躍進！

我樂於光著膀臂和腳踝，沐浴著溫麗的日光，踐踏著芳香的大地，像一個園丁，像一個農夫，在這靜靜的小院裡播種著，耕耘著，讓我的汗和勻了每一粒泥土。

然後，我將爲這曾經吸吮我的熱汗的泥土祝福；而當反攻的號角吹響的時候，我將吻著這泥土向它告辭。

那時，我將回去，因爲故鄉有更芳馥更廣大的泥土等待我去播種耕耘；老家有更大的而已經荒蕪了的庭院，等待我去花下尋找兒時的記憶。

三、蛛網

窗外，有一個蜘蛛正在辛勤的結著網。牠在爲了生活而奔忙不停；如果你曾經讚美過漁夫與獵人，你就不應該指斥牠是一個貪婪的狩獵者。

我看見牠從屋簷下謹愼的走出來，勇敢的臨空一跳，一縷透明的絲線從牠的腹內抽出，而牠就懸在這纖細的絲線之一端，在風中宛如鞦韆的搖盪。

我看見牠盪到了馬尾松的頂端了，牠又從曬衣竿上匆匆的爬過來，再一跳，一盪，到了木槿花的枝椏上。

於是，這自然界的穿梭者，上下左右不停的奔馳著，無休止的從牠的軀殼裡抽出生命的繩索，在片刻間織出了一面美麗而寂寞的網。

網，寂寞的張在那裡；蜘蛛，疲倦而寂寞的蜷伏在網的中間。

沒有一隻蝴蝶飛來，沒有一隻蜜蜂飛來，沒有蒼蠅，甚至於連蚊子也沒有；因爲，在冬天，我的窗外是寧靜而寂寞的，靜寂的可以聽到這隻蜘蛛的失望的嘆息。
我看見牠逡巡的離去了，牠遲緩的爬出了網子，又回到屋簷之下，當第一隻星在天際眨眼的時候。

次晨，我推開窗戶，看見朝霞綴在蛛網上如串串珍珠，在清冷的晨風裡輕輕搖曳。

蜘蛛邁開龍鍾而惺忪的舞姿走下來，牠在網上始而低徊踟躕，又復急躁的奔來跑去，那飢渴貪婪的樣子使我啞然失笑；然而網上除露珠外一無所有……。

牠又再度的辛勤工作起來。牠把網上破爛的地方密密的補起，又把網的幅面加以擴大；我看見牠步履蹣跚，彷彿力不能勝，而從乾枯的腹部裡所抽出絲線，也好像蒼白的更爲透明纖細。

可憐的蜘蛛，又寂寞的白白的守望了一天。

是的，一點也不錯：我的窗外當冬天來到的時候，是如此甯靜而寂寞，沒有蝴蝶，沒有蜜蜂，沒有蠅蚋，甚至於連一隻蚊子也沒有啊！

而你，飢渴的蜘蛛，你只有失望的嘆息吧！

再一個清晨，我不見那蜘蛛；只有那面破網更寂寞的，懸在風裡，也搖曳得更破了。

從清晨到第一隻星掛在網上的黃昏，我都沒有見到那隻可憐的蜘蛛……。

而今，春天來了，春天來了啊！

在我的窗外，有蝴蝶炫耀著牠們俏麗的春裝，有蜜蜂嗡嗡的撲擊著我的窗紗；我知道，討厭的蠅子與蚊蟲都快要向我喧鬧了。然而，蜘蛛還沒有回來的信息，只有更殘破的網，更寂寞的拖在馬尾松上，像給這棵年輕的樹添了幾莖白髮。

我的窗外不再寧靜了，這是春天！

蜘蛛，你沒有回來的信息嗎？

四十三年三月

《當代青年》七卷第四期

螺殼之什

——親情篇

一、作父親的滋味

從前我是一個不太喜歡小孩子的人，和朋友們在一起住的時候，他們那些自認為是「寶貝」的孩子們，常常遭受到我的「白眼」。假如孩子們不小心而在我的面前拉撒尿，或者竟弄髒了我的衣服被褥，我就會向他們的父母大發牢騷。朋友的太太們往往報復似的向我說：『等你結婚以後生了孩子，讓你嚐嚐這個滋味怎麼樣？』我總是理直氣壯的回答她們：『誰要這些累贅？』

後來，我終於在工作中認識了妻，我們很幸福的結婚了。而且由於年齡逐漸的長大，需要有一個值得「寶貝」的孩子。俗語說：「二十無子心裡想，三十無子嘴裡講，四十無子滿街嚷」。總之，為了點綴家庭裡面的單調氣氛也好，為了「不孝有三，無後為大」的古訓也好，我最初「心裡想」著有個孩子。

那時我和妻都在部隊裡工作，每天過著鞍馬勞頓的生活，妻先後生了兩個男孩，都不幸夭折了。我在失望中常常咀咒著我的環境，甚至怨恨著冥冥的上帝。同時我的年齡也漸漸也走上了「嘴裡講」的階段，我感覺到我是更迫切的需要孩子，甚至於喜歡所有人家的孩子們。一些舊日朋友的太太們，都抓住機會來向我嘲笑揶揄，但是我不管，因爲我也再沒有什麼理由來答辯她們。

妻在生過兩胎之後，一方面由於身心的疲憊，一方面又感受失望的刺激，她常常表示決不再生孩子了；尤其是在這種動亂的時代裡，生了孩子反而更加重我的負擔和她的勞累。這種意見雖然不無理由，可是我卻大不贊成。我的意見是：現在我們還年輕，還可以有掙扎奮鬥的能力，假如我們有了孩子，還能夠盡我們的全力去教養他、培植他，使他成爲一個有用的人，而且這個動亂的時代，誰又知道會在何時何月平靖下來？如果到了「滿街嚷」的階段還沒有孩子，豈不更叫人著急？而且……，許多個「而且」……，說得妻啞口無言。

三十七年我調到上海，妻第三次懷孕了。這次我們特別的興奮，對胎兒也更加小心照護，上海的醫院設備當然較內地小城市完善多多，妻自從懷孕起，差不多每星期都要去檢查一次，母親也老遠的從西安寄來一個「保胎無憂散」的舊藥方子。讓我每半月照方給妻吃一副，我們所有的一點收入，差不多都花費在安胎的工作上，妻特地置備了一些有關生產和育兒的參考書，每天手不釋卷的閱讀討論。由於過去兩個「小把戲」的不成，妻更迷信的否定了他們的一切，她說這個小生命出世，就算是我們的第一個兒子。這個我自然贊成：「好，就這麼說！」

正是時局緊張和戰未定的三十八年元月，在一個寒冷而晴朗的中午，我們的「虎子」發著宏亮的哭聲而降生人世了。雖然他正逢著這多難的時代，但是他那粗壯肥碩的軀體和紅潤滾圓的面孔，卻說明了他是一個新生的鬥士。當特等產房的護士小姐向我道賀：『先生，你得了一個八磅半重的小男孩！』那時候，我不禁一跳好高。妻從手術室推出來的時候，臉上也露出疲倦而滿意的笑容。

小虎子在我們悉心養育之下，一天天的健壯活潑起來。在他滿月的期間內，我每天晚上很少睡覺，但是我也不感覺疲倦，雖然他的尿布弄得滿屋滿床，我也若無其事。朋友們和他們的太太來我道賀時，總會說上幾句：『你現在嚐到當爸爸的滋味了吧！』或者：『怎麼樣？你們孩子的尿臭不臭？』我的回答只有笑。

上海保衛戰隨著時局的演變迅速的展開了，在隆隆的砲聲中，我和妻耽心的不是我們本身的安危，而是我們小虎子的未來，所以在五月下旬浦東戰事劇烈進行的幾天，夜裡聽著綿密的砲聲，看著酣睡無知的孩子，眞是竟夜不能安眠。我自己在槍林彈雨中出生入死的轉戰了十幾年，無論如何已經「夠本」了，我們的第二代將來還有他們本身的責任和前途，決不能在今天埋沒了他的力量，於是我渴望著離開上海。

終於，在上海易手的前兩天，我也因爲工作機構的遷移，和妻帶著孩子搭最後一班運輸機來到臺灣。當飛機在茫茫大雨中冒著地面上的炮火上昇時，我抱著這剛剛四個月的小傢伙，看著他張著小嘴想吐的神情，眞是萬感俱集，直到安然著陸後，我才不禁狂吻著他的小面頰，爲他說了無數的祝福。

現在小虎子已是七個月了。他會逗人笑，會坐會爬，會呀呀學語了。在我們異地團聚的一家人中，他是我們唯一的「寶貝蛋」，母親是他的老姆姆，八姊是他伴遊者，妻是他的乳媼，我和弟弟是他的理髮師兼修指甲匠，我們並不是過度的寵愛他，而是把一切希望的種子都播種在他的身上，看見他就好像看到了光明和新生，看見他也就好像看到了明日的遠景……。

是的，我的負擔也許漸在加重，可是我覺得我的責任尤其要加重，在目前，這不過是一個開始！如果今天讓我品評一下作父親者的滋味的時候，我一定會搖搖頭說聲「還不夠！」為了使我們的第二代健強的成長起來，堅定的生活下去，那作父親的滋味，還有更辛酸苦澀的在等待著我們去嘗試呢！

三十八年十月，嘉義

二、螺殼瑣語

如同任何人一樣，我有我的家。

往昔，我的家是一個農業社會中典型的大家庭，人口數以百計，五代同堂；有從耕種、商業，和「仕宦」各方面積聚的產業，也有我童年時代的幸福與歡樂的記憶。然而，那個家在戰爭的洪流中被毀滅了；至今除了我的美好的記憶外，恐怕早已一無所有。以後，隨著戰爭的洪流，我也建立了屬於我自己的家，它是如此的小，小得只有三個人；而且在動盪的時代中，如果比擬起往昔安定富裕的大家庭生活來，簡直是無法同日而語。但我熱愛我現在的「家」，遠勝過對舊日一切的飄茫的懷念。

「七七事變」那一年，蘆溝橋頭的砲聲與烽火，燃沸了我滿腔的熱血，跟隨著青年學生從軍報國浪潮，我離開學校，走入抗戰的陣營裡來，喋血轉戰於南北戰場，年復一年，也許是『只因有了戰爭，我便淡忘愛情；』（這是我自己在〈拾夢草〉中的詩句），所以在那幾年中，我便任令生命中最值得珍貴的青春，爲祖國的苦難而作不吝惜的抛擲與棄廢，而且從無結婚「成家」的念頭。但當抗戰末期的時候，我和妻相識了，她竟使我想到了結婚與成家；好像有一種神奇的力量在互相吸引著我們，使我們無法分離——現在回想起來，那大概就是「戀愛」，但我們彼此並沒有說過一句肉麻的「我愛你」——於是，我們結婚了。

結了婚，我便有了家。這個小小的家，像一隻無形的螺殼，馱在我的背上，而且無休止的隨著大時代的軌跡向前移動著；不管它有時輕快，或者有時沉重，總之，我可以驕傲的向著單身漢的伙伴們炫耀著，神氣的回顧著自己的螺殼向他們說：「喏，看吧！我已經有家了！我已不再是蛞蝓，我是蝸牛！」

這個螺殼馱在我的背上，已經十二年多了；它應該使我逐漸感覺到沉重的，然而竟始終沒有。原因是到現在爲止，我們只有一個寶貝兒子。妻前後曾爲我生了三個男孩子，不幸懷頭一個的時候，在夜行軍中墜馬，動了胎氣，早產夭折；第二個又因爲妻暈船而流產，回天乏術。否則的話，我們今天將會擁有十二歲、十歲、和六歲的三個大兒子，走出門去，陣容浩浩蕩蕩，一部三輪車絕對坐不下了，我希望我有沉重一點的螺殼，好考驗一下我負載的能力，然而至今仍沒有加重，這於我，是多少有點失望的。

另一個使我感到始終輕鬆愉快的原因，就是妻對於我的助力。我毫不誇張的說，妻眞是一個美麗聰明而又能幹的小婦人；她是「名門閨秀」出身，並且又是父母從小嬌慣的獨生掌珠。從和我結婚之後，固然也有過間斷的好日子，但也確曾受過不少的苦；然而在最苦難的生活裡，她也從無怨言。她無論在任何環境之下，都會把我們的螺殼曝晒在陽光下，讓它充滿了明亮、溫暖、與歡樂幸福的氣氛；使我不但在前進的里程中，從無後顧之憂，而且永遠保持著高度的旺盛的工作精神與效率，大步跨進！

妻是學聲樂的，有一付好歌喉，同時她也愛好戲劇，對平劇和話劇都頗有表演的天才和經驗，然而她爲了我的事業與家庭，甘願放棄她的愛好，湮沒她的天才，全心全意的爲我做一賢妻良母型的家庭主婦。關於這一點，朋友們常常替她惋惜，爲她叫屈，而她卻發自內心的毫不在乎；並且時常故作老氣橫秋的樣子，說：「老了，沒這個興趣了！」因此，文藝界的朋友們都稱她爲「白蒂老」；其實，她眞的還沒有老，孩子的同學們，還常常把她當做孩子的姐姐呢！

我和妻都知道，家庭永久幸福的基礎，是建築在永遠不變的愛情上面的；因此，我一貫用愛來統治我們的螺殼，使我們的生活，在愛的光輝中永遠絢燦而多彩。報刊上常常有些關於丈夫和妻子應有的條件或標準，我們拿來衡量自己，答案時常都是滿分。我們的孩子也是一個可愛的小傢伙，從來不給我們添麻煩；這小子現在已經能夠看報紙了，爲怕慣壞了他，這裡不必多對他介紹，防著他自己看了得意忘形。總之，這螺殼裡的每一個組成份子，都是生活在愛的天地；憑著這愛的支持，我們不怕任何艱難困苦的風雨，而勇敢的前行著去迎接命運的陽光。

四十六年六月，台北永和

三、作獨子之母（註）

·白蒂華　作

剛從成功嶺看兒子回來，我們家的「老爺子」鍾雷，就又急如星火的交下了一樁任務。

『拜託妳，把這篇文章給寫寫吧！』他遞給我一封信。

『人家主編給你的通知，你爲什麼不寫呢？』我看看那份來自『家』版的「召集令」，覺得「老爺子」是故意跟我爲難，我又不會寫文章。

『我在十八年前就已經寫過了。』他提著皮包準備出門上班：『這回該輪到妳寫了。而且我已經替妳想好了題目——作獨子之母的滋味。』

把家主婦該忙的事情忙了一個段落，到書房裡找到鍾雷的作品貼存簿，只翻到第二頁，就看到了他以前所寫的那篇〈作父親的滋味〉，那是在三十八年十月廿九日發表於中華日報家庭版的，到現在已經是整整的十八個年頭了。那時候，我們剛來台灣不久，犟兒也才剛出世不久，如今孩子已經是一個十八歲的毛頭小伙子，而我們也開始步入哀樂中年了。重讀那篇十八年前的文章，眞是別有一番「滋味」在心頭！

「獨子之母」！是的，截至目前爲止，我們就只有犟兒這麼一個「寶貝兒子」。在他之前，我曾有兩次流產的慘痛紀錄，一次是由於抗戰期間，半夜行軍的墜馬，另一次是由於勝利復員途中的汽車顛簸和暈船。後來，不得不感謝上帝，犟兒是出生於一切環境都比較安定和優裕的上海，他在先天和後天方面都可說「得天獨厚」；雖然在襁褓之中就又趕上了撤遷來台，但十八年以來他始終是我們家唯一的「幸運兒」。在他之後，我們的「老爺子」曾經日思夢想希望再有一個女孩子，而我卻十分抱歉向他交了白卷。現在，由於年齡的關係，若非再有奇蹟出現，我看我這「獨子之母」的頭銜是確定了。

正因爲犟兒是我們所最鍾愛的獨子，是我們一切希望所寄托的獨子，所以身爲母親的我，這十八年來的歲月，眞可以說是甘苦備嘗。一般的獨子，最容易發生兩種「偏差」的傾向，一是由孤獨而養成了個性的孤僻，一是嬌慣而養成了行爲的乖張；在這兩方面，我不敢說我會對孩子如何「循循善誘」，而應該感謝造物主，我們的犟兒從小到大，都是一個最合群、最樂觀、最和善，而且在最正常之中表現最爲優秀的孩子。當然，男孩子畢竟是男孩子，他們的天性免不了「皮」，少不了「野」，玩槍弄棒，爬高跳低，好勝爭強，行俠仗義……，不如此也就不成其爲男子了；但是我們的犟兒在這些方面也都頗有「分寸」，也可以說是「恰到好處」。若非如此，我這作「獨子之母」的滋味，恐怕要和「馴馬師」差不多了。

這年頭兒，孩子們讀書升學，不但苦了孩子，也苦了身爲父母的人。夙興夜寐，噓寒問暖，裝便當，提書包，送去接來，檢查課業，平時關心成績單，「戰時」還得冒暑陪「烤」

……天下父母心，人人都免不了「望子成龍」，而且要孩子讀好學校也是「人同此心」，誰也「決不後人」。還算好，我們「老爺子」要孩子讀「一整套」學校的「計劃」，我們孩子總算以「過關斬將」的精神給順利的達成了，那就是私立小學、市立初中、省立高中、和國立大學；今年暑假，翬兒畢業於成功中學，以「第一志願」考上了政大新聞系，發榜的那一天，把我們老兩口子樂得不知道是該笑該哭……。這就是天下父母心，不，天下作父母的「滋味」吧！

不過，話又說回來了，我們的孩子除了讀書不用大人操心之外，他的興趣又是多方面的，而且在什麼地方都算是一個「風頭」人物。在學校裡，編壁報、打籃球、當這個「長」那個「長」、參加講演和論文比賽（在中華日報還得過獎呢），和他的老師合作過長篇漫畫連載（也是刊登在中華日報）……，這還不說，他還「行有餘力」，和朋友組織了一個合唱團，編了一種熱門音樂雜誌，「監製」了不少唱片，從高中二年級起，就以「羽軍」的化名在電台服務，前後在兩家電台主持過「青春之歌」和「風行歌選」等等節目，被一些年輕熱情的女聽眾們給追得「手足無措」，連我們老兩口子都替他著急不已！

可是，著急儘管著急，孩子究竟大了，「愛情」對他而言，將是一個日益臨近的課題；而早晚會有些女孩子闖了過來，介入在我們的生活之間，甚至其中之一將會變成我們家庭的一員。我們家的「老爺子」鍾雷常對我說：『這年頭兒又不是我們從前那年頭兒了，孩子們的愛情和婚姻，讓他自己去發展好了，我們不要操這份兒閑心好不好？』

然而我是「獨子之母」，要讓我完全不替兒子的事情操心，那是「違心之論」。還有，再過幾年，孩子在大學畢了業，難免要出國深造一番；那時候，重洋遠隔，叫我這身爲「獨子之母」的人，將是一種什麼「滋味」在心頭呢？

五十六年十月，木柵

（註）這是我白蒂華「偶一爲之」的作品，刊載於五十六年十一月七日中華日報「家」版，特附印於此，以留回憶。

四、不凡的友誼
永恆的親情

・翟　翬　作

我很感到驕傲，因爲我有一個可敬又復可愛的父親。

雖然，身兼數職而並不「兼薪」的父親，平日工作繁忙的不得了，可是他對我的學業和興趣，仍然非常的注意與關切。例如：我對「熱門歌曲」非常喜好，他並有像一般作父親的人那樣地百般阻止，或者認爲這種興趣是旁門左道，他反而會鼓勵著我說：

『你聽熱門歌曲我不反對，因爲你既然有興趣，只要不妨礙你的功課就行；同時聽外國歌曲，對於你記英文單字可以有不少的幫助……』。

不僅如此，在偶而得到空暇的時候，也經常選些好聽的、有抒情韻味的西洋歌曲，把原詞翻譯過來，然後再把它填成中文歌詞來唱。有時候他「老人家」高興，還拉著二胡，讓我用吉他伴奏，請母親高歌一曲。這種「中西合璧」的家庭音樂會，不但我們全家自得其樂，同時也博得鄰居們的不少讚賞呢！

遇到假日，我們父子二人，時常穿著同樣料子和式樣的衣服，去看電影，或是兩個人併肩攜手的一齊逛街。經常我要光顧一下唱片行，他也很有興趣的幫我挑選，幫我「掏錢」，久了，唱片行店員忍不住問我：『他是你的哥哥？朋友？』我告訴他：『那是我的父親大人』。那店員聽了驚奇地眨著小眼，楞在那兒。其實也難怪人家，父親和我的感情，不僅僅是父子之愛，同時也像是最要好的老朋友那樣，有著深切而不凡的友誼。

此外，我們爺兒倆也還有多方面相同的愛好和興趣，他不但指導我讀課外的文藝書刊，而且常常不憚其煩地指導我打球、游泳、甚至跳「Surfing」……，這一切，並不是意味著父親對我溺愛，相反地，我如果對任何事情不認眞，他照樣會吹鬍子瞪眼睛的訓我，那份兒威嚴，也照樣很夠瞧的。

當然，我自己也很爭氣，進入「成功」高中以來，無論是大小考都還能名列前茅，父親對這點也很感欣慰，認爲我「頗有乃父之風」。他常提起他從前讀書的時候：「前一、二名得之易如反掌」，我想大概不假，直到如今，有些公式、定理他都還能背誦如流，雖然他並不主張靠「背書」去爭取文憑。

平時父親常常以「堅持最後五分鐘」這句話訓勉我，希望我能有恆心、有毅力，能夠這樣，沒有任何事情會做不好的，當然前一、二名得之也更是易如反掌了。這句話的意義和重要，我非常明瞭，事事能有恆心，有毅力，「堅持最後五分鐘」，一定會有所成就的，父親本身就因爲做到這點而獲益匪淺。

「七、七」抗戰軍興，大學生的他毅然投身軍旅，在槍林彈雨之中，以堅忍不拔的毅力，沉著冷靜的頭腦，「運籌帷幄、決勝千里」，廿六歲的他，已是少將參謀長代旅長了。他現在每天要處理繁忙的公務，公餘還要爲雜誌報紙寫文章……，寫作雖是他的興趣，然而也實在夠辛苦的，但是父親依然是安之若素，絲毫不懈不怠，即使在深夜，也一定要把事情都做的告一段落才肯歇手。我時常勸他早些休息，他就會慈愛的對我說：『我要「堅持最後五分鐘」，把事處理妥當才能停手，有了這種意念，就不會覺得疲倦了』。接著他幽默地說：『想當初，我就是靠這「堅持最後五分鐘」的勇氣和毅力，在強敵環伺之中，才把你媽媽追到手的。』他說完這些話，凝神地看著我卻回頭望了媽媽一眼。

我是家裡的獨子，父母的希望自然都全付寄託在我的身上，我當然應該努力自強，奮發向上，尤其是應該努力的依照父親的訓示；要有恆心、有毅力的去完成學業，開拓我光明燦爛的前途遠景。對！必須這樣，才能夠對得這不凡的「友誼」，不辜負這永恆的「親情」！

五十四年八月十日

「中華副刊」

五、沉靜的感覺

懷念君石表舅

・康芸薇作

剛來台灣的時候我十三歲，因為戰亂耽誤了學業，才上小學五年級。那時我不會ㄅㄆㄇㄈ，不會說國語，只會講又土、又拙的河南話。

我們河南人木訥、保守，不善交朋友，到我家來的人都是河南老鄉。他們見了面，互相對嘆：「在家千日好，出門半日難。」

戀家的河南人對於台灣的日子很不習慣，我聽到許多大人彷彿受了驚嚇的小孩一般說：「奶呀！這一步跨到天邊了。」

意思是說，媽呀！天呀！台灣距離河南像天邊一樣遙遠，我們怎麼回去啊！

我的外祖父王升庭先生是立法委員，保定二期畢業，來台灣以後就清楚的知道，河南老家他是回不去了，我留在大陸上的母親，他最鍾愛的女兒，他這一生也見不到面了。因為鬱鬱不樂，來台灣沒有多久，外祖父就病倒了。

我每天放學回家，都要坐在外祖父的床邊替他捶背。巷子裡的太陽還是白嘩嘩的，屋子子裡已經漸漸陰暗了，我很羨慕那些在陽光下玩耍的小朋友，一面替外祖父捶背，一面默默的數數。當我從一數到一千的時候，我多麼希望外祖父會說：「你也出去玩玩吧！」

然而，外祖父好像想不到一個十三歲的孩子需要玩耍，他從不曾對我說過我想要聽的話，我只有坐在那裡一面爲他捶背，一面一千又一千的繼續數下去。

在這樣生活中，我最喜歡君石表舅帶著蒂華表舅媽來探望外祖父。那時表舅三十，表舅媽二十歲，是一對人人見了都稱讚的俊男美女。他們每次來一進巷子，鄰居們就會通報我們：

「客人來啦！」

大家都說表舅像當時最紅的男明星黃河，表舅媽則像演秋水伊人聞名的龔秋霞，再加上他們都說北京話，大家看到他們，如同看到眞的電影明星一樣興奮。

表舅像我們河南人比較沉默，表舅媽活潑，她告訴我表舅喊我母親荷珠表姊。她說表舅膚白，我母親很喜歡表舅，叫他小洋孩。表舅來外祖父家，喜歡到我母親的房裡，穿我母親的高跟鞋，呱達！呱達！到處跑。我母親看見了，笑著說：「小洋孩！小心摔跤。」

表舅媽說到這裡，笑盈盈的望著，表舅常對我說：「那個時候高跟鞋多稀罕！荷珠表姊是我們河南最時麾的大小姐。」

我母親並不漂亮，因爲外祖父家環境好，在大陸易手之前，她一直是一個時髦的女子。

聽表舅媽用鳥叫一般悅耳的京片子講我母親，想到她以前穿錦衣出門應酬的情形，眼角不覺濕了。

外祖父生病的時候，表舅和表舅媽來都不帶翟翬，外祖父過世之後，表舅和表舅媽來就會帶著翟翬一起。那時翟翬大約三四歲，也捲著舌頭說北京話，讓人感到這一個小小孩很不平凡。

果然翟翬長大之後，台視、中視、華視先後成立，看他有模有樣坐在主播台前，向全國人播報新聞。我常情不自禁的對人說：「翟翬是我表弟。」

我結婚以後住在木柵，離表舅家不遠，但是我見了長輩不會講話，很少去探望表舅和表舅媽。後來表舅搬到台北，我開始寫作，反而在文藝聚會中常常看見表舅。

有次紀念七七抗戰，表舅唱了一首愛國歌曲，「大刀向鬼子的頭上砍去。」歌聲悠揚、宏亮，讓我看到表舅慷慨激動的一面。

還有一次春節聯歡，表舅上台解釋我們河南人爲什麼不愛講話。他說：

「我們河南人實在，不會花言巧語，珍惜沉靜的感覺。沒事話少，有事話也不多。」

接著他用河南話講了一個我們河南人的小故事：「從前廁所都不在屋裡，夜晚小便，必須開門出去。有一家有兩個兄弟，老二半夜開門出去上廁所，把老大吵醒了。老大問：『誰？』老二答：『俺。』老大問：『ㄓㄨㄚˇ。』（註）老二答：『尿。』兩兄弟一問一答，都只有一個字，全中國三十六省，沒有比我們河南人再話少了。」

我從沒有聽過表舅講河南話，聽了這個小故事和表舅的河南話不覺莞爾。忽然想起聖經中的教訓：「是就是是，不是就是不是，若多說一個，就是出於那惡者了。」原來木訥、不會講話的河南人，有著被神稱許的美德。

近幾年表舅患心臟病，表舅媽不放心，他去那裡表舅媽都跟著。兩個人雖然都七十已過，站在人群中仍是十分亮眼，令人羨慕的一對。許多沒有見過表舅媽的文友，都驚訝的表示，表舅怎麼把這樣漂亮的一個太太一直藏在家中。

如今表舅過世已經一年了，在文藝聚會中看不見表舅的影子，卻常會想起他唱的那首愛國歌曲，和他說的那個我們河南人的小故事，悵然不已。

（註）ㄓㄨㄚˇ：河南話，幹什麼的意思。

卷一

歲月情懷

十年紀錄素言功意與付諸卷
帙中文慕韓蘇多逸氣詩尊杜
陸有高風鳳瑞戲曲情辭好吳
趙阿章年在石紅羊星辰青人益壽
壽香滿室一詞何明（其七）

佛光法鼓逍遙遊雲靄滿山水
彌陀禪悟世尊三藐覺緣靈大
士一楊枝波羅揭諦識能度般
若菩提信了稱是我聞觀自在
金剛貝葉正宗垂（其八）

八十二年歲次癸酉鍾雷曜君書

歲月情懷

一

韶光似水，時不我待，不覺之間又是一年：每當新的一年到來的時候，總難免會有一些感慨和警惕，像什麼「等閒白了少年頭」這些語句，便會怳然而現。而年紀愈益老大，這種感覺不但似乎並未沖淡，同時還常有一份懷舊憶往之情，隨著歲月而日益加深。

我們這一代的抗戰老兵，從「七七事變」開始，就響應最高領袖的號召而投筆從軍，計算起來，到如今恰恰已經是五十年了。經過八年戎馬，萬里關山，在浴血戰鬥中好不容易爭取到抗戰的最後勝利，但卻在復員的中途，河山變色，神州沉淪；我們隨著政府播遷來臺，從民國三十八年算到現在，轉瞬又已度過了三十八年，眞可以說是「少年子弟他鄉老」了。

其實，像我們這一代生長在動盪憂患之中的人們，而且處於「天涯若比鄰」的今日，早已習慣了隨遇而安，有如李白所謂的「不知何處是他鄉」之感。以我個人而言，自幼就隨著先父宦遊各地，少年時期又負笈在外；抗戰期間則將一生的黃金時代，奉獻給保衛祖國而南北轉戰，足跡遍及於秦關漢河。來臺之後，一住就是三十八個年頭，而在故鄉曾經居留的日子，比較之下，實在是少而又少。

然而，每個人都會懷念他自己的故鄉，一如眷戀於童年的回憶，似乎有關於故鄉和童年的一切往事，都是那麼美好，值得永恆的記取與回味。但時空轉變的軌轍，當然不是人力所可左右的；尤其是歲月的流逝匆匆，更令人有多少的無奈和惆悵。

二

「七七」，是我們中華民國國家前途的一大轉捩點。「七七」，也是我個人一生事業前途與命運的一大重要關鍵。

「七七」盧溝橋頭的烽火，點燃了我們中華民族的自覺與自尊，照亮了我們復甦的國魂，在最高領袖的號召之下，地無分東西南北，人不分男女老幼，全面抗戰的決心與行動，支持並貫徹了八年的浴血苦鬥，終於獲得最後的勝利，寫下了英勇悲壯而又可歌可泣的光榮史詩。而抗戰勝利最輝煌的成果，乃是光復了臺澎失土，今日已經成爲反攻復國的神聖基地，與太平洋上象徵著民主自由的燈塔。

但是，如果沒有「七七」事變，沒有日本軍閥發動侵華戰爭，沒有八年的艱苦抗戰，我們的國家何至於元氣大喪？我們的軍民何至於犧牲慘烈？我們的大陸國土又怎麼會沈淪於鐵幕之內？今天我們又何必在這臺澎金馬的基地之上，過著臥薪嘗膽，枕戈待旦的生活？難道這不是歷史的事實嗎？

再以我個人和家庭而言，一個世代書香與耕讀傳家的大家庭，在抗戰期間整個毀了，白香山的「田園寥落干戈後，骨肉流離道路中」的詩句，猶不足以形容慘痛於萬一。在抗戰勝利之後，我家的景象豈只是「田園寥落」，據從家鄉逃出來的人說，經過敵僞匪盜的輪番劫掠搜刮，在戰禍兵燹之餘，我家昔日的宅院堂構，只剩下了一片瓦礫與斷垣殘壁，長滿了高可及人的蓬蒿；荒煙蔓草，鴿翎蝠糞，令人慘不忍睹。

至於人的方面，又豈只是「骨肉流離」，簡直可以說是「傷亡慘重」。在抗戰期間，我的兄弟家人們，有的成爲戰死沙場的國殤，有的則淪爲被迫害慘殺而死不瞑目的冤魂；至今倖存的人又如何在水深火熱中苦受煎熬？更使人無法想像。

在我的大家庭中，我們堂兄弟叔侄們人數衆多，素來都以大排行相稱；其中七哥是我的胞兄，我排行第十，十一弟則是我的胞弟。在抗戰初起的時候，我們兄弟三人以及家裏的堂兄弟叔侄們，多的是十七八歲到二十來歲的小伙子；那時我和七哥都在北平求學，十一弟也正在外鄉讀書，於是都在國家的號召和需要之下，投筆從戎，爲保衛多難的祖國而投身到偉大的抗戰陣營中去！沒有留戀和後顧，當然也更不曾想到個人的前途又將如何？

假如我們早生幾年，或者「七七」事變晚發生幾年，那情況也許就不同了；最低限度，「學業有成」總是一件值得自我安慰的事。再換句話說，假如我們都晚生幾年，那情況又當如何呢？所謂幸與不幸，更是無從去加以比較和測知。「沙場百戰不死，遊子十年未歸」，前句便是屬於我的天幸；而後句迄今屈指，不覺已是四十餘年！個人的遭際與國家的命運本是息息相關的，往者已矣，來者可追，「抗戰誤我終不悔」，這是我至今依然秉持著的樂觀奮鬥的信念和指標。

三

經過抗戰這一大時代洪流的沖激，最最使我傷心悲痛的事，莫過於七哥的英年早逝。七哥之死，對我的家庭來說，是最大的不幸和無可彌補的損失；對我個人而言，也引爲是畢生最大的憾事，更有永恆無法釋懷的悲悼。

七哥是一個有文學藝術天才的人，不但才華橫溢，才思敏捷，而且具有曠達的胸襟，不羈的個性，和遠大的理想與抱負。他對於開發故鄉，建設地方，以及振興我們的祖業，曾經有一套完整的計劃，也賦予我們兄弟叔侄們以各自不同的分工和任務。在七哥的計劃之中，例如有開發我們故鄉西嶺的煤礦，西嶺是太行山的支脈，所產的煤和焦作的「白煤」幾乎完全相同，可惜因爲地處偏僻，這些寶藏竟未能發揮它應有的價值，只有任人隨地挖掘而已。七哥認爲這是繁榮故鄉的最大資本，所以把它列爲首要的目標之一。

由於要開發西嶺煤礦，交通運輸是最重要的相關事業，因而促成與「道清鐵路」接軌的「清孟鐵路」之早日完成，也是七哥認爲應該努力的一大目標。「清孟鐵路」已經通車到沁陽城外，距離故鄉孟縣不過四五十華里的路程，其所以不能繼續的原因，是因爲沁河沒有固定的河床，就那樣隨意伸展蔓延的流著，以致在它的寬可十餘里的流砂虛磧的河身之上，根本無法鋪設路軌。先父曾經留學德國，攻習水利，回國之後，歷任黃沁河務局長，生前就常說過：「治黃河雖難亦易，治沁河似易實難」。而以後也就由於沁河的冷暖無定，漲落無常，以致積勞成瘁，壯年逝世；那時候，我們兄弟三人還在孩提之年。

七哥認爲要繼續修通「清孟鐵路」，我們兄弟三人之中，就應該有一個人繼承父親的遺志，專攻水利，將來長大成人之後，就是向政府去自報奮勇，也要治好了「有神經病」的沁河。否則，最低限度也得研究出來一個適當的方法，好在河身的砂磧之中鋪設路軌。這個計劃，首先遭遇到母親極力的反對，母親由於父親的工作關係，生平談「水」色變；尤其是在父親去世之後，對於我們兄弟三人更是嚴加管束，凡是井邊，河邊，池塘邊……一律不准接近，下水游泳更是免談。更何況又去學習水利，又要治理沁河，母親這一關當然是通不過去。這項任務，七哥本來是分配給十一弟的，而在「七七」抗戰爆發的時候，十一弟還不過正在高中就讀，有關這些計劃和任務，以後當然也就因爲抗戰而成爲泡影了。

七哥的其他一些計劃，例如故鄉盛產棉花、大豆、和芝麻，所以他預定將來要開紡織和油廠；同時還要興辦一所完整的中學和一所職業學校，甚至還要爲我們故鄉著名的「花鼓戲」而創辦一所戲曲學校。這興辦教育的責任，將來由我承擔，所以讓我先在大學讀中國文學，然後出國留學再去學教育。這一切，當然也都成爲泡影了，至今想起這些「少懷大志」的往事，再憶及賚志以歿的七哥，不禁黯然神傷，欲哭無淚。

「七七」事變之前，七哥從北平到武漢去探望他的「泰山大人」；而當盧溝橋烽火燃起的時候，他竟在武漢投入空軍去了。以後我和十一弟也分別從軍入伍，彼此轉戰四方，音訊阻隔，直到抗戰勝利的那一年，我先和十一弟取得聯絡，才知道七哥已經臥病很久，患的是當時極其難醫的肺病。那時，我們兄弟相距關山萬里，好不容易只通了兩封信，而噩耗傳來，七哥僅以三十二歲的英年，竟然撒手塵寰，溘然長逝了！可惜！可悲……。

七哥辭世之後，寄厝陝南城固，遺命待家鄉收復之後，歸柩祖墳，葬於先父的墓旁。但故鄉在抗戰勝利，直到神州陸沉，河山變色，鐵幕深垂已三十餘年，關於七哥的遺命，以及七哥生前開發故鄉、建設地方的遺志，但願在大陸光復之日，我和十一弟仍將鼓其不老或垂老的餘勇，一一付諸實現，並以具體的成果，投入到三民主義富強康樂的新中國的建設基礎之中。我當以此自勉自勵，畢生不忘！

又逢「七七」，緬懷往事，難免感慨良多。如果沒有「七七」事變，沒有日本軍閥發動侵華戰爭，沒有八年的艱苦抗戰，七哥又何至於在顛沛流離之中死於肺病（肺病之在今日，已經算不得什麼嚴重的病了）？我們又何至於……然而，時光不能倒流，歲月一逝不返，往者已矣，來者可追。「七七」給予我們的啓示，就是在八年的犧牲奮鬥中所建立的「抗戰精神」！今天我們來紀念「七七」，唯有重振這種「抗戰精神」，才能獲得反攻復國的最後勝利！

四

今年春節，十一弟照例帶著他的妻子兒女來了。祭拜祖先之後，全家同吃團圓飯，我們老哥兒倆共飲春酒，閒話故鄉兒時情景，又談到抗戰期間的戎馬舊事，彼此在不同的戰場上，都有著九死一生的驚險遭遇……酒酣耳熱，在不勝感慨之餘，我乃寫成七律一首曰：

「託居海角久棲遲，四十年來鬢漸絲。風雨河陽思故里，絃歌槐蔭憶兒時。戎馬關山都成夢，歲月情懷可入詩，三代同堂春不老，舉家結伴待歸期。」

故鄉古名河陽，晉代潘安仁曾為河陽令，遍縣種桃李，因而又稱「花縣」。鄉賢有唐朝「文起八代之衰」的韓愈，還有北宋大畫家號為「郭河陽」的郭熙，卻是我們鄰縣的人氏。河陽因為北接太行，南臨黃河，而過了河就是洛陽，所以自古便是兵家必爭之地。唐代中興名將郭子儀和李光弼，以河陽三城大破安祿山與史思明，扭轉危局，便是一例。也因此之故，故鄉在抗戰期間，飽受戰禍兵燹；我們老家骨肉四散，廬舍為墟，眞是令人痛心而無可如何的事實。

我們的老家，是一個耕讀傳家的大家庭，人口衆多，宅院寬廣。在往昔太平的年月裏，家中一向設有家塾，聘請飽學宿儒，來教我們兄弟姐妹和子侄之輩讀書。記得塾館就在我家的後跨院裏，有大槐濃蔭覆蓋，院中花木扶疏，牆外則有翠竹掩映，環境十分清幽。我們弟兄三人，雖然常年在外就學，但有時回到老家，仍然也得到塾館裏讀書；我們的國學基礎，在這裏可以說是受益良多。

如今，半個世紀的時光已經逝去了！故鄉河陽的風雨陰晴都已遠去，老家「槐蔭書屋」的琴韻書聲都已遠去，我們兒時的歡樂與成長的歲月也都已遠去了！在我的記憶深處，十一弟猶是一個少不更事的胖娃娃，而今我們兄弟二人，都已是滿頭華髮；他有兒女成行，我則更是三代同堂，有孫兒女們繞膝承歡的「十哥」了。還有最令人念念不忘的，就是我們的胞兄七哥，在抗戰勝利之後，卻賫志病逝，暫厝陝南，又何時才能夠「歸葬河陽」呢？

從抗戰開始至今，五十年來的悲歡哀樂，以至於在戎馬生活中的生死患難，也都已有如煙霧之逐漸縹緲。然而有時吟起陸放翁「鐵馬冰河入夢來」的詩句，便有一種「壯心未與年俱老」的情懷，同時勃然而生。我們這一代身經百戰的老兵，自信都有一份樂天達觀的心情，而且自許爲「寶刀未老」；所以我也時常和「賢妻」互勉共勉，永保赤子之心，一切處之以平易而愉快，長壽永康，桑楡自樂，未來的歲月仍是美好而璀璨的！

當然，我們也常會憶起杜工部「劍外忽傳收薊北」的詩章，期待有那麼一天，在凱歌聲中，在涕淚與狂喜的交織之下，漫卷詩書，放歌縱酒，自幸青春不老，舉家結伴而行，便下洛陽向河陽去者！便下南京向北平去者！

七十六年春，臺北市

「青年日報」

奔流的黃河

「君不見，黃河之水天上來，奔流到海不復回！」

其實，李白在「將進酒」中的這兩句詩，並不是刻意爲黃河而寫的；但在千載以下，它卻成爲伴著黃河奔騰澎湃而傳誦不衰的名句，與黃河的滾滾長流互爲發揚，相得益彰。

少小的歲月，我曾在故鄉的山嶺半麓，眺望著來自天際的黃河，吟哦著李白的這兩句詩，並且爲了黃河的奔流到海而悠然神往。

長大以後，我在抗戰的烽煙中離別了黃河，自己也像黃河一樣的向前奔流，不曾駐足，也沒有回頭……然後奔流過海，至今三十年來，日夜夢縈黃河，自信「白首結伴好還鄉」，他日終有撲滅赤燄復回黃河岸邊的一天！

故鄉古老的縣城，踞坐在黃河北岸，傳說中，它是唐代有名的「河陽三城」之一。所謂三城，就是北城、中城和南城，在當時，曾被譽爲「天下之腰膂，南北之襟喉」，與郭子儀齊名的大將李光弼，曾爲「河陽三城使」，大破安祿山和史思明的叛軍，捍衛東都洛陽。而隨著時間浪潮的沖盪，「河陽三城」早已成爲歷史的陳跡；故鄉只餘一座古城，遙對著「大漠孤煙直，長河落日圓」，在一些寧靜而岑寂的歲月裡，夢著屬於久遠往事中的鐵馬金戈。

而在過去已經非常久遠的年代裡，在「河陽三城」之間，在黃河的滔滔波流之上，居然還有一座如虹的長橋呢！那座橋，就是著名的「河陽橋」，據說它在唐代以前，就已經有了雛型；到了唐代，河陽既是軍略重鎮，「河陽軍」便成爲東西兩京的屏藩，於是「河陽橋」在黃河的南北兩岸，更形成了不可或缺的交通孔道。我們在唐代的詩篇中，時常可以看到「河陽橋」的出現；像詩聖杜甫的「朝出東營門，暮上河陽橋」，便是一例。

然則，在奔騰澎湃的黃河之上，怎樣建造起來這一座雄偉的長橋呢？唐人柳中庸在「河陽橋送別」一詩中，曾爲後人比較具體描繪出這座橋的形象——

「黃河流出有浮橋，晉國歸人此路遙；若傍欄干千里望，北風驅馬雨瀟瀟。」

正如我們的想像一樣，這是一座艨艟千艘互相鎖連而成的大「浮橋」，而且還有可傍可憑的「闌干」。在當年，這該是相當鉅大的工程，和相當雄偉的景觀了。而到了後來，它是如何的消逝了呢？伴隨著歲月的無情，我們被流失了太多值得思念的事物；「後之視今，亦猶今之視昔」，如今故鄉、黃河，都已是那麼遙遠而模糊，憶起少小離家時，也是「北風驅馬雨瀟瀟」的情景，令人爲之低徊不已！

黃河，不停地洶湧澎湃的奔流著，流過了「周天子狩於河陽」的往古，流過了「武王大會諸侯於盟津」的史乘，流過了漢唐盛世，也流過了千百年歷代的昇平與動亂……「逝者如斯，不舍晝夜」，黃河啊！對於「老客天涯心尚孩」的河陽遊子，這份執著的懷念與孺慕之情，你將會說些什麼呢？

啊啊！曾有多少但「鐵馬冰河入夢來」的長夜，我夢見你了啊——黃河！當然，我也常常夢見了我在河陽的故鄉，那「河陽一縣併是花」的萬紫千紅，而今安在？

還記得「白雲親舍」的故事嗎？唐代名臣狄仁傑曾經家住河陽，當他出任幷州法曹參軍的時候，由洛陽北渡黃河，登太行山，反顧見白雲孤飛，謂左右曰：「吾親舍其下。」瞻悵久之，雲移乃去。如今，我雖極目望斷白雲，想到河畔群魔亂舞，血地腥天，而親舍何在？祖先的廬墓何在？

「君不見——
黃河之水天上來，
奔流到海不復回！
但，隨著青天白日旗的飄揚，
我們不久就要勝利的回家鄉。」

這是二十多年以前，我在一首「黃河戀」的長詩中所寫下來的希望和信念，至今這信念仍然不曾變易，而這希望總會有達成的一天！

六十八年七月十九日
「中華副刊」

故鄉・河陽・韓愈

一、故鄉河陽

我的故鄉是河南孟縣，位於黃河北岸，古稱河陽。河陽的名稱始於春秋時代；在此之前，原爲「禹貢九州」中冀州南部邊境的孟津，與今日隔河相對的孟津縣，同爲一地。

周武王伐紂的時候，曾由孟津渡河北征，並大會諸侯於此，因而又名盟津，後稱盟邑。到了春秋時代，周襄王因爲晉文公定王室有功，將今日東起修武、西至孟縣的一帶地方，賜給晉國。由於這一帶地方都在晉山之南，所以當時統稱爲「南陽」；而盟邑又因在黃河之北，所以晉國在劃地置邑時稱之爲河陽邑，這就是故鄉孟縣古名「河陽」的由來。在「晉國始啓南陽」之後，周襄王曾經與晉侯會於河陽，「春秋」大書「天王狩於河陽」，即是在此。

戰國時代，河陽被納入魏國的版圖之內，改稱垣雍。秦朝統一天下，置三川守，又改爲河雍縣。到了漢初，又恢復了河陽的舊名，隸屬於河內郡。後漢光武帝劉秀，在定都洛陽之前，曾命冠恂守河內，鄧禹鎮河陽，馮異爲孟津將軍。相傳鄧禹當時駐在的地方，舊名冶阪城，後來稱爲「鄧城」，就是今日在孟縣城西南約四十里的白坡村。以後光武平定河北，即位鄗南，於建元八月，車駕經河陽而渡河南行，終於克復洛陽，建都登祚。所以白坡渡口又稱爲漢王渡，白坡村又稱爲「鄧鄉」或「鄧津」，都可見於酈道元的「水經注」中。

經前魏而到兩晉，河陽的名稱仍舊。晉武帝建都洛陽，以河陽爲畿內之地，特命「美豐儀、工詞藻」的潘岳（安仁）爲河陽令。這位文采風流的縣宰，曾有「河陽縣作」五言古詩二首，流傳至今。當時他又曾課民種花，徧植桃李，形成了庾信所謂「河陽一縣併是花」的盛景；不僅讓人們稱河陽爲「花縣」，而且也使後世即以「花縣」作爲美稱縣治的代名詞。唐代詩人李白的「河陽花作縣」，王維的「別路經花縣」，也都是由此而來。至今在河陽故城——即孟縣城西約四十餘里的野戍鎭，還留有潘安仁的「營花寨」、「澆水井」，以及「潘令手植柏」等等的遺跡。

在五胡十六國以迄南北朝的動亂年代，河陽因爲具有南接河洛、北通幽燕的戰略形勢，成爲兵爭之地，基於軍事上的需要，後魏於太和年間在河陽築「北中府城」，是爲「北城」；東魏元象年間，又築河陽「南城」及「中潬城」，稱之爲「河陽三城」。齊又在中潬城建立「河陽關」，設置「河陽三城使」，於是河陽便成爲兵家的重鎭。

到了唐朝開國之初，河陽曾經改爲大基縣，成爲盟州的首邑，和東京洛陽的畿內之地。其後唐玄宗即位，因爲避他名爲「李隆基」的諱，又將大基改復河陽的舊稱；而且由於安史之亂，又恢復設置河陽三城使，以與郭子儀齊名的李光弼擔當重任，大破史思明，得保關內無虞，終致郭令公得以收復兩京，中興唐室。當時的「河陽軍」，更形成爲軍事重鎭，所以在唐代的從軍戍邊的詩章之中，多有提到河陽之處，如杜甫的「急應河陽役，猶得備晨炊」（石壕吏）；「君行雖不遠，守邊赴河陽」（新婚別）；以及「朝進東門營，暮上河陽橋」（後出塞）等等，其例不勝枚舉。

安史亂平之後，在德宗建中年間，鑒於河陽的地位重要，又設置河陽三城節度使，轄屬了附近的十餘縣，包括春秋時代晉國的「南陽」之地，東至修武、獲嘉，甚至於南逾黃河而及於汜水一帶。唐代名將名臣如馬燧、李珏、李元淳（河陽人）、烏重胤、令狐楚（也是唐代名詩人）、崔宏禮、李珏等人，都曾先後出任過三城節度使。後來在憲宗元和年間，又改爲河陽節度使；武宗會昌年間，再將河陽正式「升格」爲孟州，隸屬於河北道。

由宋朝而經金、元二代，河陽仍稱孟州，宋初仍舊設置有河陽三城節度使，開國名相趙普就曾經出任此職；以後名臣如冠準、富弼、文彥博等人，先後也都曾「出知」河陽，留有遺跡不少。後在明初洪武十年，孟州改爲縣治，經清代而到民國，就一直稱爲孟縣，「河陽」似乎使成爲歷史名詞了。

以上我概略敘述一下關於故鄉孟縣（河陽）的沿革，目的並非專在於作故國之神遊，鄉情的重溫，同時也準備在下面介述我們河陽鄉賢韓愈的時候，可以作爲一部份必要的詮釋文字。

二、鄉賢韓愈

談到河陽的鄉賢，其中當以「文起八代之衰」的唐朝大文學家韓愈，在歷史上的「知名度」爲最高；但是這位爲世人尊稱「韓文公」的退之先生，有關他的籍貫鄉里問題，爲我們本縣人士帶來的困擾也相當之多。

由於韓文公在世的時候，常自稱爲「昌黎韓愈」；在他生前死後，別人也都稱他爲「昌黎先生」或者「韓昌黎」，所以一般人都認爲他是河北昌黎人氏。「舊唐書」的韓愈列傳，就信筆直書著：「韓愈，字退之，昌黎人。」他的門生李翺爲他作行狀，也曾說是「公諱愈，字退之，昌黎某人」。這是一種說法。

文公的父親仲卿，曾爲武昌令，去職之時，大詩人李白爲其作去思頌碑，稱之爲「南陽人也」；於是「新唐書」再編韓愈本傳的時候，竟然由此而節外生枝，寫著「韓愈，字退之，鄧州南陽人」。這又是另一種說法。

此外，韓愈也曾有詩云：「舊籍在東都」，又云：「我家本瀍穀」。當時的東都既是洛陽，而瀍水和穀水又都是在洛陽附近注入洛水的河流；如此的說法，這位韓文公似乎又在自稱他是洛陽人了。這眞是有些撲朔迷離，使人如墜五里霧中。

第三種說法倒不要緊，而前兩種說法既然載之史書，當然爲一般知識份子所共信；而且相沿至今，有些辭書（典），和詩選、文選的註腳，以及關於韓愈的研究和介紹文字，乃至於有些教科書中，只要一提到韓愈的籍貫，不是說「昌黎人」，就是寫著「鄧州南陽人」。這樣長久以來的「積非成是」，如果孟縣人士要指出韓愈乃是河陽鄉賢，那豈不是有些自往臉上「貼金」之嫌？這就是歷來「困擾」的所在。

據我個人從幼年時代的記憶所及，先師楊仁菴和行梅軒兩位先生，都是縣中飽學之士，也都參予過「孟縣志」的編纂工作，他們兩位都常常爲了韓文公的籍貫鄉里問題，和縣外的人士起過爭辯。楊師頗嗜杯中物，多次在酒後跟朋友爲此爭論得面紅耳赤，不歡而散。行師則家居距離韓愈的故里很近，在和別人「抬槓」之後，時常抱怨韓文公實在不應該自稱「昌黎」，以至於千古以下，還替鄉親們惹了這麼多不必要的麻煩。

其實，韓愈的的確確是河陽人，他的祖塋在孟縣，他自己的墳墓也在孟縣，他的兒子韓昶、侄孫韓湘的墳墓也都在孟縣，他們韓家的後代子孫又都世世居住在孟縣城西約十餘里的韓莊，事實俱在，斑斑可考。而且從韓愈的許多作品之中，也可以證明他祖先的廬墓都在河陽，所以他自然無疑是河陽人氏。例如：

「吾與汝俱幼，從嫂歸葬河陽。」（祭十二郎文）

「吾往河陽省墳墓。」（同上）

「歸骨于河南之河陽韓氏墓。」（女挐壙銘）

此外，在他的「送石處士序」和「送溫處士赴河陽軍序」等作品中，也可以看出他對於河陽的關懷鄉土之情。在他去世之後，他的好友張籍在「祭退之詩」中曾指出了「舊塋盟津北」；而他的門生皇甫湜在所撰的墓誌銘中，更明白的記述著，文公在長慶四年十二月逝世，次年寶歷元年三月癸酉，「葬河南河陽」，這尤其是一個極爲明確的實證。

然而，我們這位鄉賢韓退之先生，爲什麼要自稱「昌黎韓愈」，而史書又說他是鄧州南陽人呢？關於此點，宋代大儒朱熹曾著有「韓文考異」，並在新唐書本傳的註釋中，有頗爲詳切的考據。

在「朱文公」對於「韓文公」家世與鄉里的考證中，根據「漢書地理志」，認爲有兩個「南陽」：其一就是我在前文所述的「晉國始啓南陽」的南陽，包括修武到孟縣一帶，也就是漢代的河內之境。另一則是原屬荊州的南陽郡，在唐朝又改屬於鄧州的南陽。朱子並且根據「元和姓纂唐書世系表」，指出韓氏有兩支系脈：

其一是漢弓高侯韓穨當的元孫韓騫，避亂居於南陽郡之赭陽；九世孫河東太守韓術，生韓純，後亦爲河東太守；韓純的四世孫韓安之，爲晉之員外郎，生二子韓潛、韓恬；潛、恬又生二子韓都與韓偃，偃生後魏中郎韓潁，潁生韓播，遷居於昌黎棘成。這就是昌黎韓氏的由來，而昌黎韓氏亦即是出於鄧州南陽的韓氏。

另一支系脈則出於韓穨當的裔孫韓尋，曾爲後漢隴西太守，世居潁川；尋生韓稜，位至司空，後徙居於安定、武安；傳至後魏，有常山太守武安成侯韓耆，又徙居九門；耆生韓茂，曾任尚書令、征南大將軍，並封安定桓王（這也就是韓氏在河陽的始祖）；茂生韓均，均生韓晙，晙生韓仁泰，仁泰生韓叡素，曾任唐之桂州長史；叡素生韓仲卿，仲卿生韓會及韓愈兄弟。因而朱子說：「以此而推，則公固穎川之族，尋、稜之後，而不得承騫之系矣。」

朱子所謂韓愈不能上承韓騫的那一系脈，當然是否定了韓文公是「鄧州南陽人」或是「昌黎人」的兩種說法。據朱子的考證，所謂「南陽」，就是指「春秋南陽」之地，也即是漢之河內郡，唐之孟州；並說：「今河內有河陽縣，韓氏世居之」。同時朱子也引據文公「祭十二郎文」和「女挐之銘」中有關河陽的原句，以及張籍的祭詩，指出韓文公應為「河內南陽」人，而非「鄧州南陽」人。但這位朱文公也可能是「只知其一，不知其二」，他只認為「河內南陽」就是修武，而沒有具體指出河陽之所在，實在可以說是「功虧一簣」，頗使孟縣人士為之惋惜不已。

至於新唐書為什麼會寫韓愈是鄧州南陽人呢？除了朱子所列的韓氏世系，原是出於鄧州南陽的原因之外，另外還有一種不太「成熟」的說法，那就是出因於我在前面曾經寫過的「鄧城」；有人認為寫新唐書韓愈本傳的人（當然不會是歐陽修或宋祁所親自執筆的），誤把「鄧城河陽」當作了「鄧州南陽」。不過以我想來，雖然古稱「鄧城」的孟縣白坡，與韓愈的故里韓莊近在咫尺，但這種誤解的可能，成份不大。倒是歐陽修等人「奉敕」編撰新唐書在前，而到了宋神宗元豐年間，朝廷居然仍以為韓愈是昌黎人，而追封其為「昌黎伯」，使世人更由此而只知道韓文公就是「韓昌黎」；那麼這位畢生苦研韓文的「歐陽文忠公」，以韓愈為「鄧州南陽人」，豈不是白費力氣而且徒增紛擾了嗎？

關於韓文公的自稱「昌黎韓愈」，朱子曾說：「公與昌黎之韓異派，而每以自稱，則又有不可曉者。」據朱子的推測：「豈是時昌黎之族頗盛，故隨稱之，亦若言劉悉出彭城，言李悉出隴西者耶？」此外也有人認爲文公的自號「昌黎」，也可能因爲自幼對故鄉河陽相當陌生，這與他的幼年身世「零丁孤苦」有關。到了成年之後，或已開始有了鄉土觀念，例如所謂「佐戎徐州」，便是以同鄉關係進入徐州刺史兼徐泗濠節度使張建封的幕府，擔任推官之職；而這位曾納名妓關盼盼爲妾，並且爲她修築「燕子樓」的張建封，也是河陽人，新唐書也寫張是南陽人。再者，經歷了長久的世亂年荒，當時韓氏在河陽可能已是田產無多，因而韓愈在「祭十二郎文」中曾說：「當求數頃之田於伊潁之上，以待餘年」；因此之故，河陽與我何有哉？自稱「昌黎韓愈」又有何不可呢？但是到了晚年，「葉落歸根」的思想，終於使韓愈心嚮故土，就在今日孟縣韓莊之地，置了田產和別墅（見「孟縣志」。他在五十七歲那年，逝世於長安靖安里第，遺命其子韓昶歸葬河陽，從此長眠在故鄉的山川懷抱之中；而「昌黎」二字，便似已僅是文公的別號了。

三、關於韓墓

韓文公歸葬河陽之後，他的「故正議大夫行尚書吏部侍郎上柱國賜紫金魚袋贈禮部尚書韓文公之墓」，就在孟縣城西約十二里的韓莊地方，也即是「韓愈別墅」的原址；並沒有與韓氏的祖塋葬在一處。

韓氏祖塋在孟縣城西北約二十里的蘇家莊，古名尹村嶺，又稱韓王隴。明朝萬曆年間，文公之子襄州別駕韓昶的墓誌，在隴前出土，得知自韓氏始祖後魏安定桓王韓茂以下，直到文公的父親仲卿、叔父雲卿，伯兄韓會與嫂鄭氏，以至其子韓昶，都葬在此處。由此也可以知道，韓愈的祖先是從安定桓王韓茂那一代遷居河陽的，到了韓文公這一代，已經是傳之六世了。

至於文公姪孫韓湘的墳墓，則在孟縣城東五里的謫星廟坡底。由於世俗相傳韓湘已經成仙，即是八仙之中的「韓湘子」，所以墓前曾有一碑，題爲「大唐神仙韓湘子之墓」；後來在清朝乾隆年間，孟縣縣令仇汝瑚又爲他重新再立一碑，改書爲「唐進士大理寺丞韓公湘之墓」。而韓湘之墓爲什麼單獨葬在這裏，已經無法考據。在「七七事變」的前一年，我從學校回鄉渡假，曾經到坡底村的謫星廟一遊，經過韓湘墓前，但見荒煙蔓草，枯樹寒鴉，想起他曾在韓愈的座前，以火缶栽蓮，頃刻開花，上有「雲橫秦嶺家何在，雪擁藍關馬不前」兩句詩，藉以向他的叔祖示警的故事，不禁喟然。據「昌黎年譜世系」所載，韓湘即爲「十二郎」韓老成之子，然而那位自幼和韓愈「未嘗一日相離」的韓老成，是否已經「改葬」歸鄉了呢？這在「孟縣志」中也是已不可考的事跡了。

韓文公墓和韓莊，在我老家那個村子的西南方，相距大約不過二十華里。我在幼年和少年時代，曾經先後兩度前往訪遊。第一次是在我十一、二歲的時候，跟隨著親戚去「走」另一家親戚，經過韓莊，順便去拜訪了韓文公墓；那時候少不更事，除去對墓前的那兩棵「唐柏」認爲確是奇觀之外，其餘印象都已模糊。不過那時我已讀過了文公的「祭十二郎文」、

「祭鱷魚文」、「進學解」、「獲麟解」、「師說」和「原道」等文章，以及他的「石鼓歌」和「山石」等詩篇，對這位鄉賢只知頗爲崇仰；回去以後，就更增加了研讀韓文公著作的興趣。而且由於如此，我才開始接觸到了這位「昌黎先生」給予我們孟縣人士和別人爭辯的困擾；到我長大之後，這困擾也曾使我跟一些朋友「抬槓」不已，爭論不休……。

第二次，是在我十五、六歲的時候。剛讀了高中一學期，回到家鄉去渡寒假和過年，就在「祭灶」之後，傳說有一股劉姓的土匪部隊過境，而在後面追剿的軍隊也不是「正牌」的；這兩枝部隊前呼後應，打家劫舍，殺人放火，無所不爲。家裏的長輩們一聽到這個消息，連忙把我們兄弟叔侄們改扮成「叫花子」的模樣，星夜把我們送到西北嶺上的親戚家裡躲藏起來；並且燒香許願，祈求諸天神佛保佑我們平安。經過了幾天的風聲鶴唳，直到除夕之夜，才又聽到土匪和追剿部隊都已過境入山的消息，所幸我們那一帶方圓三四十里內的地方，都算平安無事，沒有受到劫掠。而傳說更盛的，就是韓文公他老人家「顯聖」了，由於他的威靈，才使得土匪望風而逃，不敢侵優地方；這些傳說可以說是繪影繪聲，不一而足，很容易使一般人信以爲眞。於是家中的長輩從二伯母以下，包括我母親在內，決定帶著我們這些曾經逃難而平安歸來的兄弟叔侄們，在過年之後，前往韓文公墓進香還願一番。

這一次的拜訪韓墓，我瀏覽的較爲詳細，所得的印象也比較深刻。墓前的兩株唐柏，愈覺望之巍然，粗可十人合抱，高則參天千尺，樹旁並有石碑，題著「唐柏雙奇」。只是這時各方來的善男信女很多，由於相傳這兩株古柏的樹皮可以醫治百病，於是大家在焚香禱告之後，各自剖下一些樹皮帶回去當靈藥吃，幾乎把兩株柏樹的下段都給剝光了。我也欣賞了皇甫湜爲他恩師所撰的「神道碑」，雖然在清之乾隆年間曾經重刻，但已殘缺斑駁，不可辨識了。還記得當時看到墓園周圍一片荒蕪淒涼，內部也有「年久失修」的殘破景象，心中不禁暗自在責怪著地方官吏和韓氏的子孫們，眞不知道他們在所司何事？

從「七七事變」那一年算起，離開家鄉已經整整四十年了。我也是一個自幼生長他鄉的人，而渡海來臺，與故鄉相去日遠，懷念桑梓之情，便不由相對的與日俱增。前年得到了一部家鄉的縣志，披閱之下，不但可以略慰鄉思，而且對於鄉賢人物也更增添一些認識的資料。後來本想寫一篇文章來談談有關韓文公的故里，恰值不久而有「誹韓案」起，我因爲不是研究韓愈生平和作品的專家，不願去趁那份兒「熱鬧」，也就暫作罷論。前些日子，在一個文友的聚會中，偶然又談到此事，乃促成了我寫成這篇「故鄉、河陽、韓愈」的動機。這篇文章寫來雖然拉雜，但自信尙稱平實，既不爲向孟縣人士臉上「貼金」，但求對韓文公的籍貫鄉里問題，提供一點較爲正確的觀念，不再爲「昌黎」或「鄧州南陽」所困擾，那就「幸甚」了。

六十六年十二月，臺北市

《文壇》第二一二期（六十七年二月）

—即朱嘯秋先生接辦後之首期

童年・故鄉・春節

故鄉遠在萬里，而遠離故鄉春節的歡樂，已經有四十年之久了。在「屈指堪驚」之外，實在使人更爲之加添了幾分濃重的鄉愁。

我從幼小的時候，就隨著先父的「宦遊」，經常旅居他鄉。到了十一、二歲，先父去世，才跟隨母親回到老家居住。但又因爲在外面讀書，所以在故鄉停留的時間也並不太多。之後，「七七事變」爆發，我投筆從戎，參加抗戰行列，從此就再也沒有回到故鄉去過；韶光如水，不覺已是四十年，眞可以說是「天涯遊子他鄉老」了！

雖然如此，童年時代在故鄉歡度春節的種種印象，對我卻永遠是那樣深刻而親切，也永遠使人難以忘懷。現在回想起來，猶如時光倒流，彷彿又回到了童年的歲月——

記得故鄉有一首兒歌，是說明過年前幾天的準備日程的：

『二十三，祭灶官。二十四，掃房子。二十五，磨豆腐。二十六，去稱肉。二十七，殺隻雞。二十八，殺隻鴨。二十九，打黃酒。三十，關著門吃扁食。』

所謂「扁食」，就是餃子在北方鄉間的俗稱。至於稱肉、打酒、殺雞、殺鴨，事實上在祭灶之前早已準備妥當；好在北方天氣冷，肉類容易儲藏，沒有變味的顧慮。以我家是一個大家族的人口來說，「稱肉」不但要殺豬，而且還得宰羊，同時還要到集上去訂購牛肉，好做蒸包子和炸丸子之用。我最喜歡吃家鄉的牛肉丸子，剛剛乾炸出來的固然好吃，而用肉湯煮過了後，或是下在火鍋裡的牛肉丸子，尤其鮮美可口，百食不厭。最近這些年來，由於思鄉情切，每逢過年，也總要勞駕賢妻給炸些牛肉丸子，聊以解饞；但賢妻雖賢，她這個廣東人可炸不好河南的牛肉丸子。我有一位姓張的老副官，他也是河南人，每年都來給我送牛肉丸子吃，風味倒有「庶幾近之」的意思，值得稱道。

在家時，過年準備吃喝的事情，當然沒有我們小孩子們幫忙的必要，也不給我們插手趁熱鬧的餘地；如果有，就是新出籠的包子，或者是剛出鍋的炸食，我們卻有「先嚐爲快」的份兒。不過，有一件頗爲繁重的工作，倒非得我們弟兄幾個來辦不可，那就是給全家前前後後、大大小小的門戶和神祇換寫春聯。當時在我們兄弟和叔侄輩中，能提筆寫大字的人雖然不在少數，但要數七哥的一手「鄭文公」寫得最爲漂亮大方，遠近知名；我和十一弟當他的副手，從設計、裁紙、磨墨、寫好、晾乾，然後一一貼在它原定的位置上，刷得平平整整的，這的確是一件相當吃力的工作，把我們累得也眞夠瞧的！

因爲從小有了這種寫、貼春聯的「訓練」，不自覺的對這件事情頗爲「上癮」，認爲過年而不貼春聯，簡直是少了一樁大事似的。所以來臺這麼多年，每逢過年之前，我就先忙著張羅著買紅紙、寫春聯；照例還由十一弟來爲我幫忙，設計、裁紙、磨墨、寫好、晾乾，然後一一貼好，把它刷得平平整整的，看起來，這才像是過年的樣子。可是，幾經搬遷，現在我家定居在公寓的四樓，連個貼春聯的地方也沒有了，這可眞是爲之奈何？而且歲月催人，我和十一弟已從記憶中的童年兄弟，如今成爲鬢髮漸斑的老哥兒倆了；七哥逝世於抗戰勝利的前一年，至今墓木已拱。撫今追昔，能不令人慨嘆？

在大年三十，依例應該燒香、放鞭炮、上供、敬神、拜祭祖先；然後全家吃團團圓圓的年夜飯，主食除了餃子之外，還有「棗糕」，寓有「早早高陞發財」之意。據記憶所得，「棗糕」是專門爲敬財神爺而用的；以紅棗和在發麵中蒸成圓形糕餅，上面用麵揑了一條金龍蟠著，龍嘴裡叨著一枚制錢，糕裡好像也藏有制錢或銅板，同時在有的餃子裡也包有制錢，誰吃到了錢，就象徵會有富貴吉祥的好運。這之後，接著就是向長輩們辭歲，可以得到一包一包的壓歲錢；然後各人抱著自己的新衣服，回到房裡去睡覺，準備迎接明天新年的到臨。大人們還得熬夜守歲，在半夜裡燒上「旺火」，以及預備明天的一切繁文縟節，孩子們也就早入夢鄉，不得而知了。

到了大年初一，五更之前就被喊起了床，換上新衣服，匆匆梳洗完畢，放鞭炮、上供、敬神、「踩歲」……然後，大小的男人們都齊集祠堂，由老族長率領著祭拜列祖列宗。在祠堂裡，大夥兒按照輩份排列先後次序，上香叩拜；祭祖之後，輩份小的人還得依次向輩份高的人叩頭拜年，所以輩份越小，那一天磕的頭就越多。在我們翟家（按：作者本名爲翟君石）祠堂之中，高懸著兩面族譜，一面寫著前十六世的各輩排行，我已經記不完全了；另一面寫著從第十七世起的輩份排行，是先父在世時所制定的，五字一句共四句二十個字，記得是：

『本作經邦彥，
惟希祖德長，
敬承昭繼述，
啟裕慶嘉祥。』

在我離家之前，全族六代同堂，最小的是「經」字輩，只有一個小男孩，大家都把他看做「寶貝蛋」；在祠堂裡祭祖拜年，當然就以他磕的頭為最多，也給長輩們帶來了不少的歡樂和笑料。如今，我自己都已經有了經文和經天兩個寶貝孫子了。身為祖父，焉得不老？

過年當然有許多娛樂節目。大概是初五一過，各處拜年和走親戚都告一段落，所有的娛樂節目便逐漸展開。大人們最普通的消遣，莫過於各式各樣的賭博，小孩子則多是放鞭炮玩兒。這對我來說，都覺得沒有什麼意思。我最喜歡和兄弟、侄子，以及村子裏的小伙子們，敲打鑼鼓，排練著高蹺、獅子、龍燈和旱船，準備在元宵燈節前後，一顯身手，並且和鄰村互較短長一番。

其中單就獅子一項來說，北方鄉間的「武獅子」，不但造型精悍威武，而且功夫眞是十分了得！扮獅頭獅尾的小伙子們，跳躍翻滾，勇猛俐落，能爬到五六張方桌之上，一個空心筋頭翻下平地；甚至於還有爬上旗杆，過獨木橋，花樣翻新，不一而足。看看今天此處的民間遊藝，獅子的造型，像一條身長蠕動而沒有尾巴的蟲豸，動作「文」得近乎了「溫」，跟大頭和尙慢條斯理的磨蹭著，實在沒什麼精彩可觀之處。我認為今天應該提倡「武獅子」，以發揮激昂踔厲的戰鬥精神，不知專家們以為如何？這是題外之話，「就此一筆帶過」而已！

我們人也喜歡踩高蹺，而且技術還相當不錯，諸如上坡、下坡、上下臺階、跳板凳、劈單岔，摔倒自起……等等項目，都經過一練再練，頗為純熟而「得心應腿」。同時，我也練過一隻長蹺、一隻短蹺，兩隻蹺長短相差半尺，走起來一高一低的，那是為了扮演「八仙過海」中的鐵拐李。可惜，那年的一場大雪，使高蹺會延了期；等到雪霽天晴，我已經離家而到千里以外的學校去了。在學校，我也沒有閑著，平劇社還等著我上臺去唱「打魚殺家」和「法門寺」呢！

提到唱戲，在故鄉的新年期間，也常常請戲班到村子裡來演唱，通常都是以三天為期，大家在同樂之餘，也有酬神的意思。有時候是「大戲」（即平劇），有時候是「梆子」，還有本鄉本土的「二家絃」和「花鼓戲」什麼的；也有的時候，有些走江湖跑馬賣解的班子，會到村子裡來演出幾天。我從小就對於看戲很入迷，在外面雖然看慣了京朝派名角的演唱，但對鄉間的野臺子班也並不鄙棄，有戲照看不誤。最有意思的，是隨著唱戲而來的四方小販，一時雲集，我可以在戲場之外，隨心所欲的享受著家鄉的各種小吃，如炒涼粉、胡辣湯、油茶、醬麵，還有清眞的牛肉丸子、羊雜碎……可眞是大快朵頤，不亦樂乎。即使是在北平趕廟會，逛廠甸，口福也不過如此。

還有，在故鄉過年的時候，村西頭關帝廟坡下的鞦韆比賽，在我家大門口「上馬石」前和玩伴們「扛錢」、「搬三面兒」、「劈甘蔗」、「摔芝麻糖」，以及吹「琉璃格碰兒」、放「沖天砲」、玩「走馬燈」……等等，都曾爲我的童年塗上了歡樂的絢彩，留下了難忘的記憶和甘美的回味。

遺憾的是，從抗戰開始不久，家鄉就淪陷在敵人的鐵蹄之下，以後又輾轉呻吟於赤色的魔掌之中；我們這一個耕讀傳家的大家族，全已毀於兵亂燹火，骨肉流離，天各一方。抗戰勝利後，曾經聽說連家裡的藏書，都被漢奸匪徒們一批批論斤給賣掉了；家裡東西前後六院，被他們掘地數尺，搜羅俱窮，房屋被拆被燒，只剩下了斷垣殘壁，一片蓬蒿長得比人還高！故鄉、童年、春節，只有在我的夢中仍是那樣多彩多姿；而夢醒處，卻只是鄉愁更濃，國恨更深！

來臺之後，不知不覺已經度過了二十八個春節；人生幾何，這二十八年已使我由青年邁過了「哀樂中年」，而不免會發出「眼中之人吾老矣」的感嘆。不過，二十八年以來，兒子已經從孩提成長爲有用的青年，接著又有孫兒繞膝承歡，樂何如之！我和賢妻雖是曾爲抗戰出力賣命的老兵，但至今還都抱著少年人的心情，每年興高采烈的歡度春節，除舊佈新。過年的時候，家中的一切行事，儘量按照故鄉的習俗來做；尤其要讓兒孫輩儘量在享受童年歡樂之中，毋忘慎終追遠，並且期勉源遠流長。我想這就是人生意義之所在吧！

故鄉遠在萬里之外，而家園早已殘破不堪了。但是相信不久就有那麼一天，我們會隨著北定中原的王師打了回去，收拾舊山河，在廢墟上重建我的家園，讓子子孫孫們擁有歡樂年年的春節，一直到「祥」字輩之後，還再無限的綿延下去。

寫到這裡，不由使我想到杜工部「青春結伴好還鄉」的詩句。反攻的時機已將成熟，我們這些老兵依然不老，而戰鬥與勝利，將會帶給我一如往昔的青春之豪情！

六十五年一月，台北華實廬

河陽之憶

如同每一個飄泊於異地的遊子一樣，我日日夜夜懷念我的故鄉。雖然我是生於他鄉，長於他鄉，少年時負笈他鄉，自抗戰開始到現在，一直在江河南北轉戰，在天涯海角飄流；雖然我在故鄉芳香的泥土上，只曾停留過一個短暫的期間；然而我熱愛我的故鄉，我依戀它的一切值得憶念的風物，我知道它是屬於我的，而我也是屬於它的！因此，在寶島的亞熱帶的風晨雨夕，我怎能不遙遠的懷念它，懷念我那原是幸福的天堂，而今卻淪爲苦難的地獄的故鄉！

那麽，讓我爲你一談我的故鄉吧！

在抗戰期間，如果你曾經由洛陽以北渡過黃河，去從事於華北敵後地區的工作，你必須從孟津的鐵謝渡河，到北岸的冶戍，然後由豫北的三角地帶進入晉南山區；當你踏上了北岸的第一步，你便曾是我的故鄉的旅客。當然，你在那遍地烽煙的情況下，行色匆匆，也無暇無心對我故鄉的風物加以瀏覽；而在那時，我的故鄉曾被敵人鐵蹄踐踏蹂躪，它定是非常衰頹而憔悴，使你無從發現它的優點。但我敢說，在往昔的平靜的歲月裏，我的故鄉是十分可愛的，它是如此的純樸、親切、溫馨而又美麗，你如曾是它的旅客，你將永不會有絲毫荒漠與冷峻的感受。

當你打開了河南省的地圖，你一定會很容易的找到了和隴海鐵路差不多平行的道清鐵路，接著道清鐵路的還有一段清孟鐵路，清孟鐵路的終點，就是我的故鄉孟縣。但最使人遺憾的是，清孟鐵路自從民國九年由「中福煤礦公司」與「北京銀團有限公司」訂立合同，貸款開工敷設，一直到抗戰前我離開故鄉爲止，僅僅只通車到沁陽沁河以東的陳莊，剩下的一段始終沒有鋪好；至於究竟是爲了什麼原因，那是我所不知道的。好在在交通方面還有公路可以補其不足，而且孟縣還出了一位發明「木炭汽車」的湯仲明氏，在他所組織的「仲明汽車運輸公司」的業務開展下，在抗戰以前，的確爲故鄉的交通運輸方面，有了不少的貢獻。

在河南，孟縣是一個三等小縣，其政治上的地位遠不及它在軍事上的價值；如果你不認爲我是誇張的話，我可以說它也是自古兵家必爭的重地之一。你如留意到孟縣的地理環境，你就會發覺它是雄據在黃河北岸，南接河洛，北通幽燕，西連太行山脈，東控豫北平原，具備著非常衝要的形勢；同時，如果你肯印證一下「河陽」在歷史上的紀述，你就更會相信它曾是一個輝煌的兵家重鎭了。

孟縣，古代時稱爲河陽。我曾記得在故鄉縣政府的前面，有一個古老的牌坊，上面懸一面陳舊斑駁的匾額，寫著「河陽古治」四個大字，這匾額是何時所懸？題字是出於何人手筆？我現在已不能記憶，而給予我印象比較深刻的，只是在「河」字和「治」字「氵」旁的點，都寫得特別的圓，彷彿是用圓規畫的一樣。

關於「河陽古治」，我在從前家居時（那時只有十幾歲），曾經作過一番不太完整的

「考據」工夫。據有關的記載：河陽的名稱，起始於春秋時代，晉置河陽邑，歷史曾記述「周襄王狩於河陽」，即此。河陽邑到了戰國時代，又屬於魏；到了漢朝，改置爲河陽縣。至元魏北齊之際，河陽因其戰略形勢的價值，已成爲兵爭之地，就當時軍事的需要，曾先後分別築了南城、北城、和中潭城的所謂「河陽三城」；據「河南通志」記載：

『北城，後魏太和中築，齊使潘樂鎭於此，今孟縣是也；又使高永樂守南城以備西魏，今孟津是也；中潭城，東魏元象元年築，今夾灘是也。』

這樣說起來，現在的孟縣和孟津兩地，雖然中隔黃河，在南北兩岸遙相對望，而古時卻是一縣，並且在中間還夾著一個「中潭城」呢！可惜中潭城爲河水沖沒，只剩一個「夾灘」，使後人憑弔無從；千古以後，令人緬懷興嘆不已。

然而所謂河陽的「北城」，究竟當時是在什麼地方？是否即今日之孟縣縣城呢？據「孟縣縣誌」中載：『故城在縣西三十五里』，那麼當時的「北城」，可能並非今日的縣城，而是距城西三十五里的冶戍鎭。冶戍與黃河南岸的孟津縣城才是正南正北的遙遙相對，而且附近頗多古蹟，證之爲河陽故城，不無道理。至於今之孟縣縣城，其中還經過了兩次的徙遷；一次是在隋時，由縣西的故城移至縣南，其舊蹟何在，已無從查考；後來一次是在金時，『大定中，爲河水所害，北去故城十五里，築今城徙治焉。』由此可知，今日的縣城，乃是在金時所建，相沿至今，並無其他史籍證明它又曾搬動與否。

在唐朝，河陽成爲西京的屏蕃，也同時形成了經濟、政治、與軍事的重地。在經濟上，唐曾置「河陽三城使」，以附近各縣租賦入之；在政治上，「河陽節度使」的行政範圍，曾遠達鄧州南陽一帶；在軍事上，曾平安史之亂而與郭子儀齊名的名將李光弼，當時就是以河陽三城爲根據地而抗禦史思明的；至安史亂平，唐猶置「河陽軍」甚久，最後才改爲「孟州」，又稱「盟州」。由於河陽在當時爲軍略重鎮，所以唐代邊戍詩章之中，頗多提到「河陽」一詞的；如詩聖杜甫的：

『急應河陽役，猶得備晨炊。』——石壕吏

『君行雖不遠，守邊赴河陽。』——新婚別

『朝進東門營，暮上河陽橋。』——後出塞

他例甚多，不勝枚舉；但可想見當時從軍河陽去，竟還有些「守邊」的意味！我記得少年時代，曾在城南遠眺黃河，見長煙落日，大河孤城，沙灘漠漠，水天茫茫，聽天際雁唱，城頭笳聲……也曾不禁發思古之幽情，動出塞之豪興呢！

至於「河陽橋」，相傳是在晉時由杜預所建，是一座工程相當大的浮橋。唐人柳中庸曾有「河陽橋送別」一詩，可以使後人想見當時河陽橋的形象：

『黃河流出有浮橋，晉國歸人此路遙；若傍欄干千里望，北風驅馬雨瀟瀟。』

到了宋朝，河陽稱爲「孟州河陽軍」，後又改爲「孟州」；施耐菴的水滸傳中，描寫到武松發配，對「孟州」頗多記述之處，然其地名至今均無法考證，想係其出於杜撰，亦未可知。至於「孟縣」的今稱，則是從明朝開始的，歷清代而迄於今，不曾再加更動。

當然，談到了某一個地方，免不掉總要一提當地的名人；如果讓我推薦故鄉的名人，首先值得向你提出的，就是「文起八代之衰」的韓愈。

提起了退之先生這位先代鄉賢，自然是盡人皆知，勿庸我再多事介紹。但爲了他的盛名，也曾有兩個地區的人士，和孟縣人打過不少的筆墨唇舌「官司」。一是河北昌黎，因爲韓愈世稱「韓昌黎」，所以總想把韓愈拉成昌黎同鄉；一是河南南陽，由於曾有某些書註中稱韓愈是「唐鄧州南陽人也」，因之也不免時時將他引爲鄉誼。其實，這兩種說法都是似是而非。關於前者，韓愈的先世「曾」居昌黎（並非昌黎人），故號「昌黎」；關於後者，要知當時的南陽即屬於河陽管轄範圍之內。而韓愈之確爲河陽人氏，是有他自己的許多作品可以證明的。如——

『吾與汝俱幼，從嫂歸葬河陽。』——祭十二郎文

『吾往河陽省墳墓。』——同右

『歸骨于河南之河陽韓氏墓。』——女挐之銘

此外，在他的「送石處士序」與「送溫處士赴河陽軍序」……以及其他作品中，都曾多處提到河陽，並且特別關切河陽。他死後，他的好友張藉在祭詩中也指出了：「舊塋盟津北」；按「盟津」即是孟津，今日我的故鄉之「韓文公墓」，位於縣城以西三十里處的韓莊，即是在孟津的正北方向，居住於韓莊的韓氏後裔，子孫繁衍，耕讀傳家，不僅他們祀文公爲遠祖，即在全縣各地亦奉韓愈若神明，由此考證退之先生爲河陽先賢，當無謬誤。

名人談過，對於古蹟勝地的介紹，自然也是不可缺少的。

提到風景名勝，如果不是經過時間浪潮的長期沖激的話，我想我的故鄉至今還是一個極爲瑰麗的大花園。你大概也許知道，河陽還有一個美好的別名，叫做「花縣」；那是因爲在晉代時，潘岳（安仁）曾爲河陽令，這位文采風流的縣太爺，把河陽滿縣偏種桃李，形成了「河陽滿縣花」，不僅使當時的人，稱河陽爲「花縣」，而且也使後世美稱縣治即爲「花縣」。有名的詩人文士，多對「花縣」曾加吟詠，如李白的『河陽花作縣』，王維的『別路經花縣』，庾信的『河陽一縣併是花』……等，使我們緬想當時滿縣桃李、萬紫千紅的絢燦景色，不禁爲之神往！後來在我離開故鄉之前，各處桃李雖仍甚多，但「都是劉郎去後栽」，也無復滿縣是花的盛況了。

古蹟中値得先提的是「湨梁」，那是一座架在馬河（古稱湨水）下游的大石橋，在河陽八景中稱之爲「十里長虹」，可以想見其長大。爾雅中記載：「梁莫大於湨梁」，即是指此。武王伐紂，大會諸侯於孟津，還，盟於湨梁；春秋時，晉平公會諸侯於湨梁。這兩次的「盟」「會」，使「湨梁」的聲名爲之不朽；事實上，它也確是一個偉大、古老、而又不朽的建築。不知今日仍能無恙否？

前面所述的「韓文公墓」，也當算是故鄉的有名古蹟之一；而最足珍貴的，就是墓前左右的兩株唐柏，粗可十人合抱，高則參天千尺，樹旁有碑題曰：「唐柏雙奇」。崇奉文公的人，相傳柏樹皮可以治療百病，善男信女們於焚香禱告之後，就剖下一點樹皮帶回去當靈藥吃，相沿既久，兩棵柏樹的下半截都被剖光了，後由地方官吏禁止，雙柏才免於全身剖皮之難。從這裏，也足可以看出鄉人們對於韓文公信奉之誠了。

除此之外，我所知道的古蹟，還有周武王大會諸侯時的「點將台」，在城西之黃河北岸上，一爲「文台」，一爲「武台」，都已荒圮，僅剩遺跡。其餘尚有「古城」、「鬥雞台」、「虢國塚」、「孤女墓」、及魯班手建的「無樑廟」……等，因家居爲時不多，沒有一一加以研考，我想那都會含有不少的歷史趣味的。記得在故鄉時，曾見人因修築公路而掘出許多古代的錢幣、兵器與器皿，相信在故鄉的地層下，必有無盡的考古的資料存在著，這只有留待他日再去開發了。

河陽全縣的幅員不大，然而還算相當殷實富裕。東部與北部都是平原，出產小麥、高粱、玉蜀黍、小米、藥材等；西部是高嶺，出產棉花、芝麻、與大豆；南部靠河灘，盛產西瓜、山藥和花生。此外，全縣都產水果與蔬菜，如桃、李、杏、梅、梨、葡萄、石榴、棗、柿，白菜、蘿蔔、芥菜……等。還有一種植得「特寫」的就是「蔓菁」，它形同蘿蔔而略小，味似蕃薯而更甘，放在小米粥裏煮著吃，眞是清香可口，醇味無窮，可惜離開故鄉後，在別處就從未嚐過或見過。

故鄉民風純樸坦直，有人情味；無論何事，無論對誰，總是微微一笑之後，先來一聲口頭語『惹娘——』，但這兩個字絕非罵人，也無惡意，你如聽不慣而對他苛責，誰都會向你解釋：『吃的馬河水，長的惹娘嘴』；這眞是莫可奈何的事。本縣因爲盛產棉花，所以做綢布棉紗生意者也特多，從開封西大街一直到上海五馬路，他們就是這麼『惹娘、惹娘』的，一聽就知道是孟縣「老客」。

然而，故鄉民風也有其強悍之處；抗戰前我曾認識幾位大朋友，他們在抗戰期間組織民衆，展開敵後游擊戰爭，做出過許多轟轟烈烈的成績，人稱「河陽三雄」。他們的勇敢作風與一手好槍法，比之今日美國西部電影中的葛倫福特、畢蘭卡斯特，與亞倫賴德等輩而更無遜色。可惜後來聽說都已死亡，不知今日繼起者爲何人？更不知道在故鄉陷於赤色鐵蹄下的幾年中，誰爲點燃起抗暴的火燄！

我懷念故鄉，懷念我那過去曾是天堂而今卻淪爲地獄的故鄉！當我已厭倦於飄泊的時候，這短短的描述豈能排遣我的鄉愁於萬一！我懷念我的故鄉，你也當然懷念你的故鄉；那麼，爲了拯救我們的同樣苦難的故鄉的命運，讓我們攜起手來，打回去吧！

四十六年四月，臺北永和

茱萸怨

獨在異鄉爲異客，每逢佳節倍思親。
遙知兄弟登高處，遍揷茱萸少一人。——王維詩

一

寶島的秋風起了；天高氣爽，重陽節近，遊子該憶起故園的茱萸，是否仍在荒瘠的土地上開放？

重陽佳節，是我們往昔生活史頁上值得回憶的章段。在童年的時代，歲月是那樣甯靜而又安祥，過了中秋，就該盼望著這歡樂的登高節日的來臨；到了那天，我們會有一次歡暢的遠足，帶著酒，帶著一些可口的菜肴，登臨附近風景名勝的最高處。大人們飲酒作詩，一面又不厭其詳的爲晚輩們講說著重九的各種掌故；而我和小兄弟行們，佩戴著或者揷著茱萸，也以趁熱鬧的心情在附庸風雅，同樣的興高采烈，流連忘返。

在那些古老的掌故中，最使我們印象深刻的，大概就是「續齊諧記」中的桓景的故事了吧。長輩們曾爲我們述說：汝南的桓景跟著費長房遊學多年，有一天費長房忽然告訴他：『九月九日，你的家裏會有大的災難來臨；你趕快回去，叫全家人到那天都用絳囊盛著茱

萸，掛在臂上，並且要登高喝菊花酒，這個災禍就可以消除了。』桓景聽了他老師的話，就趕快回家一切照辦，到了九月九日那天，全家登高躲避了一天，晚上回家以後，發現家裏的雞犬牛羊全都死了；桓景把這情形報告給費長房，長房說：『此可代也』……

這一段故事自然又是神話，然而中國的神話無論是美麗的或者怪誕的，都會像中華民族史話那樣的流傳久遠，深植人心；尤其是當我們在童年時，幼稚的心靈往往被這些神話所捕捉，極容易相信它是事實而歷久不忘。童年登高的時候，受了這段故事的感染，在歡樂中有時還不免存著戒懼，一面吃喝談笑，一面還擔心的遙望著家裏，希望那些心愛的家畜不要死——甚至於連牠「代」我們死也不要。如今，這些情景都已成爲溫馨而又有些哀愁氣氛的回憶，童年既已不再，眼前景物又已全非，撫今思昔，怎能不悵然又復黯然呢！

我從小對於花草就缺乏濃厚的愛嗜，因而對於此道也未加研究；但由於茱萸是一種與歲時令節有關的東西，所以對它也像蒲艾之於端午、丹桂之於中秋那樣頗有好感。記得幼年讀書的時候，家塾的老師在重陽節前總要帶我們到花圃裏去，一面指點著茱萸，一面爲我們講述著「風土紀」中關於茱萸的記載：『俗尚九月九日謂爲上九，茱萸至此日氣烈熟，色赤，可折其房以插頭，云辟惡氣，禦冬……』人在幼小的年齡，由於心靈的稚弱，思想的無邪，所以最怕有些不安全的感覺向自己襲來；在比較之下，覺得如果茱萸單是爲辟惡氣而生的，那麼就比爲辟災禍而生的好得多了！但是，世間爲什麼要有災禍死亡？甚至於爲什麼要有「惡氣」呢？有了茱萸，難道說人眞的就不會有災禍死亡，也眞的就不會遇到「惡氣」了嗎？那時，我自然不能爲我這些荒誕的問題找到答案，但我到了重陽節前，我就會無條件的信賴茱萸；相信它會賜福予我，予我的父母兄弟姊妹，予所有的不願受災禍死亡和「惡氣」襲擊的人們。

而大陸淪陷，又是幾度重陽；在到處都是災禍死亡、到處都充盈著血腥的「惡氣」的鐵幕中，我們的兄弟姊妹們，我們的同胞們，逢此登高時節，更向何處去逃避這空前的浩劫？人命賤如螻蟻，又到那裏去找雞犬牛羊而「此可代也」？故園荒蕪，蓬蒿叢生，可憐的茱萸恐已根絕種絕；即使仍能倖存，又怎樣辟得了這曠古未有的災難與「惡氣」呢？

二

童年的歲月逝去如水，悄悄的流過便永遠不再回來。當我開始讀中學起，就離家遠去異鄉，和兄弟們天南地北，各在一方，除去寒暑假之外，很少聚首，即使逢到重陽佳節，也依然無法重溫往昔攜手登高的舊夢；每年此日，惟有以哀怨的心情，吟著王維的詩章：

『獨在異鄉爲異客，
每逢佳節倍思親；
遙知兄弟登高處，
遍揷茱萸少一人！』

其實何止只少一人？兄弟們都不在家裏，而且自從父親去世以後，家中歡樂的情緒早已冷落，即令勉強應景，白髮老母也許是以登高翹首代替了倚閭而望吧！

抗戰前一年的重陽節，一個偶然的機緣使兄弟們在家裏聚首了。那時我們上一代的長輩們已凋零殆盡，我們雖然還沒有下一代的晚輩們，但我們飲酒賦詩的資格倒是足夠的；那年登高之日，我們本來應該承接著童年時代的餘緒，在難得的機會中大大歡樂一下，然而不知道爲了什麼，誰也沒有方法把往昔的情緒重新抓握回來；眼看著國事蜩螗，大局日非，知識青年的血性與敏感，竟會意識到大敵當前，早晚不免一戰，而大戰一起，又是我們離鄉背井的日子到了。因此，我們只默然的咀嚼著杜甫的詩句：

『明年此會知誰健，

醉把茱萸仔細看。』

想到未來，想到國家的動盪與苦難，想到家庭的離散，想到老母的風燭殘年……我們雖未醉而心卻碎了。

果然，次年就爆發了「七七」事變，隨著神聖抗戰的號角與從軍熱潮，我們兄弟三個人都投筆從戎，各自從學校裏直接投入部隊。八年，悠長的八年中，我們彼此互相不知道誰在何處，沒有信息，也無從探詢彼此的生死存亡；也許在我們的夢裏，或者在母親的夢裏，我們曾經團聚過，但那只會倍增醒後的悵惘與懷念。

八年中，我曾爬過最高最險的山，但我沒有想到登高；我曾看到過各種知名與不知名的花草，而我沒有想到茱萸；我曾度過八次的重陽節，但我都在炮火連天中忽略了它的來臨與逝去。

好容易苦鬥到抗戰的勝利，我和遠在千里外的三弟首先聯絡上了，以後又和病中的大哥也互相通了信息，當我們正準備設法聚首的時候，大哥卻不幸被病魔所乘，以三十二歲的英年，帶著他尚未充份發揮的智慧與才華，病歿陝南。從此，每逢重陽佳節，我再也不忍吟哦那『遍插茱萸少一人』的詩句，尤其不敢再想『明年此會知誰健』，而只有和著眼淚，懷著一顆無法彌補的創痛的心，來『醉把茱萸仔細看』了。

三

當大陸河山變色的前夕，我們全家從幾個不同的地方先後流轉到台灣來；骨肉重聚於他鄉，自然是悲喜交集。歷經憂患的母親，頭上白髮更多了，她看到我和三弟仍然健壯如昔時，內心固然覺得愉快安慰，但想到大哥的遺骸遠厝陝南不能歸葬故鄉，老人家的悲痛是可想而知的。

我和三弟從幼年就對大哥敬重，大哥的友愛也使我們永恆不能遺忘。全家聚首在台灣後，每逢歲時節日，極容易使我們回憶起歡樂的童年舊事，自然也會因之而想到了大哥，但我們怕惹起母親的傷心，往往到大哥就馬上改變話題，由於如此，使我更加懷念大哥的音容笑貌和他生前的愛嗜與習慣。在我執筆寫詩的時候，在我舉杯高歌的時候，在我做各種戶外運動的時候，甚至於聽戲、看電影、欣賞音樂、看別人下棋、種花、釣魚、養雞……都會使我想起大哥；尤其是每遇重陽節近，我總會從『遍揷茱萸少一人』的詩句而想到大哥。

大哥的魂魄，常常遙遠的來到我的夢中；在夢中，他沒有死，也沒有積勞成瘁的病，他仍是那麼年青，那麼英俊而瀟洒，那麼才華四射。不，即使我醒來後，我也知道大哥沒有死，他永遠活在我的心裏；靠著他的指引，我才能夠點燃了生命的火花，永遠前進，永遠向上，永遠正直的生活著而且奮鬥著！

在台灣，我沒有看到茱萸，也怕看茱萸；我也沒有登過高，也不願去登高。母親去世，又已數年，遺骨也不知道何日可以歸葬故里；國恨家愁，都在心上，即使近年來生活安定充裕，實在也難得的去鼓起那份閑情逸緻。

如今，又是重陽節近，不知道故園的茱萸，是否仍在荒瘠的土地上開放？老家裏上一代的叔伯長輩們，早在抗戰前後相繼下世，善良純樸的堂兄弟們此時正在赤魔掌下掙扎呻吟，不知還有幾人能夠倖存人間？到了這佳節臨近的時候，他們雖然不敢攜酒登高，我想他們——以及大陸上所有不願做奴隸的人們，恐怕心靈都會高登天際，向海的這邊嚮往著，盼望著，虔誠的祈禱著政府早日反攻回去，拯救他們於水深火熱之中！

回去吧！該是我們打回去的時候了！秋高氣爽，士飽馬騰，正是戰鬥的好季節；但等反攻的號角吹響，我這個不老的兵，也將再度擲下筆桿，扛起槍桿，響應著新的從軍熱潮，隨著正義的王師，轟轟烈烈浩浩蕩蕩的向大陸進軍！

當反攻復國的神聖戰爭，得到全面勝利的時候，我並不願像『朝衣茱萸錦』那樣的衣錦榮歸，而只願在偉大的建國里程的開端，先以雙手將故園重建於廢墟之上，把母親和大哥的靈骨都歸葬於祖先廬墓，使她（他）們伴著父親而安息於地下；然後，我再以我可能奉獻的全部精力與智慧，爲建設三民主義新中國的大業而繼續邁進！

到那時候，如果逢到重陽佳節，我將和全家人歡樂的出動，選擇風景最好的地方去登高；我們將飲著上好的菊花酒，吃著妻和弟婦親手做的色香味俱佳的菜肴；我們也佩插著茱萸，但那不是爲了辟什麼災禍與惡氣，而只是一種習俗的點綴；我和三弟將爲了紀念大哥而先吟唱『遍插茱萸少一人』的詩句，之後我們也就捋著鬍子（如果那時候我們都留了鬍子的話），搖頭幌腦的做些或好或壞的詩，一面又不厭其詳的對我們的兒女們講說著重九的各種掌故，當然也不會忘記費長房和桓景的那段故事……

啊啊，那是何其美妙的日子！我看見它是如此的臨近，說不定就在明年的重陽節呢！

四十五年秋，台北頂溪

《海風》一卷十期

流螢

——悼念七哥

一

夜深不寐，聽著火車匆忙的的從遠方奔來，又匆忙的奔向另一個遙遠的地方去。秋風帶著微寒，偷偷的從窗外襲來，使人幻起一陣輕渺的鄉愁。

忽然，一隻流螢隨風飛進窗來，悄悄的停在蚊帳上面，緩緩沿著帳頂爬行，發著微弱閃灼的光亮。看見牠，我黯然的想起了逝去的七哥。

是勝利後第二年的秋季，我駐在江南的一個小城裡，在經過頻年的跋涉轉戰後，那安謐恬靜的休補階段，對我是非常需要而且感到極爲欣愉的事情。但唯一使我朝夕縈念的，就是臥病陝南的七哥。我知道他的身體本來就不太健康，尤其多年來的顛沛流轉，更使得他陷於痛苦頹弱的厄運中。從「七七」事變開始，我們就拋棄了未成的學業，離開了溫馨的家庭，勞燕分飛，各奔南北。一直到勝利那年的冬季，軍郵才替我們好不容易的聯絡上，可是不幸的很，他卻在信裡告訴我一個最惡劣的消息：由於積年的勞瘁，他正患著嚴重的肺病——已經到了第三期。這個消息像一把憂鬱的鎖，緊緊鎖閉了我的心，永遠都無法開朗起來。

盡了我可能的精神和物質的接濟，對七哥的命運都不能發生半點挽救力量，無情的上帝，竟盲目下了判決，一個秋意蕭索的黃昏，接到八姊和十一弟來信，她們告訴我使我不敢相信的事實，七哥竟帶著他三十一歲的英年，帶著他奔放橫溢的文藝天才，拋下了他未完成的創作和勛業，拋下了所有關心他的人們，他……回到另一個世界裡去了。

信還沒有讀完，我悲慟的哭起來。我的哭，與其說是爲了哀悼我同胞兄弟的死，無寧說是爲了哀悼一個文藝前導者和戰鬥同志的早亡比較恰當些。不，也可以說我是爲千古文人共有的落拓坎坷，一洒同情之淚啊！

我暢快的哭，沒有誰來勸阻，直到淚已濕透了我的兩隻衣袖，才惘然失神的抬起頭來。我看見一點螢火正在桌子上的書頁中間閃灼移動：當時不禁憶起七哥生前的詩句：

『不要譏諷我像隻流螢，
我沒有熱力可是有光！
伴隨著寂寞的夜行人，
照給他們短暫的明亮。』

這詩句，還是他在中學讀書的時候寫的，那知道竟變成了他的讖語。是的，七哥就是這樣給人們以「短暫的明亮」——最低限度我個人有如此感覺，他逝去了，像一隻流螢飛沒在無垠的黑暗中；留下我這「寂寞的夜行人」。該怎樣去摸索前進，追尋他的「光」呢？

在江南的小城裡，那時正是重陽節近，淒風苦雨，爲了悼念七哥，我曾和淚寫下了這樣的詩句：

『他鄉飄泊未能歸，骨肉重逢事願違；天外噩耗如霹靂，隕星似雨雨霏霏。』

『十年生別已可悲，那堪傷心賦永離？從此中宵添遠夢，哀歡歷歷憶兒時。』

『愁風苦雨送晚涼，才過中秋又重陽；劫後故園茱萸盡，登高夢斷淚沾裳。』

『池塘草謝秋已闌，風雨敲窗衾被寒；夢隔關河腸欲斷，天末雁行不忍看！』

『賦詩猶記說流螢，點點螢光映曉星；不世才華天應惜，人間何處弔英靈？』

二

大陸淪陷以前，我們全家先後來到台灣。七哥去世之後，母親由陝南城固而到西安，然後飛到上海，本來是和我同住在上海的；三十七年冬季，十一弟的部隊經上海調來台灣，八姊夫婦也同時隨軍來台，母親在大家慫恿之下，也就隨著他們先來台灣了。我是在三十八年夏季攜著妻兒來台的，到台以後，全家都住在嘉義；一家數口十幾年都沒有在一起團聚過，所以將近一年的團聚之樂，的確是一段值得珍貴的日子。以後，我到台北工作，十一弟轉勤海軍，那個「貧而樂」的局面被現實生活給打破了；除了八姊仍然留在嘉義之外，我帶著妻兒暫居台北，母親隨著十一弟住在左營，從此南北遠隔，咫尺竟如天涯。

可是，誰又能想到，母親竟因爲罹患「不治之症」，也離我們而去了！

母親的病，是今年春天發現的；先在南部幾個醫院檢查，有的說是「瘤」，有的說是「癌」，不能加以斷定，更不能加以治療。二三月間曾經到台北來就醫，經過某兩大醫院檢查，判明確係「癌」症，但也不能根治。以後又曾服用了所謂「特效藥」，結果依然是石沉大海，毫無起色。（在這裡，我誠懇的呼籲醫藥衛生當局，要切實的注視這個嚴重的問題）。母親又回到左營以後，病勢就日益危殆，我曾往探視一次，母親在氣息奄奄之際，反而安慰我，鼓勵我，叫我保重身體，努力工作。當時我的感觸眞是千端萬緒，又是難過，又是慚愧，又是感激，又是悲傷……我不知道對於母親病況惡化的責任，究竟是因爲我的貧困無力呢？還是醫藥界的落後無能？

母親死了！自從七哥去世之後，我應該負起「長子」的一切責任；但是自從我降世的三十多年來，十幾年求學他鄉，十幾年戎馬奔走，幼年依依膝下的情景，恍如一場春夢，壯年後更沒有盡到「菽水之奉」；抗戰期間，飽嚐了「生離」的苦味，如今竟成「死別」！在母親彌留之際，我反覆咀嚼著「樹欲靜而風不息，子欲養而親不在」的句子，平常我雖有一付極其剛毅倔強的性格，但也忍不住熱淚潰溢，涕泗滂沱！

記得先父去世的時候，我才剛剛十歲，由於年紀幼小，當時不懂得悲哀。勝利以後，七哥病歿陝南，我那時遠在東南，不能前往奔喪，但是生離死別的哀愁，已經深深的折磨著我。這次母親的死，在我的心版上，烙下了一個永生不能泯沒的印痕，使我永遠難忘母愛的偉大，與骨肉親情的可貴。

回憶抗戰開始的時候，我們弟兄三人都先後投筆從軍；母親守寡多年，好不容易把我們撫育成人，但爲了多難的祖國，她毫不吝惜的獻出了她的骨肉，而且鼓勵著我們去「爲國爭光」！抗戰勝利之後，她的第一個孩子早亡了，所幸還有我和十一弟兩人，可以寄託她的一切希望，然而當我們還一無成就的時候，她老人家竟撒手西歸了。母親死前的遺言，和十五年前一樣，還是要我們「爲國爭光」；除此之外，就是叮囑我們：等到反攻勝利以後，趕快把七哥寄厝在陝南的遺體，運回故鄉安葬……。

『世亂兵荒百事違，離巢燕雛各分飛。負戈未計綵衣失，倚閭誰憐白髮稀？樹靜風揚悲曷極，家殘國破恨難歸；他鄉古寺晨鐘遠，寸草何年報春暉？』

這是我所寫的一首「祭母詩」。是的，『誰言寸草心，報得三春暉』？七哥啊！此時此刻，我將和十一弟互勉同勵，我們要把寸草心化爲丹心一片，以爭取祖國的光榮勝利，還我河山，重整家園；把母親和七哥寄厝在他鄉的骸骨，歸葬於河陽翟氏的祖塋，在遍植松柏的「鬱鬱佳城」之中，在父親的墳墓之旁。

三

母親逝世之後，使我對於七哥更加懷念；七哥的音容笑貌，時常伴隨著母親而來到我的夢中，憶起童年歡樂的情景，歷歷如在目前。

而每當我看到了流螢，就更會想起七哥以及他不凡的才華，和他對我的愛護與啓導。今年五月，我曾經以「流螢」爲題，發表了一首悼念七哥的新詩——這也只是表達我的永懷之情於萬一而已！

『你寫下了您命運的預兆，
用詩句代表了你的讖語；
你離開了您短短的
三十一年的人生旅程，
像深秋的流螢，
靜悄悄地逝去。
而您那短暫的光亮啊！
卻有如曳著長尾的彗星，
永恒照耀我懷念的領域。
·
你雖然自比為一隻流螢，
而您卻無需去懷疑讖諷；

誰能像你那樣不吝惜
自己微小而脆弱的光明？
在人生的大道上，
你不停地飛舞，
你不停地閃動，
為我照出了邁步的前路，
為多少人點亮前進的燈。

·

在那沒有星與月的暗夜，
在那看不見人跡的曠野，
道路是這樣崎嶇而遼長，
四週是如此寂寥而荒涼。
是你啊——七哥！
您把我送到光明的邊緣，
您將我引上平坦的康莊；
而您自己啊！

卻消逝於不可知的遠方。

我已近接到光輝的黎明，
我已成長在溫煦的春天。
而您啊！卻不甘瞑目地
在浸透血腥的土下長眠。
今天，我默祝您的安息，
謹獻上無比虔誠的詩篇；
七哥啊！願明年此日——
我將以勝利的花朵，
在祭奠在您的墳前。』

今夜，我又看見流螢，懷想七哥和母親，不禁雙淚潸然。尤當憶起七哥遺留的詩句，我覺得這「短暫的明亮」，也是多麼不易遇求而值得珍惜的啊！

火車又匆忙的從遠方奔來，再不停的奔向另一個遙遠的地方去。我緬想著反攻勝利回到大陸以後，我該以怎樣的心情奔到七哥的墓前。

四十一年九月，台北頂溪

筆名及其他

一、我的筆名

「鍾雷」——本來是我的別號之一，多年以來，我一直把它用作寫文章的筆名；結果，文藝和影劇界圈內圈外的朋友們，往往只知道我是鍾雷，提起我的眞實姓名來反而覺得有點陌生了。

當然，寫文章的人似乎都喜歡用用筆名，尤其是在年青時代或在初學寫作的階段。記得戰前我在學校讀書的時候，就常常用各種不同的筆名，向一些報刊雜誌投稿；以後，由於自己主編了一本雜誌，又客串編輯過兩家小報的副刊，有時候因爲稿件不容易湊集，只好自己多來幾篇，於是筆名也就跟著大批出籠。當時所用的，例如「石磊」、「石羽」、「黃河」……等等，沒想到後來都變成電影明星們的藝名；其餘像「賀勛」，其後至今還偶而一用；再其餘的簡直就是隨用隨忘，現在也無法去想出來一一列舉了。

談到我一直用著的筆名——鍾雷，這裡面倒有一段小插曲。抗戰勝利後，我隨軍駐在南方的一個城市裡，閑來無事，看到報紙副刊上別人的文章，不覺自己手癢，於是就提起了八年不曾提起的筆來，寫了一篇六千字左右的小說寄去，並且隨手署上了我的眞實姓名「翟君石」。過幾天，那篇小說「上」段登出來了，再一看名字，「翟」字變成了「瞿」！我趕快打個電話給報館，鄭重的告訴他們，我的姓上面是「羽」字頭而不是雙目；到了第二天，再一看「中」段的署名，「翟」字又排成了「霍」字，原來他們把「羽」字頭聽成了「雨」字頭了！我不得不親自跑到報館，親自在字架上把「翟」字替他們撿了出來；結果你猜怎樣？那個排字的領班搖頭大叫：「迭個那能讀『宅』，明明是讀『狄』個呀！」

本來我就瞭解於我這個姓氏是如何的「冷門」，不是被人寫錯就得讓人叫錯；從那以後，我想假如要再寫文章的話，又得決心用筆名了。

於是，我選擇了我的別號之一——鍾雷，作爲我的筆名，它並不像字面那樣的有什麼意義，只是聽著還算響亮，而且也不容易發生什麼錯誤，如此而已。但我卻沒有想到，一用就這樣一直用了下去，看樣子已成了我的「註册商標」，今後也將很難有所更改的了。

五十三年四月，木柵

二、我的寫作習慣

多年以來，放下槍桿就和筆桿結了不解之緣；雖非所謂職業作家，但是上班也寫，下班也寫，寫作成爲工作與生活中重要的一環，自然也就難免和日常習慣結合在一起了。

我的寫作習慣，有些簡直可以稱爲「積重難返」的毛病。例如：我是一個具有二十年以上「煙齡」的癮君子，平常倒還不覺得怎麼樣，可是只要當右手拿起筆來的時候，左手就得趕快去摸口袋、掏香煙；此其一也。其二，平日我可以整天不喝水，尤其是不要茶喝，但一到提筆寫作的時候，茶和香煙便成了「水火同源」，相得益彰。同時，「賢妻」也對我體貼的近於嬌慣，爲了體念我筆耕的辛勞，只要看到我埋頭於小書房裡，她就會經常不斷的補給一些水果點心之類的東西給我；於是，這樣一來，我在寫作的時候的「毛病」就愈來愈多，腦力與手口並用，簡直把自己忙亂的不亦樂乎！

我在寫作的時候，雖然可以不太選擇地方，但是卻喜歡比較清靜和整潔的環境；不過，也曾經有人開了旅館房間請我去趕寫劇本，我卻一個字也寫不出來。現在，我住在遠離市區的鄉間，並且爲自己安排了一間面對青山的小書房；通常都是在深夜燈下，在妻兒的鼻息聲中，把構思化爲藍色的耕耘。白天在辦公廳裡，我盡量不寫有關文藝方面的作品，因爲那不是一個能夠產生靈感和控握情緒的處所；而且我最怕一些外來的干擾，有時候接一個電話都能夠使一篇東西被打上了無法解開的死結。

此外，在寫作的應用工具方面，我習慣於用比較細一些的自來水筆，而且要蘸著墨水來寫，近年也改用原子筆，不過總以字跡清晰爲原則。爲了不願把原稿塗改得太「面目模糊」，或者寫了幾行覺得不好就撕毀一張稿紙，所以我經常都是採用三百字的單頁稿紙；對於五百字或六百字的雙頁稿紙，是絕對無法習慣的。

至於修改稿件的習慣，那就看構思的程度和作品的性質了。詩和散文比較少於修改；小說在寫成之後，往往要從頭到尾修改兩三次之多；以劇本（尤其是電影劇本）的修改工程為最大，但那工程，有時候卻並不在「寫作習慣」的範圍之內。然而，無論如何，我是沒有「清稿」的習慣和耐心的；我認為那是一件苦事，所以自己也從來不留底稿。

五十三年五月，木柵

卷二

戎馬舊事

「七七」抗戰六十周年有感

六十韶光風雨頻，滄桑苦樂了無垠。蘆溝烽火太行壓，京滬雲烟寶島春。戎馬疆場成遠夢，詩篇翰墨記前塵。老兵不老人長壽，藝苑文壇歲月新。

余之詩集「招夢草」於近期出版，內多新詩，其舊詩部分，皆抗戰期間軍中之作品也。

鍾雷羅君石

戎馬八年紀事詩

一、從軍篇

「長蛇封豕入侵來，
忍教河山付劫灰？
故國多難邊塞急，
元戎有令風雲開；
請纓投筆班超志，
擊楫渡江祖逖才。
莫道書生無大用，
行看伏蟄起春雷！」

這首詩，是五十年前我在從軍入伍的時候寫的。當時我正是一個在北平讀書的大學生，由於我是學文學的，對於詩詞和戲劇又頗有偏愛，因而平日除了嗜好平劇和電影話劇之外，還常常跟朋友們寫詩唱和一番。若論詩的功力火候，雖然還差得很遠，但卻能孜孜不倦，而且樂此不疲。

民國二十六年七月七日，盧溝橋上的槍砲聲，不但衝破了長期以來「山雨欲來風滿樓」的華北局面，而且也點燃了全面對日抗戰的聖火。當時在平津的大學生們，響應最高領袖的號召，紛紛投筆從軍，參加了抗戰的行列；而我也以一種慷慨激昂、義無反顧的心情，隨著這股從軍的熱潮而請纓入伍。

在那個時候，我還只是一個不到二十歲的大孩子，跟一般愛國的熱血青年一樣，平常就懷著「國將不國，何以家爲」的壯志豪情。這時爲了抗戰衛國而改穿了「二尺半」，並且一夕之間就從「丘九」變成了「丘八」，不但毫無猶豫考慮，同時還覺得好像有些「如願以償」，感到非常愉快和光榮之至。於是就寫下了這一首七律，也沒有時間作太多的推敲，也就「工拙在所不計」了。

當我們隨軍撤離北平的時候，對於故都的風光文物，和那種多采多姿的大學生活，難免會有一份依戀不捨的心情。在此後的行軍途中，我也曾經信筆寫過幾首詩，藉以抒發內心的感觸。例如——

「絃歌久已歇，弓箭各在腰；依依從此別，誰復念奴嬌？」

這是寫有些同學在入伍之後，連愛人或者女朋友都拋下了；「英雄氣長，兒女情短」，也算是當時的寫照吧！

「慷慨歌燕市，黯然過盧溝；不忍回首望，故都使人愁。」

「南下復南下，行行又行行；何日旌旗轉，揮戈收舊京？」

從這兩首詩中，就可以想到當時的心情和願望是如何的了。

二、戰鬥篇

在抗戰期間的戎馬生涯中，雖然說是「投筆」而來，但是除了「槍在我們的肩膀」以外，筆也仍然還在我們的手上；只要是遇有餘暇，或者心有所感，經常還會塗寫不輟，而我以新詩和舊詩（現在已稱「傳統詩」）寫得較多一些。新詩可以「自由」揮灑，下筆還比較容易；舊詩則受格律所限，尤其在戎馬倥偬之餘，想要寫得「工穩」也就非常之難了。

因此之故，我在抗戰時期所寫的一些舊詩，經常會有平仄失調，對仗欠工之處；而在當年我認爲這些並不太重要，有詩還是先寫下來再說。到如今看起來，雖然的確是不無值得推敲的地方，但爲了存眞，爲了保留往日的紀事和那份屬於年輕時代的情懷，我覺得還應該珍視它們原有的風貌，不要加以改動爲是。所以在這篇文章裏面所用的拙詩，如有「離譜」之處，還請大雅方家勿予哂笑則個！

話說我自從投軍抗戰之後，在八年之中，先後經歷過的大小戰役，不計其數，眞可以說是何止「身經百戰」？

論戰爭的形式，大會戰、野戰、陣地戰、游擊戰、遭遇戰、巷戰、逐屋戰，以至於中共的「人海戰」和花招百出的「統戰」，莫不曾經「躬予其盛」。論作戰的敵方，起初是與日本鬼子周旋，後來則要對敵、僞、匪三面作戰，驚險艱苦，可想而知。論個人的經歷與任務，初則是一個二等學兵機槍手，繼而當基層的帶兵官；後又轉爲政工人員，歷任團、旅、師的政治主任，還「客串」過兩省（山東、河南）之間的三縣（曹、單、虞城）的聯合縣長；之後又轉任爲參謀長，扮演過「運籌帷幄，決勝千里」的角色。

在抗戰八年所身經的大小戰役之中，至今回憶起來，當以「台兒莊會戰」的印象最爲深刻了。這可能是因爲那是一場規模龐大的大會戰，同時也是抗日戰史上一次有決定性的大會戰，能有機會投身其中，而且還打了勝仗，當然會使人久不忘。

二十七年春，我們部隊由晉南而豫北，然後南渡黃河，經洛陽而開赴東戰場，投入了台兒莊會戰。當時我曾有詩曰：

「十里春風菜花黃，
垂楊夾岸草生香。
關山飛渡軍書急，
驛站頻傳捷報忙；
鐵馬沖塵收嶺北，
驍騎捲土過河陽。
東征好自加餐飯，
直入彭城古戰場！」

我們部隊在台兒莊大會戰之中，配合著大兵團的作戰部署，先增援山東郯城東翼，迎戰日軍有名的「板垣師團」；然後又轉進到徐州以南的駱馬湖一帶，去攔擊鬼子兵中更稱驃悍的「磯谷師團」突圍南犯的先頭部隊。

駱馬湖這個地名，使人想起了平劇中黃天霸水戰「鐵臂猿猴」李佩的「落馬湖」，而其「平沙無垠，蓬斷草枯」的景象，則更像唐李華筆下的古戰場。這裏是一個沼澤地區，我們奉命和友軍在此聯合佈置「袋形陣地」，準備給敵人來一次「請君入甕」的致命痛擊。至於戰況與戰果如何？我在這次戰鬥之後，曾經寫了一首「古戰場行」的古風，以紀其實，詩曰：

「朝發砲車鎮，夕至落馬湖。落馬湖，落胡馬，一片澤國滿萑苻；那堪連日淒風挾苦雨，使人瑟縮舉步涉泥塗。相傳此是古戰場，前人詩云『一將功成萬骨枯』。我軍今來聲勢大，乘勝追擊破倭奴。披菖蒲，斬荻蘆，佈得袋形陣地如畫圖。入夜滿天匝地憐火舞，又聞陰天鬼哭聲嗚嗚；『秦歟、漢歟』渾不管，且更抱槍倚馬話鬼狐。拂曉一聲號令下，槍聲狂嘯砲狂呼！嗟爾東洋鬼子腿本短，可憐曳尾泥淖如龜徒；磯谷師團何驃悍，今亦全軍覆沒落馬湖！從此湖底多枯骨，扶桑鬼哭聲更麤……戰勝歸來疲憊甚，汲水脫衣滌血洗泥污；煙一支，酒一壺，醉臥湖邊待明日，明日又向何處赴征途？」

三、伙伴篇

在抗戰八年的戎馬生涯中，舊雨新知，當然爲數不少；有的是詩酒的朋友，有的是工作或戰鬥的伙伴，更有的是生死患難之交。

然而，在戰鬥生涯之中，敵人環伺之下，人人的處境與遭遇，隨時都是危機四伏，甚至可能「朝不保夕」。有的時候，幾個同事好友們，早上還在一起吃飯，到了下午，說不定其中就有一兩位在戰鬥中變爲「國殤」了。有的時候，前一天晚上大家還在臺上合演「玉堂春」和「龍鳳呈祥」，過不了兩天，在部隊行軍的遭遇戰中，那些扮演「蘇三」、「孫權」、「喬國老」、「張飛」和「孫尚香」的男女同事們，就不幸的爲國捐軀而陳屍疆場了。在大時代的烽火裏，這些生死傷亡的事情，雖然經常「司空見慣」，但生離死別，畢竟是令人愴懷悼念而不能自己的。

抗戰的後期，我們的處境更加複雜而險惡，除了經常面對著敵、僞、匪三重勢力包圍，而不斷的三面作戰以外，還得隨時注意著附近的地方團隊，和軍譽不佳的雜牌游擊隊，以及其他反覆無常、立場不定的收編部隊，防範他們在三重敵人各別不同的威脅利誘之下，隨時可能「倒戈」叛亂，而變生肘腋，禍起蕭墻。

有一次，這樣的變亂果然由於防備不周而發生了；我有幾位同事好友，不幸慘烈犧牲，令人悲憤傷感；另外也有一些好友則下落不明，生死未卜，也使人關心懷念不已。當時我曾有詩以寄意曰：

「肘腋狼煙亂鼓鼙，

鴻飛鵠散各東西。
老成凋謝悲星隕，
壯志沉淪嘆虹低。
數載連床共風雨，
一朝分手隔雲泥。
重逢故舊知何日？
落月屋梁夜淒迷！」

「天下無不散的筵席」。在同事友好之間，除了迫不得已的生離死別之外，爲了其他原因（例如調職、調訓）而各奔東西的事例，當然也是所在多有。有一位好友某君，我們當年是一起從軍入伍的，相處多年，至爲莫逆。我曾經應他們夫婦之請，在他全家福照片的旁邊，題詩一首，以代贈別，這首詩是在飲酒半醉的情況之下寫的，詩曰：

「韶華不長駐，歲月竟如流；我昔識君君未婚，而今欲白少年頭。一自烽煙起，從軍出盧溝；風雲男兒志，慷慨報國讎。跋涉關山路，轉戰幾春秋；故友大半為國殤，黃沙碧血點點愁。吁嗟乎！舊夢舊情逝不返，新恨新愁亦去休！羨君有妻且有子，有子肥壯如犢牛；自古有子萬事足，功名富貴復奚求？醉後為君題詩篇，題罷擲筆亦忘憂。五花馬，千金裘，昔日白也將進酒，今日我輩朝得夕失又何尤？」

之後，我也因爲轉往另一部隊任職，臨行之前，爲幾位如兄如弟的患難好友題贈「留別」一詩曰：

「憶自烽煙起舊京，
請纓結伴從軍行。
肝膽互照同憂患，
意氣相投共死生；
往日悲歡春草夢，
他鄉風雨故人情。
鵬程此後雲天遠，
皓首毋忘少年盟！」

四、親情篇

抗戰八年，離家萬里，在戎馬生涯中，隨時隨地都會常有思鄉懷親之情，這是每一個遊子所同有的心緒情懷。

我幼年失怙，依賴慈母把我們姊弟四人扶育長大。抗戰以前，我們三兄弟一直都在求學讀書；「七七事變」之後，兄弟三人則都不約而同的，先後從軍而參加了抗戰的行列。家中只有已嫁的八姊陪伴著母親，而老母對我們兄弟們的倚閭盼望，殷切之情是不言可喻的。

因此，我曾有五律兩首，是寫思念母姊與遙懷兄弟之情的：

「浮雲過天際，日暮起回風。
夢裡故鄉遠，杯中往事空；
親恩何日報？手足幾時逢？
烽火連年後，歸心三處同。」

「微雨清明後，塞邊柳絮飛；
長風搖靜樹，落日伴春暉。
閭外腸應斷，天涯夢未歸；
思親情切處，淚下濕征衣！」

我在隨軍前往東戰場參加台兒莊會戰之前，在洛陽遇到了十一弟，匆匆相聚，便又勞燕分飛。那時七哥還沒有確切的消息，只是聽說他已經到武漢投考空軍去了。在感慨良深之餘，我也曾經寫了一首「別弟」的詩，以抒胸臆：

「祖國遭劫難，大地烽火紅；青年沸熱血，報國當從戎，我家三兄弟，勞燕各西東；高堂留老母，倚閭望秋風。長兄請纓去，振翼飛長空；我從戰場來，隨軍過洛嵩；可憐我幼弟，羽毛猶未豐；亦懷凌雲志，投筆氣如虹。他鄉忽邂逅，疑是在夢中；歡笑復黯然，淚眼兩迷濛。相聚恨日短，分離太匆匆；

揮手從此別，天涯轉秋蓬。唯願凱旋日，把酒各誇功；臨岐囑珍重，何年再相逢？」

自此之後，我和十一弟便有如秋蓬之轉於天涯海角，直到抗戰勝利以後的第二年，才重相聚首於上海。而七哥與我則由生離而竟至死別，他於三十五年的秋天，因積瘁而逝世於陝南，春秋僅得三十一歲，實在是可痛而又可惜。

我是在抗戰後期結婚的。我和妻雖然都只是大時代中的小人物，但由於我們身經的時代，是偉大而不平凡的，因而我們身爲大時代中的中華兒女，由愛情而至婚姻，也曾經有過相當不平凡的遭遇和經歷。大約在二十年前，我寫過一篇六萬字的中篇小說「春華秋實」，大致來敘述這一段故事，還感到寫得不夠詳盡；而在這裡又限於篇幅，當然更無從下筆了。在此，我僅把在抗戰軍中所寫的，而用以遙念相隔天涯的賢妻的兩首七律，抄在下面，以代紀事：

「風雪蒼茫過都門，
相逢乍喜笑語溫。
藍田玉暖吉士夢，
紅袖香添美人恩；
石閣雲深春不曉，
琴橋月上夜無痕。

此夕銀河千里隔，
天涯海角欲斷魂。」
「曾憶湖山草青青，
踏莎更上月老亭。
春華秋實同心願，
地久天長共丁寧。
無那深閨人憔悴，
若為邊塞夢飄零；
關河萬里相思苦，
倚馬遙看牛女星。」

如今，我和賢妻患難恩愛，已經四十餘年。「共修福慧傳昆後，相樂兒孫繞膝前」；「收得桑榆多福壽，白頭恩愛到期頤」；這就是我們今日的寫照和心願了。

五、今昔篇

日居月諸，韶光易逝，在「七七」抗戰五十年後的今天，藉著這篇文章和其中所引的拙作舊詩，回顧一下往日的悲歡苦樂，在不勝感慨之餘，也不禁頗爲我們這些「老兵不死」，而且更有筆如「寶刀不老」，仍然不停的在寫詩爲文而慶幸、而鼓舞。

由於篇幅的關係，引用我在抗戰時期的詩作，就只有用以上幾首作爲代表了。現在，再以近年所寫有關「七七」抗戰及勝利紀念的三首詩，以作爲本文的結束吧！

七十三年「七七」抗戰四十七周年，我曾有五律兩首，以抒今昔之感曰：

「盧溝烽火起，投筆遠從軍。
自償男兒願，誰酬汗馬勳？
年華似逝水，富貴如浮雲；
尚有才情在，雕龍樂藝文。」

「少小離家久，天涯欲白頭。
十年戎馬夢，萬里海山秋。
錦繡長安市，春風華實樓；
寶刀猶未老，翰墨自悠遊！」

七十四年「九三」抗戰勝利四十年，我又曾寫了七律一首，以書感懷，而自勉自勵曰：

「四十年來轉眼過，
如虹壯志幾消磨？
軍中歲月煙塵遠，
筆下風雲意氣多。

未敢龍鍾稱老邁，
當將鶴壽補蹉跎；
豪情不滅才華在，
白日青春且放歌！」

我在退役之後的四十年來，雖然棄武就文，而自覺在抗戰時期的那種壯志豪情，至今似乎依然不減當年。但願寶刀不老，筆墨長青，以文藝報國而再接再勵，並且與同一代的老兵文友們互勉共勉；相信杜工部詩中「白日放歌須縱酒，青春結伴好還鄉」的那一天，仍然還是屬於我們的日子！

七十六年夏，臺北市

「臺灣日報」七十六年六月二十二日

抗戰勝利四十年

抗戰勝利之前，我們部隊奉命擔任開發第十戰區「路東軍區」的任務。所謂「路東軍區」，即是津浦鐵路以東、隴海鐵路以南的地區，而以江蘇的睢寧、宿遷、和泗陽，以及安徽的泗縣和靈璧，作爲這一軍區的重點轄區。

經過兩年的艱苦奮鬥，我們部隊努力的達成了這個任務，建立了「路東軍區」的強固基地。在實力方面，除了原有的一師三個團之外，又爲軍區發展了兩旅四個團的武力。當時在敵、僞、匪三方環伺，四面夾攻之下，我們依然屹立不搖，而且兵強馬壯，稱得上是威震徐海的雄師。

在戰地裏，部隊對上對外的縱橫聯絡，一向都是以無線電臺作爲耳目喉舌。我們部隊的電臺，各種「專家」相當之多，平日除去通訊聯絡、轉達命令之外，對於國內外的新聞時事，可以說是消息靈通，瞭如指掌。從三十四年七月開始，各方面令人振奮的好消息不斷傳來；當時我由政治主任調爲幕僚長不久，部隊長就特別囑咐我全天候注意大局的發展，同時也隨時注意上級的命令和指示。

七月二十六日，中、美、英發表「波茨坦宣言」，促日本無條件投降；到了八月六日，第一枚原子彈在日本廣島投了下去，八月九日又在長崎投下了第二枚原子彈。根據報導，這兩枚原子彈殺傷的威力，可以想像日本鬼子絕對招架不住了。八月十四日，日本正式宣告無條件投降，八年抗戰終於得到最後的勝利！消息傳來，我們當時的興奮喜悅，眞是達到了無法形容的高潮，甚至懷疑這究竟是不是事實？誠如杜工部的詩句：「喜心翻倒極，嗚咽淚霑巾」。經過了八年的浴血苦戰，歷盡艱險歲月，當勝利到來的時刻，歡笑之餘，有的是更多無以名之的熱淚，而同時也竟有一些難言的空虛落寞之感；這些複雜的情緒，實在無從加以詮釋。

那時候，上級的命令和指示，也一個接一個的源源不斷而來；最忙碌的時候，連同我們的回答和請示，雙方電臺得用「對講電報」的方式進行作業。上級的意思是：雖然抗戰已得到最後勝利，但是仍然不可絲毫鬆懈戰備，特別是要嚴密注意四週中共以及土共的軍事動態；尤其是中共方面朱德竟以所謂「延安總部」的名義，對各地共軍發出受降的命令，違背了最高當局的意旨，可能爲其展開全面叛亂的前奏，應就防區情況隨時嚴加注意。而其中一項最重要的命令，就是我們部隊當時駐地距離徐州最近，應該立即派遣適當人員，進入徐州，宣慰民衆，部署並爲接收與受降做好準備工作。

這個任務相當的沉重與艱鉅，而竟然落到了我和軍區參謀長兩個人的肩上。當時我還是一個年未「而立」的小伙子，軍區參謀長則是軍校前期的「老大哥」；經過我們兩個人徹夜未眠的討論和計劃，次日立刻按照計劃調集「人馬」，加以編組和分配工作，便毫無延誤的向著徐州出發了。

徐州當著隴海和津浦兩大鐵路的交會要衝，又是蘇、魯、豫、皖四省的咽喉門戶，自古爲兵家必爭的重地。南京「汪記政權」傀儡登場之後，更將徐州視爲北面的屏藩，先設「淮海專區」，由郝鵬擔任專員；後來又擴充而成爲「淮海省」，派由中條山降將郝鵬舉擔任省長之職。因而徐州曾有人作成一條對聯的上聯云：

「前有郝鵬，後有郝鵬舉，大體相同，多此一舉。」

可惜一直沒有人能對出下聯，使其眞正成了「絕對」。那時「汪記」的精兵與重兵，全都在郝鵬舉的麾下，據稱有二十萬衆，可能也有些誇大其詞；但無論如何，一到徐州，便會感覺到它所具有軍事重鎭的風貌，也更體會出我們此刻使命的重大。

由於事先經過妥當的聯絡，我們很快的會見了郝鵬舉。在我們進入徐州的前一天，他已經接到了中央的電令，發表了他擔任方面軍總司令的新職。他向我們表示，他在中條山是作戰被俘，不得已而「靦顏事敵」的；若干年來，都懷抱著「身在曹營心在漢」的心情，並沒有做過對不起國家民族的事。現在中央能夠給他一個贖罪立功的自新機會，他當然要一本忠貞之忱，勉力以赴。至於接收受降等等問題，他也得到了中央的命令，全力協助配合辦理；尤其是關於軍事方面，他也自詡他擁有重兵，所以在徐海一帶的日軍，沒有他的照會，決不敢有任何的輕舉妄動。同時他也自信共軍對於徐州，雖有覬覦之心，但也輕易不敢越雷池一步。

儘管如此，我們在徐州一切工作，仍在懷著戒愼恐懼的心情，並且在千頭萬緒與來自四面八方的壓力困擾之下而進行的。舉例而言，以市面上流通的錢幣來說，原來當然只是「儲備」和「準備」兩種僞幣；勝利突然來臨之後，老百姓把儲存的法幣和銀元也都拿出來用了，一時之間，中、中、交、農的四行鈔票、關金，以及各式各樣的洋錢和銅幣，統統都在市面上出現了。這些五花八門的鈔幣，其相互之間的抵算率，一日數變；過不了三天，僞幣自然而然的變成了一文不值的廢紙。咱們中國人還好辦，那些平日只會用僞幣的日本商家和僑民可就慘了，他們只好把家裏的東西搬出來，在黃河故道旁邊擺地攤，聊以餬口，這可眞增添了社會秩序方面的不少麻煩。

再就以文化宣傳來宣慰民衆的工作來說，其實在勝利之後，淪陷區的老百姓經過了八年的苦難煎熬，一旦重見天日，自然都是同感歡欣鼓舞，一切唯中央政府之馬首是瞻，本來用不著多加辭費。但是作爲精神指標的有形工作，總得有一種具體而統一的導引，使其產生「劃時代」的意義與作用，才是工作上的實質表現。例如：徐州有報館，有廣播電臺，有書店，有電影院和平劇院，如何給予他們以適切的協助與輔導，使其或者「改頭換面」，或則「去舊迎新」，看似簡單，實則這是一項非常沉重的負擔。

我們進入徐州之前，在這方面早已有了相當的準備。把電臺的「專家」和技術人員帶來了將近半數，編組成爲一個分臺；同時將政治部、政工隊，以及部隊中的優秀政工人員，帶來了差不多一百人，到徐州之後又按實際工作需要，重新編組一次。電臺除去每天供應報館和廣播電臺的新聞電訊之外，並且派人去替他們改裝機器，輔導他們直接接收各種電訊。同時也派政工人員到報館，去協助編輯副刊，特別是　領袖訓詞的大幅轉載。廣播電臺方面也派國語流利的男女同志們，去參與協助廣播。書店最麻煩，去掉了舊的，一時又沒有新書可以擺出來賣。檢查電影也佔去了不少的人力和時間，日片乾脆一律停演，淪陷區裏如上海、北平、長春等地所攝製的國語影片，除去有毒素者之外，也不得不暫准上映。至於上演平劇的「國民大會堂」，也要經過核准後才可以演出，以策安全。如此這般，單是這些工作就夠大家累得「人困馬乏」的了。

後來，我們又接受徐州當地兩個戲劇團體的建議，大家合作演出一場抗戰話劇。那時候，正好後方「戰幹團」有幾位名劇人如李曦等人來到了徐州，於是決定排演一齣名劇「虎穴」，在國民大會堂隆重演出；因爲女主角一時物色不到，只得把我的「賢妻」請了出來，也粉墨登臺客串一番。「虎穴」的公演非常成功，可以說是我們在那一階段中工作成果的高潮。

之後，「隴海參謀團」到了徐州，我們的部隊以及我們所隸屬的集團軍，大軍也都先後開到了徐州。我們這批「先頭部隊」的任務已經圓滿達成，接受了上級的頒獎之後，功成身退，各自歸還原建制。

九月三日，全國慶祝抗戰勝利。九月九日，何應欽將軍代表　最高統帥在南京受降。而曾幾何時，中共竟發動全面叛亂，而曾對中央政府表示輸誠效忠的郝鵬舉，也竟然潛離徐州，變成了投靠朱毛匪幫的降將，再次去幹「對不起國家民族」的勾當去了。

徐州在正式接收受降以後，我們的大軍又出發北上，去擔負接收濟南等地的新任務，但卻受阻於和中共的「談談打打、打打談談」，接著就奉命大事改編。八年浴血，百戰未死，渺小的個人雖然談不上什麼功勳勞績，然而卻已奉獻了一生之中最足珍貴的金色年華；而且抗戰畢竟是在我們這一代的犧牲奮鬥之中，爭取到了最後的光榮勝利，於俯仰無愧之餘，我個人很想尋求一個深造的機會，以充實自我，俾作爲再度出發的準備。於是趁著部隊整編的時機，請求調到南京和上海受訓，而在上海受訓甫告結業，也正面臨了大陸變色、神州陸沉的前夕。

三十八年初夏，我在漫天砲火中離開了上海，帶著剛剛分娩不久的妻和襁褓中的兒子，搭乘最後一班飛機，飛來了臺灣。在臺灣，十餘年來離散四方的一家骨肉，竟然能夠團聚在一起，眞可以說是動亂年代之中的一大幸事，也是一大樂事。

當民國二十六年「七七事變」爆發，在盧溝橋上燃起全面抗戰烽火的時候，我正在北平就讀大學，爲了響應　最高領袖的號召而「投筆從戎」。來臺退役之後，我又重新拾起筆來，向著「文藝報國」的戰鬥序列報到入伍，光陰荏苒，如今又已是在文藝戰線上奮鬥三十餘年的老兵了。日居月諸，韶光似水，值此抗戰勝利四十周年，撫今思昔，能無感慨？我曾寫有五律二首云：

「盧溝烽火起，投筆遠從軍。
自償男兒願，誰酬汗馬勳？

年華似逝水，富貴如浮雲；
尚有才情在，雕龍樂藝文。」
「少小離家久，天涯欲白頭。
十年戎馬夢，萬里海山秋。
錦繡長安市，春風華實樓；
寶刀猶未老，翰墨自優遊！」

抗戰勝利迄今，轉眼已是四十年了。而從「七七」抗戰到現在，竟已四十八年，即將歷經半世紀的歲月，這實在是一個「屈指堪驚」的數字；然而，相信我們這一代，不僅要自勉「寶刀未老」，同時也當互勉「老兵不老」；在文藝報國的里程上，奮勉不懈，自強不息！

七十四年八月，臺北市
「青年日報」七十四年九月四日

憶戰地渡雙十

抗戰期間，因爲我們的部隊經常都是在最前線，或者在敵後地區作戰，所以從民國二十六年到三十三年的雙十節，可以說都是在戰地渡過的。

戰地的生活相當艱苦，而在戰鬥中的日子，更是令人時常感到緊張忙迫；特別是在敵後地區，處於敵、僞、匪三重勢力環伺之下，經常使人席不暇暖，馬不下鞍，烽火硝煙和槍林彈雨，會讓你忘記了身外一切，因而佳節虛度，本是司空見慣的事情。有時候連春節都不能好好過，餃子剛下了鍋，「情況」來了；一聲令下，或者開拔行軍，或者參與戰鬥，或者行軍加上戰鬥，那是誰都無法加以預料的事。

記得是在民國三十一年的秋季，部隊在蘇、魯、豫邊區的三角地帶，經過長期的戰鬥和開拓之後，好不容易建立了一個半永久性的基地，也好喘息一下，同時進行整補工作。當時根據情報判斷，附近幾個縣城裡面的日本鬼子，駐軍根本不多，他們有如「甕中之鼈」，縮在那裡，不敢出來有所行動；而僞軍都是「本位主義」的，保持實力第一，日軍不動，他們當然更懶得動。至於「八路」匪軍，他們在昭陽湖和微山湖以西的所謂「湖西軍區」，也並沒有什麼使人瞧得上眼的實力部隊，只有一些遊雜的「叫花子」在偷雞摸狗。所以客觀形勢對我們相當不壞，據部隊長預估，如果沒有什麼特殊情況變化，或者臨時有什麼突發任務之外，我們部隊就可以在這個基地上渡過中秋節和雙十節，甚至於過個安定而歡樂的新年，也不是沒有可能的。

時間過得飛快，說著說著中秋節就過了，接著雙十國慶日也即將來臨了。部隊在休息整補之中，元氣不但恢復，而且與日俱增，個個都像生龍活虎似的。因而部隊長決定，在歡慶雙十節的同時，要特別配合舉辦兩項活動，一是運動大會，二是軍民同樂晚會；當時我身為政治主任，這個籌備工作當然是義不容辭，而且責無旁貸的把它擔負起來。

其實，籌備這兩項活動，其本上並沒有很大的困難。我們部隊裡面的青年知識份子比較多，人才自然也多；尤其是辦同樂晚會，單是唱平劇的人集合起來，排好戲碼，一連唱上個十天八天都沒有問題。而問題是，部隊為了建立基地的「紮根」工作，把我手下原有的政工隊員，差不多都派到各縣區鄉鎮去從事民運工作去了，一時調不回來，所以話劇、歌唱、相聲這些節目，暫時無法安排；好在只有一個晚上的同樂晚會，節目比較容易張羅，就現有留在司令部以及附近團營之中的人才，湊合一下，很快的就排出了四齣平劇戲碼，那就是「黃金石」、「打漁殺家」、「四郎探母」中「坐宮」的一段，以及全武行的「三本鐵公雞」。

參加這四齣戲演出的成員，包括了各種不同的職位和官階，上起上校，下至列兵，一應俱全。部隊中好久沒有這樣熱鬧過了，所以不但參加演出的人興高彩烈，認眞排練，準備到時候紛墨登場，一顯身手；而全部隊上下等著看戲的人，也都在揑指計算，盼待著雙十節這一天的來臨。

在參加平劇演出的人員裡面，以在「四郎探母」中飾演「鐵鏡公主」一角的李怡最爲熱心。李怡本來在政治部當上尉科員，後來派到團裡擔任營指導員；他平日喜歡唱青衣，專工梅派，因爲他是河北中部人，所以有「冀中梅蘭芳」的稱譽。一般說來，喜歡唱青衣的人，在台下的日常生活之中，舉手投足之間，也都難免帶些「娘娘腔」；然而李怡卻並不如此。他剛健挺拔，堅毅沉勇，是一位青年軍人的典型；而且平常工作認眞，刻苦耐勞，又有極佳的人緣，更是一個難得的好幹部和標準的政工人員。

和李怡搭檔而飾演「四郎延輝」的，也是一位姓李的參謀。二李在受訓的時候，曾是同隊同學，因爲一工鬚生，一擅青衣，所以就結下了「不解之緣」；每逢有晚會或者演出平劇的機會，總是他們二李互相搭檔，演唱一生一旦的戲，因而平日在他們兩個人之間，感情也特別好，有如兄弟手足一樣。

除了李怡之外，還有在「鐵公雞」中飾演「張嘉祥」一角的黃金山，也是一個熱心十足的人。黃金山原來是政工隊的平劇組副組長，後來調到兵站擔任少尉站員；他出身平劇科班，攻習武生，長靠短打，無所不精，尤其是「觔斗」翻得花樣百出，所以在他原來的戲班裡，以「觔斗大王」而馳名。在三年以前，他的戲班班主，被共匪扣上了「國特」罪名給殺了，弄得人亡班散，流離失所，黃金山和他的兩個師兄弟，投效到我們的部隊裡來；在政工隊服務期間，他也教出了一批「下手」，專門和他搭檔演唱武戲。而武戲在部隊裡也最受歡迎；因此李怡特別把「鐵公雞」排爲「大軸」，他自己寧願和李參謀兩個人唱「壓軸」。

正因爲有了李怡他們的熱心，所以這次有關平劇的演出，我都交給二李一黃去全權策劃籌備；我可以抽出更多的時間來，另組一套「班底」，去進行運動大會的籌劃工作。而由於場地和器材的限制，這次運動會只得以徑賽和籃球比賽爲主，田賽中則只有跳高和跳遠兩項，「三鐵」除改擲手榴彈比賽之外，也都免了。

在我們部隊基地的範圍之內，大家也都爲迎接這次運動大會的來臨，而磨拳擦掌，躍躍欲試；各營連都在舉行預賽，挑拔選手，勤練跑跳，籃球隊更是紛紛組成，早晚勤加「操兵」，每一隊都有「志在必得」的高昂士氣。

然而，就在這兩項活動都正處於「緊鑼密鼓」的階段，「情況」卻突然發生了變化。日本鬼子附近幾個縣城裡面，忽然大量增兵，而且他們要分別從「點」出發，沿著公路的「線」互相集結，下鄉作一次「面」的「掃蕩」和「剔抉」。根據情報的判斷，他們當然是衝著我們部隊而來的；在這一帶，也只有我們的部隊，可以使他們寢不安枕，食不甘味，而視爲「心腹大敵」，因而他們勢必出動一下，即是打不到我們，能把我們逐出他們的勢力範圍之外，也總算是可以交差了。

得到這些情報之後，我們部隊當然也得立即有所對策和行動。部隊長決定我們暫時撤離這個建立未久的基地，化整爲零，在黃河故道一帶和敵人相互周旋；他們既然敢送上門來，我們也總得「收」下點「禮」才對，這也是客氣不得的事情。

我們部隊在十月五日拂曉，離開了基地出發，當天下午在黃河故道就和鬼子遇上了；他們雖然沒有騎兵和坦克車，但是半履帶的裝甲車卻也爲數不少。不過在黃河故道的廣懋的砂磧地帶之中，這種裝甲車行動不便，輾轉失靈，不但並無用武之地，而且都變成了我們火網集中的最佳目標；因而第一回合打下來，日軍的半履帶裝甲車多數被燬，打得日本鬼子們遺屍遍地，幸而留得活命的也只有棄「甲」曳兵而逃了。

第二天——十月六日，我們又和敵人再度遭遇，這次他們有了騎兵，但也只有二、三十匹馬而已。我們部隊打日本騎兵，可以說是經驗豐富，得心應手；古代戰爭中的「鈎連鎗」、「絆馬索」，以及專門砍削馬蹄的「長桿刀」，在別人早已視爲不可思議的落伍，而我們卻專設有這樣的連隊，在一般戰鬥任務之外，專門研究和執行對付日本騎兵之用。於是，這第二回合下來之後，鬼子又白白送了我們十幾匹大洋馬，不亦快哉！

到了第三天，也就是十月七日，「西線無戰事」，日軍曳著尾巴又回到他們的「窶」裡去了；然而所謂「湖西軍區」的「叫花子軍」，卻趁我們部隊出擊敵人的時候，把我們的基地給「雀巢鳩佔」了。情報傳來，部隊長下令以強行軍兼程返防，當天下午到達基地外圍，完成部署之後，只放了兩炮，他們就潰不成軍，抱頭鼠竄而逃了。

我們部隊全勝而歸，可是我們辛苦數月所建立的基地，這時候卻已經慘不忍睹。共匪雖然只盤據了大半天時間，他們卻能把半數以上房屋全都拆露了天，把村裡的水井也都塡平了，而且還放火燒了不少的房屋和穀倉，殺人之外還綁走了幾個「肉票」；他們手法是如此的迅速俐落，企圖給我們來個「堅壁清野」，外帶增加困擾，你能不「佩服」他們這樣「養之有素」的強盜手段嗎？

部隊各回原防，重加安頓，大家在勝利的歡欣和戰鬥的疲憊之外，對於匪軍專門「扯後腿」的破壞行爲，自然也極爲憤怒。部隊長下令，一面儘快辦理善後，使基地迅速恢復原狀；一面還是要繼續籌備歡慶雙十節，運動大會可以暫時停止，但同樂晚會必須按照原定計畫舉行。

戰鬥難免會有傷亡，在這次的三天行軍作戰中，我們雖然得到了勝利，但仍然有少數傷亡；而最不幸的，就是在傷亡官兵的名單裡面，李怡竟然已成國殤！同時參加平劇演出的人員之中，還有在「打漁殺家」中飾演「捲毛虎倪榮」的賈排長，也因重傷而死；在「鐵公雞」中飾演「向帥」的謝副團長，則是腿部負傷，雖然不太嚴重，可是也無法登台了。

我把這些情形報告給部隊長，部隊長早已在爲這些陣亡的弟兄黯然不已，尤其爲李怡之死而哀惋不已。他告訴我，在任何困難情形之下，這次的平劇晚會一定要照常演出，並且要造成部隊在戰鬥之後的振奮和歡樂氣氛，同時也讓大家歡渡一次雙十佳節。最後他半開玩笑的命令著我，要我親自上台去飾演「鐵公雞」中的「向帥」一角，也好表現「以身作則」，而且也算替我解決了缺角的困難。他老人家既然是一片好意，我能不「唯命是從」的答應下來嗎？

經過我和李參謀、黃金山，以及政治部同志們在緊急會議，決定把在「打漁殺家」中飾演「桂英」的一位女政工隊員何同志，調演「鐵鏡公主」；然後派李參謀帶一排騎兵出去，把駐在較遠地區的另一位營指導員劉同志接了回來，接演「桂英」一角；至於「打漁殺家」中的「倪榮」一角，比較好辦，我們請一位胡副官來接替，也不成問題。倒是這個「向帥」，可把我難爲住了；演又怕演不好，推又推不出去，只好連夜又跟著大家重新排戲，折騰了一個通宵，還摔了幾個大跤，總算馬馬虎虎可以上台了。

雙十節那一天，在我們部隊的大致已經恢復舊觀的基地內外，到處洋溢著一片歡騰鼓舞。上午舉行國慶日慶祝大會，下午有兩場精彩的籃球比賽，晚上就是擴大舉行的軍民同樂晚會了。

在部隊司令部前面的廣場上，搭好了戲台，張燈結綵，鑼鼓喧天；面對著成千上萬的軍民觀衆，我們準備好了平劇節目，一一按照計畫上演。「黃金台」過去了，「打漁殺家」也過去了，到了「坐宮」上演的時候，飾演「四郎」的李參謀，卻因爲痛失好友而不能控制情緒，從唱「未開言不由人淚流滿面」，一直「含悲忍淚」，和「鐵鏡公主」對唱下去；有些地方甚至於「荒腔走板」，使人不忍卒聽。他這樣一來，相當影響了大家的情緒，會場裡的氣氛也立即爲之低沉下來；我看到了坐在前排的部隊長，也在跟著熱淚盈眶，大家都在爲李怡的不幸殉職而悲悼萬分。

我正在後台扮戲，接到了部隊長派人送來的條子，上面大筆寫著——

「武戲要多加油！我們要從悲傷中振作起來！」

我把條子傳給「鐵公雞」的演員們看，大家看了點頭，表示非全力「卯上」不可。

「鐵公雞」上場了！黃金山出場時的一路觔斗，就使得台下掌聲如雷，彩聲四起，等他洗馬、刷馬、備馬、和趟馬之後，我這個「老帥」一出場，就又得到了滿場掌聲加上歡笑的「碰頭好」。之後，由政工隊副隊長薛一萍飾演的「鐵金翅」出場，他平日的寶里寶氣，全軍聞名；更加上他又是籃球代表隊的健將兼教練，球技出神入化，人所共知；所以老薛的「鐵金翅」一上場，大家就更提起精神，等著看他「耍寶」了。而老薛果然不負衆望，無論口白動作，另有他的一功，使台下的軍民觀衆爲之笑痛了肚皮，之後到了火燒「向帥」，雙方開打，黃金山和他的「下手」們，打得勇猛火熾，「觔斗」連台；老薛又從中插科打諢，滑稽突梯，使得「鐵公雞」一劇在觀衆的歡笑和掌聲中，順利而精采的進行下去，直到劇終謝幕，大家還意猶未盡，終於圓滿的結束了這場同樂晚會，也度過一個歡欣鼓舞的雙十佳節。

次日，部隊爲李怡等陣亡官兵，舉行了隆重的追悼會。三天之後，部隊長下令派了兩個團，痛剿共匪的「湖西軍區」，救出了「肉票」，並且使他們再也不敢在我們基地的範圍附近偷雞摸狗。而日本鬼子從此也縮在城裡一段很長的時期，對我們也不敢再越雷池一步。我們部隊便在那個基地之上，又歡度了一個舊曆新年；然後奉命開拔，再去開發和建立「路東軍區」的另一個基地了。

如今，事隔三十餘年，而那次在戰地歡度雙十佳節的往事，依然歷歷有如昨日；使人在回憶之餘，悲歡交集，低徊不已，也感慨不已！

六十九年雙十前夕，台北市

「中華副刊」六十九年十月十日

鬱金香之戀

一

那是在抗戰期間的一個春天。

接到上級的命令，要我趕到總部去出席一項會議。

當時，由於敵人的兵力集中南犯，所以在華北敵後戰區的國軍部隊，便有了一個暫時休息整補的機會。那時候，我們的部隊駐防在冀魯邊區一帶，控制了城市和交通點線的廣大鄉村地區，總部駐在一個靠山而且極富詩意的地方——綠楊鎮。

我從一百多華里以外的駐地，如期趕到了總部的政治部去報到。這次是全部隊團級以上的政治幹部會議，參加會議的政工同志和地方政治幹部們，有十之七八都是我的同期同學；至於師級以上政工主官和各單位的負責幕僚，差不多也都是我們的老師。在長期的戰鬥生活中，大家難得這樣濟濟的歡聚一堂，因而在這次的會議期間，無論會內會外，每個人的情緒都很「歡欣鼓舞」，使爲期三天的會議進行的非常順利，而且成果也極爲豐碩。

在開會期間，總部政治部都爲我們準備了統一集中的食宿；但「我的朋友」老馬，卻堅持非讓我到他那裏去吃住不可。老馬是我同期同隊同班同學當中最要好的「哥兒們」，我們一起「投筆從戎」，一同從北平隨軍出來，一齊從二等學兵幹起，一塊兒受訓，一塊兒扛著輕機槍行軍作戰，一塊兒上臺演話劇，唱平劇；有錢一塊兒喝酒，沒錢一塊兒啃「煎餅」……如今，我們都已爬到了「黃邊一個豆」的少校官階，也都是團級政治主管了。不過老馬那個團屬於特務旅，經常都是著總部行動；我卻是在一個野戰軍騎兵團裏，隨時都在四面八方的周圍兜圈子，所以我們哥兒倆也是好久都沒有見面了。這一回，老馬要邀我到他那裏作客，在他是「義不容辭」，在我則是「情不可卻」；於是，第一天下午散會，我就到他那裏去毫不客氣的叨擾一番了。

兩杯酒剛下肚，一隻雞腿還沒有啃完，老馬就像「獻寶」似的從口袋裏掏出來一張照片，急不及待的在我的眼前一塞，笑嘻嘻的說著：

『大石，瞧瞧，這個妞兒怎麼樣？』

我就知道老馬有「名堂」；他是一個「風流自賞」的人，從讀大學的時候就喜歡「泡妞兒」，如今未免「依然故我」。我看看那張照片，嚇！「拈花微笑」的古典美人嘛！

『眞不賴！』我不覺由衷的誇讚後：『不但漂亮，而且難得的是這份兒清秀脫俗的氣質。』

『算你有眼力。』老馬得意的笑了：『她不但是綠楊鎮上有名的美女，而且還是一個「才女」哪！』

『什麼「才女」，別吹了！』

眞的，老馬平常就是喜歡「吹」兩句，尤其是對於他所認識的女孩子，不是「美如天仙」，就是「傾國傾城」；如果聽信了他的形容，再去「圖文對照」的看看本人，那準得打個七折八扣。這回這張照片裏面的女孩子，我剛一誇她清秀脫俗，他就又趕快說是「才女」了，誰能相信？

『怎麼？你不相信是不是？』老馬把那張照片翻過面來，再塞到我的眼前：『你再瞧瞧，看人家題的這首詩怎麼樣？』

我接過那張照片來，一面端起杯子品著酒，一面仔細的看著寫在照片後面的那首詩。第一眼，那筆「簪花小楷」就先把我給「唬」住了；而那詩，是一首七言律詩，是這樣寫著的：

『世亂家貧小院荒，水流花落恨茫茫！
陌頭柳色傷心碧，枝上鶯聲驚夢長；
薄命誰憐菟絲草，多情自惜鬱金香。
明珠雙淚費思索，且遣新詩到君旁！』

後面的上款寫著：「越千先生惠存，拙詩並乞哂正賜和」；下款寫著「余錦湘題贈」以及年月日等等。

讀了這首詩，一時也眞叫我楞住了；沒想到，這個「拈花微笑」的美人，還眞是有兩下子呢！

『怎麼樣？這詩寫的不壞吧！』老馬在旁邊更加得意的問我：『我說她是「才女」，你還不相信？』

『相信，相信；這回算你沒有太吹。』我向老馬舉起杯來：『讓我們為你的「才女」來「浮一大白」，然後聽聽你們之間纏綿哀艷的戀愛故事吧！』

『你先別急著聽我講故事，我得先考考你；從她這首詩來看，你知道她是怎樣的一個女孩子嗎？』

『這還不容易？』我和老馬喝乾了杯中的酒。『可是你憑什麼要考我呢？』

『你不是懂得舊詩的嗎？』

說起來，我和老馬兩個人，對於中國的舊詩詞還有點「一知半解」：不過兩相比較起來，老馬的「火候」比我略遜一籌而已。在北平唸書的時候，老馬在一個以法科著名的大學裏讀法律，我則在另一所有點名氣的大學裏面讀中國文學；「七七」事變的烽火一起，我們就捨棄了未完成的學業，響應最高領袖的號召，投入了抗戰的偉大陣營之中。所學既然未成，就憑著一知半解，怎麼敢說是對舊詩能「懂」得許多呢？這且不去管它，老馬既要考我，就是不懂也得「自以為懂」啊！

『好吧！』我說：『這首詩寫的並不算怎麼深奧，用的「典故」也不算冷僻，看起來，「才女」在這方面的造詣比咱們也高明不了多少；不過出於一個女孩子之手，也就可以說是相當的難能可貴了！』

於是，我們兩個人就對這首詩研究品評起來。

顯然地，從第一、二兩句來看，這位「才女」過去大概有一個不壞的家境，以後可能在戰亂中敗落下來，甚至到了家破人散的地步。

老馬在旁邊直點頭，表示我猜得不錯。

至於第三、四兩句，前者出於王昌齡的「忽見陌頭楊柳色，悔教夫婿覓封候」；後者則是取自蓋嘉運「伊州歌」的詩意。這說明了「才女」曾經結過婚，而她的丈夫也爲了抗戰而從軍離家了；不過從「傷心碧」和「驚夢長」來看，可能她的丈夫一去杳無信息……

『豈止杳無信息，據說已經成爲「可憐無定河邊骨」了！』老馬在點頭之外，又補充了這麼兩句。

『那麼第五和第六兩句，也就更容易看得出來了。』我有點洋洋自得，故作「內行」狀地繼續分析下去。

第五句，看樣子是來自「古詩十九首」中的「與君爲新婦，菟絲附女羅」；說不定她剛結婚不久，丈夫就戰死他鄉，所以她只有自嘆「薄命」，又「有誰憐」？第六句，用沈佺期「獨不見」一詩中「盧家少婦鬱金香」之典，並且以「鬱金香」和她的姓名「余錦湘」相叶，同時也透露了她「還自惜」她那份兒「多情」呢！

最後兩句的意思更明顯了。她對於老馬的「追求」或「示愛」，本來想「還君明珠雙淚垂，恨不相逢未嫁時」，可是一時又拿不定主意，所以就在照片上題了這首詩作爲試探，看看老馬還有沒有更進一步的表示?當然，她更希望老馬能夠「和」詩一首，也好試他「才情」如何？

『這可就是我的最大難題了！』老馬向我勸飲著說：『大石，沒別的，你來替我當一回』「槍手」吧！』

『好小子，我就知道你的飯不是好吃的！』

『這點兒忙都不幫，還算什麼好哥兒們？來，大石，再乾一杯……』

二

老馬這傢伙，可眞是害苦了人。

頭一天晚上，總部的平劇演一臺戲，招待我們這些出席人員，好久沒有看京戲了，眞應該坐在臺前好好的過過癮；可是就爲了老馬的那一首「和詩」，害得我搜盡枯腸在反覆的推敲思索，對於臺上的戲，有時候竟是「視而不見，聽而不聞。」

不過，有了腹稿，第二天上午在開會的時候，我總算是把這首「步韻」的詩給湊出來了。這首詩，老馬也是準備題在他的一張「馬上英姿」的照片後面，答贈給那位所謂「才女」的；所以我就替他由此著筆，寫出了「英雄氣短」和「兒女情長」。其詩如下——

『落日浮雲接大荒，為誰攬轡立蒼茫？
書成露布烽煙遠，夢醒清宵刁斗長。
月照流黃只舊恨，花開凝紫於今香。
相思滿紙情無限，願伴佳人錦瑟旁！』

時近中午，主席一宣佈散會，老馬就像聽見衝鋒號似地向我衝過來，並且急如星火地問著：

『怎麼樣，大石？寫好了沒有？』

我慢條斯理地把那首詩稿往口袋裏一揣，沒有答覆。剛才他催得我著急，現在該輪到他了。

『一定寫好了！』他給自己找答案，然後拉著我往外走：『走，回到我那兒去，午飯早開好等著了！』

『我不能只到你那兒作客，別人也還要請我吃飯呢！』說實在的，我倒沒有什麼「拿蹻」的意思，眞是別的在總部工作的同學們，也要請我吃飯。

『別吃他們的了，走吧！』

老馬顯然是眞的著急了，也不管三七二十一，一把拉住了我，衝出重圍而走。

在吃午飯的時候，老馬急不及待地向我要過去那首詩稿，先低吟，後朗誦，手裏用筷子「擊節讚賞」，嘴裏還不住的一句一好。

『先別喊好，我也得考考你，老馬！』我指著他：『這首詩「和」的到底怎麼樣？從用典到境界，能不能表達你的那份兒心意？』

『那還用問？』老馬趕快爲我「卑躬折節」的斟滿了酒：『別看我寫詩不會，品詩倒還有兩手兒；不信，我來解釋給你聽！』

『好吧！敝人願聞其詳。』

『這第一、二兩句，是描寫我這幅照片的構圖，同時也寫出了我的心情。』老馬故作神情嚴肅地說著：『第三句是自誇我的能力和才華，第四句是描述我內心的寂寞；第五、六兩句是勸慰她……』

『對了！』我打破了老馬的那份兒故作嚴肅狀：『這就是等於你對她說：妳過去的那種所謂「舊恨」，就讓它過去吧！如今妳依然是一株盛開的花朵哪！——而且，你注意；我這「於今香」三個字也很有「學問」，也是跟她的名字「余錦湘」叶音呢！』

『這我當然看得出來——』老馬滿意地一笑，又接著說下去：『最後兩句也很明白，就不用解釋了！』

『怎麼樣？這首「急就章」還可以嗎？』我再追問老馬一句，免得將來「落褒貶」。

『當然可以，可以之至！』老馬說著，就又急不及待地找出他的那幅「馬上英姿」的照片來：『大石，「送佛送到西天」；勞駕，替我把這首詩給寫在照片後面，明天我就給她送去！』

『那怎麼成？』我叫著：『你小子簡直是「得寸進尺」，再說，你又不是不會寫子！』

『我的字沒有你寫得好啊！』老馬把我從飯桌上拉到他的辦公檯旁邊：『要幫忙就幫到底，才算夠意思！』

『這不是夠意思不夠意思的問題。』我掙扎著甩開了他的手：『將來人家「才女」跟你對起筆跡來，那不是會露出「馬腳」來了嗎？』

『不會的！』老馬遞給我一枝小楷毛筆：『你知道，我從來不跟女孩子寫情書，怕惹麻煩；而且我一向認爲，只靠寫情書去追求女孩子的人，差不多都是「秀才造反，三年不成」的材料兒！』

『哦！你怕麻煩，想讓我來替你惹這份兒麻煩是不是？』我無可奈何地接著小楷毛筆：『再說，你用情詩去追女人，也許八年都不成呢！』

『那不管了，你先替我寫了再說。』老馬又連忙向我打拱作揖，又規規矩矩地把桌上的墨盒替我打開：『快寫吧，大石；有這幅題詩的「馬上英姿圖」，以後你就看我的吧！』

『好吧！「君子成人之美」……』

說著，我只好濡筆蘸墨，把這首和詩寫在老馬的照片後面，並且也題了上下款。

『棒極了！』老馬又迫不及待地把我寫好的照片抽了回去，拿在手裏，一面吹乾墨漬，一面點頭欣賞：『眞是棒極了！就憑前面這照片，後面這詩，這字……「才女」雖然有才，她也不得不在咱們的「馬前歸順」了！』

老馬一向就是這麼自信和自負的人，我對他的這檔子事也不能再多加過問，幫忙也到此爲止；只有舉起杯來祝福他「馬到成功」！

三天的會議圓滿結束，由於任務在身，我沒有時間在綠楊鎮再和老同學們盤桓周旋一番，便立刻星夜趕回一百多華里以外的駐地；然後又隨團在四面八方兜了一陣圈子，以騎兵的「威力搜索」，爲全軍的防地周圍帶來了「靖邊」的作用。幹騎兵苦在這一點，無論如何，總不會閑著的。

大概是在半個月之後，輾轉收到了老馬的來信，雖然只潦草數行，但是可以知道他和那位「才女」之間，已經「大有進展」，其得意之情，可以說是溢於言表。姑不論詳情究竟如何，「進展」到了何種程度？既然接到了他「告捷」的信，身爲好友如我者，自然也應該向他祝賀一番了！於是，靈感一動，我又步了老馬和「才女」那兩首贈答的原韻，再「謅」了一首詩回寄老馬，以祝他早諧好事。詩曰——

『蓬門半掩徑未荒，月上闌干夜迷茫。
倚瑟英雄寧氣短，贈詩才女更情長。
識途老馬金革暖，絕代佳人玉襟香。
從此休吟「獨不見」，斑騅只繫綠楊旁。』

這首詩是匆匆寫成的，當然免不了有三分「打油」，其餘再加三分「吃豆腐」，而更多四分則是向老馬寄予鼓舞和祝福之忱。這其中，第六句裏面的「玉襟香」三字，也是和「才女」的姓名「余錦湘」叶音的；別的不說，這一點「神來之筆」能讓老馬叫好就得了。

詩寄出了之後，我就又因爲任務的關係而忙碌起來了；這次不但是兜圈子，而且還打了幾場硬仗。在漫天的烽火煙塵之中，把一切身外俗事都忘得一乾二淨；何況老馬和「才女」的所謂「鬱金香之戀」，事不關己，自然早就把它抛到九霄雲外去了！

三

春去夏來，過不盡的戰鬥日子。

當秋天來到時，我們部隊爲了給日寇來一個「反掃蕩」，同時也向專扯國軍後腿的中共「湖西軍區」還以顏色，更又展開了一連串的軍事行動。套句平劇的戲詞兒，全軍眞是「東蕩西除、南征北討」，著著實實打了兩三個月；而總部也逐步南移，到了魯西南境內，最後在桃源集駐紮下來——這也是一個烽火匝地中頗富詩意的地方。

這時候，我意外的接到總部的命令，調升我爲政治部的中校科長；於是，我就馬不停蹄的老遠趕回總部，立即向政治部報到到差。同時，我也知道老馬已經調升爲民運處的中校副主任。

老馬可算是一個「消息靈通人士」，當天下午他就找到了我，拉我到他那裏去喝酒、吃飯。

『你的「才女」怎麼樣了？』坐到飯桌上，我立刻就聯想到了那個「拈花微笑」的古典美人。

『別提了——』老馬平淡的笑著：『吹了！』

『吹了？』我覺得很詫異：『爲什麼會——？』

老馬舉起酒杯來，打斷了我的詢問；我們同乾杯之後，他告訴了我事情的經過。

原來我替老馬當了「槍手」，爲他寫詩題在照片後面，老馬把照片送給「才女」後，這件事不久就被拆穿了。原因是在綠楊鎮的時候，總部的譯電室借住在余家，譯電室的主任老謝，跟政治部宣傳科的老劉是酒友，老劉是一位國畫家，曾經畫了一幅「雄雞圖」送給老謝，而「無巧不成書」，那幅畫上的題詩正好是出於我的手筆。畫就掛在老謝辦公室的樓上，「才女」看了題詩再一看照片後面的筆跡，就覺得非常眼熟；然後又請老謝和老劉這麼一「鑑定」，他們本來也是我和老馬的同學好友，那有不露出「馬腳」之理！

『這樣一來，那位「鬱金香」就要向你大興問罪之師了吧？』我揷嘴問著老馬。

『別著急！』老馬又笑著舉杯：『後面還有文章呢！』

據老馬說：「鬱金香』當時寫了一封信給他，措詞雖然婉轉，但卻「意在言外」的指責老馬「不學無術」，而且毫無誠意，辜負了她的「一片癡情」云云。老馬接信之後，大爲懊惱，就拿著那封信去找老劉商量，希望老劉和老謝兩個人從中予以調停。誰知道老劉一看那封信，就說那也是「槍手」寫的，老馬又拿出了「才女」送給他的照片，和照片後面的題詩，經過老劉和老謝的共同「鑑定」，就又看出來連詩帶字都是出於同一個「槍手」。這個槍手是誰呢？乃是徐錦湘的堂妹，名字叫余錦屛。老馬素來就有「得理不讓人」的脾氣，他跑去當面把「才女」大大的教訓了一番，又挖苦了一頓，鬧得很不愉快，於是，二人之間到此告「吹」！

眞沒有想到，所謂「鬱金香之戀」，原來卻是一場「槍手對槍手」的戰爭！

『這樣說來，那位堂妹佘錦屛倒算是一位眞正的「才女」了？』我笑問著老馬：『八成你又改換目標了吧？』

『可惜那位堂妹是有才而無貌。』老馬惋惜地遙著頭，然後又笑著向我舉杯：『不過，這位眞正的「才女」，倒是跟老謝天生一對，地配一雙呢！』

果然，不久之後，老謝和跟著他從綠楊鎭出來的房東小姐佘錦屛結婚了；新郎和新娘都是白白胖胖地，活像是一對饅頭。喝喜酒的時候，老馬直悶悶不樂，不用問，他當然還在思念那朶「鬱金香」。

據新娘子「謝太太」告訴我和老馬，她的堂姐對老馬也始終並未忘情，而且非常後悔「僱用槍手」這回事，同時也願意找個機會和老馬再「言歸於好」。好在我們部隊還有一個團駐在綠楊鎭，那裏依舊是平靖無事，她希望隨時能夠再見到「識途老馬」。

『好！我一定去看她！』老馬欣然而又語氣堅定的說著：『錦湘旣非「才女」，而我也不是什麼「才子」，我們應該以本來的面目相見，那又有何不可呢？』

『那太好了！』我在一旁爲他加油。

『別說了，都是你們這些「槍手」惹的禍！』

老馬這時候倒埋怨起我來了，這小子！

七十年春，臺北市

「青年戰士報」七十年四月廿六日

夢回吹角聲

家居市區之中，雖然在煩囂的邊緣，還算有幾分鬧中取靜，但依然置身於十丈紅塵之上；而作爲一個現代的都市中人，生活也難免總是緊張而忙碌的，失去了悠閑，甚至有時候會被迫而有一種不辨晨昏的感受。

偶而也有早眠早起的機會，在黎明的時刻，於猶有些微睡意的朦朧中，透過清新的空氣，竟然聽到遠處傳來的軍號聲——是如此熟悉的「起床號」，眞是令人有種無法形容的感觸。憶起辛棄疾「夢回吹角連營」的詞句，更憶起當年抗戰期間的戎馬生涯，在振奮之外，還不禁有更多的惆悵。

這號聲，也許是來自附近或稍遠處的軍營吧！究竟在什麼地方呢？當然不得而知，我也無意去追探它的來處，讓它就像回憶那樣的飄渺好了。而且，只有在清晨，當煩囂的市聲尚未開始喧鬧的時候，我才能或隱或揚的聽到那使人振奮而又惆悵的「起床號」聲。有幾次，我也曾試圖想聽聽「熄燈號」的聲音，然而始終沒有聽到，因爲那正是電視機得意猖狂的時刻，許多無異於「後庭花」的歌聲舞影，在此時此地，竟佔據了太多的時間和空間！

凡是曾經身歷軍旅生活的人，對於號聲總會在稔熟之餘，還有一份難忘的親切感。「起床號」悠長而嘹喨，使人在擁被高臥之中，不得不抖擻精神，一躍而起，開始一天緊張的日程。「熄燈號」寧靜而低沉，使人渾忘了這一日之間的疲憊，趕快倒頭便睡，各自進入不同的夢鄉。還有在飢腸轆轆之際，聽到了叶音有如「大米大米乾飯，湯——湯——」的「開飯號」，大家好像「渴馬奔泉」般的衝向飯廳，狼吞虎嚥，風捲殘雲；那裏會像今天坐餐桌旁邊，還要挑肥揀瘦，又怕什麼「膽固醇」太高，又擔心體重會因而增加的食物呢？

我們大概也不會忘記半夜突然響起的「緊急集合號」吧！倉卒間在睡夢裏被驚醒起來，情況不明，方向莫辨，手忙腳亂的抓到裝備就往自己的身上穿，跑到集合場上，戴錯了鋼盔的，拿錯了槍械的，沒打綁腿的，沒紮皮帶的彈袋的，甚至於打赤腳沒穿鞋襪的……種種「洋相」，不一而足。這些往事，至今在回憶中還反芻著一些甘醇的滋味，苦中有樂，歷歷一如昨夕。

而在烽火硝煙與槍林彈雨之下的「衝鋒號」，更是給予我們無法磨滅的深刻記憶。在那驚心動魄的凄厲號聲中，「馬作的盧飛快，弓如霹靂弦驚」；「車錯轂兮短兵接，矢交墜兮士爭先」……這些古代詩人描寫戰場的名句，似乎都無從形容近代戰爭的實況於什一。至今，那種凄厲而又昂奮的號音，還會不時響在我的夢中，使我爲之瞿然而覺，緬懷往日黃沙百戰，久久不復再能成眠。

在抗戰期間的戎馬生活中，我身邊經常帶著號長和號兵，對於這些「無名英雄」頗多接觸和認識。他們平時起早睡晚，櫛風沐雨，按時吹號，忠於自己的職責；戰時則常常甘冒鋒鏑，代替長官發號施令，往往衝鋒的號音未落，而號手已經在流彈之下以身殉國，倒臥在祖國的疆場，成爲英勇的「國殤」之一。像這樣可歌可泣的事蹟，實在是太多太多了。無名英雄們，讓我們向你敬禮吧！

我也常常發現號手之於吹號，技巧當然各自不同，風格也是各有千秋；如果說是「號如其人」，大概也錯不到那裡去。鬢髮蒼蒼的老號長，吹起號來使人聽著有一股沈雄悲涼之感；山東大漢的號長，號音中充滿了嗚喑叱咤的豪壯之氣。號兵們性格瀟洒，吹號有如行雲流水；態度認眞的，吹起號來神充氣足，一字一句；平日吊兒郎當的，號音中也常顯著油腔滑調，拖泥帶水；有些人連唱歌都會五音不全的，在號中甚至也常會有些「左嗓子」的意味。最好笑的是剛剛出道的小號兵們，他們所吹的「起床號」，帶著稚拙而尙未純熟的號音，聽起來就好像羽毛未豐的小公雞，在努力振翅高啼報曉似的……而這些都遠了！還有一些號兵在半夜或臨黎明時刻「練號」的聲音，使人想起杜工部「永夜角聲悲自語」的詩句，也都有如回憶那樣的日漸飄渺了。

往昔「夢回吹角連營」的日子雖已遠去，而今日能在臺北市區之中，十丈紅塵之上，偶而聽到使人振奮又復無限感觸的「起床號」聲，也可以算是慰情聊勝於無了！

我們何日能夠聽到反攻登陸的「衝鋒號」呢？相信那一天已在不遠！

「青年戰士報」六十九年六月三十日

七顆彈頭

我在「七七事變」之後，響應最高領袖的號召而投筆從戎，經歷了「浴血八年、轉戰萬里」的戎馬生活，而大部分的歲月，都是在前線和敵後度過，在敵、僞、匪三重勢力夾攻之下，幾乎時時刻刻都是在「生死邊緣」掙扎奮鬥；能夠「黃沙百戰不死」，實在也可以說是幸運之至。

在那個時候，由於環境情勢的複雜，所以無論陣地戰、游擊戰、遭遇戰、突擊戰，以及一些情況各自不同而「無以名之」的大小戰鬥，隨時隨地都可以發生。在抗戰期間，曾經有過在一天二十四小時之內，大小打過二十六次戰鬥的紀錄；而在抗戰勝利之後，部隊從徐州挺進到臨城，由於「扒路」的匪軍跟我們部隊纏鬥不休，居然又創下了一天連打三十多仗的新紀錄。至今回想起來，對於當時那種「生死一髮」之間的艱苦體驗，倒還有些「回味無窮」之感呢！

在長期戰鬥之中，所謂「槍林彈雨」的場面，當然是「司空見慣」，不足爲奇，而從自己身邊或頭頂呼嘯而過的砲彈和槍彈，誰也不曾加以計數。不過，我卻曾在不同情況之下，隨手「收集」了五顆都是幾乎致我於死的彈頭，頗有留作紀念之意。它們的來源是這樣的——
——

第一顆，是打在我右面袖筒裏面的，當時我正伏身在掩體之上，舉著步槍在射擊，覺得右肘內側劇烈的一震，而且被燙了一下，連忙舉起右臂一看，一顆彈頭從打穿的棉軍服肘部舊破孔中掉了出來；於是我就順手把它拾起，裝進口袋保存著，以後還特別在這顆彈頭上，刻上這次戰役的時間和地點，這也算是我「收集」彈頭的開始。至於我的右肘內側，皮肉被燙焦了一塊，痊癒之後，至今還在疤痕上長著一根我爲它命名的「紀念毛」。在當時，這顆彈頭的力量可能已將到了「強弩之末」，但是如果它再向左偏過兩寸，那後果也就不堪想像了。

第二顆，是在一次夜間遭遇的混戰中，打在我跨於右胯骨的駁壳槍木盒上，被卡在皮套、木盒，和槍身之間；當時我並沒有使用這枝手槍，所以一直到次日天亮，戰鬥結束後，才發現了這顆幾乎要命的彈頭。它只要再往上挪幾寸，就正好釘在我的腰眼兒上；而假如當時我正在使用那枝駁壳槍，只剩下那隻空木盒的話，這顆彈頭當時毫無疑問的就會穿盒而過，一直鑽到我的右胯骨上了。不死也得殘廢，那可更不是「鬧著玩兒」的。

第三顆，記得是在一個叫做南龍灘的地方，正在戰備行軍的中途，前面忽然有機關槍響了，一時彈如驟雨，掠空而過。說時遲，那時快，就在大夥兒紛紛就地臥倒，準備還擊的刹那，敵人又是一排子彈射了過來，「彈著點」都在我的面前不遠冒著土煙兒，其中有一顆簡直就射在我的下巴底下，那冒著的土煙兒直嗆鼻子！而就在這樣的生死關頭，我一伸手，先把那顆帶著微熱的彈頭從土裏挖出來再說。這一役，在我附近的伙伴們頗有死傷，我卻又是一個在「問不容髮」的情況之下，「毫髮無損」的幸運者。

第四顆彈頭，可以說是一個萬惡不赦的傢伙。那天，我和幾位高級同僚在巡視防務，站在一座碉堡的砲樓之上；沒想到，不遠處一聲匪軍狙擊手的冷槍，我們之中有兩位立刻應聲而倒；那顆子彈從我的左肩頭上掠過，碰在砲樓的石壁上面，「啦噠」有聲的掉在地上。大夥兒趕快去搶救受傷的兩位同事，檢視之下，一位是從左耳上面穿皮而過，幸好還沒有傷及頭骨；另一位則是被同一子彈挾著餘力，從左腮打了進去，由左耳下方穿出，傷勢相當嚴重。當時我們三個人大致是站在同一條直線之上，正向著同一方向眺望。而三個人的身材，則是一個比一個略高一些，所以這顆子彈，才會由第一位的左耳上方，而穿過第二位的左腮與左耳下方，然後從我的左肩頭上掠過而力盡墜地。這顆罪該萬死的彈頭，帶著兩位同事的血跡，當然也被我「收集」到手了。至於那個放冷槍的匪方狙擊手，自然也是萬死難贖，他那一槍射出之後，我們這邊立即還以一「梭子」（彈篋的俗稱）輕機槍的子彈，眼看著他從圩子外面的一棵大樹上，一個「倒栽葱」掉了下來。

第五顆，也是在行軍途中遇到了情況，我在槍聲四起中翻身下馬的時候，一腳踩到剛剛犁過的田裏的虛土上面，身體向左面一傾，幾乎跌倒，就在這一瞬間，來自敵方的一顆子彈，「咻」的一聲打到了我的馬鞍上。戰鬥結束之後，我仔細的搜尋了一下，這顆彈頭不但打穿了摺疊四層的毛毯，而且一直貫穿了馬鞍，在鞍內的鋼板旁邊才被卡住了，力量之大，可想而知！當時我如果下馬慢了幾秒鐘，或者不「幾乎跌倒」那一下子，那後果還用說嗎？

於是，我費了九牛二虎之力，把這顆彈頭從馬鞍裏給挖了出來，並且為我以及我那匹「生死與共」的「口馬」，同致一番慶幸之意。

當然，我所收集的這幾顆彈頭，並不足以代表我所經歷的在「生死邊緣」那種驚險場面的極致，這不過是在戰鬥生活中一種「即興」而已。在部隊裏面，居然也有人和我「同好」，收集了幾塊值得紀念的砲彈皮，而我沒有；甚至於抗戰初期在晉南作戰的時候，我還把一小塊釘在我左腿上的砲彈皮（這是眞正使我負傷的一次），隨手拔掉給扔了，想想實在覺得可惜。

除了以上那五顆彈頭之外，我還收集了兩顆可稱「號外」的彈頭，它們都不是從敵方的槍管裏發射出來的，但也同樣是幾乎要命的玩意兒。事情是這樣的——

有一次，部隊在作戰中鹵獲了敵人的兩挺輕機槍，由軍械處檢查修理之後，在駐地的村外試槍，我和幾位同事也順便去參觀一下試槍的情形。當時由一位副連長率領幾個弟兄擔任試射，目標是一個麥稭垛，距離大約不到一百公尺。沒想到，當第一挺機槍先作「點放」試射的時候，忽然那位副連長「啊呀」一聲握著右腿蹲了下來，而且我也清清楚楚的看到在我的腳前有幾個「彈著點」在冒著土煙兒。這究竟是怎麼回事？趕快下令停試，一面派人扶副連長去驗傷敷藥，一面叫弟兄們去檢查那個麥稭垛；原來在那個麥稭垛裏面，藏有兩段鐵路鐵軌，發生了「跳彈」而幾乎惹下了大禍——虧得是「點放」，如果是「連續放」，那當時的傷亡也許就不堪設想了。在這次意外事件之中我也找到了一顆距離我最近的彈頭，以作紀念之用。至於那兩段鐵軌，到底是誰埋藏在那裏的？百分之九十以上的答案，那是「扒路」土匪們所幹的勾當。

另一顆「號外」的彈頭，甚至於還沒有經過從槍管裏發射的過程。有一年冬天，司令部召開一次軍事會議，出席者都是部隊裏的高級負責幹部。到會較早的人，包括我在內，大家先在參謀處圍爐聊天，說著說著，彼此就難免炫耀起自己身邊所佩帶的手槍，是如何如何的名牌；於是你要我的槍看，我要他的槍看，當一位同事要把槍內的「頂門火兒」退掉，再拿給另一位同事看的時候，卻把那顆子彈「退」到火爐裏去了！一聲「不好」，大夥兒都警覺的向屋外衝出去，我因爲坐得最靠裏邊，所以剛剛跑到了門口，後面的火爐已經爆炸了。別看那一顆小小的手槍子彈，在爐子裏面爆開了的威力還眞是相當可觀；不但那個生鐵爐子已經炸得支離破碎，而且滿屋都是燃燒著的煤炭和火星，幾乎釀成一場火災。撲滅之後，事後整理現場，一位參謀撿到了那個彈頭，他知道我有「收集」之癖，就把它送給我了。這是我所收集到的七顆與我有「切身關係」的彈頭之中，唯一的一顆手槍彈頭，而且也是唯一不曾經過「來復線」的一顆。

可惜，這七顆値得紀念的彈頭，竟在抗戰勝利之後的一次戰鬥中，隨著我一位副官的陣亡而遺失了；同時遺失的，還有許多極有紀念價値的東西，例如我在抗戰期間所寫的日記和詩，都和這些彈頭之類的小玩意兒，裝在一隻皮製圖囊之內，也隨著那位忠勤任事的副官而一去不返了。唉！

寫到這裏，想起了我曾有一首感懷戎馬往事的舊詩，特錄之於後，以作本文的結束吧！

詩曰：

「菩提有樹鏡無台，流水行雲不染埃；九死一生征戰後，空餘舊夢入詩來！」

六十七年九月，台北市

「中華副刊」六十七年九月十八日

一條毯子

中午偶而「加班」，在餐廳吃了一碗牛肉麵之後，在辦公室小睡一覺；上身斜臥在沙發之中，雙腳擱在一張椅子上面，用一條舊毯子往身上一蓋，管他什麼「一枕黃粱、半覺南柯」，無論有夢無夢，睡得常是香甜之至。

提起我這條毯子，那可眞是「蓋有年矣」；它還是抗戰時期的東西，到現在已是與我相處三十餘年的老伙伴了。它原是一條相當名貴而華麗的毛毯，曾經有過輕柔溫暖的往日，而今卻已經連毛都沒有了，質地因而變得相當之硬，而且上面還有一些大大小小的破洞，看起來未免有點兒「寒傖」。但我對於這舊日的老伙伴，絲毫沒有鄙棄的意思；相反地對它特別加以珍惜，使它和我繼續爲伴，共度過多少有夢或無夢的午寐時間。

這條毯子，記得是在抗戰末期，我在軍中調任幕僚長的時候，由副部隊長所贈送給我的。這位副部隊長綽號「善人」，那是由於他爲紀念死去的母親，平日吃素，而且也常行些「推食解衣」的善事之故；但作起戰來，有我無敵，「殺人如草不聞聲」，也是衆所佩服的猛將。抗戰勝利，我奉命首先進入徐州，辦理接收工作，一個月之後，「善人」也率著後續部隊前來支援，我準備請他在一家素菜館吃飯，他卻拒絕了，他說我們艱苦浴血抗戰八年，現在好不容易勝利了，這非得以「開葷」來好好的慶祝一下不可。於是，我們找到一家徐州最有名的館子，大魚大肉的足吃了一頓，並且也喝了不少酒，然後扶醉而歸。如今，我撫毯思人，不知道「善人」現在何處？使人懷念不已。

我得到這條毯子，是在抗戰勝利的前一年，也是戰鬥環境最爲艱苦的時期；部隊在敵、僞、匪三重勢力環伺之下，要想生存奮鬥，就只有不停的拚打。在那一段時間裏，我們馬不停蹄，席不暇暖，不斷的行軍、作戰，好不容易才擴清一個地區，建立一個相當堅固的據點。在長期戰鬥的過程中，這條毯子一直「追隨」著我，白天墊在馬鞍之上，晚間就裹著它和衣而眠。

當時，我所騎的馬是一匹「五長身材」的蒙古種馬，毛色棕中泛黃，相馬書中稱之爲「驃馬」。軍中的馬除了編號之外，爲了便於辨識，也常常各有牠們的名字和外號，我這匹馬的名號，在牠剛出生不久還沒有正式成爲戰馬之前，早已被馬伕們命名爲「小火車頭」了。這個名號的由來，是因爲牠「一母所生」的「哥哥，名叫「大火車頭」，顧名思義，其速度與衝力可想而知。「小火車頭」長大之後，果然不負其名，在腳程方面不輸乃兄，而且更是一匹天生的「走馬」；由於牠的個頭相當高大，一般腿短的人連上馬都頗爲困難，所以就由部隊長分配給我來騎，這樣正好是「人高馬大」，相得益彰。

「小火車頭」的確可以得稱上是一匹良馬，牠深通人性，善解人意，負重致遠，驍勇無前，不但具備了所有的「驥德」，而且誠如杜工部所說的「眞堪託死生。」在戰鬥的過程中，有許多次驚險萬狀的場面，我都仗著「小火車頭」的默契與合作，而得以化險爲夷，轉危爲安。因而在那一時期，如果稱「小火車」是我們患難伙伴之一，牠實在也可說當之而無愧。

勝利之後，繼之就是「復員」，我奉命調往南京受訓，離開部隊的時候，當然也把「小火車頭」也列入交待，只把經常墊在馬鞍上的這條毯子留了下來。有時夜深不寐，嗅到毯子上殘存的塵土和馬汗的氣味，回憶起「冰雪千重壁壘，風沙萬里關河」的往日，不禁爲之感慨萬端。

有一次，在蕪湖遇到了一位軍中的老副官，閒談之下，據他告訴我，「小火車頭」，因爲負傷而被賣入民間了。其實，牠受的傷並不嚴重，本來可以治好的；而被賣則不過是人爲的因素，是賣牠的人想「發個小財」而已。我聽了這個消息，在憤怒之餘，也有說不出來的難過；當時曾寫了一首題爲「良馬行」的七言古風，發表於南京中央日報副刊「泱泱」，以抒我對於「小火車頭」無盡的懷念。

如今我常在午寐時間蓋上這條毯子，有時舊夢半迴，依稀之間，似乎還可以嗅到那些殘留的風沙塵土和馬汗的氣味；於是便不由回憶起往日的戎馬生涯，想到了一些共過生死患難的伙伴，當然也包括「小火車頭」在內。此時此際，吟哦著「良馬行」中的最後兩句：「嗚呼千秋更無伯樂生，長使良馬憔悴湮塵土」，不禁惘然且復喟然……

六十七年七月，臺北華實廬

「青年戰士報」六十七年七月廿八日

孟老師

一

孟老師，是我在高中時代的國文教員。

他是河北人，身材偉岸，而「其貌不揚」；頭髮稀稀疏疏，臉上凸凸凹凹，高低不平，並且還一隻眼大，一隻眼小，鼻樑也很塌，嘴角往兩邊搭拉著，經常穿一件褪了色的藍布長衫，和一雙滿是灰塵的破皮鞋。剛一到校的時候，同學們都很看不起他，女生們則背地裡稱他爲「醜八怪」。

正巧，孟老師就教我們這一班的國文，而且還兼級任導師。

上第一堂課的時候，他先作一次自我介紹，自稱他在北平師大讀書的時代，雖然讀的是文學，但此外無所不能，也無所不精。在運動方面，田徑、球類，都是他的擅長，甚至於國術和器械操也有兩手。在美術方面，金石書畫他是行家，而且「雙手能寫梅花篆字」。在音樂方面，他能演奏各種中西樂器，小提琴和南胡更爲拿手，同時還可以上台去唱平劇……。

他這一番話，同學們聽了之後，反應各有不同。有的人覺得非常羨慕和崇拜，有的人則認爲他不過是「自吹自擂」，藉以自抬身價而已。

孟老師上課講書，平板無奇，同學們也照常的聽者自聽，睡者自睡。但他每週的批改作文，則是極其嚴格，而且頗見工力，倒使得大家在佩服之餘，不得不認眞寫作，免得被他當堂「刮了鬍子」。

那時候，我是一班之長，而且對於國文素有興趣，作文更是毫不在乎也毫不馬虎，還常常得個「甲上」什麼的。在這一方面，孟老師對我時常「另眼相看」，所以我也就對他日益接近起來。

學校裡要舉行一次盛大的遊藝會，我是負責籌備人員之一。有一天，孟老師找到了我。「同學們都在背地裡批評我，是不是？」他說：「大夥兒都說我『光說不練——嘴把戲』，這回我得露兩手兒給他們看看！」

於是，在這次的遊藝會上，孟老師個人有一連串吃重的表演。先是雙手同時寫對聯，寫了一副行書的，又寫一副篆字的，寫成之後，展示給台下看，博得滿堂彩聲。接著他又表演國術節目，耍了一趟雙刀和一路「青龍偃月刀」，同樣得到如雷的掌聲。繼之，他又表演「單車特技」，正騎、倒騎、側騎、前騎、後騎……花招百出，精彩萬分。然而，正在高潮迭起的時候，他老先生一不小心，不但從車上摔倒，而且一個「鷂子翻身」，從台上摔了下來，弄得全場鬨堂大笑，孟老師也被我們幾個人給抬出禮堂，送到醫院去了。

二

孟老師這次受傷並不嚴重，只是扭了腰部，膝蓋也擦破了一層皮；幾天之後，他就出院回到學校來上課了。

對於從脚踏車上和台上摔下來的這回事，他不服輸；有一天下午，他趁著全校舉行籃球比賽開幕的時候，在操場上又表演了半小時的「單車等技」，在全校師生的鼓掌喝彩聲中，他顯得眉開眼笑，得意洋洋，總算是爭回來這個面子了。

自此之後，同學們對我們這位「其貌不揚」的孟老師，似乎都有了一份親切感，而且大家也開始對他「另眼相看」了。當時，我們班上的同學都可以了解得到，孟老師之所以如此，當然也有他的一番用意和苦心，在「以貌取人」的一般心理狀態之下，他不過是藉此「小技」，以爭取同學們對他的好感；而另一方面，也是爲了袪除他自己的某種「自卑」而已。

其實，孟老師眞正具有的特長，並不在這些「花拳繡腿」的小技，而是他在國學這一方面，的確是學問淵博，才華過人；愈到艱深之處，也愈益顯得他講課講得好。同時，他爲人平易風趣，熱心而又有耐心，那份「誨人不倦」的精神，實在令人感動。他所住的宿舍，我們同學們可以隨便去吃茶聊天，有什麼問題儘管提出來討論，甚至於當面批評他，他也毫不發火兒。有時候，他常到我們的自修室和宿舍裡來，和同學們談天說地。在課餘之暇，他也常常指導我們一些課外的活動，尤其在金石書畫和平劇、話劇各方面，使我們得到的知識和裨益更多。

相處日久，同學們跟孟老師的距離也更日益接近。同學們如果有了什麼困難，他會慨然的「解囊相助」，而且不求報償。甚至於有的同學們，會份外的要求孟老師，替他們向「女院」那邊傳遞情書，他老先生也不加拒絕，一一照辦，扮演起「月下老人」的角色而自以爲樂。

高中畢業，在驪歌聲中，我們那一班同學天南地北，各奔前途，和孟老師從此離別了。臨別之前，他對我們每個同學都有很多的叮嚀和祝福；我是他的「得意門生」，當然得到的叮嚀與祝福更多。

三

我由高中而大學，學業未成，抗戰爆發。「七七」之後，我響應最高領袖的號召，「投筆從戎」，由北平參加部隊，轉戰四方。到了抗戰中期，我已積功升爲國軍上校軍官了。

那時，部隊駐在敵後的河北境內，我擔任師政治部主任，爲了展開地方工作，奉命成立了一個「民運督導處」，由我兼任主任，並且徵調所轄地區之內的各部隊政工人員，前來總部集合，編組成處，開始辦公。

徵調的人員逐漸前來報到，我們的工作也在逐漸次第展開著。最後，一個比較偏遠地區的地方部隊，也派一位少校政工人員，千里迢迢的趕來報到了。當我先看到這個名字的時候，不由得始而一震，繼而一喜，趕快跳了起來，「倒屣出迎」。原來他不是別人，而是分別多年，想不到能在此時此地重逢的孟老師！

師生二人相見之下，幾乎抱頭痛哭一場。幾年不見，孟老師看起來蒼老多了，也變得冷靜和沉默多了。我殺雞置酒對他歡迎，他把杯唏噓，告訴我說他已家破人亡，只剩下孑然一身；沉重的國仇家恨，使他感情脆弱不堪，說著說著不禁又是淚如雨下。

安頓之後，我簽報上去，把孟老師升為中校祕書，就在我的處本部裡辦公。這倒不是我「任用私人」，以孟老師的學問而言，他應該來當我這個主任，我來為他當祕書還未見得怎麼樣呢！

在那一段日子裡，我和孟老師朝夕相處，非常愉快；尤其談起往年在學校裡的舊事，感慨之餘，也覺得眞是回味無窮。在這種環境情況之下，孟老師的精神也逐漸好了起來，辦事的認眞負責，以及學識之好，能力之強，在在都使同事們為之口服心服。部隊長以下，也對我的「任用得人」而交口稱譽不已。

半年之後，我奉命調訓，等我從後方結訓回到部隊的時候，情況已經有了相當重大的改變。部隊經過幾次戰亂，重新整編，而「民運督導處」也早已撤銷了，處裡的工作同志們，有的已回他們的原部隊，有的留在總部任職；只有孟老師不知去向，傳說他在某次戰役中犧牲了，但一時之間又得不到證實。此外，我還有幾位同事好友，他們的生死存亡也都沒有確切的答案，我曾經屢次派人加以訪查，而茫茫天地之間，竟是生者不見蹤跡，死者無處招魂。

當時，我在悲悼之餘，曾寫了一首詩云：

「肘腋狼煙亂鼓鼙，鴻飛鵠散各東西。老成凋謝悲星隕，壯志沉淪嘆虹低；萬里同舟共風雨，一朝分手隔雲泥。重逢故舊知何日，落月屋梁夜淒迷！」

如今，這已是三十多年以前的舊事了。每當我回想到學生時代的往事，便不由憶起孟老師那「其貌不揚」而親切風趣的音容舉止，有如昨日，歷歷難忘……。

六十七年五月，台北市

《新文藝》第八十九期，六十七年七月

東戰場舊事

「火車吼叫著，向東方飛奔，
東征的戰士們在高唱入雲。
過去虎牢，又過氾水滎陽，
四野依然是一片黃沙迷茫；
夜駐平漢隴海交會的鄭州，
此時不聞歡笑，只餘哀愁。
啊啊，那曾是汴京的開封，
兵荒馬亂，無復當年昇平；
看煙塵漫蔽了龍亭與鐵塔，
似在顫慄於不可知的風砂。
別了，這使我懷念的地方，
我要直入那台兒莊東戰場；
你聽這保衛大徐海的高歌，
東征的大軍啊，氣壯山河！」

這首題名爲「東征行」的十四行詩，是我在民國二十七年春天所寫的，到現在不覺已是四十年了。那時候，我隨著部隊從晉南山區轉戰出來，南渡黃河，到了我童年所曾居住過的洛陽，稍事休息整補，就又奉命開拔，參加台兒莊大會戰。當時我有壯志如虹，但也極其關切於「中原板蕩」之下的河山都邑和舊遊之地，因而這首詩可以說是紀實與寫實之作。

當時，我「投筆從戎」已將近一年，「官拜」中尉，從洛陽出發的時候，接受新任命，擔任連指導員；由於我個人曾經幹過「機槍手」，所以被派的這一連，正好也就是機槍營之中的一個主力連。這一連的裝備，有「蘇魯通」式高射平射兩用的輕機槍九挺，「勃朗林」輕機槍十五挺，其餘列兵全是「柏格曼」衝鋒槍，班長以上都配有二十發快慢機的「駁壳」槍，可以說是清一色的自動火器，作戰力相當堅強。

車過徐州，再經八義集和踝莊，因爲待命的關係，停停走走，最後到了「砲車」站下車。這時候，但見大軍雲集，眞是一幅「車轔轔、馬蕭蕭」的景象。來自東西南北的各部隊，軍容各自不同，裝備也是形形色色，有戴德式鋼盔的（我們部隊就是德式裝備），有戴英式「盆帽」鋼盔的，也有戴斗笠穿草鞋的……但是大家都蘊含著有一份兒「銳氣」，準備在這一次大會戰中，克敵致勝，一顯身手。

二

我們部隊在「砲車」下車之後，立即奉命以急行軍開往屬於東海縣的桃林鎮，任務是支援右翼作戰。

當時，正面的敵人，是日軍有名的「板垣師團」；這老小子是侵略中國的「急先鋒」之一，他的兵力精銳，不待言。而右翼方面，又是鬼子兵的「磯谷師團」，據說磯谷這傢伙以及他所率領的部隊，都是由日本的下層社會人物所組成，因而他們的兇暴驃悍，較板垣有過之而無不及。

其實這些我們倒都不在乎。在晉南山區，我們曾經和日本鬼子周旋過一陣子；例如在「風門口」的白刃戰，在垣曲的遭遇戰，連他們素稱難於對付的騎兵，也曾被我們打得落花流水，片甲不留。而現在，使我們有點「含糊」的，就只是還沒有跟他們打過交道的坦克和飛機了。

從砲車到桃林，一路平安無事。到了桃林，我們連裏的一位排長，臨時奉調其他團裏的某連連長，上級指定我暫兼這個排長職務。我們忙裏偷閑，還找到一個小酒館，大夥兒喝上兩杯，「送舊迎新」一番；小酒館雖然沒什麼好吃的，但那一大盤又香又熱的滷牛肉，倒使我們大快朵頤——至今還令人記憶猶深。

酒還沒有喝完，忽然接到了緊急命令，部隊馬上集合，出發。

我們又以急行軍到達了山東郯城境內，位置正在台兒莊的東面，也就是我軍陣地的右翼。這是一次相當「正規」的陣地戰，對方又是實力甚強的「板垣師團」，所以大家都不敢掉以輕心；一切按照上級命令，構築工事，嚴陣以待。

敵人在台兒莊正面，大概是被我軍迎頭痛擊一番，受了極大的挫折；因而我們部隊在右翼並沒有趕上熱鬧，只有一些比較零星的戰鬥，但那情況，除了沒有看到坦克軍以外，已經也夠得上是「激烈」的了。

那時候，我曾寫了一首「戰場速寫」的詩：

「一聲淒厲的冷槍，
曳著尾哨飛過了；
接著是死一樣的沉寂。
·
在凝凍的空氣裏，
每個槍口都屏住呼吸，
搜索著遠處的獵物。
·
把生命押在生死的邊緣，
以緊張又機警的躍進，
在控制這筆黑色的賭注。
·
野砲耐不住這份岑寂，

只重重的咳嗽一下，

於是，戰鬥的樂章開始！」

在這裏，日本鬼子的飛機也曾多次來襲，對著我們的陣地掃射、投彈，這一來，我們的高射槍可派上了用場；有一次，鬼子來了三架飛機，被我們一口氣給打下了兩架，另一架也是負傷而逃。這時候，我們都盼望著老天趕快下雨，一下雨，小日本的飛機就不能出動了。

老天爺果然「不負衆望」，淅淅瀝瀝的下起雨來了；雨雖不大，而且時下時停，但是天空陰雲密佈，「能見度」極低，我們可以暫時不必擔心日本飛機了。而我們部隊也就在此時，再度奉命出發，南下新安，然後再到「砲車」站集結待命。

三

我們部隊這次奉命行動，新的任務是開到西南方向的落馬湖一帶，去攔擊「磯谷師團」突圍南犯的先頭部隊。

提起了「落馬湖」，會使人想起了「黃天霸」和「猴兒李佩」那些平劇人物；但看看地圖，它的正確名字只是「駱馬湖」，而非「落馬湖」。這且不管，總之這裏是一個沼澤地區，從外面看起來，「平沙無垠，蓬斷草枯」，就像唐李華筆下所寫的古戰場；再往裏走，則是一片澤國，泥濘不堪，泥水最深的地方，可以高達我們這些北方大漢的腹部以上，那些身材矮小的鬼子兵，要不淹到他們的胸脯才怪！就憑這一點，如果我們在這裏跟敵人幹起來，也就可以預料到誰勝誰負了；何況在這樣的地形條件之下，他們的騎兵和坦克車，根本就是寸步難行，派不上用場。

我們部隊遵照上邊的命令，配合各部友軍，迅速部署完成，佔領了湖的四週的丘陵高地，挖好掩體，各就射擊位置。當時以我個人看來，指揮官在這裏所佈置的，完全是一個「袋形陣地」，只待鬼子一來，就要「請君入甕」了。

夜裏，在淒風苦雨之中，到處燐火點點，這個鬼地方的確使人「發毛」。但是，我們這些年輕小伙子們「初生之犢不畏虎」，天不怕，地不怕，個人生死早已置之度外，還怕什麼「鬼」呢？於是，在等待中，我們索興「談鬼話狐」起來。只有另一連的指導員老趙，據說在桃林的時候，午睡被一個女鬼給爬到身上「壓」住了，害得他到如今還在「談鬼色變」，避之唯恐不及；這個故事使大夥兒幾乎笑痛了肚子，一直把老趙揶揄到拂曉時分。

到了拂曉時分，我們所期待的一刻終於來到了。「磯谷師團」的先頭部隊，乃至於一部分後續的主力部隊，有如「曳尾泥塗」的烏龜似的，狼狽不堪的進入了「袋形陣地」；不用說，他們都當了機槍火網之下的活靶子……

這一次的大會戰，據後來有關史料的記載：「台兒莊鏖戰八晝夜，國軍大捷，殲滅日寇板垣、磯谷兩師團精銳主力三萬餘人。」

而落馬湖這一戰，據說對於「磯谷師團」是一次致命的打擊，幾乎使他們全軍覆沒。在當時大兵團會戰的情況之下，我們部隊只是盡到應盡的一分力量；至於個人，那更是渺小的微不足道。但為了永誌此役於不忘，我也曾經寫過一首「古戰場行」的舊詩，及今讀來，四十年前東戰場的舊事仍然歷歷有如昨日。現在特將全詩錄於後面，以作「有詩為證」。詩曰：

「朝發砲車鎮，夕至落馬湖。落馬湖，落胡馬，一片澤國滿萑苻；那堪連日淒風挾苦雨，使人瑟縮舉步涉泥塗。相傳此是古戰場，前人詩云『一將功成萬骨枯』；我軍今來聲勢大，乘勝追擊破倭奴。披菖蒲，斬荻盧，佈得『袋形陣地』如畫圖。入夜滿天匝地燐火舞，又聞陰天鬼哭聲嗚嗚；『秦歟、漢歟』渾不管，且更抱槍倚馬話鬼狐。拂曉一聲號令下，槍聲狂嘯砲狂呼！嗟爾東洋鬼子腿本短，可憐曳尾泥渾如龜徒；磯谷師團何驃悍，今亦全軍覆沒落馬湖！從此湖底多枯骨，扶桑鬼哭聲更麤……戰勝歸來疲憊甚，汲水脫衣滌血洗泥污；煙一枝，酒一壺，醉臥湖邊待明日，明日又向何處赴征途？」

六十七年五月，臺北市

《新文藝》第二六八期，六十七年七月號

「勃朗寧」與我

「七七」事變之後不久，我響應了最高領袖的號召，立即投筆從戎，從「丘九」變成了「丘八」，在北平南苑入伍；然後隨著部隊撤退，經門頭溝而向南轉進。

我們這個大隊，組成份子全是平津兩地的大學生，其中還有幾十位女同學。大家先是「徒手」，後來男同學都發步槍；以後過了保定，重新點名整編一下，各分隊的排頭「向前五步走」，原來是加強裝備，發下了輕機槍。當時我已經身高一八〇公分，而且因爲常常運動，是個體格挺「棒」的小伙子，於是義不容辭的當上了一名「機槍手」，另外有兩位體格和我在伯仲之間的同學，當了我的「彈藥手」。

那種輕機槍的廠牌，是美國出品的「勃朗寧」（Browning），份量不輕，估計約爲一枝普通步槍的三倍有餘；步槍在部隊中俗稱之爲「七斤半」，那麼這挺輕機槍的重量，大概總在二十多斤之譜了。我們三個人的全副裝備，是除了機槍之外，還有「備份筒」（即備用的槍管）兩枝，「零件盒」一套，「壓彈機」一具，每人身上各掛「彈篋」（俗稱「梭子」）六隻，裏面都已裝滿了子彈，另外每人還披掛了裝著二百粒子彈的「彈袋」。這樣一來，再加上頭戴的德式鋼盔，這重量也眞是「夠瞧老大半天」的了！

一開始還好，一半是由於年青人的好強，再一半是因爲當了機槍手的榮譽感，所以扛著它還不覺得太沉重；而且依照規決是三個人輪流來扛的，因而都認爲這點負擔算不了什麼。可是，常言道「遠路無輕載」，在沒有戰事的長途行軍中，扛機槍的這份差事，就難免叫人吃不消了。尤其是我的左肩，自幼就沒有扛東西的習慣，左肩扛過東西的經驗也不多，扛著這位與英國女詩人同名的「勃朗寧」老兄，實在感到它愈來愈重，把我的右肩都壓得疼痛而紅腫，而破皮而起繭，以後甚至於都壓歪了——直到如今還有點這種毛病。

不過，「養兵千日，用兵一時。」部隊由河北而河南，沿太行山而到了晉南，在進入山區的時候，和同時進犯到晉南地區的日軍遭遇了，風門口一戰，我們這挺輕機槍在右翼發揮了相當大的威力，到了拂曉我們全軍通過風門口山隘，結束了這場戰鬥，我們三個人身上所有的子彈已經全部打光，而「備份筒」也因爲灼熱燙手，屢次換而又換，可見這次戰況的激烈程度。

以後部隊順著黃河北岸西行，又和敵人發生了幾次戰鬥，每次我們這挺機槍都被派上重要角色。在發射的時候，由於它的震動坐力很強，在我右肩窩一直痲木了好多天。後來，又在垣曲渡口和敵軍再度遭遇，這次鬼子們帶有平射砲，在震天撼地的硝彈雨中，我的左腿被釘上了一塊砲彈皮，彈藥手也有一名受傷，班長命令我們兩個人互相攙扶著退了下去，由他來接替發射機槍。而就在片刻之間，鬼子又是一砲打來，那挺「勃朗寧」、班長、另一位彈藥手和幾位鄰兵同學們，都壯烈的犧牲了，粉身碎骨的捐軀於疆場之上了！

爲了此事，我曾經痛哭了一場，接著又悒鬱不歡了許多日子。班長和幾位同學們的爲國犧牲，固然值得悲悼和懷念；而我那挺我曾經相處八個月，在艱苦跋涉中苦樂與共的伙伴「勃朗寧」，又何嘗不使人爲之痛惜呢？當時我曾爲它寫了一首詩，一直記在心底，直到十幾年後，來臺退役，我才把這首詩整理發表出來，就是「勃朗寧，俺的好朋友」。之後又由李中和兄配了男聲獨唱的曲譜，談修先生曾經多次演唱，聽了使我回憶往事，低徊不已！

在抗戰八年期間，我幸運的從二等兵幹到了上校，這其間所用過、見過和所接觸過的槍枝，當然是難以計數。尤其是在手槍方面，從大型的「毛瑟」二十發快慢機駁殼槍（即俗稱「盒子砲」），到左輪，到各式各樣小型的「八音」手槍，眞是形形色色，不一而足。一度我還收集小型手槍，特別是對於「槍、馬、花、蛇、狗」這五種名牌手槍的主、副產品，曾經像「集郵」那樣的追求不遺餘力。可惜戎馬倥傯，動亂不定，「身外物」的隨得隨失，當然不在話下。而其中有一枝俗稱「花牌」的「勃朗寧」，可以說是在我身邊最久的手槍；這枝和「勃朗寧」機槍同一廠牌的產品，也可算是與我有緣了。我曾有詩曰：「勃朗寧外無長物，淡芭菇中有妙禪」，就是當年的玩槍與嗜煙的紀實之作。

如今，我這退役已久的抗戰老兵，手中雖然不再有「勃朗寧」，但幸運還有一枝從事文藝創作的筆；在「文藝報國」的陣容之中，里程之上，運筆當如「勃朗寧」，應以此自勉！

「青年戰士報」六十六年八月四日

閒話足下

前些日子，閑逛某處外銷商品攤位，目的無非想買點便宜東西。走到一家皮鞋攤位的前面，看見有兩雙樣子倒還不錯；順口一問價錢，竟要我一千六百元一雙！

這價錢，眞是有點「開玩笑」。

於是，我也以開玩笑的方式，問那攤位老板有沒有更貴一些的？譬如三千元一雙的？他沒有，我便作神氣狀地「安全撤退」了。

平常，朋友們常說我是一個頗爲「講究」穿著的人；其實我自己知道自己的條件，也始終維護著自己的習慣，所謂「講究」也不過尙能保持「整潔」而已。要讓我花一千六百元買一雙皮鞋，買不起，也捨不得，何況也無此必要。我腳上所穿的一雙價值兩百元的皮鞋，不但經常光可鑑人，而且其聲橐橐；有鞋如此，我就已經覺得很滿意了。

談起鞋來，我也許可以敢說是「足下」經驗豐富，並且「歷盡滄桑」，這得歸功於抗戰時期的戎馬生活，才使我得到一些頗爲「多采多姿」的體驗。

抗戰初期，投筆從軍，我腳上穿的是一雙德國紋皮皮鞋；這種鞋子，以之跳「華爾茲」則可，穿它行軍則不可。出北平，經門頭溝，兩隻腳便起滿了水泡，而鞋後跟也就搖搖欲墜了。於是，「棄之如敝屣」，摸摸背包，還有一雙「陳嘉庚牌」籃球鞋，和一雙帶釘子的跑鞋，這都是學生時代馳騁運動場上的寵物；入伍後什麼都扔掉了，就是捨不得扔掉這兩隻鞋子。還好，籃球鞋立即派上了用場，穿著它，跋涉南下，轉戰西行，後來在開始進入太行山區的時候，終於把它穿透了底；本來想用那雙跑鞋來接替一時，但跑鞋的前底有釘子，根本不適於走路，尤其更不適於山路。這時候，便開始感到鞋的問題嚴重了！

在進入晉南山區之前，總算以搶購的方式，在一個小鎮上買到了一雙圓口布鞋；綑上「鞋馬兒」，穿著它走路倒覺得頗爲輕巧。可是沒想到入山之後，還不到三天，這雙布鞋便被磨得皮開肉綻，又是「行不得也」；當時受「足下」問題困擾的人，自然不止是我，因而到處都是一片找鞋的呼聲，大夥兒急得有如熱鍋上的螞蟻。

好不容易經過了一個山村，「赤腳大仙」們便各顯神通，居然被我買到了一雙靴子——那是一雙前清時代的黑緞薄底朝靴，在學校裏登台演唱三本「鐵公雞」中的向帥，我曾經穿過這玩意兒；沒想到，現在卻要穿著它來行軍了。然而，也只「神氣」不過幾天，這雙朝靴又「報銷」了；它本來就太老邁了，如何能經得起長途的山路崎嶇？

幸好，又在另一個山村裏向村民買到了一雙道地山區出產的布鞋。這種鞋子，當地人稱之爲「踢死驢」，據說每隻鞋底是用半斤粗蔴線「納」成的，鞋幫上也密密的引著細蔴線，少說每隻也有四兩；再加上本身厚厚的粗布，穿上它舉腳而能踢死驢子，其重量與硬度當然可想而知。而最使人受不了的，就是鞋底在走路時根本不肯打彎，鞋幫又粗糙得像是滿佈鋸齒；半天行軍下來，雙腳的水泡和傷痕纍纍，實在慘不忍睹。雖然如此，也不得不咬緊牙關，勉強捱忍，最後終於算逐漸把這雙鞋子征服，但已付出了不少的「血淚」代價。當時曾有打油詩以記之曰：

『身上全副重裝備，腳下一雙「踢死驢」；常言遠路無輕載，誰謂安步能當車？』

所謂「重裝備」者，因爲當時我是機關槍手，一挺「勃郎寧」式輕機槍，再加上備份筒、零件盒、押彈機、子彈箧，以及幾百粒子彈，雖然由三個人（其餘兩人是副手）輪流「負擔」，但遠道行軍，愈壓愈重，眞的是把肩膀都給壓歪了。

再說當時身上的其他裝備，計有德式鋼盔一頂，棉大衣一件，棉軍服全套等等。德式鋼盔有流線型的耳沿，戴在頭上雖然好看而且頗爲威武，但重量也夠受的，在沒有戰鬥情況的時候，戴著它便覺得有點累贅，頭部和脖頸也有不勝負荷之苦；不過和足下的「踢死驢」遙相呼應起來，還總不至於有「頭重腳輕」的感覺而已。

以後在抗戰八年的歲月裏，我的兩隻腳曾走過了祖國大地的東西南北，跋涉過數不盡的萬里關河；足下所穿的從更粗糙的草鞋，到最上好的高統馬靴，形形色色，不一而足。當時覺得每一步莫不備嘗艱險，而至今回憶起來，每一步都是一段令人無法忘懷的歷程……。

如果有那麼一天，我們能重回大陸，我的兩隻腳能再踏在祖國芬芳的大地泥土之上，我將捨棄一切可穿的鞋，寧願赤足而大踏步的登陸；即使雙足磨了成千上萬的水泡，又何足惜哉？

《中華文藝》十卷一期，六十四年九月

北征舊詩紀事

當寶島的雨季去後，我決心整理一下我的箱篋。衣箱的下層是我的舊書箱，我舊日的一些隨筆、日記、和詩稿之類的文件，又埋藏在書箱的最下層；潮濕、蛀蟲、和成群的黑色的蟑螂，使我的書箱幾乎變成了廢墟，當我看到我的敝帚自珍的稿件，被弄成片片碎紙的時候，眞是欲哭無淚。

當民國二十六年我投筆從軍參加抗戰時，還是一個不到二十歲的大孩子；那時雖然開始扛上了槍桿，但口袋裏的筆桿依然不肯丟棄，在戰鬥或者訓練的餘暇，常常用文字來發抒內在的情感，尤其是寫詩比較多一點。那時新詩舊詩都寫，雖然寫不好，而且隨寫隨丟，但日積月累下來，最後也保留了一個相當的數字。爲了紀念過去這一段戰鬥的生活，這些不成東西的東西，我珍重的留存著一直到現在；我從未敢拿出來就正於方家，也更沒有發表的勇氣。但現在，這些曾是我舊日生活的痕跡，竟將隨著時間的腳步而趨於湮沒了；如同對於我逝去的年華一樣，能不有惋惜與慨嘆嗎？

檢視一下往昔的舊詩，僅存的只有十幾首，完整的則只有三首。再次的讀著這年青時代的作品，不禁被它把思緒牽引到回憶的風沙裏，那樣蒼涼而又溫馨，醇甘而又苦澀……回首往事，瞻望前路，我於惘然低徊之餘，不禁又興奮振作！戰鬥的歷程未盡，戰鬥的任務未畢，我必將再接再勵，繼續努力！

一、宿營永定河懷無定河

「黃沙漠漠遠連天，疎柳寒波籠暮煙。
千秋戍客愁看月，萬里鄉思怕經年；
白骨青燐總無語，淒風苦雨更可憐，
春閨人死征魂老，有夢幾曾到河邊！」

年青的人，總是富於浪漫虛幻而離奇想像的。

我沒有機會到過那遙遠的無定河邊，前人的「可憐無定河邊骨，猶是春閨夢裏人」的詩句，卻曾予我不少感傷的蘿蔓蒂克的幻想，同時也激起我投向戰鬥的壯志豪情。當我拋開了書本，英勇的荷起衛國的武器而踏上抗日戰場時，我什麼也不想，只直觀的感到：大丈夫爲國戰死，馬革裹屍，那才可以說是光榮的生命的歸宿！

一個秋天，我隨軍轉移，在傍晚時宿營在冀察交界地區的永定河畔；邊城新月，大漠孤煙，我抱槍倚樹戍守在斜陡的嶺腳之上，對著浩浩東流的永定河水，不禁引起無限的思古幽情。

清冷的斜風細雨，隨著黃昏的來臨而下降；寒意與幾天來行軍的疲倦，使我不能自持的要漸漸入夢，矇矓中我意識到的面前不是永定河而是無定河。前人的詩句縈繞在我的腦際，竟也糾纏出來了我的詩興；於是我清醒了一下我自己，開始整理我糢糊紊亂的思緒，最後發覺我在此時此地竟是無詩可寫。思鄉嗎？我在入伍的前期對家庭觀念是頗爲模糊的，而且那時也沒有等待我的春閨裏的人。傷感嗎？我的英雄夢才剛剛開始，如虹的氣概與成功的決心，使我根本不知道什麼叫做傷感。懷古嗎？這裏並不是無定河……然而我畢竟寫了這首充滿頹唐悲感而且老氣橫秋的八行詩，不知道憑著何來的靈感，居然寫到我的日記本上了。

第二天拂曉，我們又出發了；中午和敵人打了一次劇烈的遭遇戰，我沒有馬革裏屍；而且經歷了八年抗戰，經歷了千百次的喋血戰鬥，我至今還依然健壯的活著。今天讀起這首年青時代的、從浪漫虛幻與離奇想像中產生的詩，不覺啞然；如果說詩是眞實感情的紀錄，那麼，在我生命已堅決挺立的今日，將直認這往昔的無因的哀愁與傷感，乃是多餘的了。

二、風雪渡黃河北援

「戎幕黃昏整轡韉，三軍拂曉出邙巔。
漫天大雪凍河朔，澈地狂風撼山川；
寒冰逐浪舟欲側，冷磧湮蹄馬不前；
會見陰霾一掃盡，晴雲霽日凱歌還！」

假若你曾經到過黃河岸邊，你一定會驚懾於黃河的雄渾與偉大；如果你曾經領略過北方的風雪，那漫天徹地的聲威，將會永在你的記憶裏編織成一闋搖撼心魄的樂章。

我是生長於黃河懷抱裏面的孩子，它的一切對我都有無比的親切與稔熟；然而那年冬天我隨軍冒風雪渡河北援的一幕，卻是我幼年中不曾經歷過的緊張場面，也是我年事稍長以後，隨著懷鄉病而朝夕咀嚼的一段懷戀黃河的史詩。

當我們準備在邙山之陽好好的渡過農曆新年的時候，部隊突然接到了緊急出發的命令，在除夕之前從狂口渡過黃河，爲邵源、王屋地區的友軍增援。接到命令以後，我們過年所預備的雞鴨魚肉和上好的高粱酒，在一夜之間，都存入了每個弟兄的「胃倉」裏；也就在同一夜裏，我們秣馬厲兵，完成了出發戰鬥的準備，拂曉之前，浩浩蕩蕩離開邙嶺，向北邁入征程。

好像天公故意安排下歲末年尾的氣氛，北方的除夕前後常是風雪交加，而我們的北援就正趕上這樣的日子。

在奔騰澎湃的黃河之畔，在狂風大雪的黃河的岸邊，你也許會感到個人生命的脆弱與渺小；然而對於團體的戰鬥的軍事行動，對於有責任有使命的增援部隊，風雪的威力不能阻止我們的前進，風雪的寒冷也不能凝凍我們的熱情。在行軍途程中，我們的人與馬不是在走，而是向風雪裏鑽；在渡河時，我們的船不是滑駛，而是上下左右的顛簸搖擺。然而沒有一個人退後落伍，沒有一個人示弱畏怯，大家都有一個共同的信念，那就是我們必將隨著晴朗的天氣而凱歌歸來！

我們終於在指定時限內，達成任務，獲致光輝的戰果。而我的詩乃使我永恆紀念著這一場人與自然的戰鬥，正義與邪惡的戰鬥的雙重勝利。

三、再渡黃河增援台兒莊

「十里春風菜花黃，垂楊夾岸草生香；
鐵馬沖塵收嶺北，驍騎捲土返河陽。
關山飛渡軍書急，驛路頻傳捷報忙；
東征好自加餐飯，直入彭城古戰場！」

我們和敵人周旋於綿亙的中條呂梁之間，在無休止的戰鬥生活中，春天來了，而我們一點兒也沒有感覺到。

不是嗎？深隧的山谷裏依然有積雪和冰柱，我們身上骯髒的棉軍服，依然蠕動著成群的白蝨。在這裏，被戰鬥熬得眼睛通紅的小伙子們，被戰鬥累得像沒有修剪過的花朶樣的大妞兒們，每天只想著打垮敵人，保全自己，誰也再沒有多餘的心思去懷春了啊！

終於有那麼一天，我們打了一個決定性的勝仗；周圍集結起來的敵人，本來是來攻擊我們的，卻被我們一鼓殲滅了。我們部隊由勝利而恢復了生氣與活力，當山下的農人擔著成筐昀蒜苔和香椿到山口來叫賣的時候，我們才開始嗅到春天的氣息；小伙子們眼睛不再紅，大妞兒們也開始自己修剪一番，大家這才有了春天裏應有的那種心思，誰看見誰都特別順眼。

然而就在這個時候，我們接到了一個重大的命令——增援臺兒莊。我們興奮，我們歡躍，雖然是從小的戰鬥投向另一個大的戰鬥，但我們可以因此而走出山區，邁上平原；那多時不曾接觸的社會文明的一面，多時沒有深深呼吸的春的芳香，在這次的行軍途程中，該盡情的享受一下了。

於是，我們挾著勝利的餘威與歡欣，走出荒僻的山窪，再次經河陽而南渡黃河；當第一步邁進了春的原野時，歡呼與歌唱迸發，交織成絢燦瑰麗的音流。啊！人誰能離開春天而存在呢？

而春天也正是最好的戰鬥的季節，我們渡過黃河，從洛陽直入徐州，爲了國家民族，我們更英勇的以鐵血戰鬥去爭取自由與和平。

春天永在，我們的戰鬥也必有永恆的勝利！我以詩來記載這次的出發，再以此文來記載我的出發的詩。

四十二年八月，臺北市

《晨光》一卷七期（四十二年九月）

瀟瀟雨歇時

——退役十五年誌感

一

我是一個具有多方面興趣的人，在中國的舊文學方面，也喜歡談一些詩詞，但自恨平生卻不擅填詞；而填詞也者，確實是一件並不太容易的事情。

可是，當我十五年前從軍中退役下來之後，憑著一時情感（不是靈感）的衝動，竟信筆寫了三首在技巧上近於「打油」，而在內涵上卻充滿著「感懷」意味的詞章；雖然不敢說是以歌代哭，但在字裏行間，也正閃爍著個人青春與生命所化成的晶瑩熱淚。

這三首「詞」，現在抄錄如下：

一、「弦驚霹靂馬如飛，朔風捲旌旗；碧血千里，黃沙百戰，壯士十年歸。
歸來惆悵解戎衣，寂寞淚雙垂；疆場夢遠，關山魂斷，忍聽雨淒淒！」
（少年遊）

二、「冰雪千重壁壘，風沙萬里關河；星夜啣枚戎馬苦，身經幾許坎坷；百戰疆場不死，十年空負琱戈。

按劍舉盃痛飲，引吭擊節高歌；往日豪情都去也，如今徒恨蹉跎；悵惘當年舊夢，英雄其奈時何！」（河滿子）

三、「韶光如水消磨盡，霜華漸白離人鬢；邊地又深秋，風雨不勝愁。鏡中憔悴甚，夢醒增新恨；覓韻學填詞，悲歡只自知！」（菩薩蠻）

前些日子，有一個機會和幾位舊日的戰鬥伙伴買醉酒肆。入座時，正是秋風秋雨的黃昏；酒酣耳熱而慷慨悲歌，則窗外又值「瀟瀟雨歇」的時候。憑欄處，低吟著岳武穆「三十功名塵與土，八千里路雲和月」的詞句，我們這幾個先後解甲退役的「不老的老兵」，都望著腳下臺北市的萬家燈火而惘然若失了。

於是，我又想起了我這三首詞的「創」作，我把它們從記憶裏面搜索出來，重寫給在座的朋友們傳閱一番。「一聲河滿子，雙淚落君前」，這幾首詞，也從我們的記憶裏，搜掘出來一些過往的可歌可泣而又可歡可笑的舊事，使我們恍如置身於二十年前的風沙與砲火之中，乃舉盃再次豪飲，而無視於窗外風雨之又來。

二

二十多年以前，我以一個尚未成年的大孩子，為自己編織著大丈夫志在四方的雄心壯志，隨著蘆溝橋頭的烽火而投筆從戎，請纓報國。以後，在抗戰期間，枕戈八年，負戟萬里；勝利之後，又在戡亂的戰鬥序列中，于役三年有餘，來臺後才正式退爲備役。在這將近十二年的時光裏，不但備嚐了生死邊緣的艱險與辛苦的況味，同時也把個人生命史頁中最足珍貴的金色年華，奉獻給多難的祖國而毫無吝惜與怨尤。

十二年，就一個人的整個生命的歷程來說，當然是一段不算短暫的時間！特別是從少年的後期，經過了青年時代而進入壯年的前期，在人生的史冊上，更是佔了極其重要而永恒難忘的頁次。雖然在攸關國家存亡、民族絕續的大戰鬥裏，個人生命史頁上自認爲是轟轟烈烈的作爲，比擬起來只是渺小而微不足道的；然而，我卻對於過去的戎馬生涯，始終有一份兒引爲自傲和依戀的感覺。我不知道今後能否再有更充實更光輝的生活內容，來代替那一段難於遺忘的鐵血交響的舊夢！

其實，偉大神聖的八年抗戰，以及光榮勝利的獲致，正是我們這一代的中華兒女們，以無盡的鮮血與熱汗，一點一滴的匯聚起來而所寫成的悲壯的史詩。每一個渺小者的貢獻，都是爭取那次大戰鬥最後勝利的力量，也都曾經爲了「待從頭收拾舊山河」而奮鬥犧牲，把一切都交給國家民族，甚至連自己充溢著青春與希望的生命也在所不惜！

如今，國家民族的命運，在面臨著一次新的時代的考驗，而反攻復國的任務，也比較以前對日抗戰更爲艱鉅而任重道遠。經過了十五年在臺的生聚教訓，我們這一代都已進入了哀樂中年；在未來的大戰鬥裏面，也許仍有我們披堅執銳的機會，但承擔著時代責任的火炬，已由次一代或下一代的青年們英勇的接了過去，高歌前進！而我這些不老的老兵，也在其他的崗位上繼續的努力著，戰鬥著，我們還有的鮮血與熱汗，隨時可以慷慨的揮洒，一如往昔。

是的！老兵是永遠不會凋謝的！我們只是從一個過去的戰鬥行列退役下來，而沒有脫離了未來的大戰鬥的堂堂序列。而當著反攻復國的前夕，「此時即是戰時，此地即是戰地」；也許我們目前所從事的工作，比起實際的戰鬥來並無遜色，那麼，又何須乎「感懷」呢？

而一個人之對於過往的歲月，對於自己值得珍念的青春，總是在懷戀著的。雖然經過了人生的「不惑之門」，意志更爲堅定，心情也許更能保持著年青與飛揚，但時光卻永恒的逝者如水，不會再爲我們倒流回來的。「回顧來時路，蒼茫橫翠微」的感覺，值得在我們的意念之中，保留著那份兒境界！

所以，我對這三首詞，始終是以「敝帚自珍」的心理，在保存著它們，一如保存著許多憶念在內心深處。讓這些「感懷」隨時向我提醒和啓示著：再前進吧，戰鬥吧！你這個不老的老兵！

三

是的，我仍然在前進著，在戰鬥著。

以前，抗戰初起的時候，我離開學校而投筆從戎，曾經從二等學兵和機槍手幹起；之後，在戰鬥中屢次的因功積升，勝利後奉命進入徐州接收，已經是一個年未而立的將官了。

退役的時候雖然在階級上吃點兒虧，好在那時年紀還輕，而且當初參加抗戰又不是爲「當官」而入伍的；沒關係，一切還可以從頭幹起！於是，當我退役下來，放下槍桿之後，立即又拾起了從戎之初所「投」開的「筆」，在文藝陣營中開始入伍；到現在，十五年已經很快的飛逝了。

十五年，這又是一個不算短暫的時間！然而，再回首於這一段文藝戰鬥的歷程，卻不禁憂喜參半。十五年的歲月，又是這樣的逝者如水，而個人的貢獻與成就，也仍是那麼渺小的微不足道；如果要再讓我寫些有關「感懷」的詩詞，究竟該如何的下筆呢？

然而，我依然爲自己慶幸；我慶幸自己的手中依然握有戰鬥的武器，那就是屬於筆隊伍中的「琱戈」。而作爲文藝戰鬥的「疆場」，又是如此的廣大；從原稿紙到印刷機，從雜誌到單行本，從書報攤到讀者群，從廣播到電視，從舞台到銀幕，從城市到農村，從工廠到學校，從後方到前線，從國內到海外……可以說是無遠而弗屆；未來，更要從自由地區到大陸鐵幕，擔任宣傳心戰的先鋒；管它什麼「千重壁壘、萬里關河」，在筆槍紙彈的撻伐轟射之下，同樣的「弦驚霹靂」，馬到成功！

那麼，又何須乎「感懷」呢？讓我們收拾起那份兒「惆悵」，也不感到「寂寞」，說什麼「舊夢」「新恨」，更不計「憔悴」「悲歡」；還是尋回往日的「豪情」壯志，且「按劍舉盃痛飲」與「引吭擊節高歌」吧！在即將來臨的「碧血千里、黃沙百戰」的偉大場面之中，我們依然是不老的「壯士」與「英雄」呢！

憑欄處，正是「風雨如晦、雞鳴不已」的時刻。我們切莫再相對欷歔的懷戀過去，「徒恨蹉跎」；而要珍重今日，迎接明天！

明天將是「瀟瀟雨歇」，遍地陽光的日子！

五十三年十月，臺北

《小品》月刊一卷十二期（五十三年十一月）

香煙之戀

從結婚那天起，妻就「籲請」我戒煙；可是現在已經結婚將近十年，雖在「命令」之下，到底還是沒有把我這唯一的嗜好戒掉。

記得馬克吐溫曾經說過：「戒煙這回事容易得很，我就戒過幾十次了。」我又何嘗不然？無論是自動或者被動，先後也曾經戒了二十多次；然而不戒還好，戒了幾天再抽，不但前功盡棄，而且其癮更大。同時戒煙雖然容易，而四面八方的找理由破戒也不難；所以到今天爲止，我仍然是香煙的愛好者，但我決不勸別人抽煙，也更不勉強別人戒煙。

說起我抽煙的歷史，那應該回溯到十五年前的事情。我在學校讀書的時候，本來是不抽香煙的；「七七事變」以後，投筆從戎，剛入伍的時候，也沒有想到要抽香煙。之後轉戰晉南山區，一天到晚的行軍作戰，身心當然是疲乏不堪；即使偶而在某地駐紮一個短時期，既沒有精神食糧，又得不到新奇刺激，更使人感到無法抑制的苦悶。那時候看到別人在沒事的時候，一「枝」在手，噴雲吐霧，其樂融融的樣子，不禁有點兒心嚮往之。於是乎，我開始嚐試抽煙。

說也可憐，我開始所嚐試的煙，並不是香煙，而是土製的煙絲。當時在晉南山區裏面，是買不到香煙的；一些有煙癮的朋友們，都紛紛的大動腦筋，把當地出產的一種似蒿非蒿的所謂「降龍木」，連根拔下來，加以斧削，改製成各式各樣的旱煙管，裝上土煙絲來抽。所謂一「枝」在手也者，就是這種「降龍木」的旱煙管而已，何嘗是香煙呢？

自然而當然地，我也有了這樣一枝「降龍煙管」；但是抽來抽去，實在抽不出什麼好滋味來。大概因爲土煙沒有經過泡製，過份的猛烈辛辣，對於一個初學抽煙——尤其是一個想在煙裏尋找醇味的安慰的人，可以說是毫無恩賜。於是，我第一次自動的戒煙，讓那枝曾經是親手精工雕飾的煙管，靜靜的躺在我的「乾糧袋」裏面；我本來是打算把牠當作紀念品的，可是後來在參加台兒莊會戰之後，竟把牠遺失了。一個生長在晉南山窪裏的蒿根，做夢也沒想到會輾轉千里，委身異鄉；「降龍煙管」如果有知，不知道牠會有怎樣的感覺。是榮耀呢？還是悲嘆？

以後，部隊調防，駐在接近黃河北岸的平原邊緣上；大批的香煙，被做小生意的民衆運來了。記得部隊有一次演戲，我被指定客串一個會抽香煙的「經理」；從划火柴、點香煙，到抽煙、吐煙——鼻孔也得噴煙，甚至扔煙頭，我全是外行。幸虧導演先生以身示範，不憚厭煩的教導和糾正我的動作姿勢，總算是沒在台上丟醜。然而從排戲到演出，一場戲下來，我的抽煙而上癮也就此開始奠定基礎。每月關的餉無處可花，五十裝的「大風車」經常塞在軍服的口袋裏；下崗歸來，或是「小米煎餅」吃飽了以後，燃起一枝香煙，連軀殼帶靈魂，都輕盈飄忽的升上到幻想的雲端了。

抗戰進入長期與艱苦，我和香煙的緣份也越結越深；我隨著部隊走遍了東西南北，各種不同的香煙也歷遍了我的嚐試。在那八年中，我所抽的香煙的牌子，簡直無法統計有多少，甚至於沒有牌子的土香煙也抽得相當多。起初我也不分好壞，只要抽起來冒煙就行；以後也漸漸的能夠分別出來孰好孰壞，最後則是只想抽好的而不願抽壞的。然而好煙到那裏去找呢？只有截敵人的汽車，拔敵人的據點，那樣不但可以得到一些軍火和物資，而大批的好香煙才更使人解饞呢！

在長期的艱苦的部隊生活中，香煙變成了我們的好伙伴，而關於抽煙的笑話也層出不窮。有時候，很多的日子得不到香煙，偶然有了一枝香煙，大家你爭我奪，結果把香煙搶得粉身碎骨，誰也抽不著。為了避免這種「不幸的事故」，有人提倡排隊報數，大家輪流來抽，每人平均一口或兩口，不准多吸；但是在進行這種「配給制度」的時候，也有的人不免窮兇極惡的侵佔他人利益，以至於引起公憤，群起而攻之，或者一致決議褫奪他今後獲得「配煙」的權益。還有些比較聰明的傢伙們，竟異想天開的發明了「對火戰術」；自己沒有錢買香煙，卻用紙捲成了一枝假的香煙，拿在手裏，看見正在抽香煙的人，就走過去說：

「勞駕，請對個火兒！」然後他接過你眞的香煙，像煞有介事地在他嘴中的假香煙上「對火」，對來對去，自然假香煙是燃不起來的，但眞香煙也就快要熄了；於是他借機把眞香煙貪婪地抽了幾口，還了你轉身就走。如果你是熟人，那就更乾脆，不客氣地把假香煙還給你，把你的眞香煙含在嘴裏就跑。但是由於大家平日相處得很好，而且在緊張嚴肅的戰鬥生活裏，巴不得有些較為詼諧的同伴們，故意製造一些輕鬆愉悅的笑料；所以因香煙而起的

「惡作劇」，沒有人會意識到這是一種不好的行爲表現，甚至長官與部下之間，有時也故意的偺著「對個火兒」而開開玩笑，往往一個連長剛買的一包香煙，不到一會兒功夫就讓弟兄們給「對」光了。

我們的部隊，有很久時期在敵後作戰，在敵僞匪三重勢力包圍之下，我們的活動，多半是在夜間。夜間的戰備行軍，主要在迅速機密，旣不能發聲也不能發光；對於一個嗜好抽香煙的人，這漫漫的長夜和不休的行進，實在是極難熬過的。然而由於經驗的積累，我們能夠逐漸適應環境利用極短的時間內，把大衣蒙在身上，伏在地下，燃起香煙來抽；大衣把上身遮得非常嚴密，不但一點火光射不出來，連噴出的廢煙也無法排去，於是我們更進一步的利用一隻衣袖當作「煙囱」排去廢煙，免得被嗆的咳嗽。部隊夜間往往用燈號連絡，而有的時候因爲買不到乾電池，所以手電筒竟成廢物；這時我們就用香煙來代替燈號，只要抽得熟練，長短符號都可以表現出來，其火光雖然微小，然而同樣可以收到效果。在其他地方，香煙的用處也很多；例如開晚會的時候，在暗黑的操場上指揮大家唱歌，你可以燃起一枝香煙當作指揮棒，大家隨著你耀動在空際的火蛇而歌唱，也別有情趣。又如在刻寫蜡版的時候，你可以隨手用燃著的香煙，燙去寫錯了的字跡。這都證明了香煙在我們的生活和工作中，確有不少額外的貢獻。

我在部隊裏面，隨著工作的需要而屢有升遷。當我擔任直接戰鬥任務時，固然需要香煙的慰藉；但在我辦理一些絞腦汁的業務時，尤其離不開香煙的激勵。後來我竟養成一種習慣，就是當右手拿起筆的時候，左手就會下意識的到口袋裏去掏香煙；把香煙摸出來一枝燃著，看著面前的煙霧繚繞，彷彿「靈感」特別充沛。（所以有人把 Inspiration 譯作「煙思癖理尋」，我認爲大有道理）特別是當執筆寫作的中途，突然遇到了困難梗阻，香煙會馬上打通你的思路，使你的文思如潮，一洩千里。由於如此，我從前曾經謅了一副半中半西，似通非通的對聯，寫下來懸在案前牆上，那是——

「勃朗寧外無長物
淡芭菰中有妙禪」

上聯是表揚我的手槍；武器是軍人第二生命；在戎馬倥傯中，別的東西都可以不要，而「勃朗寧」則必需隨身攜帶，愛護備至。下聯是歌頌香煙；香煙是我的第二食糧，其重要僅次於吃飯，尤其在運用腦筋的時候，香煙簡直是有牠不可思議的奧妙力量。而今卸卻武裝多年，「勃朗寧」早已離我而去，只剩了下邊一句，似已不成其爲對聯；吟來不勝低徊悵惘之至。

來到台灣以後，由於種種內在外在的條件，本來要決心再度戒煙，可是實行不久又破戒了。原因是我要繼續嚐試寫作生活，右手執筆左手掏煙的老習慣，使我無法拋棄掉這多年的愛嗜。妻的鼓勵、勸告、冷諷、熱嘲，對於我都逐漸失去效用；雖然每月的家庭開支因此而略有增加，但我也只有硬著頭皮任「嘮」任怨。我知道，我如果戒去香煙，那麼工作效率之減低是可以想像得到的；說不定「流」既「節」不成，而「源」又無從去「開」，其損失當然更為不貲。因此，我對於不抽香煙而能大寫文章的朋友們，不免有無限的欽佩和羨慕。

抽起香煙來雖然樂在其中，但也有相當的苦惱；在目前，我的苦惱主要是抽不到好煙，也抽不起好煙。外國煙當然是吾所欲也，然而價格昂貴，又是禁品，所以只有望「洋」興嘆的份兒。至於本地的煙，「雙喜」好抽而不過癮，「新樂園」過癮而不好抽，新出的聽裝香煙尚未嚐試，「老樂園」和「香蕉」又不願問津；因此選煙之難，比每天妻的買菜工作還要煞費周章。站在我的立場，（我想也許可以代表一大部份抽煙朋友的意見）希望公賣當局能夠再出產一種新的香煙，品質價格都介於「雙喜」與「新樂園」之間，取乎兩者之長，使既夠味而又夠勁，價錢適中而不太貴，那將是一個多麼實惠的福音啊！

不可否認的，每一個人都有他人性的生活的情趣，而香煙也就是我生活情趣中的唯一嗜好。截至今天為止，我不想再作庸人自擾的戒煙，更不去同不抽煙的人們，辯論關於抽煙和戒煙的得失利害。我只讓這縈繞著我十多年的老朋友，靜靜地飄裊在我的口中和眼前；在我疲倦的時候，苦悶的時候，興奮或歡愉的時候，構思或冥想的時候……啊！你不要瞧不起這輕盈飄忽的煙霧，當牠在空際舒捲升沉時，牠會激起你無邊澎湃的思潮，啓發你遼闊悠遠的幻想，那是你靈感的源泉，希冀的絢彩。如果你獲得了牠，你就決不願輕易放棄對於牠的迷戀的。

最後我還要重申前言：我雖是一個香煙的愛好者，但決不勸別人抽煙，也不勸別人不抽煙和勉強別人戒煙。懂得抽煙三味的人，必能寄予我以最大的同情；反對抽煙的人，也幸勿怪我則個！

《晨光》一卷三期，四十二年五月一日

詩會在伊斯坦堡

八十年九月十八日・土耳其伊斯坦堡

今天是第十二屆世界詩人大會的第三天，也是我們代表團到達伊斯坦堡後的第五天，而我的箱子仍無消息。大會執行長美國女詩人露絲瑪麗（Dr. Rosemqry Wilkinson）比我們來得稍早，她也在機場遺失了箱子，但在大會開幕前夕，她的箱子及時「失而復得」，總算能來得及盛裝登台。這幾天我之無衣可換，只有以「冠蓋滿伊堡，斯人獨窩囊」來自嘲一番；大家都安慰我，說依然很「Handsome」，從無所謂「窩囊」之相。而賢妻蒂華前晚曾爲我連夜洗淨襯衫，以便次晨乾了再穿，也可以說是前所未有的「鮮事」，她的功勞不小。

上午九時，到C樓出席大會。今天全天都是詩的朗誦節目，主席由土耳其詩人海爾曼（T.S. Halman）擔任，他是美國紐約大學教授，英語純正流利，態度風趣幽默，「開宗明義」之後，即由中華民國代表團首先登台朗誦，按本團排定的次序，先由「傳統詩」詩人登場，依次爲團長王大任，以及易大德、林咏榮、林恭祖諸君子。因爲本屆大會的主題，是爲了紀念土耳其十四世紀「詩聖」埃姆萊（Yunus Emre），並由聯合國教科文組織宣佈今年為「埃姆萊之年」，以倡導所謂「人類之愛、神之愛、宇宙之愛」等等，所以以上四位詩家所宣讀的作品，都是以此主題和向大會祝賀為主要內容。朗誦之前，分別先由中央社巴黎特派員詩人楊允達一一加以介紹，這四位詩人誦讀吟詠的方式雖然各有不同，而都獲得了在場各國詩人的一片掌聲。

之後，主席宣佈，為求節目的變化與平衡起見，特在「聲勢浩大」的中國代表團朗誦序列之間，穿插其他國家詩人的朗誦。於是，韓國的李昌煥等男女代表四人，相繼登台誦讀詩作。這時，我只在全神貫注於我朗誦的準備，他們究竟在讀些什麼，抱歉實在是「聽而不聞」。

接著，主席海爾曼果然唱名而請我登台了。我先將我的「生日」一詩的英文譯稿加以散發，然後以沈穩的風度上台，由允達老弟先為我作較為詳盡而且甚加稱道的介紹以後，就用我們泱泱中華的標準國語來朗誦，並且適當的運用一些聲音與姿態的「表情」；座中外國詩友「中英對照」的聽者，再加上會場的「意譯風」，有英語，也有精通中國語文的土耳其大學教授穆罕先生（Prof. Muhtarhan Orazbay）以土語的傳譯，而我在詩的末段，又特別用英語讀出以加強了語氣和題旨，因而這次朗誦的成果相當之好，在熱烈的掌聲和連連的握手之中，下台回座，不但「如釋重負」，甚至連我的箱子也都暫時「擲諸腦後」去了。

繼之也是本團兩位新詩人蓉子和綠蒂的朗誦。由於中國語文是世界詩人大會「總章」中規定通用的語文，所以這次我們大家都是使用「中國語」誦讀的；而他（她）們兩位則是在用國語朗誦之後，特請楊允達賢伉儷即時當場爲之「譯誦」一番，可謂「有備而來」，其精彩自是不在話下。總之，中華民國代表團在此次世界詩人大會的一切表現，仍是一貫的優異而成功的。

中午散會的時候，綠蒂老弟興沖沖的跑來告訴我，我的箱子已經到了伊斯坦堡機場，這眞是「喜出望外」的好消息。原因是在曼谷轉機時所發生的錯誤，以致延至今日才輾轉運到。由於土耳其海關的「慢呑呑」手續，他準備和允達老弟二人明天上午去機場替我領取，一切當無問題。午餐之後就拿著我的護照和箱子鑰匙，和允達兩人去向機場打電話辦交涉去了。對於這兩位老弟辦事的熱誠負責，我們老兩口不禁衷心的加以讚佩與肯定。

我的箱子終於找到了！晚餐席上，大家都向我恭喜不已。其實我有否衣服可換，此時已不太重要。「它不重，它是我的箱子」，它的「歷險歸來」，最低限度已使我心中的「窩囊」可以因之一掃而空了。

「中華副刊」八十年十月廿二日

卷四

游於文藝

文協秋之茶敘為余七十並諸文友慶生賦此以表感謝

秋之茶敘伴笙歌、藝苑文壇盛誼多。東海南山福壽頌、陽春白雪聲繞和。才情雅度今仍在、禪悅詩心老未磨。好友良緣共惜、今生錦繡莫蹉跎。

八十三年十一月二十六日偕賢妻芸萍女士出席中國文藝協會秋之茶敘聯歡會，此為鍾曉明老棣接任理事長後首次召開之活動，是日恰為余之誕辰，又在會中引介慶生活動，余亦並請同月份出生之文友多人共襄其盛。切蛋糕時，承全協會文友作家二百餘人齊聲高歌為余等祝福，情誼之殷，令人感動，至國劇大師胡少安與夫人，並特邀名角多人前來演唱拿手好戲，並鼓舞余以壽星而亦獻唱一曲，以表答謝，而賢妻更抽得特獎，皆是記之樂事也。會後因賦此詩，表感且向曉明老棣及文協諸老友志謝。

鍾雷翟君石

我的朋友

——酒逢知己千杯少

看到「我的朋友」這個題目，原來以爲是很好寫的；可是提起筆來，卻不免躊躇至再，一時實在不知道應該寫那一位朋友才好。以往的暫時不談，就說近四十年來在台灣所交的朋友，其爲數之衆多，都是累積而得，自是勢所難免；單以文藝影劇界的朋友而言，人數也相當可觀。如果單寫其中一人，可能而且必然會有「掛一漏衆」之虞。

儘管常言有云：「相交滿天下，知己有幾人？」，而在今天功利主義社會之中，凡事今是昨非，或者昨是今非，朋友與知己之間，在不同的時空條件之下，似乎也不太容易加以明確的界定。倒是在和朋友們喝酒的時候，酒酣耳熱，無所不談；平劇歌曲，無所不唱。當其時也，一般人莫不在「第二自我」之外，呈現其「第一自我」的眞實面貌與情感，不但盃盞互照，而且會有肝膽相照的感覺，甚至相率而進入「酒逢知己千杯少」的微妙境界。但這仍然是指平日就志同道合、竟氣相投的「好友」而言，如果遭遇到素無深交的人，爲喝酒而喝酒，強勸硬拼，敬酒罰酒一齊灌，結果是「酒未千杯知己少」，那可就未免索然無味、大殺風景了。

我並不是一個喜歡喝酒的人，只不過是曾經經歷過十年的戎馬生涯，出生入死，把什麼都看得很開，喝幾杯酒又算得了什麼呢？因而我對於喝酒一向並不排拒，隨遇而安，說喝就喝，能喝多少就喝多少，如此而已。而如此這般，就在「文友」之中，逐漸結交了一些「酒友」；而這些所謂「酒友」，並非全是有如杜工部（醉中八仙歌）裡面的人物，他們有的只是淺嘗輒止的，甚至還有滴酒不沾的。因而我所說的「酒友」，也可以說是「好友」與「知己」的同義詞，彼此時常在「文酒之會」中往還晤聚，而相交莫逆，與日俱深。

話說我的第一位「酒友」，當推筆名穆穆的小說家穆中南。當年他獨力創辦純文藝的大型刊物「文壇」，不僅獨樹一幟，而且風行一時。我在初識他的時候，已經久聞「酒仙穆穆」的大名，如雷貫耳了。由於他的慷慨豪邁，任俠尚義，我又奉贈給他一個「穆二哥」的稱號，之後也又不脛而走，成爲文藝界友好對他的通稱。記得「中國文藝協會」成立不久，穆二哥就被推舉擔任總幹事，我和小說家兼畫家的王藍，時常到「文協」去參加理事會或是其他集會活動，會後偶爾在附近寧波西街口上的小館子裡，吃個便飯，喝個「小酒」；王藍老弟是滴酒不沾的，穆二哥的酒量則果然名不虛傳。

那時候，我和王藍與文藝前輩陳紀瀅先生，永和竹林路都是對門而居，穆二哥的寓所和他的「文壇社」，就在相距不遠的豫溪路上，彼此不時都有往還過從的機會。後來，小說家魏希文也住到永和來了，而且也參加了「文協」；希文兄當時主辦（民間知識）月刊，內容包羅萬象，而他爲人則有「孟嘗」之風，喜交遊，好請客。再後來，菲華小說家許希哲返國定居，先後主編（野風）和（劇與藝）兩種刊物，在國內文藝影劇界日漸發展，活躍一時。於是，由於多種因素的意氣相投，形成了彼此之間的肝膽相照，希文兄、穆二哥、我、王藍，和許希哲（以上是按年齡排列的）五個人，便結成了經常歡聚一堂的莫逆之交，甚至可以說是情逾手足，誼勝「金蘭」。

時空從五〇年代進入六〇年代，大的環境和個人的生活條件，逐漸由篳路藍縷而改善提昇；誠如唐人賀知章詩句所謂：「莫漫愁沽酒，囊中自有錢」。而台北市也有如唐代的長安，酒樓林立，名廚如雲，使大家喝個「小酒」的時代已成過去。我們五個人，時常在「魏大哥」的聯絡號召之下相聚，也常約請其他友好同座；在吃喝聊天、談文論藝之外，還要「無所不唱」一番，有時直到夜闌人靜，大家才盡興而散，各自回家。

在我們五個人之中，論起酒量之好，當然非穆二哥莫屬；至於唱歌，他大致每首歌都只會唱最前面的一句，其餘就只有擊節打拍的份兒了。我喝酒一向還是隨遇而安式的，能喝多少就喝多少，總算還可以排名在第二位就是了。魏大哥是屬於淺嘗輒止一型的，三杯以前看他還相當氣勢如虹，三杯之後就要「高懸免戰牌」了。王藍善唱平劇，喝酒則始終是涓滴不沾，他寧可以醋代酒來和人乾杯，能夠喝一大碗陳年老醋而毫無難色。許希哲最喜歡唱歌，而一談喝酒，他就會從口袋和皮包裡掏出五六種各式各樣的藥來，並且不厭其煩的說明他某某病徵，醫生一再叮囑他不能喝酒云云；可是這種「擋箭牌」並不靈光，有時候他唱得興高采烈，往往自行撤防，結果常會喝得不醉無歸。

同時，在戲劇界我還有一組「酒友」。當時李曼瑰先生主持「話劇欣賞演出委員會」和「中國戲劇藝術中心」，劇作家而兼導演的劉碩夫兄是她的副主任，我和許多劇壇友好都被聘爲委員，時常開會、聚餐，也常有酒助興。碩夫兄和我同歲，互相以「老庚」相稱：他和人稱「董老大」的劇壇大哥董心銘兄，都是「海量」級的飲者。既有同好，於是在「劉老庚」的召集之下，我們這個「三人小組」便經常在一起聚聚、喝喝，和聊聊，並且由此而推動了「秦始皇」、「狄四娘」等大型話劇的搬上舞台，演出成功。

喝酒難免會醉，醉了也就難免會有糗事和趣事一籮筐。例如穆二哥喝醉之後在介壽館的台階上睡了一夜，「董老大」酒醉失蹤等等，不一而足；限於篇幅，也不能以「小說家言」而在此詳爲敘述了。

在那個時期，文風鼎盛的菲律賓僑界人士，經常組成藝宣團體回國勞軍，其中一些領導人物，如蘇子、吳伯康、陳赤美、和亞薇等人，大半是成功的商人而兼藝壇健將。尤其是號稱「戲劇大帥」的蘇子，經常在菲台兩地登台唱平劇、演話劇之外，還寫一手好文章。經過許希哲的橋樑工作，蘇子和國內文藝戲劇的朋友們日益稔熟，他是一個健談善飲的人，而且自稱「好熱鬧」，因而時常請朋友們晤聚暢飲，歡談高唱。除了「五人小組」和「三人小組」以外，戲劇界友好如吳若、王慰誠、賈亦棣，和彭行才諸兄，也經常都是座上不喝酒或少喝酒的「酒友」。

當然，在以喝酒作爲交遊娛樂的同時，仍然忘不了創作和演戲。我所主持的「華實劇藝社」，集結了影劇界的許多朋友們，在「小劇場運動」時代曾經演出過多場話劇之後，又和蘇子兄所領導的「馬尼剌劇藝社」，作一次盛大的聯合演出。這一齣四幕六場的大型文藝倫理悲喜劇「天長地久」，於五十四年十二月十日起，在台北市「國軍文藝活動中心」公演九場，動員了影視明星三十餘人，蘇子、王藍、許希哲，和我也都粉墨登場，串演要角；菲台兩地文戲劇界的諸多友好，也都在前後台熱心協助，共襄盛舉。而這次的演出，眞可以說是盛況空前，轟動一時，爲中國劇運與海內外文藝交流，締創了嶄新而輝煌的一頁，並且榮獲了三座「金鼎獎」。當時，我身爲演出人，在百忙之後，曾有蕪詩二律以誌感紀盛曰：

「漫誇地久與天長，劇苑新篇第一章。白雪陽春添盛事，明星文士共擅場；風流蘇子尤生色，瀟灑藍公甚當行。自嘆空餘粉墨債，才情不及許五郎。」

「天長地久無盡期，悟透機緣誰笑癡？嗔愛疑真還若夢，悲歡似酒亦如詩。春華秋實韶光在，青鳥斑騅風雨遲；惆悵曲終人散後，溝渠明月兩難知！」

而春去秋來，韶華似水，六〇年代和我們這一代青年與壯年時期的前塵往事，大都已是回首如夢。當年的「酒友」，如「劉老庚」、蘇子兄，和魏希文大哥，都已先後謝世；有的如王藍四弟、董「老大」心銘等人，則是長年旅居國外，不能時相晤聚。經過六〇年代、七〇年代，而至八〇年代的今日，所幸我們一些好友知己們，雖已漸入老境而老當益壯；穆二哥豪情不減當年，「許老五」偶采翩翩依舊。我和吳若、賈亦棣、和彭行才這幾位劇壇「老兵」，依然寶刀未老，再加上魯稚子老弟這位青年有爲的生力軍，七十二年文藝季大戲「海宇春回」的成功演出，七十三年開國史劇「石破天驚」的盛大公演，又爲中國話劇運動樹立了新的里程碑。

「江山代有才人出」，每一時代我們也常會有不同的「酒友」。而今，我因爲血壓的關係，已經很少喝酒了。每當文友相聚，舉杯小飲的時候，便不禁回憶起當年值得珍惜的舊友往事，與不再重返的青春歲月；且更在低徊感慨之餘，要自勉並和舊雨新知互勉共勉，由健康永壽，而筆墨長青！

七十九年十一月，台北市

「中華日報」七十九年十二月六日

平生意有餘

——編劇寫詩四十年

我在求學時代，就對文藝非常愛好；尤其是詩與戲劇，興趣更爲濃厚。詩無論新舊，多讀而且常寫，孜孜不倦，樂在其中。戲劇則無分話劇或平劇（當時尙未稱爲國劇），在研究學習之餘，也經當粉墨登台；乃至於平劇的「文武場」，除了不善嗩吶之外，其餘也都曾下過功夫。從高中到大學，可以說是我漸入「戲迷」的「全盛時期」。

「七七」事變，抗日戰爭爆發，在最高領袖全面抗戰的偉大號召之下，我也隨著平津學生從軍報國的熱潮而請纓入伍。當時雖然是「投筆從戎」，而事實上除了「槍在我們的肩膀」以外，筆仍然是經常伴隨在我們身邊的「第二武器」。在行軍作戰的餘暇，偶爾還要塗塗寫寫，而那時候也正是所謂寫詩的年齡，寫詩也似乎是自我排遣的最好方式。這些技巧並不成熟卻頗有紀念價值的新舊詩作，在戎馬倥傯之中，可惜隨寫隨即散失了；有一些還能殘存於記憶裡面的，在抗戰勝利之後曾經稍加整理，新詩有「拾夢草」約六十餘首，舊詩有「戎馬吟草餘稿」五十餘首，我也曾把它們分別選入「片羽集」和「鍾雷自選集」之內，用以緬懷軍中舊事於不忘。

在台兒莊會戰和武漢保衛戰之後，大局進入長期抗戰的階段。我們部隊在蘇、皖、魯、豫、冀、察、晉、綏等地區萬里轉戰，並且在敵、僞、匪三面夾攻之下，建立敵後根據地，開發邊遠軍區。這其間，我由中下級帶兵官改行而調爲政工人員，先後擔任團、旅、師政治主任，還多次兼任政工大隊長，也曾客串過「七品縣令」的角色。爲了宣傳、民運和軍中康樂等等工作的需要，當時部隊政工的「戰鬥序列」中，話劇和平劇團隊的設立，是不可缺少的重要環節。我既然參與其中，難免有時因爲「技癢」，有時在人手不足的情況之下，粉墨登場，過過「戲癮」也是好的！

但我也發現到在話劇的演出方面，當時「劇本荒」確是一個非常嚴重的事實。有些抗戰初期的劇本，如「地道」（馬百計）、「烙痕」、「三江好」……等等，由於演出的次數太多了，不但台上的演員可以倒背如流，而在台上的看戲弟兄們也可以「滾瓜爛熟」的隨聲附和。這可不比平劇的戲碼兒，如果不求變化而總是演出這些大家「耳熟能詳」的舊話劇，久而久之，不但台上台下彼此索然乏味，甚至也將失去演出的意義了。

在前方、在敵後的戰地裡，想要得到新的而且又合用的劇本，並不是一件容易的事；於是決定「自力更生」，我自己動手來編寫。憑著當年那股年輕的勇氣和衝勁兒，經常漏夜趕工，三五天就能完成一個多幕劇本。有時候，通宵「開夜車」，用鐵筆鋼板直接把要寫的劇本「刻」在蠟紙上，天亮立即付印，也同樣能夠出產一部可以且排且改的多幕劇本。這些劇本，有的演出效果居然還相當成功，最低限度可以時常「一新耳目」，而且頗能切合當時當地的需要。

到現在回想起來，當時的「寫作態度」與「創作過程」，都未免失之於大膽而草率，但爲了爭取時效和達成任務，也不得不如此。而從另一個角度來看，正因爲我曾經經歷過這樣艱辛的挑戰、磨鍊與考驗，才使我個人培養出編劇的興趣，也從經驗之中建立起對於戲劇創作的一些信心。

抗戰勝利之前，我又由政工轉任部隊幕僚長和代旅長等職務。勝利後，奉命首先率部進入徐州，部署接收，在千頭萬緒的忙碌之中，又聯合當地和各軍中戲劇人士，盛大公演了一次抗戰間諜喜劇「虎穴」，劇本是經過我寫的，而且還兼任導演；我新婚未久的賢妻，也被大家請了出來，串演其中的女主角——而這些往事，距離今天已相當遙遠，只可以說是「編劇寫詩四十年」的「序幕」了。

三十八年來台之後，退爲備役，棄武就文；當一開始把筆提升爲「第一武器」的時候，就自然而然的想到要「重拾舊好」，寫詩、也寫劇本。我的第一部正式面世的多幕劇本「尾巴的悲哀」，完成於三十八年秋季，三十九年春在新生報連載，沒想到竟會獲得相當熱烈的反應；此後在台澎各地由不同的戲劇團體先後演出達數百場之多。今天影劇界的資深人士如李行、葛香亭、雷鳴、以及已故的梅長齡先生等人，當時都曾參與演出此劇。這是我個人在從事文藝創作的起步階段，所得到的最大的鼓舞。

同時，我也著手嘗試朗誦詩的寫作，第一首作品「豆漿車旁」發表之後，於三十九年十月僥倖獲得了中華文藝獎金委員會的新詩獎金，並且在當時的各種晚會上和廣播節目中，多次朗誦，歷久不衰。文藝界前輩如張道藩、陳紀瀅、何志浩諸先生，對我都曾給了不少的勗勉與鼓勵；加入中國文藝協會以後，又結識了很多的文友和詩友，人生樂事，孰過於此！之後，長詩「黃河戀」、「女學生和大兵哥」，也先後獲得「中華文藝獎金」。四十年秋，我的第一本詩集「生命的火花」出版，次年再版。四十年十二月，曾蒙當時膺任總政治部主任的總統經國先生召見，面予獎勵，更使我決心在「文藝報國」的里程上，努力不懈，繼續邁進。

四十年夏季，我奉派擔任中央電台大陸廣播組長，在「中廣」辦公。由於工作上的接觸，並且受了主持其事者的請託，對於當時廣播劇的形式和技巧，下了一番工夫加以研究改進。我寫了一部「如此優撫」的「廣播劇本」作爲嘗試，揚棄了以往將話劇劇本用於廣播的傳統手法，突破時空限制，充份運用音效，使其發揮廣播劇以聲音爲表達主體的特性。播出之後，效果與反應俱佳，從而爲此後的廣播劇本奠定了寫作技法的雛型；而這個被稱爲「自由中國第一部廣播劇本」的作品，也非常榮幸的獲得了「中華文藝獎金」。那時候，同時在「中廣」服務的文友如王鼎鈞、應未遲諸兄，稱譽我不僅是朗誦詩的「開山元勳」，而且也是廣播劇的「鋪路功臣」，則自覺愧不敢當。四十一年青年節，我當選爲文藝界的「優秀青年」之一，接受全國慶祝大會表揚，尤感光榮之至。

在四十二、三年間，我又有機會開始於電影劇本的寫作，先後爲農教公司及其改制後的中央電影公司，編寫了「農村進行曲」、「碧海同舟」、「歸來」、「苦女尋親記」、「蕩婦與聖女」等幾部劇本，都已攝成影片；其中由張小燕主演的，還曾在亞洲影展首開紀錄，獲得了一座童星獎。另外有「毋忘在莒」、「辛亥大革命」、和「梨園子弟」等數部，也由「中影」購得攝製權，「梨園子弟」雖然沒有拍成影片，而劇本則在五十六年獲得了「中山文藝獎」。其餘爲國內外民營製片公司寫的劇本，大概也有十幾部之多，大都乏善可陳。中國電影事業的道路，一直崎嶇坎坷，再加上千頭萬緒的「人謀」因素，不僅使得好的劇本未見得能拍成像樣的影片，甚至劇本與影片成品完全「南轅北轍」，不可同日而語。因此之故，我對電影編劇的這一行業，也唯有「淺嘗輒止」了。

而我對寫詩則仍在繼續不輟，於四十四年又出版了兩本詩集「在青天白日旗幟下」和「偉大的舵手」。四十五年五月，青年救國團舉辦全國知識青年閱讀文藝作品意見測驗，「生命的火花」和「偉大的舵手」，當時曾被選爲「現代中國十部優秀詩集」中的兩部。

除了詩和劇本之外，我也難免偶爾寫些小說、散文、小品、雜文，以及論評文字和「方塊文章」。以我個人「十年戎馬一書生」的經歷，本來很想好好寫一兩部長篇小說的；奈何「等因奉此」佔去了過多的時間，不能作「一氣呵成」的運作，只得把那些題材，或分割、或濃縮，寫成了一些意猶未盡的中、短篇小說，雖然自覺可惜，但一般風評卻給予我很多的鼓勵，於是在四十七年出版了我的第一部小說集「榴火紅」，後來於五十三年又印行了另一部小說集「江湖戀」。之後，又接受邀約而寫成了兩部小說，一是中篇小說「青年神」（鄒容傳），列爲幼獅書店「愛國青年傳記小說叢書」之一；另一本是「省政文藝叢書」之一的「小鎮春曉」，這是一部約有十五萬字的長篇小說，我同時也將它的內容素材，再行架構而成爲一部多幕劇本「長虹」。

談到話劇劇本，我也仍然在賡續不斷的寫作。繼「尾巴的悲哀」之後，三十九年又曾寫了一部多幕劇本「風聲鶴唳」，獲得中華文藝獎金，並且由總政治部演劇二隊和青年服務團等單位先後多次演出。以後，「雙城復國記」（四十八年出版）和根據陳紀瀅先生原著改編的「華夏八年」（五十年出版），都由空軍大鵬話劇隊首演，並且先後獲得國軍康樂競賽的優獎。五十四年出版的「長虹」，五十六年出版的「柳暗花明」，都是當時大專院校和生產事業單位演出場次最多的劇本。另有根據外國原著改編的劇本「金色傀儡」與「欽差大人」，則曾在台北、馬尼拉、和吉隆坡等地多次盛大公演。

四十九年秋季，我爲了響應李曼瑰先生「小劇場運動」的推行，聯合影劇人士組了一個「華實劇藝社」，先後演出「愛與罪」、「暴風半徑」、「西廂記」、「秦始皇」、和「螢」等劇，我曾經親自參與策畫導演，而演員也都是一時之選，成績也可稱爲極一時之盛。五十四年冬，又和菲華「馬尼拉業餘劇藝社」聯合在國軍文藝中心公演「天長地久」，除請「影視紅星」助陣之外，我和王藍、蘇子、許希哲等人也粉墨登場，客串劇中要角，總算是過了一次「戲癮」。這次的演出不僅盛況空前，同時也爲海內外文藝交流，樹立一個新的里程碑。

近年以來，由於電視的興起，話劇運動相對的逐漸趨於消沈低迷，而編劇人才也勢所當然要爲電視劇本所網羅與吸收。因此之故，我也在各方友好的邀約之下，在近年之中編寫了不少的電視劇本，而且以「大戲」爲多。如「清宮殘夢」、「萬古流芳」、「一代暴君」、「一代紅顏」、「赤地」、「天怒」、「戰國風雲」，和「大漢天威」等等，論者都曾認爲是主題嚴正、劇情精彩，而且可稱轟動一時的好戲。其間我曾以「天怒」中的一個單元「陽謀」的劇本，獲得七十年「國家文藝獎」；以「戰國風雲」而在七十年連獲中國文藝協會的「榮譽文藝獎章」，台灣灣省文藝作家協會的「中興文藝獎章」，和中華民國編劇學會的「最佳編劇魁星獎」。

五十九年夏，我曾有機會隨中華民國代表團出席在韓國漢城舉行的國際筆會，會後轉道小遊日本而返；六十年夏又曾應邀到菲律賓講學；在這三個鄰近的國家，就觀感之所及，得詩數十首，輯印而成一本「天涯詩草」的詩集。以後曾到美國及歐洲兩次出席世界詩人大會，又隨「文協」諸君子訪問東南亞，本來想再多得一些詩章，用以充實「天涯詩草」的增訂本，而事實並未如願。原因是所得的「舊詩」竟超過了「新詩」，這也許是近年有些「回歸傳統」的心理使然吧！

最近，在七十二年由行政院文建會所舉辦的「文藝季」中，聯合全國影視戲劇人士，先後在北、中、南部隆重公演我和魯稚子共同編寫的多幕劇本「海宇春回」，造成了一時的盛況，也爲中國戲劇運動帶來了起蟄的春雷。七十三年又再接再勵，演出了我和張永祥、魯稚子聯合編劇的「石破天驚」，更是佳評如潮，因此而榮獲了中委會以及三民主義統一中國大同盟的頒獎。個人曾經被文建會借調首任第二處處長職務將近一年，現在仍任顧問，參與演出策劃，而且忝爲文藝戲劇界的老兵，獲獎後乃有詩以紀之曰：

「海宇春回曙色晴，重開劇運創新聲。水窮雲起盱衡遠，石破天驚氣象宏。幕落幕升懷往史，台前台後聚群英。承頒盛獎光榮甚，無負老兵不老名！」

而文藝老兵之所以不老，當在於他恆久保有豐沛的創作力，而且要與日俱進，隨時更新。於今藉這篇蕪文回顧一下四十年來的寫作歷程，不禁惘然久之。昔日杜工部曾興「平生意有餘」之嘆，不才如我者在寫作方面對此卻別有詮釋；這也就是說，個人已經寫的東西未見得自己都能滿意，而要想寫的東西似乎還都沒有寫出來。所以我特別將此詩句刻印一方，以供朝乾夕惕。但願寶刀未老，筆墨長青，在他年再寫「文藝創作半世紀」一類文章的時候，能有一份「平生力有餘」的安慰與喜悅。

七十五年三月，台北市

「中華副刊」七十五年四月四日

詩魂不朽・柳色常青

三月十九日，春寒料峭，風雨淒淒。

上午，我和舒蘭通了電話，決定下午到「榮總」去探望左大哥曙萍。

事先，我們都不知道左大哥臥病「榮總」。由於中華民國新詩學會最近決定編印一本「永遠的懷念」的詩集，用以紀念先總統蔣公；左大哥是值年常務理事，主持其事，並且要我和上官予負責稿件的審閱工作。擔任總幹事的舒蘭跟我聯繫，我認爲應該先集會討論一下詩集內容和選稿的標準，以求愼重；上官予也同意我的看法。舒蘭再去聯絡左大哥請他決定開會時間，這時候才知道他因爲急病而住進榮民總醫院，已有兩週之久了。

左大哥雖然已達七七高齡，而身體一向健壯；我們不明瞭他這次突然入院的病情如何，所以更急於前往一看究竟。

下午二時半，我如約冒著風雨，到仁愛路遠東百貨公司門前去等候上官予和舒蘭；當我快要凍僵的時候，他們二位才僱到一部老爺車趕來了。

老爺車在風雨中趕往「榮總」，猶如一匹疲憊的老馬，馱著我們渡過萬重關山。天啊！它總算還沒有中途拋錨。

然而，我們竟來遲了一步。左大哥已於下午二時四十分，走盡了他曾經「歌於斯、哭於斯」的人生里程，懷著未酬的壯志，與不世的豪情，撒手塵寰，溘然長逝了！

這個不能令人信以為眞的噩耗，使我震驚，使我茫然！世道無則，人生靡常，「念天地之悠悠，獨愴然而淚下」！

仍是那部老爺計程車，載我們三個人再趕往市立殯儀館。途中，風雨依然未停，思緒澎湃起伏。想起就在僅僅一個月之前——二月十九日，我還在中國文藝協會的春節聯誼會中遇見了左大哥，我們曾在會場的一個角落裡併坐而談，他以一貫充滿希望與信心的語氣告訴我說：

「過了這個年，大哥有辦法，我們新詩學會就要積極展開活動，出版詩刊，印製全套的詩集……。」

我知道，左大哥的所謂「辦法」，也就是指經費而言。而繼「今日新詩」之後，再度創辦一個大型的新詩刊物；以及將歷年以來國內所有的新詩作品，編印成為全套的詩集，都是左大哥多年來念茲在茲的心願。只是茲事體大，而經費的籌措並非一蹴可就，因而使他耿耿於懷，同時也竭力的懸鵠以赴，希望能更進一步有所貢獻於詩壇。

然而，我無論如何也不曾想到，那一次和左大哥的相見晤談，竟是最後一次的見面，最後一次的談話……。

到了殯儀館，遇見前些日子特地從夏威夷趕回來的紀國大佺，彼此握手黯然，我唯有勸慰他節哀順變，以「當大事」。好在左大哥是光復大陸設計委員會的委員，又兼臺灣銀行的監察人，一切後事都由這兩個單位派出專人妥爲料理，使大家都可以爲之安心。

當晚回到家裡之後，我因爲下午受了一點風寒，有些感冒發燒的徵候，連忙服藥躺在床上，但在昏沉之中又輾轉不能成眠，於是披衣而起，坐在書房裡的燈下，聽著窗外雨聲的淅瀝，回想和左大哥三十餘年來的交往過從，歷歷猶如昨日。

左大哥在就讀軍校六期的早年，就已經開始寫詩。抗戰期間，他曾擔任新疆伊犁和焉耆兩區專員，在勤政愛民、爲國宣勞之餘，還把詩的種子隨著他的仁風德澤而遍播於天山南北。左大哥是湖南湘陰人，爲清朝名臣左文襄公（宗棠）的嫡裔；左文襄曾在討平回亂之後，從俄國手中收回新疆，建爲行省，並在玉門關外，廣植楊柳，世人稱之爲「左公柳」，這也就是左大哥筆名「關外柳」的由來。記得在十年以前，左大哥在重九日度過他六七壽誕的時候，我曾奉題拙詩一律云：

「漢家節仗出新疆，不攜宦囊攜詩囊。大漠東西鵬翼遠，天山南北馬蹄忙。金戈鐵甲威千里，化雨春風澤八荒。為問青青關外柳，誰如今世左文襄？」

「天山南北馬蹄忙」，是左大哥一首敘事長詩的題目，內容寫他自己在新疆艱苦奮鬥的事蹟，也是他功在邊疆的光輝紀錄。後來他又以此題名，寫作一篇預計約有二、三十萬字的回憶錄式的著述，可惜迄今尚未完稿問世。

此外，左大哥另有一首長詩「我的家在汨羅江上」，也是他的平生力作。詩中以一個汨羅江畔鄉人對於屈原的悼念，寫出一個詩人對於國家的熱愛，和對於時代使命的責任感之激勵與奮發。左大哥一向是「詩如其人」，慷慨豪爽，熱情洋溢，從來不會有忸怩作態的刻意雕飾，這也就是他獨具的詩風與人格的融合。

還記得在二十多年以前，左大哥爲了團結新詩人的智慧力量，貢獻於國家民族生存延續與復興的偉大時代，特別由我來約集紀弦、鍾鼎文、覃子豪、彭邦楨、上官予、李莎、和方思等人，於四十五年十二月二十日中午，在臺北市八德路二八二號他的寓所聚餐集會，立即擬定計劃，出刊「今日新詩」；而且即言即行，這本大型詩刊很快的就在四十六年元月一日創刊發行。當時左大哥擔任發行人兼社長（我和紀弦擔任副社長，上官予執行編輯），大家都尊稱之爲「左大哥」，以後多數的新舊詩人，都隨著而叫「左大哥」，連左大哥自己也常如此自稱。事實上，左大哥在詩壇確有「大哥」的風度，一言九鼎，一諾千金，高風亮節，古道熱腸；求諸當今之世，實在不可多得！

「今日新詩」先後出刊了十一期，因爲經費問題而暫告停刊。但也由於「今日新詩」而促成當時詩壇的精神團結，並且由此而孕育了中國詩人聯誼會，於四十六年詩人節誕生成立。以後到了五十六年間，又由「詩聯」發展而正式成立了中華民國新詩學會。

新詩學會成立之後，由鍾鼎文、紀弦和我，先後擔任値年常務理事；近年以來，則都由左大哥獨力負擔這項艱巨沈重的任務，左大哥以他鍥而不捨的精神，又在六十七年雙十節創刊「詩壇」雙月刊，以「溝通古今詩心，弘揚傳統詩教」爲主旨，同時他力謀進一步促進新舊詩壇的大團結，近年也有顯著的成效。當然，只靠個人的力量來支撐一本詩刊，並不是一件輕鬆愉快的事情；「今日新詩」如此，「詩壇」雙月刊又何嘗不如此！因而「詩壇」在出版六期即告停刊之後，左大哥一直爲此內心耿耿，總希望能有一點別的「辦法」，來作爲扶植詩刊與推展詩運的經費來源。但在這年頭，一般工商業扶助體育團體者，大有人在；而幫助文藝事業發展者，卻是寥若晨星。所以若干年來，左大哥的一片苦心孤詣，始終尚未得到具體的實現；而在他的內心裡，卻也始終對此念念不忘，並且引爲相當的遺憾，最後甚至可以說是賷志以歿，不能不令人爲之浩嘆！

左大哥逝世後「首七」之日，我和內人蒂華攜著素花心香，前往民生東路寓所，向左大哥遺像及靈位行禮祭悼，悲悽難抑。鳳如大嫂賢藹豁達，已決心收拾慟哀之情，爲左大哥的遺著與遺志而善盡其力。令郎左紀國現任北美事務協調會駐夏威夷辦事處主任，今日青年才俊，他年國之棟樑。女公子左韻儀也在美國從事中華文化之宣揚傳播，卓有成就。左大哥衣缽有繼，薪火得傳，英靈有知，也當可含笑瞑目於雲天之上了。

四月六日，左大哥遺體在市立殯儀館舉行家祭公祭之後，安葬於五指山公墓。當日，我親書輓聯一付，以表悼念追頌的至忱，聯曰：

「德澤遍天山，萬古長青關外柳，高風留藝苑，千秋不朽詩中魂。」

左大哥身後備極哀榮，使人感到「好人是不會寂寞的」而深以爲慰。六月十日，中華民國新詩學會與中國文藝協會，特聯合舉行追思紀念會，同時出版專刊，對於這位曾經功在國家，而且畢生忠愛國家的左曙萍先生，這位爲新詩運動而鞠躬盡瘁的詩人關外柳先生，這位爲我們大家所敬愛的「左大哥」，同表衷心的悼念。謹以此文，代賦招魂，願祝左大哥——

詩魂不朽，柳色長青！

詩魂不泯，魂兮歸來！

中央日報「晨鐘」版，七十三年六月一日

筆墨長青

生活在現代的社會裡，有時候，一天到晚也不知道在忙碌些什麼，難得有一份輕鬆悠閒的心情。一兩年前，偶而推開我書房的窗子外望，「悠然見南山」還可以帶給我片刻的怡悅；如今，窗外所見到的都是連地而起的高樓巨廈，聳峙屏列，南山也已隱退在視線之外了。想起置身於紅塵十丈之上的喧鬧市聲中，便更會增加了幾分煩躁不安的感覺。

有的時候，自己的時間往往不能予以主動的掌握，常常被許多客觀的因素所左右，使你不得不被動的去參加一些臨時性的什麼集會或者活動。這年頭，紅白兩色的柬帖似乎也特別多，儘管對方只是點頭之交，你也不得不去應付如儀。此外，還有書畫展、音樂會、話劇和國劇的演出……等等，有時面對著友好們的殷殷盛情，也唯有自嘆分身乏術，徒喚奈何而已！

說實在的，我個人對於文學藝術各部門的愛好，興趣相當廣泛；由此而影響到生活情趣的範圍，當然也可以說是多方面的。文藝界的朋友曾有譽我為「十項全能」的，自然是愧不敢當；但「想當年」年富力強，企圖心旺盛，確實曾經對各種愛好，都要去由涉獵而鑽研一番，務必達到個人的滿足而後已。而今馬齒徒增，華髮幾許，到了「含飴弄孫」的人生境界，雖然時常自勉「寶刀不老」，但在有些時候不能不感概於力不從心了。

話雖如此，距離「人生七十方開始」的歲月，我還總算是「年輕」一些；而且「自反而縮」，也還覺得有些才情和勇氣。筆在我自己的手中，寫作仍是我最大的和最主要的生活情趣。

去年「文藝季」，曾經根據我所提供的故事，由我和魯稚子合編的話劇劇本「海宇春回」，從去年到今年三月，先後在台北、高雄、和台中等地，聯合全國影劇人士公演多場，盛況空前，佳評如潮。其間，我曾步韻奉和演出執行人吳若兄七律一首，詩曰：

「劇運式微三十年，重開新史喜空前。天倫夢覺親情貴，海宇春回歲月鮮。粉墨衣冠稱盛事，悲歡哀樂證塵緣。寶刀未老才難盡，自哂江郎亦半仙。」

這詩中的後兩句，非敢有「老王賣瓜」的意味；不過藉此而對自我再加評估、勗勉、策勵，與鼓舞，一個從事寫作的人，千萬不可自於「江郎才盡」，而要永恆的「筆墨長青」！

於是，環繞著「筆墨長青」的這一準則，儘管在現代生活中，難免有客觀條件所造成的煩鬧與忙碌，但我卻要竭盡所能，以鬧中取靜、忙裡偷閑的方式，鍥而不捨的堅守著筆墨生涯，享受著所賜予我的心靈的寧靜，和生活上無比的自樂的情趣。

我的筆墨生涯並不限於文藝寫作，還包括了我所嗜愛的書法與篆刻。

憶昔在我的童年時代，從家塾到初中，在業師的嚴加督導之下，除了讀經史子集和詩詞歌賦之外，也曾經爲勤於練字而下過一番工夫；當時所臨摹的碑帖，從歐陽詢的「九成宮醴泉銘」，顏眞卿的「多寶塔」和「麻姑山仙壇記」，再上溯到魏碑「張猛龍」、「鄭文公」，以及「龍門二十四品」和「泰山金剛經」等等。到了高中時代，爲了學習國畫而涉及篆刻，並且相當入迷；於是又在老師指導之下，從甲骨和鐘鼎一直勤練到清人的小篆，用以奠定篆刻的基礎；當時臨摹最多而且最爲著力的是吳昌碩的「石鼓文」，其次則是鄧石如和趙之謙的書法。後來讀到大學，不久抗戰爆發，投筆從戎，這些嗜好和已經下過的工夫，便逐漸被淡忘在萬里風沙之外去了。

近年以來，由於社會的步繁榮，在金石書畫的藝術天地之間，也呈現一片萬紫千紅的絢爛美景。影響所及，使我也爲之舊「癮」復發，於是又在公私餘暇的時間裡，開始一面練字，一面又再嗜迷於金石篆刻；雖然不敢說「不可一日無此君」，而曾經有一度簡直到了「樂此不疲」的境地。

現在，在我的「石巢書屋」裡面，大大小小的石章已經擁塞不堪，無法計數了；已經刻成的，大概也有五、六百方之多。比起專業的「印人」，這固然微不足道；而我的「自得其樂」，至今則依然方興未艾。在「筆墨長青」的系列中，以此而如陶弘景的「只可自怡悅」，而且因石入禪，修眞養性，美意延年，誰曰不宜？

最近，「文訊」月刊在「文苑」舉辦一項「文藝作家書畫金石展」，我也應邀以六幅作品參加，除了一幅行書詩軸之外，另有四幅條屏，分別寫的是甲骨文、毛公鼎、散氏盤銘、和吳缶老（昌碩）石鼓文的集聯；而在會場中僅有的一幅金石展品，則是我的「石巢書屋印稿」，前面並自題拙詩一首云：

「習瑑雕龍入嗜迷，心師三石鄧吳齊；詩文餘力自怡悅，不敢千人費品題。」

本來我以詩文餘力從事金石篆刻，但詩文、戲劇、寫字、刻石，既然都是屬於我的生活情趣的範疇之內，自應從吾所好，盡其在我，並且大而化之，順乎自然；唯有如此，乃能得其所謂「情趣」之極致，而自以爲樂，筆墨長青。質之同好，以爲然否？

當然，一個生活在現代社會裡的人，他的生活情趣不可能局限於筆墨之間；以我個人而言，在公私生活方面，還有許多可以使我注入情趣的事物。例如——

在家裡，儘量享受三代同堂八口之家的天倫樂趣；電視有好節目必也看；沒事時，和「賢妻」帶著孫子們上街購物、吃館。一家歡樂，樂也融融。

在外面，我如有時間，儘可能去參加各項有關文藝的集會活動，「以文會友」，而且常和老友晤聚一堂，也是一大樂事。朋友們所舉行的金石書畫展、攝影展、以及各種戲劇公演，我也儘可能匀出時間，前往欣賞捧場，尤其重視「他山之石」的價值觀念。

有時候，我很樂意和文藝或影劇界的三五好友，吃吃小館，或者飲茶聊天，天南地北，無所不談。偶而也和蘇子兒和胡少帥（胡少安兄也）等人，聚在一起，清唱兩段國劇，也覺「過癮」之至！

在我「坐擁書城」的辦公處所，有藏書三十萬册，汪洋浩瀚，任我涵泳其間。下班後，台北市隨我徜徉，購書、買石章，從小館吃到小攤兒，從百貨公司逛到夜市，選購領帶和襪子也是我的最大興趣。

唯一覺得遺憾的事，是我因爲血壓等等的關係，被醫生嚴格的「禁酒」了。因而薄醉微醺後的種種情趣，對我已是相去日遠，未免令人悵然懷念不已！

七十三年五月，台北市

「青年戰士報」副刊，七十三年五月二十六日

我與「文協」

我在求學時代，就對文藝具有極爲濃厚的興趣。「七七」事變，投筆從戎，雖然轉戰萬里，浴血八年，而對於文藝的愛好，仍是我在戰鬥生活中最大的慰藉與嚮往。三十八年來台退役之後，決定再拾起抛開已久的筆來，以之代槍，在文藝戰線上從事另一回合的戰鬥；作爲一個不老的「老兵」，愛國報國，當然不敢後人。

我的第一部創件，是三幕話劇劇本「尾巴的悲哀」；在三十八年八月完稿以後，曾經轉請張道藩先生予以審閱，並且提出修改意見，再經改寫之後，於三十九年三月間在新生報以二十一天連載完畢。接著，電台紛紛廣播，各地先後演出也不下百餘場次之多。這給予我一種莫大的鼓舞，不僅增加了我再接再厲從事創作的勇氣與信心，同時也使我因此而和中華民國的第一個文藝團體—「中國文藝協會」，開始結下了不解之緣。

三十九年五月四日，「文協」在台北市中山堂光復廳舉行成立大會；先一天，我接到了從新生報轉來的開會通知，到了預定時間，我就趕去會場報到，參加大會及各項活動。一開始，「倆眼烏黑」，一個人也不認識；等到開會、選舉、聚餐，和欣賞晚會之後，我不但見到了久已仰幕的文壇前輩如張道藩、陳紀瀅、王平陵諸先生，同時也結識了不少的文友；而自此以後，我便正式成爲一名向文藝陣營「入伍」的「新兵」了。

接著，在三十九年十月，我的第一篇詩作「豆漿車旁」，獲得了中華文藝獎金委員會的新詩獎金；由此而使我和文藝界的朋友們，有了更多接觸的機會。當時，「文協」的會址，是借居在新公園中國廣播公司的樓下，那一間房子據說是由車棚改裝而成的，所以相當「克難」，有人戲稱之爲「冰箱」，其實在夏季裡應該說是「烤箱」才對。四十年夏，我奉派擔任中央電台的大陸廣播組長，也在「中廣」辦公，與「文協」近在咫尺；那時「文協」的總幹事就是宋膺兄，他一貫的幹勁十足，而理監事先生小姐們，也經常到會參與工作。我則因爲得「地利」之便，對於「文協」的各項活動，也就力之能及，盡量貢獻一己的熱心；由此而更擴大了對文藝界友人的結交幅面，尤其是「一樂也」的最大收穫。

到了四十一年的「五四」，在「文協」的第五次會員大會中，個人承蒙文友們的「推愛」當選爲第三屆的理事之一；這對我而言，既是「受寵若驚」，又感「惶恐萬分」，唯有在前輩與先進諸君子的引領之下，竭盡棉力，奉獻熱忱，參與各種會務活動與工作。在本屆理事會中，我曾被指聘兼任總務組長；以後繼續當選理事，又曾再任財務組長和聯絡組長，以及詩歌、話劇、電影、舞蹈等委員會的委員。

四十一年七月，「文協」會所從「冰箱」遷到台北市寧波西街二十二巷四號，總算是有了「屬於自己」的活動場地，一切工作更加積極推展。當時理事會決定要編印一種「會務通訊」，用以紀錄「文協」各種工作活動和會員的動態。並且供作全體會員聯繫與參考的資料；「會務通訊」採不定期出刊方式，組成編輯小組共同策劃進行，我也被推爲小組的成員之一。這本「刊物」從四十一年九月正式出版第一期，以後也不知道是怎麼搞的，負責編印的任務逐漸集中到我一個人的身上；就這樣，我居然也把這個「獨腳戲」，一直「唱」到了四十九年五月，八年之內先後陸續出刊了二十五期。這每期薄薄一本的「會務通訊」，當時看來「貌不驚人」，可是到了今天再翻閱一下，再去反芻一下那些紀實存眞的史料與往事，自己首先就覺得當年的心力並不是白費的了。

大概就因爲我負責主編「會務通訊」的關係，第五屆理事會決定在四十三年「五四」，編印一本介紹「文協」成立四年來工作概況的專書，定名爲「耕耘四年」，便由陳紀瀅先生常務理事會中，指定要我來主持其事。當時，我和紀瀅先生以及王藍老弟都住在永和的竹林路，比鄰對門而居；這項相當艱鉅的工作任務，即在紀瀅先生的就近隨時督導之下，蒐集資料，力疾趕工，在公餘之暇日以繼夜的寫了十萬字，總算在該年的「五四」之前，出版面世。這本書，可以說是爲「文協」，也爲那一時期的自由中國文藝運動紀錄了較爲完整而有系統的史實資料。

其後，到了四十七年「五四」後，我受了「文協」第九屆理事會的推荐，繼宋膺、何容、喬竹君及穆中南諸先生之後，擔任總幹事，由國劇家張大夏兄擔任副總幹事，並推請陳紀瀅先生再度擔任値年常務理事。那時候，由於會務的逐步開展，寧波西街的會所已感陳舊而不敷應用，於是「文協」又在四十七年七月再次「喬遷」，將新的會所搬到台北市水源路十五號，除樓上樓下的辦公室外，還有一間較爲寬敞的交誼廳，可以運用而展開各項文藝活動。

「事非經過不知難」，不做文藝社團的總幹事，不知道個中的甘苦，與工作事務的千頭萬緒。我當了兩年的「文協」的總幹事，幸而上有紀瀅先生的凡事精心擘劃，領導有方；旁有張大夏兄的隨時坐鎮執行，匡弼得力，使我除了得免有所差池之外，還算是做了不少事情。其中比較值得一提的，一是相當徹底的整理一次會員會籍，並且建立了會員的個人資料；再則就是舉辦了先後兩期的「文藝研習部」，第一期分爲文學、美術、音樂、影劇四組，第二期分爲漫畫及攝影兩組。其他限於篇幅，茲不贅述。

在我擔任「文協」總幹事的第二年，也就是四十九年的「五四」，正値「文協」成立已屆十週年；爲了慶祝十週年的紀念盛典，還有兩件事情値得在此一記。

第一，「文協」本來設有「中國文藝協會獎章」，並且訂有一種「贈予章程」，但因爲在成立初期，各種文藝人才尚在成長階段，得獎人的評審標準不易肯定，因而久未實行。這時爲了慶祝各方面的「十年有成」，乃由理事會將該「章程」以及「評審委員會組織簡則」予以修正通過，立即付諸實施，第一屆「文協獎章」的四位得獎人，於焉在愼重評選之下，首告產生，那就是張秀亞女士和楊念慈、施翠峰、王鼎鈞諸先生。此後二十年來，各部門文藝人才輩出，「文協獎章」的贈予也已形成了一種傳統的優良制度，而其在得獎人的心目中的比重，更不下於可以由申請而得到的獎金。個人忝爲首先主辦此一工作的總幹事，理應在此記上一筆。

第二，「文協」爲了慶祝成立十週年，同時又決定再編印專書一種，以紀錄「十年有成」的努力經過與成果；第十屆常務理事會決定就「耕耘四年」一書的架構，擴大而編寫的「文協十年」，這項工作任務便自然而然地落到了我的肩上。於是，我就又在紀瀅先生的指導之下，繼續蒐集了「耕耘四年」以後的近六年的資料「左圖右史」，且寫且編，又增加了將近十二萬字的編幅，使「文協十年」成爲一本約二十二萬字的專書。這本書，也成爲自由中國文藝運動前期的翔實紀錄與重要參考資料，其中內容常爲應用者所摘錄或抄引，可以說是不無貢獻。

四十九年「五四」之後，我因爲本身工作忙碌，辭去了「文協」總幹事，由朱白水兄繼任。到了五十二年，我又在文友諸君子不棄之下，當選爲「文協」常務理事之一；次年，更被推舉擔任値年常務理事，由宋膺兄再度繼任總幹事。宋膺兄對於「文協」會務，自是「輕車熟路」，一切勝任愉快，使我這値年常務理事可以「事半功倍」。在五十三年「五四」之前，常務理事會又決定編印兩本書，一本是我協助穆中南二哥編寫的「作家、作品、工作」，用以介紹自由中國作家的盛大陣容和文藝工作者的努力成果，也是會員個人成就的資料之展示。一本是我個人執筆所寫的「十四年來的中國文藝協會」，這是一本大約二萬五千字的小冊子，將「文協」成立十四年來的努力與成就，加以綜合與簡要的介述，雖然不及「耕耘十年」那樣的詳細而充實，但作爲「文協」廣對各界贈發的宣傳品而言，倒可以收到「一目瞭然」之效。

我擔任了一年「文協」値年常務理事，又因爲本身工作繁忙而辭卸了這一重任；以後，仍繼續承蒙文友們的厚愛而當選常務理事。「開會必到，知無不言」，這是我自勉應該堅守的兩項原則；此外，凡是常務理事會或理事會分派給我的工作，也盡力而爲，絕不推諉。

五十四年，「文協」爲了紀念　國父百年誕辰，籌劃編印一部文藝創作集，由紀瀅先生主持其事，我和王藍、吳若、張明、宋膺等人參予襄助，並由我和宋膺兄協助有關徵稿及校閱工作。這部「煜煜巨著」，共分四大册，包括四大部門文藝創作：第一册爲「播種」——詩歌，第二册爲「耕耘」——散文，第三册爲「收穫」——小說，第四册爲「豐年」——戲劇。徵稿工作自五十四年八月開始，中間經過稿件的初閱、複閱、編排、付印、校對……等等繁複的手續，全部工作，到了五十五年「五四」才告完成。這一部鉅著，包含了作家一百七十五人的作品，字數約一百五十萬字。紀瀅先生爲了這項工作，付出了不少的時間和心力；我能夠參予這一偉大的「工程」，在深感光榮之外，也得到了很多寶貴的經驗，可說是受惠匪淺，獲益良多。

「文協」後來於五十七年又遷入台北市羅斯福路三段二七七號九樓的現址。而我恰好自五十七年十月起，受命主辦「中央月刊」，忙得不可開交，對「文協」來說，連「開會必到」的原則都幾乎難以堅守了，豈不汗顏！而最近若干年來，一般文藝社團，一方面得不到有關當局的積極支援與輔助，在經費和人力條件上，無法推展更多的工作；另一方面，由於社會結構和生活形態的變遷，大家也各自忙於自己的事業或創作，不可能再像以前那樣的，以更多的精神時間，投注於會務活動之中。每一社團的情況莫不大同小異，「文協」當然也難以例外；有些人認為「文協」近些年來，會務已陷於停頓狀態，未免責之過苛。

日居月諸，時序如流；轉眼之間，三十年了！三十年前的我個人是「文協」的「新兵」，如今已是「入伍」三十年的「老兵」了。回首往事，固然感慨不已，瞻望前路，尤覺希望無窮！當茲「文協」慶祝成立三十週年的前夕，謹以此文為「文協」賀，也為自己和所有文藝界的朋友們打氣加油。「老驥伏櫪，志在千里」，又何況乎我們這一代不老的老兵，在「文藝報國」的平生素願與奮鬥里程上，當然非要繼續努力，貫澈始終不可！今年是「自強年」，又是推行「文化建設」奠基札根的肇始；但願有關當局能夠將所有文藝社團與文藝工作，以具體有效的輔導，而納入「文化建設」的堂堂席列之中，實不勝馨香企禱之至！

六十九年「五四」前夕，台北市

何時得了詩文債

每天——包括星期和例假日在內，在工作十二小時以上的疲憊中，回到家裡來；和太太、孩子吃過晚飯之後，在生活意識上就像是有了一個新的開始。聊聊天，看看喜歡看的電視節目，然後洗個澡，「夜貓子」的精神就更上來了。獨自坐在我的小小的書房裡，在柔和的燈光下面，喝著新泡的茶，抽著早就要戒而始終戒不掉的香煙，攤開稿紙，拿起筆來，寫點什麼吧……？

然而，硬是什麼也寫不出來！

儘管有著非常非常強烈的「寫作衝動」，而且打好的「腹稿」也有了「成竹」，只要能夠靜心的寫下去，遲早總可以寫成一篇作品——不論長短他無計於好壞。然而，到了提筆去寫開頭的時候，心就馬上亂起來了！

想到了明天還有一長串的相當繁鉅的工作，頭馬上就「大」了！得打電話約稿催稿——不，有的朋友得寫信，甚至需要登門拜訪；得看稿，改稿，發排，設計版面和挿圖；還有彩色的封面、封面裡、封底、封底裡，以及篇幅不少的彩色挿頁；還有……。

於是，還是上床去睡覺吧！睡眠不足，對於這種繁鉅的工作是負荷不了的！但是，躺在床上，怎麼樣也無法入睡；而既不是清醒，也不是假寐，滿腦子都是鉛字和色彩……啊，我的天哪！

這就是我主編「中央月刊」一年來甘苦的「概況」。恕我不能把它寫的更生動或深刻一些，因爲此刻我在提筆寫這篇東西的同時，心亂而頭大，一如一年中的恒昔。有人曾說：作爲一個寫文章的「作家」（我何敢自稱「作家」？就算是一個「寫文章的人」吧），最好不要編雜誌；否則就會像一位盡責的奶媽，養好了別人的孩子，而餓瘦了自己的兒女。此話也不無道理。我主編「中央」這一年以來，雖然未見得「養好了別人的孩子」，但確已付出了不少精力、心血、和時間；而自己一篇東西也寫不出來，對於自己的「兒女」（作品）而言，任其「餓瘦」在那裡，則實在是心有不忍，且亦未甘！

不過，話又說回來！我之所以如此「不眠不休」的「公而忘私」，這不能不說是我對於這份工作還有相當的熱愛，尤其是經常得到朋友們的來信鼓勵，也不能不說是有點兒「精神作用」。話雖如此，一個人到了某種歲數，就會有他一定程度的「倦怠」；啊啊，「我們這一代」再不是有衝勁兒的年輕小伙子了！究竟這份兒「熱愛」能夠維持多久？這種「不眠不休」又可以撐到幾時？從心理到生理，都是很難說的。而且，日居月諸，時不我予；此時不「寫」（寫自己要寫的作品也），更待何時？

人生不會沒有任何苦惱的。我自信平常是一個頗爲樂天達觀的人，朋友們對我也都有相同的看法。然則，目前我是不是陷入苦惱之中了呢？有時連自己也難於作答。

在這一年之中，我曾想盡了辦法向朋友拉稿、催稿，甚至於「逼稿」；而當朋友們反過來向我要稿的時候，我就只得「裝聾作啞」了。按照「禮尚往來」這句老話來說，內心實在是感到過意不去，然而又有什麽辦法呢？

有人認爲寫新詩是一件不費力氣的事情，那樣三言五語，十行八行的，還不是比文章容易得多了嗎？

於是就有「朋友」非常「關心」的對我說：你沒有時間寫小說或劇本什麽的，寫幾首詩大概總沒有什麽問題，那也用不了多少時間吧！

對於這樣出於好心的督促，當然惟有心領；而說這話的朋友，自己根本就不提筆寫詩，那就難怪他會有這種「隔靴搔癢」之談了。

其實，我固然喜歡「新詩」，但也同樣喜歡「舊詩」。一般而言，似乎寫新詩是屬於年輕人所有的「特權」；年輕人多數富於幻想和「羅曼諦克」的色彩，那就是構成新詩最最重要的「成份」。人一過了哀樂中年，生活往往會由絢爛而趨於平淡；爲事業奔波忙碌之不暇，而再去「爲賦新詞強說愁」，那就會十之八九流入「忸怩作態」了。不管別人以爲如何？最低限度我自己是有如此的想法。

更加上一個人到了某種歲數，也常常會有他一定程度的「思古之幽情」；於是，我常想找機會多讀些「舊詩」，也想「不揣冒昧」的寫寫「舊詩」。

遠在抗戰期間，我服役軍中的時候，就曾經寫過不少舊詩，而且也曾經把它暫定名爲「戎馬詩草」，可惜這些詩稿，大部份都散失了，有的只有存留在自己腦子裡的一些斷章殘句；兩三年前，靠著努力的搜掘記憶，居然還「整理」出二三十首，而在近一年來又被迫停止這項工作了。看樣子，想印一本「舊詩」的詩集，也不是最近期間所能實現的夢想。

來台之後，也不是沒有寫過舊詩；不過那都是自己寫了給自己看的「誌感」之作，很少公諸同好，所以一般朋友們不但不知道我也在寫舊詩，而且我自己也不知道這些詩究竟能否「拿得出去」？何況獻醜不如藏拙，也是我平日信奉的處事原則之一。

「話說」在去年年歲暮春初之際，菲華詩人亞薇兄，榮任「菲律賓華僑反共總會」秘書長之職；他老兄一時興起，寫了「接任反總秘書長感賦」七律兩首，印發各方友好，有廣徵唱和之意。原詩如下：

「冬至炎荒月又圓，鄉愁夢繞鯉城邊。文章報國無時價，粉筆持家有夙緣；驚覺年華逾四十，漫談桃李及三千。紅潮泛濫烽煙急，悲憤填膺志益堅！」

「不羨豪奢不恥貧，廿年一介讀書人。敲窗急雨寧無意，出岫閑雲自有因；俗譽蜚馳心境老，青春逝世歲華新。從今莫作黃粱夢，十里洋場學笑顰。」

接詩之時，我雖然正在忙得頭暈眼花之中，但也由此而觸發了我的「感情」，立即「心血來潮」，步韻奉和兩首。詩曰：

「萬里遊吟夢未圓，籬邊繞盡又櫪邊。何時得了詩文債，此日空多翰墨緣；身外閑愁常八九，瓢中弱水亦三千。燈紅酒綠傷情處，漫道心如鐵石堅？」

「詩書滿室未為貧，草草生涯卻勞人。舊日元龍空有夢，他年靈犀了無因；湖山麥浪鄉思遠，風雨雞聲歲月新。醉後猶餘豪興在，且和雅韻一舒顰！」

這兩首詩寫成並且寄給亞薇兄之後，亞薇兄把它在馬尼拉「公理報」副刊上給刊登出來了，雖然未貽「效顰」之譏，但是也並不見得發生「舒顰」的效果。忙碌，忙碌，忙碌…，不但是「詩文債」仍未「得了」，而連這樣的舊詩，也沒有機會再寫或「和」上一首了。

在這一年有餘的歲月中，我向朋友們要稿，在刊登遲早與文句斟酌之間，的確欠了不少「債」；而朋友們向我要稿「未遂」，使我欠下的「債」更多更重。總之，這些都是未了的「詩文債」，究竟何時得了？連我自己也不得而知！

現在，在這裡拉拉雜雜而又嘮嘮叨叨的道了一些甘苦，沒別的，只希望愛護我的朋友們，能夠原諒我。而「三句話不離本行」，最後我還得說：「請您爲中央月刊寫稿！」

五十九年元月，臺北木柵

悼念文藝導師道藩先生

——且述生前二三事，更獻心底一寸誠

一

當道藩先生病逝三軍總醫院的噩耗傳來，朝野上下——尤其是文藝界，莫不爲大星的隕落而同聲悲悼。於我而言，更有著痛失導師的深切之哀感。

在我書桌上玻璃墊下面的許多照片之中，有一張道藩先生和我們夫婦倆的合影，那是在前年七月間文藝界爲道藩先生舉辦的七十華誕祝壽茶會上所拍攝的。那天，我的詩作「頌不老的文藝鬥士」（是由「文協」常務理事會推我執筆的，共七十行，以代表「文協」全體同人恭祝道藩先生七秩壽誕的獻禮），並在茶會中由「中廣」白茜如小姐朗誦，道藩先生聽了非常高興，我們合影之後，他還特別握著我的手說：

『謝謝你的詩，寫得好極了；我很感動，可是實在不敢當……』，然後又親切的在我的耳邊囑咐：『你以後還是要多寫詩，這個時代還是需要好的朗誦詩……』。

言猶在耳，此情此景亦恍如昨日；而今，竟成幽明之永隔！矚望著那張照片上道藩先生宛在的音容笑貌，不禁熱淚盈眶，默默爲道藩先生在天之靈的安息而虔誠祈禱。

二

慕道藩先生之名，遠在抗戰以前的學生時代；那時候我在北方讀書，看了由道藩先生編劇的影片「密電碼」，曾經給我以極大的啓示和鼓舞。我從小就是一個影劇「迷」，高中畢業後到南方旅行，我就趁機會去投考道藩先生所主持的「國立劇專」；後來雖然榜上有名，但爲了其他種種的原因，我還是回到北方去升學了。至今想起來，仍然以當年未能專攻戲劇而引爲莫大的遺憾。

抗戰前後，我曾在軍中服務十二年。勝利後調駐上海，又看到了道藩先生的「再相逢」，這部影片在上海「文化會堂」和其他幾家戲院上映，我曾經一連看了幾遍，深深的受了它故事情節的感動。那時候，道藩先生正在主持「中電」，我以一股年青人的衝動，很想自報奮勇去追隨他從事影劇工作，但終於因爲一時脫不下身上的「二尺半」而作罷。

三十八年撤退來臺，我奉令退役。由於以前在軍中我曾經作過政工，領導過劇團，大大小小也寫過不少的劇本，所以一閒下來，首先就想到再拾起筆來寫劇本。當時，我正住在南部的嘉義，在八年離亂中的家人骨肉，一旦團聚於異鄉，雖苦猶樂；而我就在那一段的苦樂日子裡，以十天的時間，寫成了「尾巴的悲哀」的劇本初稿。

「尾巴的悲哀」完成之後，我徬徨了。這個劇本寫的究竟如何？能不能用？夠不夠水準？……自己毫無自信。而在當時，我對於文化藝術界可以說是「兩眼烏黑」，毫無淵源，想向一個人請教而不可得。於是，經過幾天的沉吟思索，最後決定冒昧的去請教我久已欽慕嚮往的文藝前輩——道藩先生。

透過了臺灣新聞的協助，我雖然由於安排上的陰錯陽差而沒有見到道藩先生，但我的劇本原稿終於送到了他的手中；不久之後，那疊厚厚的原稿寄回來了。感謝道藩先生，他在百忙中，竟把我的劇本從頭到尾詳細的「批閱」了一遍，並且提示許多極爲寶貴而中肯的修改意見；對於一個陌生的後進，他居然肯付出那麼多的熱情和耐心，眞使我欽敬而又感激不已！更重要的，是我得到了像道藩先生這樣一位前輩的鼓勵和指教，使我產生了無比的信念和勇氣，要以最大的決心和毅力，改寫好這本「尾巴的悲哀」，並且從這部劇本出發，而向著文藝與戲劇的道路開始邁步前進！

三十九年三月間，「尾巴的悲哀」開始在新生報連載，道藩先生又曾爲我寫了一篇序言，大力推薦於千萬讀者之前。「尾」劇問世之後，不僅得到一般好評，並且在當時的自由中國各地，先後曾公演過不下數百場次。這一切，在在都堅定了我從事文藝創作與工作的信心；而這一切，也都是出於道藩先生盛情鼓勵之所賜。

三

之後，我因爲工作的關係而遷居臺北，三十九年的「五四」，「中國文藝協會」成立，我也應邀而開始向文藝陣營報到「入伍」。不久，道藩先生主持的「中華文藝獎金委員會」

也成立了；對於一個有志於文藝創作的「新人」而言，眞是值得興奮的佳訊。

我曾根據得自中華路豆漿攤上的「靈感」，嚐試寫了一首口語化的朗誦詩「豆漿車旁」；在那年八月，我冒昧的把這首詩投向了「文獎會」。九月中旬，「豆漿車旁」在新生報由「文協」所主編的「每週文藝」上刊載出來了；到了十月二十九日，「文獎會」發表了第一屆文藝獎金的得獎名單，我和我的「豆漿車旁」竟赫然題名榜上，而且是那一屆唯一得獎的詩作。當時我的欣喜若狂，至今也還找不到有什麼適當的詞句來加以形容！

那時候，「文協」剛成立了詩歌朗誦隊；四十九年元旦，在歡迎國軍克難英雄的晚會上，文協詩歌朗誦隊以「豆漿車旁」的朗誦，作爲一個主要節目，而且是由王藍和宋膺擔任主誦，精彩萬分。而在那幾天之中，我又由於克難英雄的啓示，而寫成了另一篇詩作「一封信」。

「一封信」完成之後，當然又是投到「文獎會」去。元月十二日，我突然接到了「一封」來自「文獎會」的「信」，拆開一看，竟是道藩先生親筆的「手書」。那上面寫著：

『今晨讀到大著「一封信」朗誦詩，非常欽佩，而且高興！多年來，我認為語體詩，尤其是可以朗誦的詩，應該有像大著這樣的作品。過去雖然也發表過許多首，但像您所作的「豆漿車旁」及「一封信」這樣可愛的實在太少了。我希望您能由這一方面多多寫作，自創一格，以後的成就一定更大！

此詩除發表外，將在臺灣廣播電台廣播，我的國語雖不夠標準，打算自己朗誦，希望不致損害大作也。』

這對我眞是意外的殊榮，興奮而又感動，不能自己，元月二十一日，「文協」在中山堂光復廳舉行第二次會員大會，我在簽到走入會場的時候，陳紀瀅先生特別走了過來，向我親切的問了幾句話，並且拉我過去見道藩先生；會後在聚餐席上，道藩先生叫我坐在他的旁邊，一面吃飯，一面對「一封信」的內容和朗誦方法詳加討論。使我簡直不能相信，爲我一向崇敬的「大人物」，竟是如此的熱情洋溢，如此的平易近人！

在那天的晚會上，道藩先生親自當衆朗誦了「一封信」感情豐富而眞摯，獲得了無數的彩聲。之後，我又接到了道藩先生的來信，說那晚朗誦得並不太好，希望我能夠去對他朗誦一次，以資「觀摩」。其實我覺得他朗誦得已經夠好了，而他還竟然這樣的虛懷若谷；而且我也並沒有朗誦的經驗，覺得獻醜不如藏拙，於是就回信給道藩先生，陳明了我的意思，而他也就沒有再催我去對他朗誦了。以後，他又在中山堂作學術講演時，再度當衆朗誦了一次「一封信」，更爲成功；曾經得到一位署名「永祥」的戰友來信，說：『幸經儘量抑制自己的心情，否則一定在您讀到悲傷的時候哭起來，因爲很像我們自己的遭遇一樣，實在是太感動人了。』這首詩，以後道藩先生又在臺灣廣播電台朗誦，並且製成錄音唱片，連續對大陸及自由地區播放多次。從這一件事來看，可見道藩先生對於文藝的推倡，眞是不遺餘力，而我之得益受惠，實在是太多了。

那年三月一日，是我們　總統蔣公復職視事的週年紀念；爲了慶祝這個偉大的日子，我特別寫了一首「新生日的歌頌」，寄到「文獎會」去，希望能在三月一日發表出來，以同申歡欣鼓舞的祝賀之忱。

二月二十五日，是一個星期天；那天下午，我正在家裡和兩個舊日的同學大談其戎馬往事，萬分也沒有想到，道藩先生竟然大駕光臨，親自找到我的「蝸居」來了。他說「新生日的歌頌」這首詩已經收到了，寫得很好，但有幾個地方他認爲應加勘酌修改，就可以更爲完美一些。同時，他也坐下來，喝著茶，和我們親切的閑話家常一番，然後匆匆辭去。這位「不速之客」，眞使得我的兩位同學都楞在那裡；直到道藩先生走了之後，他們才替我大呼「蓬蓽生輝」！

更沒有想到，二十七日的晚間，道藩先生又再度的光臨舍間，親自取走了「新生日的歌頌」的修正稿，並且約我第二天上午到臺灣廣播電台去，和他研究如何朗誦錄音。他走了之後，我便緊張起來，把這首詩翻來覆去的練習朗誦，並且在底稿上註滿了各式各樣的符號，一直到自己認爲差不多滿意了，才興奮而又疲倦的上床就眠。

次日上午十點半鐘，我準時到達新公園的臺灣電台樓下大播音室，道藩先生已經在那裡等著我了；而且錄音人員也準備好了鋼絲、紙帶、和唱盤各種錄音工具。道藩先生自己先試誦了一次，覺得不夠滿意，又讓我也試誦一遍給他聽；我只好拿出我的底稿來，根據我所作的符號，帶著緊張的心情朗誦一遍，成績也不太好。道藩先生看到我所作的符號，認爲頗有點道理，於是他又拿著我的底稿，參照著那些符號再朗誦一次，果然效果好多了；最後，他就那樣的正式朗誦錄音，成績特佳。錄音之後，他又留我去他的辦公室（那時他兼任中國廣播公司董事長）裡閑談一陣，從詩歌談到戲劇，從生活談到工作，也從過去談到了目前；談話中，他給予我莫大的勉勵和啓發，認爲我過去在軍中既有豐富的戰鬥體驗，而且也具有文學的根底和功力（慚愧！），所以要趁著年青的時候，多多從事創作，將來必有前途……。

感謝道藩先生，這珍貴的一席話，使我更加堅定的選擇了從事於文創作與工作的道路。而歲月如流，逝者如斯，十餘年來的鍥而不捨，至今兩鬢欲斑而愧無建樹。言念及此，內心恧然而又悚然；如不自策自勉以再接再勵，那就眞是愧對良師的期許了！

四

我在退役之後，本來已經得到了一份還算不壞的職業；可是熱心提掖後進的道藩先生認爲我應該更加積極的獻身於革命工作，不能以只求生活過得很好爲滿足。那時候，我因爲在退役以前曾受過「轉業訓練」，並且通過了「特考」和「高考」兩關，準備去作飄洋過海週遊世界的船員（現在我的同學們有的已經當上船長了）；沒想到，中央改造委員會卻要調我到第六組去服務，並承現任青年救國團秘書的程抱南兄大駕「三顧茅廬」，說是奉了道藩先生和六組主任唐乃建先生之命，要我非去「到職」不可。

面對這樣有關事業前途與工作的抉擇，我並沒有加以太多的考慮，就下定決心向中央第六組去報到了。原因我曾是一軍人，一則軍人習慣於對上級的服從，再則革命工作仍是出自軍旅的人所重視而嚮往的。至今十餘年來，我那些當了船長、輪機長、「大富」（副船長）、「二貴」（副輪機長）的同學們，早已事成業就，生活優裕；並且已經環遊世界八十「圈」，對海上生活早也厭倦了，而我還是依然故我，甚至尙未離開過國門一步。但是我仍認爲我的抉擇是不錯的，在工作的表現上，至今也可以說是無愧於道藩先生當年的拔擢與推介。

我在中央第六組服務半年之後，當局鑑於工作上的配合需要，決定和中國廣播公司合作，成立一個「大陸廣播組」，以加強「自由中國之聲」對大陸廣播的節目。「無巧不成書」，唐乃建先生竟在衆多的工作同仁之中，指派我去擔任第一任的組長。那是四十年八月間的事。

當了組長，那可眞是艱苦備嚐！隨著我去「建組」的同志僅有八人，人少、錢少、稿子多、工作重、而廣播的時間又長；不分星期例假，每天工作十餘小時。而唯一使我感到安慰和愉快的，就是經常可以就近接觸到身兼「中廣」董事長的道藩先生，隨時可以得到他的訓勉和教益；而那時的「文協」會址，就在「中廣」樓下一個汽車間改成的房子裡（我們都曾戲稱它爲「冰箱」），又可以經常和文藝界的朋友們見見面，大家彼此抽出時間來吃吃茶、聊聊天。在工作的辛苦疲勞之餘，這便是我所感到最大的快樂和收獲。

那時候，「中廣」雖然也有廣播劇的節目，但所播的都只是些獨幕劇。有一天，我忽然「心血來潮」，覺得廣播劇實在應有它所具備的特性，既不受時空條件的限制，又可以充分發揮聲音的效果，而使聽衆滿足聽覺上的有著一種「變化多端」的需求。我把我這個意見報告了道藩先生，他認爲很對，叫我不妨嚐試一下；節目部主任邱楠先生也贊成我的意見。於是，我就抽出幾個夜晚的睡眠時間，寫成了一本「如此優撫」，後經連續播出，效果甚佳；「中廣」公司從道藩先生以下，到每位參予演播工作的同仁，都譽爲這是中國的「第一部廣播劇本」。之後，「中廣」約請許多劇作家來寫廣播劇本，都曾特別把「如此優撫」的錄音帶拿來播放，以供大家參考。

四十年九月，陳紀瀅先生所主持的重光文藝出版社，爲我出版了第一部詩集「生命的火花」，承蒙道藩先生賜以極盡獎譽的序言，而紀瀅先生也寫了一篇極其精彩的跋語，眞是使我既感且愧。此後數年，我又出版了一本「在青天白日旗幟下」，和穆中南兄的文壇社爲我出版了一本「偉大的舵手」，在這兩本詩集中的作品，差不多都經過道藩先生的潤飾改正；他曾爲了和我討論詩中字句的勘酌損益，經常有手書頒寄。如今，這些出於道藩先生的手澤，都將是使我永生珍視的紀念品了。

我先後在「大陸廣播組」工作將近一年（後來就改爲規模龐大的「大陸廣播部」了），以後「改造」結束，中央委員會繼而成立，我又隨著唐乃建先生奉調另一單位服務，這才離開了「中廣」和我那個曾經爲之不眠不休的崗位；而那時候，道藩先生也已經當選了立法院院長。此後十餘年中，我追隨「文協」理事會與常務理事會諸公之後，經常也得以和道藩先生謀面和請益，但在「中廣」那段時期的一切情景，仍是最值得回憶和懷念的。

五

最後和道藩先生相聚，是在今年元月三十一日，也就是農曆的正月初二。「文協」常務理事會在道藩先生的府上，藉著春節團拜的機會舉行一次臨時會議；參加者有陳紀瀅、何志浩、梁又銘、趙友培、王藍、穆中南、吳若、王集叢、宋膺諸先生和我。

在那次充滿著歡愉氣氛的座談式的會議中，道藩先生曾以興奮而堅定的語氣，主張把「文協」的會所遷到新建的「羅斯福大廈」之內，而且把他所主持的「中興文藝圖書館」，也遷入同一地點，以便於互相照顧。

『這是我唯一的心願！』道藩先生說：『我一定要留下一些什麼來給文藝界的朋友們！』

我們看著道藩先生那日見清癯的面容，聽著他那種爲文藝「鞠躬盡瘁、死而後已」的衷誠的流露，不禁肅然而又黯然！可是誰能想像得到，他老人家的心願未了，突然竟因爲不慎摔了一跤而住院，而在昏迷中與病魔死神掙扎搏鬥達兩個月之久，終於撒手西去，被上帝召返天國了。道藩先生的遺志，也正是文藝界朋友們多年來共同努力的一個目標；我們一定要以全力促其達成，以告慰於道藩先生的在天之靈！

走筆至此，手腕酸痛而淚眼模糊，我再也寫不下去了……，六月十五日在立法院所開道藩先生的治喪委員會上，我曾經構思爲這位文藝鬥士和一代導師寫一副輓聯，日前總算以每聯各七十二字而寫成了；現在特抄錄於後，以結束本文，而表我的悼念於無窮——

「曾舉多彩多姿之巨筆，寫詩、繪畫、編劇、譜歌；且以先知之大智，與先驅之大勇，揮汗灑血而從事藝術之拓荒。七十二年的悲歡歲月，逝者如斯；歸來啊！您百戰鬥士的英靈不泯，人格不朽。」

「長留有光有熱的清操，革命、創造、耕耘、播種；並為後學的良傅，和後進的良模，鞠躬盡瘁於開展文運的領導。半世紀來之高哲風範，浩然常存；安息吧！我一代宗師之典型永在，精神永生！」

五十七年六月十八日深夜，木柵

瓶恆存在葵恆傾

——悼念逝世週年的詩人覃子豪兄

詩人覃子豪兄，於去（五十二）年十月十日凌晨逝世；他的死，可以說是中國詩壇一顆巨星的殞落，令人惋惜，使人悲悼！

子豪兄仙逝前後，正是我本身工作最爲忙碌的一段時期。因而在他患病住院的時候，沒能夠常去看望；而當他死後，也竟未能執筆寫成一篇悼念他的文字；僅僅親自撰寫了一付輓聯，以表示我的哀悼與追思之忱於萬一。聯曰：

藍夜悲呢喃，廊自空靈星自殞；

碧海傷詠嘆，瓶恆存在葵恆傾。

當然，讀過子豪兄詩作的朋友們，都會知道這是引用了他的許多作品名稱而成的；但其中所含有的意義以及所要表達的情感，誠如應未遲兄當時向我說的：有此二十四字，也就可以不必再寫一般性的紀念文章了。

記得去年十月十五日，文藝界的朋友們集聚在子豪兄的靈堂裡面，當我凝神垂淚而聽著紀弦兄朗誦祭文的時候，有人（記得好像是鄭愁予）過來招呼我去接電話。那個來自我的服務單位的緊急電話，使我未能躬自參加子豪兄的「永別」儀式；也使我在其後繼續的長期忙碌之中，又未能爲他的「身後事」多盡棉力。到現在想起來，還覺得有些愧對「老友」的在天之靈。

我和子豪兄的相識，是在民國四十年九月二十三日。根據我日記（我是有寫日記的習慣的），那天下午二時，由紀弦兄邀集一些在臺北的寫詩的朋友們，假座新公園茶室（即今之「奕園」）舉行座談會，討論籌組「詩聯隊」和出版「聯隊詩叢」等問題；在那個集會中，子豪兄也就是由紀弦兄介紹和初識的。從初識而締交，以至子豪兄的逝世，我們之間的作爲「詩友」，先後也有十二年的歷史；自然，比起紀弦和鍾鼎文兩兄之於子豪兄的交情，我也許還不太夠資格稱爲「老友」；但是，想想看，人生能有幾個十二年呢？

「詩聯隊」以後雖然沒有能夠組成，但卻從而誕生了自立晚報的「新詩週刊」，在致力於新詩運動的里程上，這是臺北詩友們第一步的聯合和團結的表現。之後，子豪兄又先後主編青年戰士報的「詩葉」，和公論報的「藍星詩週刊」，最後並創辦了「藍星詩社」；而紀弦兄那時也已創辦了「現代詩社」。正如紀弦兄所說的，他們那時候『出版詩集詩刊，提攜後進，獎勵青年；還打過好幾回的筆墨官司，展開「現代主義論戰」，我們兩個人惱了，互有誤會，然後又言歸於好，盡釋前嫌……』。

寫詩的朋友都是天眞的，連子豪和紀弦這兩位從少年就已訂交的老朋友，在年逾不惑之後，還像兩個大孩子似的，就那麼時「惱」時「好」，累得一般詩友們都常常替他們做和事佬，設法使他們互消誤會，儘量的不計所謂「前嫌」。

爲了謀求詩壇的眞正的進一步的團結，我曾經和致力新詩墾耘的老大哥左曙萍先生（筆名關外柳），數度交換意見；又和上官予（那時他也是我工作上的助手）兩個人僕僕奔走，數度和子豪與紀弦以及其他詩友們交換意見，大家都一致的確定了詩壇今後必須團結的方向原則。於是，在四十五年十二月二日，由關外柳兄出名，約請了子豪、紀弦、彭邦楨、方思、上官予和我，在八德路左宅吃午飯，飯後並舉行座談會，決定聯合大家的力量，成立一個「今日新詩社」，出版「今日新詩」月刊。「今日新詩」於四十六年元旦創刊，除由關外柳擔任社長外，其編輯委員有十五位之多；在精神上，「今日新詩」已負起以前「詩聯隊」所沒有達成的理想，同時也爲以後「詩聯」的組成，奠定了一個強固的基礎。

四十六年詩人節之前，經過我和子豪、紀弦、上官予、宋膺、葉泥，以及當時擔任「文協」總幹事的穆中南兄的幾度集議策劃，並在各方面的配合支持之下，使「中國詩人聯誼會」（簡稱「詩聯」）在四十六年六月二日輝煌的誕生，六月五日正式成立。當時在詩人節大會中，由我擔任主席團的總主席，由子豪兄代表主席團主持「如何加強新詩人的團結問題」的專題詩論，而其結論就是組成「詩聯」的實際行動；從那時候起，中國新詩壇是眞的團結起來了！

「詩聯」成立後的幾年中，大家常常有集會活動，表現得和樂融融。特別是四十九年的詩人節前夕，爲了籌備大會，發會員證、通訊錄，以及編輯「十年詩選」等工作，我和子豪、紀弦、余光中、夏菁、彭邦楨、上官予、宋膺、蓉子等人，都在「文協」樓上埋頭忙碌著；從寫鋼板，而油印，塡寫會員證，蓋圖章和打鋼印，寫信封，到一切的編校工作，都是我們幾個人自己動手；一面忙著一面歡談笑語的情景，歷歷如在目前。而今，子豪兄已撒手西去，近些年來「詩聯」的會務活動，也由於大家的本身工作較以前更忙而漸趨沉寂，說起來眞令人不禁興起今昔之感！

子豪兄平日似甚沈默嚴肅，但在一些寫詩的「老友」們面前，有時候則頗爲活潑而風趣。在詩人的集會中，大家常常慫恿他唱四川戲，而他也常常以他的那一句「烏鴉不住的叫——呀——」，博得了滿座的彩聲和鬨笑；現在，這一句已成「絕唱」，我們再也聽不到了……

五十一年三月二十七日，「菲律賓文藝訪問團」來華訪問；次日早晨，「詩聯」的朋友們就作東請他（她）們在「掬水軒」吃早餐，以表示歡迎。從那時候開始，到以後在陪同訪問團活動的節目日程中，許多朋友們都以半玩笑半認眞的態度，爲猶是「單身漢」的子豪兄和菲方的女詩人穆瑞諾小姐（Virginia Moreno）「起鬨」；對於這些屬於「好心」的動機，子豪兄始終是笑而不語，也不起勁，也不惱火，也不表示任何意見。那年暑假，子豪應聘赴菲講學，八月間返國，我們在小狀元樓請他吃飯，有人問到了「穆小姐」如何？他只幽默的笑著說：對於那位女詩人，最好只是欣賞她的內在美，或者是作爲文字之交而已。說實在的，朋友們一直都在關心子豪的「對象」問題；但直到他逝世之前，大家只是聽到了可能的「喜訊」，而以終於未喝到他的喜酒為一大憾事。

在一些詩友之中，我和子豪兄的職業比較是屬於「公務員」性質，而且都是經常的出差外埠；除了文藝性的集會以外，我們彼此難得聚首聊天。十二年的交往期間，我們也曾經以不少的信件互相聯繫或者交換意見；可惜的是，我原住永和，後遷木柵，先後經過幾幾次颱風洪水，把我所存的文件資料，一次又一次的淹毀，其損失簡直可以說是無法估計。如今，能夠在舊稿或書刊裡面找到所夾藏的子豪遺札，已經為數不多了。

四十五年三月間，我所編寫的第一部電影劇本「碧海同舟」，由中影公司攝製完成，在台北上映；子豪兄看過以後，曾於四月二日寫信給我。他說：『「碧海同舟」編劇，結構嚴謹，極富變化之妙，對白亦富風趣。兄對此頗有修養，大可在影劇方面，力謀發展！」在給我以如此的鼓勵之後，他又寫著：「弟頗愛戲劇與電影」屢欲寫劇本，然力有不逮，至今未動筆，弟之材料甚多，如能稍為空閒，亦擬一試……』。

每個從事文藝寫作人，往往其興趣是多方面，子豪兄和許多朋友一樣，也並不例外。而至今檢討起來，我雖然曾經由於寫作興趣頗為廣泛，也曾在多方面「力謀發展」過，但失之不「專」，在興趣消逝以後，難有成就之可言。子豪兄愛好影劇，很少向人有所表示，而且也始終未能動筆一試，這雖是一件值得可惜的事，但他由於專心致力於詩的鑽研，其已有的成就之豐碩，以及他所播散的詩的「火種」，將是永恆熾熱輝煌而不熄的！

本年十月十日的前夕，是子豪兄逝世的週年紀念日。回憶十二年來有如「君子之交」的友情，眞不禁慨嘆於人生若夢，而又悲感乎故友凋零！

回憶四十一年的詩人節，我曾在大會中朗誦子豪的作品「悼歌」（載自立晚報「新詩週刊」）；而如今我也唯有以無聲的悼歌，虔祝他在天國的英靈安息！

回憶我也曾在詩友的集會中，兩次朗誦過他所推介的菲律賓革命詩人 Jase Rizal 的「我的訣別」；而他對中國詩壇的訣別，卻使朋友們以無盡的懷念，爲之同招詩魂的歸來！

藍夜悲呢喃，
廊自空靈星自殞；
碧海傷詠嘆，
瓶恆存在葵恆傾……

子豪兄，你安息吧！瓶恆存在於畫廊，你恆不殞於詩壇；你是詩的向日葵，而無數詩的向日葵也永恆的傾嚮著你！

五十三年九月二十三日，台北市

穆二哥・文壇・與我

一

在文壇上以飲酒具有「海量」著名的穆二哥，因為身體的關係，已經很久不和朋友們舉盃了；「五四」那天晚間，我們在藝術館結束了「文協」年會的工作，跟大會職員們在博愛路一家飯館裡聚餐，難得我們穆二哥破例開禁，哥兒倆喝得有點兒暈暈忽忽的。他問我：

「鍾雷，你怎麼好久都不給「文壇」寫稿了？」

「工作太忙了，二哥！」我說：「不但是「文壇」，別家的刊物我在最近都沒有寫過稿呀！」

「這不怎麼好。」他很認眞的指責我：「你不能說工作太忙的「時節」，連文藝作品的「時節」都少寫了！」

二哥平常說話是有一些零碎的「口頭語」的；例如「時節」和「這個時節」等等，都常常會變成他所慣用的語助詞。

「下期是「文壇」的十週年紀念特大號，你「這個時節」得寫一篇稿子來！」他向我發出命令式的語氣。

「好，遵命辦理！」我只好硬著頭皮答應下來了。

分手後，在回木柵郊居的途中，天下著微雨，長長的馬路在靜靜的街燈輝照下，有如一條蜿蜒發光的小河；「的士」載我飛馳，也好像一艘輕快的歸帆。「這個時節」我的酒意猶濃，但咀嚼著十年來的世事與人事，不禁感慨萬端；十年的文壇交遊，十年的創作墾拓，我和穆二哥我們這一代的人們，都從年青小伙子逐漸邁入哀樂中年，兩鬢的幾莖白髮固然說明了歲月的無情，而時代的考驗卻使我們愈益堅強挺立，從來不曾顧念到犧牲些什麼而收穫的又是如何！

然而，無論就那一方面來說，穆二哥該是屬於代表苦幹而成功的人物；他的犧牲太多，但他的收穫也將是無法估價的。

在文藝界的朋友們中間，十年以來，對於文藝創作與出版的推倡，對於新作家的培育與發掘，穆二哥所主持的「文壇」月刊、「文壇」季刊、「文壇」出版社、以及「文壇」函授學校，眞可以說是抱定了鍥而不捨的精神意志，以全部心血智慧投資下去，並且結合了生活與事業而慘惔經營，埋頭苦幹。如今，函授方面已經是桃李滿天下，而且人材輩出，成績輝煌；出版方面，不僅文藝叢書已形成了軍民精神食糧的供應中心，而每月一本厚厚的「文壇」，其內容的充實與印刷的精美，尤其能夠代表了穆二哥的魄力和毅力之偉大！

十年的歲月，猶如車窗外迷濛的燈火，迅速而又珊闌的退了下去；回到家裡以後，深夜不寐，乃執起筆來，從已逝的往事軌跡中，檢拾一些關於穆二哥、「文壇」、與我之間的回憶片段，以紀念「文壇」創刊十週年。

二

我之「初遇」穆二哥，應該是從三十八年度夏季算起。那時我剛從上海來到臺灣，住在嘉義，有一次到臺中去，跟幾個朋友在臺中公園裡面新開的「椰園」吃過晚餐；後來聽穆二哥說，那家「椰園」就是他經營的，可惜那個「時節」沒人介紹，所以跟「穆老闆」竟是失之交臂，想起來未免遺憾。

之後，到臺北來，常常聽到文藝界有「酒仙穆穆」（恕我無禮，我記得還有人是稱「酒鬼穆穆」的）的盛名，由於我自己也頗嗜杯中之物，因而心儀其人甚久；後來——記不得是那一天了，得王藍老弟的介紹，開始認識了二哥，才知穆穆就是穆中南。我們都是屬於北方大漢的體型，而二哥尤其「棒」和「帥」；當然，我們都喜愛文藝，愛酒，說起來又是先後同學，所以很快的就稔熟了。沒多久，彼此都以「二哥」互相稱呼起來，一直到了他擔任「文協」總幹事的「時節」，許多比他稍爲年輕一點的老弟們，都常常跟著我叫他「二哥」，他才算是默受了這個稱號；不過，直到現在，大部份稱謂上的「專利」，仍舊是屬於我和王藍，以及許希哲等數人而已。

「文壇」在四十一年五月開始創刊問世，我記得當時是由穆穆、王藍、和劉枋三個人共同主辦的。在籌辦期間，二哥和王藍都曾向我要過稿子，在那個「時節」，我常利用極爲忙碌的公餘時間寫詩，於是就以一首僅有二十行的小詩，送到「文壇」獻醜。十年以來，承蒙二哥「不遺菲蕪」，常常催我爲「文壇」寫稿；但是我既知道二哥選稿態度嚴肅，而我自己也有點求好心切，所以如果沒有特別滿意的稿件，實在不願意拿出來。在創刊號以後，直到四十三年四月，我才另有一首二百三十多行的長詩「哀印度」，在「文壇」二卷七、八兩期連續發表。在這之後，我個人也逐漸轉移了寫作的興趣與方向，不再有詩作在「文壇」發表，但到了四十四年十月，我的第二本詩集「偉大的舵手」，卻由「文壇社」出版，而列爲「文壇社新詩選集」之一。

在「偉大的舵手」付印的同時，二哥也正在策劃印行一套文藝叢書；我曾經向二哥建議，「文壇」似乎需要一個有代表性的標幟，印在書的版權頁上，一方面顯示「文壇」的精神，同時也作爲一種固定的mark。二哥當時不但接受了我的建議，並且竟把這個任務交給我來設計執行；結果，我這個外行的設計，居然經過熬夜的構思與構圖而畫出來一個圖案，而我們的二哥也居然認爲不錯而加以採用了。直到本年五月出刊的「文壇」第二十三期，在封裡廣告的左上角，還有那個圓形的小mark在凝立著。對於這點小小的貢獻，我感到相當的光榮；在「文壇」紀念十週年的今天，我認爲不妨提出來「自我誇耀」一番。

「偉大的舵手」於四十五年十月曾經再版發行，先後印了五千册，銷路還算不壞；四十五年間青年救國團所舉辦的全國青年喜讀書籍的選舉，「偉大的舵手」和我的另一本詩集「生命的火花」，在十部選出的詩集中，佔了其中之二。如今，我已逐漸從詩的行列中退伍，但這對於我，也許還算是一段値得紀念的奮鬥紀錄吧！

三

當我創作電影劇本興趣正濃的時候，二哥看了我的第一部作品「碧海同舟」之後，曾經對我大加鼓勵；他和陳紀瀅先生以及王藍弟，曾寫有文章鼓舞我向著這方面來發展。因此，四十六年「文壇」出刊五週年的特大號上，二哥特別以大量的篇幅，登載出來我的一部習作劇本「天涯比鄰」；這個劇本以後雖然幾度要拍而未拍得成功，但它已曾經得到過它所可能得到的重視。在那一期的「編後」裡面，二哥也特別的爲我打氣；他寫著：

「這期以大篇幅一次刊完鍾雷的電影劇本「天涯比鄰」，第一、它是上乘之作，第二、電影在今天是發達的事業，但它是文藝形式之一，我們應當重視它，當電影劇本缺乏的今天，這是給有志於此道的朋友，在寫作方法上有以示範。鍾雷，他默默的勤奮的爲文壇工作著，他對朗誦詩，對廣播劇，對電影劇本都有著最大的貢獻。」

二哥對我如此的鼓勵，接著又結合了他對我的工作要求；「文壇」函校成立，他聘我擔任「教授」，所「開」的一門「課」，竟是「電影劇本創作方法」。這可眞叫我抓了瞎，因爲我一貫只搞創作而不摸理論，如果讓我奢談理論和方法，在我可能是事倍而功半的；但我仍忠於這項工作的要求，萬分愼重的寫了一份講義。記得有關若干技術方面的問題，因爲在講義裡面言有未盡的拖了一條尾巴，還替二哥和我自己惹了一些麻煩；由於同學們的一再追詢，後來又寫了一篇「電影常用術語」，作爲補充教材，在「文壇」月刊五卷四期發表，才算了卻一段文債。

四十七年間，「文壇」季刊開始挾著大有份量的聲威問世，因爲我當時曾經在其他報刊上發表過幾篇小說，可能二哥看著不錯，所以指定要我爲「文壇」也寫篇小說。沒辦法，開了通宵的夜車，寫一篇一萬字的短篇「追緝者」，後來於四十七年六月在季刊的第二期發表了；二哥又在「編後」裡爲我加油，他說：

「鍾雷在電影劇本上已有了相當的成就，沒想到小說也寫得如此出色，這種氣魄，實在不可多得。」

以後，「追緝者」又被輯印在函校專刊的「青藍集」中了，同年我的小說集「榴火紅」出版，「追緝者」也收集在內；許多朋友都指出這篇東西最能代表「鍾雷的風格」，而張雪茵大姐更主張「榴火紅」如果再版，應該以「追緝者」爲其集名。

另外我還在「文壇」季刊第五期（小說專輯特大號，四十八年十月出版），又發表了一篇一萬五千字的小說「海糧」；這篇小說我寫作的態度很鄭重，但成績不太夠理想。坦率的自我批評，這原來是一部電影劇本的題材，因而不應該以第一人稱來處理，因爲這樣一來，別的「角色」全部沒有「戲」了；以後有機會，我希望能改寫或改編一次。這種是題外的話，但也可藉此而提醒自己。

此外，先後曾應二哥的邀囑，寫過幾篇雜文：其一、「戰鬥文藝的登陸戰」，是爲響應總統「戰鬥文藝」號召而寫的，載於四十四年五月的「文壇」三卷八期，以後被收印在「戰鬥文藝與自由文藝」的論集中。其二、「站在筆隊伍的行列裡向你們敬禮」，是爲支援前線獻給保衛金馬和光復大陸的將士們寫的，印在四十七年十月（八二三金門砲戰後）出版的「我們戰鬥在一起」的專輯裡面；穆二哥爲支援金馬前線而出版這本專集，其魄力和熱忱在當時眞是無可比擬。其三、「文藝入伍十年」，是爲紀念中國文藝協會成立十週年而寫的，印在四十九年五月所出版的「十年」一書裡面；這也是二哥不計報酬而且不怕賠錢的熱心表現。其四、「武俠小說民意測驗」，是爲探討有關武俠小說的影響而寫的，大概是去年所寫的東西，手頭沒有這本「文壇」，也不必來加以查考了。

誠如穆二哥所指責於我的，很久的期間沒有爲「文壇」寫稿了，而且，也可以說是很久都沒有作品向廣義的文壇交卷了；我要藉此機會聲明的（向二哥，也向其他關心我的朋友們），我並不是偷懶，尤其不甘自承是所謂「江郎才盡」，只是一個字——「忙」！在忙碌中忍受著創作衝動的煎沸與磨折，是一個文藝工作者最最痛苦的遭遇！願上帝賜福給我，賜我以合理的忙碌與合理的閑暇吧！

四

寫到這裡，夜已深，擱下筆來，翻閱一下前面拉雜所寫的文字，不禁瞿然而警惕，慚恧而汗下。

十年來，我在「文壇」發表的東西雖然爲數很少，但卻差不多刻劃出了我的創作歷程的輪廓（除此之外，我還曾寫過舞台劇本、廣播劇本，以及散文）。如果藉著「文壇」十年的機會，也來檢查一下我的創作十年，在過去的一段里程中，我可能犯了一種錯誤，那就是泛而不專，博而不精；文藝的各部門和各種形式，有時固然是相通的或者相關的，但假如十八般武藝件件稀鬆的話，其最後的成就必然是缺乏深度與廣度的。

穆二哥是一個求「專」求「精」的人，用不著我來捧他，他的抱負，他的工作態度，乃至於他十年來的成就，許許多多的人都可以「有目共睹」，比我看得更清楚。他在「十年」一書「出版的話」裡曾說：

『我爲了辦「文壇」，我向來不敢走捷徑，不敢吹噓，只是「辦下去」、「往好裡辦下去」、「不停止的盡力的往好裡辦下去」。以時間與空間爲文友們服務，我不知道這是不是好辦事員，然而讓我改變是不可能了。』

「不停止的盡力的往好裡辦下去」，穆二哥做到了；「以時間與空間爲文友們服務」，穆二哥也做到了。如果我們的政府有這類的文藝獎金，應該發給穆中南！然而穆二哥從不去爭取任何的「獎」；當然，即使以他的創作成績而言，他也不是沒有得獎的資格和條件，但是他從沒有想到去「申請」。有人說，我們這一代，是夾在教育部文藝獎金和「文協」文藝獎章中間的一代，對前者不夠老，對後者則又不夠年青，於是，我們乃在「超越射擊」的「彈道」下面服務著。穆二哥就是其中的一個，但他卻永遠笑呵呵地，不辭勞瘁，從這個

「時節」幹到那個「時節」。我學不了他，也追不上他，猶如我的酒量無法和他比擬是一樣。

二哥的得意傑作「三十五歲的女人」正在再版發行，我和二哥我們這一代的綜合年齡，應該以「四十五歲的男人」來作爲標榜，四十五歲的男人，不是自吹自擂的話，可以說是「日正當中」，如果從「這個時節」起飛，相信仍然有著「長期發展」的航程。穆二哥和他的「文壇」又有新的十年計劃發佈（見「文壇」第二十三期編後），當此第一個十年計劃完成而値得紀念的今天，我謹以此文並以衷心表示祝福與敬意，同時更自勉自勵，振作起來，和我們的二哥握手併肩而前進！

五十一年五月，木柵

大道·天險·軍魂

──兩遊東西橫貫公路合記

東西橫貫公路於四十五年七月開工興築，預定三年完成；在此一自由中國偉大工程行將竣工之前，我於四十八年三月間得隨文藝界友人前往東段（合流工程處轄區內）觀光，實感愉快而榮幸。

我們此行，是經蘇花公路前往東部的。臺北花蓮之間，我曾乘飛機來往過，當時在機窗內極目俯瞰，對以驚險聞名的蘇花道頗多嚮往；此次得以「履行」這樣「海濱大道」，首先就引起了我莫大的興趣。

凡是經過蘇花公路的人，都知道它是一邊倚靠著千尋的高山，而另一邊則瀕臨著浩瀚的太平洋；車行道上，極盡其曲折盤旋與「山窮水盡」而又「柳暗花明」之情緻。這次從蘇澳到花蓮，如與一般旅客比較起來，我們幸運而有足夠的欣賞與體驗的機會；在三部專車中，我和伏嘉謨、朱介凡、宋膺、魏子雲、張大夏、王鼎鈞諸兄，七人共乘一部 Land Rover，它因爲剛剛運送過張大千，郎靜山諸先生往返，疲勞尙未恢復，在過烏石鼻橋不遠處，大家就先一齊動手爲它換過一次後輪胎；快要到達南澳之前，又因爲前輪胎洩氣而抛錨了，於是我們七人乃有了在蘇花道上安步當車的機緣。代表公路局為我們作導遊者的伏嘉謨兄，是一位勤於吟哦而到處擷拾素材的詩人，他在年前率領公路宣傳列車道經蘇花公路時，曾有兩句極為精彩的神來之筆，用以形容蘇花道上風光：

『載馳巖徑人懸壁，

倒挽銀河海作天！』

許多人曾對他的意境創造，同聲喝過大彩；而此情此景，我們在步行前進時，更可細細咀嚼一番。

從南澳到太魯閣，我們七人改乘一五－九〇四二的公路局班車，其他十四位男女文友，穩坐在兩部 Station Wagon 上，也許在笑我們運氣不佳；其實這種生活體驗的機會，我們才眞有了享受的運氣，坐在左舷的人，彷彿凌空在太平洋面上飛，眞夠味兒！

然而，這種「夠味兒」的滿足，在次日進入橫貫公路東段時，完全打破，而被一種新的刺激與新的興味所代替；蘇花公路若與橫貫公路相比較，簡直是小巫見大巫，前者倘是「鬼斧」，後者定可稱為「神工」！

從太魯閣隘口進入開始，一直到正在施工的洛韶，在東段已築成的四十多公里中，我們一行二十人，以不能饜足的心情，留戀而又貪婪的欣賞著，欣賞這人力征服大自然山川的偉大功績；在這裏，數以千計的勞民們，以他們過去殺敵保國的餘威，胼手胝足，流血洒汗，再向大山與深谷宣戰，而終於一斧一鑿的從天險中開出了大道，再次的得到為國建設的勝利，發揚了奮鬥犧牲的革命軍魂！

入太魯閣，首先到「長春祠」去瞻仰一番；這座建築在飛瀑絕壁上的廟宇裏，供奉著爲開闢東段而壯烈殉難的八十七位英雄，其中包括了嶄珩工程師和榮民志士們。陪同著我們參觀的合流工程處胡處長，是一位文武兼資的工程專家，他在這廟祠內寫了一付對聯：

『為國宣勞，大啟山林彰偉績，

以死勤事，永隆廟祀在長春。』

進入太魯閣後，一路風光特異，用「如畫」等等傖俗詞彙簡直無法形容於萬一。作爲一群從事文藝寫作的人，面對著壯麗的山川景色，偉大無比的築路工程，以及榮民們堅苦奮鬥的精神，有血有汗的開路先鋒的事蹟；這素材用不著拚湊，靈感也無須乎捕捉，天然的一個動人而又感人的故事擺在我們面前，只待我們如何去搜集題材，準備創作了。

一行中爲寫小說的朋友們甚多，陳紀瀅先生、林海音大姐、王藍、穆穆、魏子雲諸兄，都是此中健者；我看他們都在到處留心，作「打腹稿」的計劃。其餘如散文家王琰、張明、劉世綸、朱介凡、王鼎鈞，劇作家叢林，莫不在多問多聞中搜集資料；攝影家宋膺、周志剛，和木刻家朱嘯秋，腿長腳快，四處奔走獵取「開麥拉」鏡頭；文藝理論家李辰冬博士、王集叢與程其恆諸兄，也心唯手記，忙碌異常；國劇作家張大夏兄臨時改行與「公路詩人」伏嘉謨兄此唱彼和，大飽詩篋；並且也使我在被逼交卷的情形下，不得不「步韵」一番，先後「和」成了態度甚爲嚴肅，而技巧則頗近「打油」的七律三首，以表示對於「大道．天險•軍魂」的歌頌。詩曰：

「鴻濛天險起層嵬，鬱鬱山林斧鑿開；太魯新排翡翠嶂，古楊直入白雲隈。三年胼胝通捷路，萬里輪輿走奔雷；接勵軍魂與大業，謳歌我應頌賢才！」

「山勢西來水東流，艱難闢創幾經秋；強開雲路繞峰頸，又架虹橋過嶺頭。碧血長春凝柱石，丹霞愛晚燦林邱；蜿蜒遙指全功處，待向合歡啞口收！」

「雲迴霧繞路橫空，一線天開萬嶺中；不讓靈巖誇鬼斧，應憑鐵腕勝神工。黃沙百戰餘威在，翠練千盤大道通；洛詔山前翹望久，如虹壯甚欲乘風！」

從太魯閣到深水溫泉，一共過了三十五個隧道，每一條隧道都使人想到榮民們開鑿的艱辛；尤其是「燕子口」與「九曲洞」，其氣勢之雄渾，工程的偉鉅，除令人嘆爲觀止之外，別無更好的詞句來加以形容。但，我們最後所看到的一條洛韶隧道，卻更深更長，達二二七公尺之多，而它也是我們的榮民兄弟，用曾經拿過槍桿的手所開鑿出來的！

從太魯閣與深水溫泉之間，公路是在山腰裏硬挖出來的，一邊是萬仞削崖，一邊又是千丈深谷，逶迤蜿蜒，峰迴路轉，忽焉在左，而又忽焉在右，一路行來，已經使人眼花撩亂，目不暇給，但從深水溫泉再到洛韶之間，那才眞是更入佳境！公路在同一座山峰上下，由腰部盤旋迂迴上去到了頸部，再從此一頸部繞到另一座山峰的腰部重疊而上，又到了更高的頸部……這種忽焉在上，忽焉在下的迷離情況，愈益令人感到東段工程的艱鉅與不平凡處。

當我們到達西寶的時候，回首望深水溫泉，已在萬仞谷底，到洛韶再看西寶，那又是「卻顧來時路，蒼茫橫翠微」了。但在海拔一千餘公尺的洛韶，再向前翹望海拔二千六百公尺的古白楊埡口，眞想不出這公路將如何盤旋而上，直入白雲青天之間？而據胡美璜處長相告，公路過了古白楊埡口，還得繼續向上開築，在海拔三千餘公尺的合歡山埡口，與西段工程會合銜接；我們聽了，不禁瞠目咋舌。看看在旁邊叨著香煙、扛著工具、在狹險川徑上且走且唱的榮民們，那份滿不在乎的神情，十足說明了人力勝天的至理！這些百戰歸來的英雄壯士們，披荊斬棘，在鴻濛天險中開創大道的豪情壯舉，簡直是把山林當作不値一擊的目標，而使這些目標在談笑之間灰飛煙滅，顯出一條東西橫貫公路來！

在艱苦的工作中，如有我們革命的軍魂蓬勃發揚，則艱險將化爲平易，辛苦亦視爲歡樂；偉大的軍魂，我們看到你煥發出燭天的光芒，輝煌的照耀在橫貫公路之上，使這條公路形成一座絢燦的虹橋，自東徂西，永昭不朽！

五十五年四月中旬，隨著「仁愛計劃」全國文藝界訪問團，在一次環島的訪問行程中，使我有機會得以重遊自由中國最偉大的工程之一的東西橫貫公路；而在這次的全程暢遊之中，也更使我們對於榮民開天闢地、披荊斬棘的拓荒精神，有了更進一步的領略與體認。

早在民國四十八年三月間，文藝界也曾在公路局的邀請之下，組成一個參觀訪問團，一行二十人，前往橫貫公路東段的合流工程處轄區內，參觀施工實況，並訪問榮民及工程人員。當時，我們太魯閣的東段行程中，對於百戰歸來的榮民們，胼手胝足，以人力征服大自然山川的偉大成就，除於讚嘆驚服之外，同時在沿途的的參觀訪問中，也有很多的體驗和收穫。

記得在上次初遊橫貫公路東段時，曾「步韵」和了文友七律三首；而這一次的重遊橫貫公路，已是在上次初遊的七年之後，橫貫公路全部竣工通車亦有數年之久。從太魯閣進入以後，就覺得在依舊的景物中又有許多煥新的氣象；而一路上自己吟哦著以前所寫的「不讓靈巖誇鬼斧，應憑鐵腕勝神工」的詩句，也自覺並非「打油」，而可能是當年的「神來之筆」呢！

五十五年四月十七日，「仁愛計劃」文藝界訪問團於上午結束了在花蓮的訪問日程，從下午二時起，一行五十餘人分乘三部「金馬號」專車，先往橫貫公路東段作半日之遊。我們的預定計劃，是先由太魯閣直駛天祥，然後再由天祥向太魯閣一處一處的細細的漫遊出去，以消磨整個下午的空暇時間。

到了天祥，大家除了在新奇的景色之中到處攝影留念外，最感興趣的當然是選購特產了。這裡的特產，以大理石所雕製的各種日用品如花瓶、煙灰缸、印色盒、鎭紙……等爲主。另外還有榨菜、豆腐乾、和筍乾等身物；幾家商店都是榮民所經營的，規模相當可觀。

三時許，從天祥踏上回程，先經過「蘭亭」、「盤龍石」、而到十二景之一的「九曲迴廊」。再前行，經過「虎口線天」，使人緬懷於榮民們開鑿這一段工程的艱鉅。再經「流芳橋」、「鑑台」，與工程師靳珩殉難處的「碧血虹橋」，以及「百燕鳴谷」等處，在「溪山煙雨」中過「長春橋」，大家都冒雨到「飛瀑長春」一遊；在「長春祠」前憑弔築路殉職員工英靈後，出「太魯鎖幽」而返回花蓮市內。

四月十八日上午，文藝界訪問團再從花蓮出發，依預定行程，要穿過橫貫公路而返回臺中市；在全部的環島行程中，除了從高雄屏東經「南迴公路」而到臺東之外，這也算是一天相當遼長的旅途了。

訪問團仍分乘由臺北開始就伴同著我們作環島行的三部「金馬號」專車，經新城而重入太魯閣，再過天祥時稍作停留，於八時十分再繼續前進，經文山，辦理入山的例行檢查手續，再前行而到了西寶。可惜因爲行程時間所限，無法到著名的「西寶農場」一看歡愉而富足的榮民生活。

過「飛亭遠眺」，再經洛韶隧道，海拔逐漸增高；而對於以前僅到過橫貫公路東段的人們來說，此時也開始進入了一個新的境界。「強開雲路繞峰頸，又架虹橋過嶺頭」；榮民們用雙手開創出來的傑作，也以「翠練千盤」的姿態，奇蹟般地展現於我們的面前。「金馬號」的司機先生，以從容不迫的純熟技巧，帶著我們駛過了新白楊、慈雲橋、復興山、華祺溪、繞過海拔一六四四公尺的第三十五號隧道，景象更加新奇，我們已開始觸及雲海的邊緣了。

車行經過慈恩及「碧綠神木」，都曾休息片刻。再前行，到了海拔二四一八公尺的「愚公峭壁」，蔣經國先生親題四字，正可以說明了今世「愚公」的榮民們「移山」精神之偉大！至此，已開始進入了有如幻境仙界的「合歡雲海」，飄渺浩瀚，蔚爲無可形容的奇觀；

從這裡直到關原的一路之上，文藝訪問團的攝影機全部出動，獵取多彩多姿的雲海照片，估計可能在三百張以上。繼續前進，到達了海拔最高處的大禹嶺（二五六五公尺），惜時在夏季，未得見到「銀鞍觀雪」的盛景。

行行重行行，經過了松泉崗，碧綠溪、日新崗、合歡溪，及「甘棠植愛」等處，於中午十二時二十分，到達中途站海拔一九四五公尺的梨山。午飯前後，大家在梨山賓館附近瀏覽風景，並遠眺「福壽山農場」，只是沒有時間和口福吃到榮民們所種植的水果，未免美中不足。

中午有「陣雨」來襲，幸而在下午三時出發之前雨過天晴；但從梨山到青山之間的這段路程，相當崎嶇難行，並且不時有坍方之處，隨處都還有榮民們在作維護保養工作；可能是由於山壁的構造和土質的關係，這裡似乎不如東段那樣的氣象萬千了。

車過達見附近的時候，在一個轉彎的地方，幾乎被迎面急駛而來的一部貨車「撞個滿懷」，造成一個有驚無險的「驚險鏡頭」。然後繼續行經青山、谷關，過東勢、豐原，而於萬家燈火中抵達臺中，完成了橫貫公路全程的一日之遊；雖係「走馬觀花」，但對於這一偉大艱鉅的工程，與有著多方面目標的開發建設事業，也有了較前更爲具體的印證和體認。遊畢全程之後，對於榮民們不凡的貢獻和成就，以及策劃領導者豐功偉績的景仰，誠然是「接勵軍魂興大業，謳歌我應頌賢才」了！

——此文前段，刊載於「大道」第二〇六期（四十八年五月號），後段則刊載於「榮民」周報第十九期（五十五年五月二十七日），茲特將此兩次記遊，予以剪輯合併，以誌不忘，故名之為「合記」云。

筆隊伍・戰地行

——中國文藝協會訪問團金門澎湖訪問記行

一

自從「八二三」金門砲戰開始以來，金門前線三軍官兵發揮犧牲奮鬥的精神，爭取了第一回合的輝煌勝利；不僅使金門成爲今日世界最引人注目的所在，同時也是後方每一個人們所最關懷與嚮往的聖地！歷時數月之久，在匪砲近六十萬發的狂濫轟擊之下，而金門依然屹立不搖，固若金湯，這其間該有多少可歌可泣的故事，值得描述、報導、與宣揚！

金門，是今日世界上最膾炙人口的響亮的名字；戍守金門的前方將士，是中國戰史上最了不起的英雄好漢。金門與金門將士們煊赫的故事，已經由中外記者們不斷的在報章雜誌上予以報導，而平時以「併肩作戰」相期許的筆隊伍，卻甚少有以此偉大題材作爲內容的創作發表；這不僅是美中不足，甚或應該說是在步調上未能配合協同！因此之故，中國文藝協會的作家朋友們，早在三四個月之前，就請求有關方面協助，希望隨補給船團到金門去搶一次灘，一則向在前方英勇作戰的戰友們致敬，再則可以身歷戰地去體驗一下戰鬥生活並搜集寫作的資料；但這一希望直到十二月中旬才實現了。感謝國防部總政治部的邀請與安排，雖然時機已在所謂「雙日停火」之後，而筆隊伍總算如願以償的踏上了日夜嚮往的前方——而且是正在戰鬥中的前方！

我們此行的團體名稱，是「中國文藝協會戰地訪問團」。在此之前，「文協」也曾於兩年前「九三」砲戰後訪問過金門澎湖，人數比這次少；這次如果沒有名額的限制和按報名先後截止登記的辦法，恐怕最低限度也得開出一個「文藝連」去。

「中國文藝協會戰地訪問團」於四十七年十二月十四日上午到達金門，十九日下午由金門轉澎湖，十七日下午由澎湖返臺北，共歷時四日。在出發之前一日，訪問團的同人們特開會商討各種應行準備與注意的事項，其中關於寫作方面，曾決議了一個「多寫人家、少寫自己」的原則；本年度我忝任「文協」的總幹事，訪問歸來後則被分配寫這篇綜合報導文字，藉以記錄本團活動的全貌。

訪問團此行共十八人，除徐芳櫨上校是由總政治部指派陪同本團外，文協會員共有十七人，計有團長陳紀瀅，團員李辰彥、王藍、朱介凡、翟君石（鍾雷）、路逾（紀弦）、姚朋（彭歌）、童世璋、郭嗣汾、張大夏、黃守誠（歸人）、周志剛、程其恒、張明（姚葳）、劉枋、李芳蘭、嚴友梅。以上計男性十三人，女性四人，所以團員自己謔稱為「十三太保」與「四千金」；在大後方臺北風雨如晦時，「到前線去」！

二

十四日凌晨四時，全體團員冒風雨到臺北市水源路特十五號文協大樓集合；文協準備好了每人一份的「早點袋」，分發大家就著熱茶狼吞虎嚥下去，然後清點人數，登上總政治部預備的交通車，開赴松山機場。

五時抵達機場，辦理完畢一切手續後登機，專機於六時振翼起飛，直指金門。

飛機經過中部上空的時候，天空晴朗，曙光從圓形的機窗照射進來，使人心情爲之振奮；本來緘默靜坐的團員們，這時都卸除身上的安全帶，離開座位，紛紛活動和交談起來。在起飛前，機上駕駛人員某君曾拿出他的紀念册，分請本團團員簽名，他並自謙爲本團團員們的讀者迷；此時飛機平穩航行於金璀色璨的雲海中，如一帆風順的小舟，我們對他飛航的技術之佳，也不禁同聲喝彩，表示欽佩。

七時五十分抵金門，專機在金門砲戰後新建的尙義機場降落；除金防部派有專人接待外，金門文藝及新聞界友人多來歡迎。本團團員全體下機與歡迎及接待者互相寒暄並攝影後，即分乘中小型軍用吉普多輛赴金門城；金門亦在新雨初晴之後，全島一片綠意，塵土不揚，我們除在官兵服裝與綱盔上看出一些前方景象外，更多的寧靜安祥的氣氛，簡直使人不信這竟是隨時充瀰著硝煙彈雨的最前線！

八時二十分抵達金門城；本團被招待在軍人服務社下榻，分配了右樓上的四間房子給男團員，樓下還有一間房子給女團員。在九時吃早飯之前，我們的時間，差不多全付出在和前方文藝新聞工作者的歡談；每個人都不知道什麼是疲乏，當然這短短的旅程也談不上疲乏。

九時半，訪問團先到金防部作禮貌上的拜訪，由副司令官兼政治主任鄧將軍以茶會表示歡迎。時值匪砲瘖啞無聲，金門城內的莒光路上，軍民群衆熙來攘往，買賣日用物品；在我們經過街道前往金防部的時候，沿途戰友都紛紛對我們指點著，揮手笑迎著，有的馬上就過來向我們索取所帶的書籍，有的向我們道出了歡迎與「渴慕」的心情……這些殷切純眞的友誼熱忱，使每個團員都非常感動。

在鄧副司令官的茶會上，主人首先致詞歡迎，並談笑風生的述說一些大戰鬥中的小事。他說自金門砲戰以來，戰士們都常檢拾匪砲的彈片，賣給唐榮鐵工廠的收購站，得錢好「打牙祭」；現收購的總數已達××噸，有一位戰士個人就獨撿了一萬餘元（每斤新臺幣一元五角）的廢鋼；所以我們一砲打過去，唐榮鐵工廠既可以增加原料，戰士們也有「打牙祭」的收入了，這眞是孔明「草船借箭」的好辦法。繼之，訪問團團長陳紀瀅先生一一介紹團員，並指陳本團來金訪問的任務與目的，歷時二十餘分鐘結束此一親切愉快的茶會，全體合影後辭出。

十時，訪問團乘車出發，訪問××砲兵陣地。汽車馳騁在中央公路的高級路面上，大道直如矢，車行快如風，若不仔細用目光搜索，幾乎就看不到路旁田地裏有什麼「彈坑」；金門民衆們，都穿著民防服裝，有的在驅馬耕田，有的趕著「駑駑馬」進城，怡然自得，毫無愁慮，戰爭鍛鍊得他們和三軍將士一樣的沉著堅強，令人起敬。

我們先後訪問了兩處砲兵陣地，看到了最新的最大口徑的巨砲，也接觸到了一些在砲戰中立功的英雄們，砲兵副營長劉劍虹，連長陳帥，副連長魏鴻池，指導員郭振庭等各位官長們，不憚其煩地爲我們講述著砲戰經過情形，我們的戰果，我們巨砲的性能，以及各位砲兵英雄的立功事蹟，並且又表演操砲和射擊動作給我們看。最後訪問團團員王藍特將他所著風行一時的長篇小說「藍與黑」，題贈陳帥連長，以作紀念；贈書時，金門戰地攝影工作者于靜波特爲他們留影一幀，即是次日在中央日報所刊出來的。

在某一砲兵陣地，訪問團曾就近去憑弔被匪砲轟毀的明魯王墓碑，但其旁有　總統題刻的墓亭，則絲毫未受損傷。在另一處砲兵陣地，劉劍虹副營長也贈本團團員每人一份禮物——幾塊匪砲彈片和兩隻我砲裝信管的空筒，這份禮物深爲大家所珍視；詩人紀弦要把匪砲彈片用作教學工具，回到他所教書的學校後，向學生講述匪砲濫射的暴行，並且他還得到一塊刻有俄文的砲彈附件，足以向學生指證共匪是俄帝的奴隸爪牙。張明小姐則準備用信管空筒裝盛金門的泥土帶回後方，以表永恆的關切與懷念。

十二時許，返回城內軍人服務社午餐。飯後，團員們有的略作休息午睡，有的整理筆記資料，有的則和來訪的文友或戰士們交談；在金門軍中寫詩的朋友們，有辛鬱、蜀弓等多人，來訪紀弦和我，我因一些瑣務，不能和詩友們暢談，只有用我的攝影機請周志剛兄替我們合攝一影留念。

下午三時，訪問團再度出發，過古寧頭，雙鯉湖，到了被匪砲燬得最爲慘重的南山村。下車憑弔，但見一片殘垣斷壁，瓦礫焦木，景象悽涼，使人酸鼻；據金防部陪同我們的劉元戎中校說，南山村在九月上旬的砲戰中共死傷二百餘人，現民衆均已遷居金門城。我們在遍地瓦礫中到處巡視，看到南山村民所遺留的結婚紙燈籠，神像，布簾，符籙，皮鞋……等等殘亂物品，想起他們往日曾有溫馨安定的日子，而竟被共匪的砲火於一瞬之間所毀滅，此時我們眞不禁低徊而又悲憤，握緊拳頭向對岸拋出了憎恨的咀咒。

四時半，我們全體乘車上太武山，瞻仰山巔 總統「毋忘在莒」題訓的刻石，這四個煥發著無比光輝的大字，從四十一年屹立在這裏，向所有的中華兒女提出復國必成的昭示；而今在金門砲火之中，愈益顯得堅挺璀璨，不可搖撼！訪問團員在刻石前攝影留念後，登山在「中興亭」前遙望大陸河山，參觀聯合觀測所後，於五時十分下山，到太武山國軍公墓致祭，然後於暮色蒼茫中經「無愧亭」， 國父銅像，無名英雄像，及「莒光樓」等名勝，返回城內；這些名勝在數十萬發的匪砲濫射下，仍是完整無恙，大家都認爲這不是奇蹟，而是我們國運昌隆的象徵！

六時返軍人服務社，晚飯後自由活動，訪問團員紛紛到街上在夜色中「觀光」。距離軍人服務社不遠處，有一家「鍋貼大王」，正是上座時候；街頭的本地飯館，炒米粉和肉絲麵的生意也頗爲興隆。金門街上的書店特別多，此時因耶誕節和新年都將臨近，所以到處都可看到五顏六色的聖誕卡和賀年片在陳列著，以供戰士們的選購。從前金門縣黨部的舊址，現在已改設成一個「軍民活動中心」，裏面正鑼鼓喧天，有許多票友們在唱平劇。這些景象，這份戰地的悠閑逸致，使人感到金門軍民精神之不平凡處，即在於此；不憂不懼，屹立不搖，「壯志飢餐胡虜肉，笑談渴飲匈奴血」的豪情，當不讓岳武穆專美於前。

三

十五日是共匪所謂逢單打砲的「單日」，凌晨（習慣上即十四日的後半夜）就聽到了遠近疏落的砲聲；金門軍民根本毫不在乎，文協訪問團員也滿沒把這回事放在心上。團員中如李辰冬博士及黃歸人兄等人，一夜鼾聲如雷，在同室和隔鄰的人聽來，較砲聲尤爲震耳；郭嗣汾兄據說平常本不打鼾，這夜竟也湊上熱鬧，而且「口徑」不小；此起彼落，使我和王藍兄大受威脅。

在劉元戎中校的安排下，訪問團於七時起床，八時早餐後，在八時二十分出發，訪問金門前方的各文宣單位。

八時半，先到中興路訪問金門唯一的報紙「正氣中華」報社。「正氣中華」創刊已近十年，現由社長曹一帆先生主持，對金門前線軍民，該報已成爲不可一日或缺的精神食糧。「正氣中華」有對開、三開、及四開機各一部，字模嫌舊，所以印刷未能臻於理想，但該社同人艱苦奮鬥的精神，則深深令人欽敬。曹一帆社長表示，希望後方各界多予精神鼓勵及物力支援，尤其盼望印刷器材能予以補充，好讓該報得以爲前方軍民加強服務；確是一種迫切的呼籲，也是事實的需要。

參觀印刷廠房後，訪問團全體團員與「正氣中華」全體同仁，在珠浦北路該社舉行茶會座談，該社黃邦夫、郭堯齡、胡良憲、查仞千、趙明堂等諸文友，均出度參加。首由曹一帆社長致詞歡迎，並代表該報向訪問團團員「拉稿」；次由本團發言人王藍一一介紹本團團員與主人們相見，並由陳團長紀瀅簡短致詞，除讚揚該報在戰鬥中之服務精神與成就外，並強調今後前後方新聞文藝工作的聯系配合問題，嗣即自由交換意見，於簌簌「有聲」的日光燈下，輕鬆愉快的結束了此一訪問歷程。

九時半，全團乘車到達駐在料羅灣頭某地的金門軍中廣播電臺。從昨天到今天，訪問團每次出發訪問，都有許多軍中的文藝和新聞工作者友人們陪伴著我們，作義務的嚮導；今天訪問各文宣單位，陪同者尤其衆多：查仞千、龔正、胡良憲、楊雨河、柯青諸兄，都和我坐在一部車上，一路上不憚其煩的爲我指點解說許多事情和問題，使我爲我收穫特多，而感到高興不已！

到達軍中臺之後，由歐陽臺長和王副隊長主持，先舉行一個座談會；王副隊長報告該臺工作情形，我也將本團團員一一介紹，隨即在該臺邀請下，到特設的地下錄音室作訪問錄音節目。其方式是本團每一團員都向金門列島的三軍將士作一慰問獻詞，十七人前後歷時約七十分鐘始畢，其中以嚴友梅小姐的一首速成打油詩最爲精彩。

金門軍中臺有一位主管錄音的王先生，和播音員劉、喬兩位小姐，對文藝特有愛好，在他們「挽請」之下，訪問團團員所攜的書籍贈送不少；甚至當時沒帶書的，也得答應日後補寄，然後才揮手告別，登車離去。

十時五十分，到某處訪問女青年工作隊第五隊，她們正好休假在家舉行慶生會，隊長朱逸梅上尉以當地出產的花生招待我們，使這茶會倒顯得別有風味。在茶會中，「十三太保」退居後隊，團長分配「四千金」各有任務：張明大姐代表本團致詞慰問在前線辛勞服務的女青年們（她不大贊成「花木蘭」這名詞），「金門之友」劉枋小姐介給本團團員，李芳蘭「先生」（這是劉枋對她的稱呼）以老女兵團長的資格發表談話，「青年王子」（這是朱介老對嚴友梅的稱號）又朗誦她那首速成打油詩「金門頌」，然後盡歡而散。

十一時半，到駐在某地的心戰指揮所訪問，曾在台北相識的文友李明（尼洛）少校招待我們，先聽「八二三」砲戰的實況錄音，復又詳細解說該所工作現況與成績，並參觀各項有關資料。心戰指揮所和軍中電臺兩單位，在砲戰中所表現的工作精神，都值得大書特書，茲因保密關係，無法詳述。女青年第五隊的優異表現，以及她們對於前方士氣的鼓勵，也可圈可點，本團女團員的大文中定有詳盡報導與介紹，茲亦不贅。

十二時二十分離心戰指揮所，就近訪問兩棲作戰的蛙人隊：因時間匆迫，蛙人們又正在練習籃球，所以就和部隊長賀中校約定，請他於晚間派幾位蛙人同志到城裏軍人服務社來，好詳詳細細的聊一聊。蒙賀中校立即應允，於是我們乃登車返回金門城。

對岸的匪砲，疏疏落落的射過來，始終沒有間斷；我們十時許行經榜林的時候，車後不遠處曾落砲彈兩枚，等到中午回來又經榜林時，路面上彈坑早已用水泥鋪好快要乾了。在金門的每一兵種都是最能幹的英雄好漢，憲兵同志在砲火下指揮交通，態度安詳，工兵和通信兵隨時搶修道路和電線，使金門前方的動脈，永恆暢通無阻，其功殊不可泯。

中午一時返抵軍人服務社進午餐，今天來訪的友人和戰士們較昨天更多，飯後大家分組聊天和攝影，樂也融融，渾忘了砲聲漸趨緊密。

下午二時，訪問團應邀到金防部出席軍中文藝座談會，會由該部政治部副主任孟上校主持，金門各文宣單位主管，各新聞單位記者，及各部隊代表周恩田、柯青、丁兆基、盛嶽、劉靖、蕭勁龍、齊衛國等數十人均參加。孟上校及本團陳紀瀅團長先後致詞，分別說明了這次座談會舉行的意義、目的、和願望，前方各文宣工作者自我介紹，鍾雷介紹訪問團各團員後，即展開了熱烈融洽的座談；此時砲聲近而且緊，在隆隆聲中，會議室屏風上的玻璃震得刷刷作響，然而誰也不予理會，因爲各軍中代表對砲戰中許多英勇的故事，報告得十分精彩，使訪問團員都聽得入神，不知置身何處。會中，徐芳櫨上校曾就今後如何加強軍中及社會的文化交流問題，提供積極而具體的建議；之後，李辰冬代表本團向各與會的軍中同志致謝，因爲由於他們生動的報告，使我們得到了很多的收穫。會議於四時半在武冠軍科長報告金門當前概況後散會。

自由活動時間，同周志剛兄參觀金門電信局，砲戰期間，金門電信局轉入地下，局長茅紹琴，報務主任林露萍以下同仁們，工作備極勞苦，值得在此代爲宣揚。

六時，訪問團應金防部鄧副司令官的邀請，參加聚餐，並接受金防部所頒的「金馬紀念章」。席間，紀弦曾舉盃代表本團「致」一個「詞」，謂過去藝術家都把巴黎當作聖地，今後當以金門爲聖地才對；紀弦用語獨特而警闢，童世璋譽之爲最精彩「驚人」的絕妙好詞。

七時四十分，返軍人服務社，上午所邀請的「蛙人」已應約而來；計有李家驄上尉、何群中尉、黃家瑾中尉、及林慶炎、遲于明、宋興秀、許進、湯正忠、崔根新等九位。訪問團隨即與蛙人英雄們舉行座談，情緒熱烈親切，所獲有關資料也極爲豐富，直至十時始告結束。本來，軍人之友總社董心銘組長率一勞軍歌唱團，打算和我們舉行一次聯誼晚會，至此我們也不得不歉然放棄了。

十時半，在稀落的砲聲與淒厲的風聲中就眠；我們都準備好好的睡上一晚（願鼾聲不再騷擾），養足精神，明天訪問小金門去。

四

十六日晨，兩天來陪伴著訪問團並爲我們熱心嚮導的劉元戎中校在早餐時宣佈，因爲昨今兩日海上風浪太大，金防部無船可送我們到小金門（烈嶼）去，所以今天的訪問節目要變更一下。訪問團團員聽了這一消息，都感到洩氣和遺憾；但看到軍人服務社住滿了烈嶼和大二擔的差假官兵，也都因爲風浪而暫不能返防時，我們也只好無話可說，自怨和那些外島緣慳了。

變更後的訪問節目，第一站是金門東北最前哨也是心戰前哨之一的馬山；九時全團出發，九時四十分抵達馬山播音站。幾年前我來金門時曾到此參觀，現在發覺馬山已較前更加堅強，而其設備與擔負心戰工作效能，也較前更為進步而宏大。經過曲折的隧道，到了瀕海的碉堡中，用望遠鏡看對岸的角嶼和大小登等處，匪砲陣地歷歷在目；馬山與對岸相距僅兩三千碼，「八二三」以來共落彈一萬五千餘發，而馬山卻始終堅挺屹立，並隨時向敵人發揮無比的攻心戰力，在此服務的官兵與男女同志，至足令人欽敬。

參觀之後，訪問團與駐軍部隊長劉起傑、李化域，及播音站工作人員合影留念；有位老班長周如金同志，自稱曾對金門砲戰編了一套鼓詞，請李辰冬博士指正，李博士當即答應，並訂彼此通信聯絡之約。攝影時周班長特把他的卡賓槍借給李辰冬揹著，其威風「文文」狀乃被張明、郭嗣汾、和周志剛的「開麥拉」收入鏡頭。

離馬山，於十時四十五分抵達金門之最大集鎮沙美訪問。沙美有完全小學一所，已被匪砲擊燬一角，但全校師生仍不分單雙日繼續上課，絃歌不輟；沙美街上各種商業俱全，也仍都照常開門營業，以供四外的官兵前來採購。在這素未「設防」的純商業區，訪問團的四架攝影機乃到處獵取攝影對象，我所帶的一二〇「菲林」昨天已經用完，沒想到在沙美街上的照相館裏，居然能補給得到。「童公」世璋主意最妙，他獨自跑到一家照相館裏，在「十九世紀」式的佈景片前拍了一幅「正襟危坐」狀的照片，並請老板寄回臺中給他留念。我們通過長長的沙美街時，團員們有的順便採買一些土產，有的特別走進書店參觀，王藍兄則大批請客吃當地風味的炸蚵餅。在沙美，將是我們訪問金門的最末一個項目，大家留戀金門，便不覺的依戀這最能代表金門風物的沙美鎮。

在返回金門城的途中，十一時二十分過鵲山，這裏是砲戰中受創頗重的地區，公路兩邊沙地上滿佈彈坑，樹幹都被砲彈削剩了短樁；一家教堂被毀，鐘樓上的十字架寂寞的指著青天，倍增無語的淒涼。二十五分過了外新建區，三十分繞過劫後的翠谷，於十二時返回城內軍人服務社。

午餐時，徐芳櫨上校宣佈我們下午離金門，並等待國防部總政治部公文隨機到達時，即可轉往澎湖。在本團從臺北出發前，總政治部即在替我們安排由金轉澎的手續，如今馬上就可以實現，大家都爲之興奮不已。

午飯之後，又是一段自由活動時間，團員們各自去辦理自己的事情，我和陳紀瀅團長，張明大姐、嚴友梅，周志剛、張大夏諸兄，再煩劉元戎中校陪同，到莒光樓、金門中學，和城的附近觀光一週；張大姐眼明手快，隨處可以檢到砲彈破片，周志剛專心致志的要拍一張「鴛鴦馬」的照片，惜因時間倉促，終未能如願以償。

二時半，全團乘車到尚義機場，鄧將軍、孟上校，軍中及社會的文宣工作同志，從事新聞與文藝工作的友人們，和三天內相處極爲稔熟的戰友們，到機場來歡送者百餘人，盛情深使我們感動不安。在等候專機降落之前，大家依依不捨，把手話別，並紛紛互訂後會之期。三時四十分，飛機降落，滑行轉入凹字形的跑道裏停下，徐芳櫨上校得到隨機帶來的公文，宣佈我們訪問團到馬公下機，引起一片歡呼掌聲。

四時，文協訪問團團員告別歡迎人群，相率登機，和以前不同的是我們每人都懷著一份惜別的心情，和所訪問搜集得來的無數的心得與資料。四時十分，專機起飛，我們乃揮手向訪問將近三天的金門告別。

在飛機上，團員紀弦和劉枋兩人聲稱不能不到馬公下地。紀弦是因爲第二天學校有課，而且他在金門曾買了一隻貓（他稱牠爲「The Tiger of Kinmen」），裝在蒲包裏，怕在澎湖多停一天會餓壞了這個小傢伙；劉枋則是因爲她本身工作很忙，要趕回臺北次日上班。團員缺少兩個人，原來的綽號也只得隨而變更了；不知是誰馬上又動了腦筋，顚倒陰陽，把剩下十二位男團員稱爲「十二金釵」，三位女團員稱爲「三劍客」。

四時四十五分，飛機抵澎湖馬公機場降落，澎防部副司令官徐將軍，政治部主任顧少將，建國日報楊煥文社長、及文化、婦女界等人士均在機場歡迎。據顧主任見告，澎湖今天是風季中最難得的風最小的一天；因爲飛機原定二時許到馬公，所以他們已在機場候了兩小時之久。這次飛機的遲到，倒使我們增加了無限的歉意；而對馬公各界的地主熱情，我們一開始就有太多的領受了。

五

訪問團一行，在顧主任的陪同下，驅車到馬公鎮新生大旅社休息。汽車在平坦的馬路上飛馳，四週充溢著海島黃昏的恬靜與安謐；從金門到澎湖來，首先就意味得到，澎湖雖是後方之前方，但也畢竟是前方之後方了！

訪問團到馬公新生大旅社稍事休息，並由顧蓉君主任對澎湖概況作一報告解說後，即應邀到「力行社」參加胡司令官招待的晚餐。席上，這位在抗戰期間曾經威鎮西北的名將，舉盃致詞對本團團員表示熱烈歡迎；顧主任亦即席報告澎湖軍區內軍隊與社會上一般文藝工作情形。本團團長陳紀瀅，團員朱介凡、李芳蘭、王藍、張大夏等人亦分別致詞，賓主盡歡，於八時散席辭出。

八時十分，到澎湖軍中電台參觀訪問。先由台長倪光中校以茶會招待，互相介紹後，即由該台播音股袁股長及「澎湖之鶯」周華小姐，分擬若干題目，向本團團員展開錄音訪問：由張明、李芳蘭、張大夏、嚴友梅等人報告對於金門戰地的印象與觀感；郭嗣汾報告關於軍中戰友的文化水準問題；童世璋報告軍中對於文化食糧的需要問題；鍾雷提供關於如何加強軍中文藝工作的意見；李辰冬、陳紀瀅、姚朋、歸人等分別答覆今後文藝創作的趨向問題；王藍答覆關於現代作家的條件問題；朱介凡及程其恒提供如何展開文藝反攻的意見。（周志剛因病在旅社休息，未得參加到澎首日的活動）在軍中台先後歷三小時許，至十一時二十分辭出，再訪問就近的建國日報社。

建國日報由顧主任兼發行人，楊煥文兄擔任社長；該報在澎湖社會軍中之需要與重要，與「正氣中華」之在金門相伯仲，但較「正氣中華」的印刷條件則優良爲多。建國日報也先以茶會招待訪問團一行，其中的澎湖土產「花生酥」最受大家歡迎；茶會中，顧發行人及楊社長分別報告該社現況，本團則由「新聞同業」張明及軍中報老「褓姆」童世璋代表致詞，徐芳櫨上校也就其主管軍中文宣工作的立場，提供幾點意見及建議，近十二時結束訪問，返新生大旅社就眠。

十七晨七時起床，七時三十分到街上稀飯店吃早餐，八時由顧主任陪同出發，八時二十分訪問澎湖六十醫院，九時十分到林投「澎湖國軍公墓」致祭並遊林投公園；當顧主任領著大家在海灘上檢貝殼的時候，我們每個人都彷彿回到了天眞的童年時代，拍照、賽跑、盡情返老還童的嬉戲一番。可惜時間太倉促，而海灘上退潮已久，所以很少撿到好的貝殼；一位陪同我們訪問的女政工員宋娟秀小姐，答應把她平日所積存的貝殼，每人各送一包，才使得幾位彎腰俯首尋尋覓覓的「大女孩子」們戀戀不捨的離開了海濱。

十時十分，到測天島訪問海軍第×軍區，澎湖的新聞界友人梁新人、趙修禮諸兄也趕來和本團同行。到測天島後，由齊司令及政治部張主任安排節目順序，先後參觀訪問醫院、造船廠、船塢、碼頭等單位；此次金門砲戰期中，澎湖海軍軍區對前方之轉運補給，爲功至大，形成了極具重要的致勝樞紐。

十二時前返馬公，連續拜會縣黨部、縣議會、及縣政府等地方機構。十二時，應澎湖各界邀請，與李玉林縣長、郭議長、陳志堅主委、房家麟總幹事等人，在軍人之友分社共進午餐；席間「總主人」顧將軍自述其以前從事文藝影劇工作的經過與成就，大家熱烈鼓掌推舉他擔任「中國文藝協會澎湖分會」的籌備人。

返旅社稍事休息，下午二時，全團應邀參加澎防部所舉行的文藝座談會（周志剛已「不藥而癒」了）。會由顧主任主持，澎湖軍中及社會各界代表有李養和、胡清雲、劉韻奎等數十人參加，主席致詞歡迎後，即由王藍分別介給本團團員與大家見面，團長陳紀瀅起立致詞盛讚澎湖文藝耕耘者之辛勞，並盼望以組續團結力量，俾永得他日的豐收。繼由海軍、陸軍、救國團、婦聯分會等各出席代表報告及交換經驗意見，最後由李辰冬報告訪問澎湖的觀感與心得，於三時四十分散會；散會前，主席顧將軍讀其即席所寫的長短句以代結論：「……酒澆腸，意蕩漾，孤帆遠揚……」不勝有依依惜別之意，因本會訪問澎湖日程中，這是最末的一個節目了。

到澎湖者，不可不一看白沙通梁的大榕樹；於是在赴機場之前，主人又替我們加了一個「號外」節目，飛車匆匆來去，訪看了一下澎湖著名的古蹟大榕樹，然後直奔機場。四時二十分到機場，胡司令官已率同澎湖各界首長在那裡準備歡送，地主的盛情厚誼，使本團團員再次的覺得感動不安；熱烈的握別，殷切的叮嚀，不盡的依依之情……終於不得不登機揮手告別，作「孤帆」之「遠揚」了。

四時三十分，專機離澎起飛，載著我們十六顆依戀前方的心，與此行的無比豐富鮮活的收穫，以及最深切難忘的印象，大時代中忠貞相聯的熱烈友情……返回臺北。

五時四十分，專機在「萬家燈火」中安全降落松山機場，結束了四天的戰地訪問行程。

執筆撰寫此文以為記時，謹以一己虔誠的心，祝福金門，祝福澎湖，祝福所有在前方戰地的三軍官兵和文藝新聞工作者友人們，永恆的健康，屹立！不斷的英勇戰鬥與勝利的捷報，使文藝創作者的資材愈益充實豐富，以有助於描述此一偉大輝煌時代的作品之孕育和產生！而文藝界的筆隊伍，也永遠站在你們的身邊，在相同的戰略與各別的戰術原則下，固守崗位，併肩作戰，共同爭取反攻復國革命任務的勝利成功！

四十七年歲末，臺北市

卷五

雪泥鴻爪

遙遙時空靈霧飄遠遊夢
雲不魂歸錦字隨殘絃飛花
雨時影搖風結萬橋謀畫
歐洲秋漠漠論詩蓬島海邊邊
天涯長懷家國萬里鄉思
緣若潮承虞寺兄寄示瓊瑤某大兄何秋詩
嘆遊蹤又歲月銷歡詩謀之下藉錄
佩之餘因而感慨因擬原詩涵意擬七律
一首不揣無陋冒昧請大雅正之并奉錄以爲存
波蘭周隆詩人
手稿原
鍾雷瓏君書

韓日之行拾記

一、韓國初旅

五十九年的六月下旬到七月上旬，我曾有韓國與日本之行。二十年來，本來也頗有幾次可以出國的機會，但由於本身工作忙碌，每次都是陰錯陽差；一直到了這回，才算是「驛馬星動」。畢竟也出去走了一圈。

既然是首次出國，無論如何總會得到一點「耳聞不如目睹」的觀感；而在異邦的足跡所到之處，也總難免有一些與衆不同的見聞和感受。在這樣的情形之下，如果不寫點什麼以紀此行，那眞是有些「如鯁在喉，不吐不快」之感。可是在回國以後，立即又投入忙碌的工作之中，這篇文章僅僅寫了一個「韓日之行」的題目，便把稿紙塞到抽屜裡，一直擺了很久，才又陸續動筆來寫；因此，在情緒上，這篇東西當然不夠「一氣呵成」，且在時間上已是「明日黃花」。好在一般記遊文字，時效並不是一個重要的問題，不過要發表出來。則不得不在題目之下增加「拾記」二字，以表示這是屬於記憶的掇拾而已。

釋題既畢，以下「言歸正傳」——

此次之前往韓國，主要任務是爲了參加在漢城所舉行的國際筆會第三十七屆大會（The

37th Congress of International P.E.N.)。出席這一會議的中華民國代表團，一行共十五人，計爲：團長陳紀瀅、副團長王藍、李曼瑰、團員謝冰瑩、翟君石（鍾雷）、殷張蘭熙、鍾鼎文、姚朋（彭歌）、孫如陵、林適存（南郭）、周素珊（畢璞）、觀察員路逾（紀弦）、葉蟬貞、程振粵、黃肇珩。此外，中華民國筆會會長林語堂博士夫婦，則以特別來賓身份參加，而且較代表團晚一天到達漢城。

在代表團出發之前，我又被加上了一份「任務中的任務」，那就是在團長陳紀瀅先生指定之下，由我擔任本團的總幹事，殷張蘭熙擔任秘書，南郭兄擔任總務，畢璞擔任會計。我自己估量一下，我這是第一次遠遊，連東西南北還分不清楚，一切自顧之不暇，怎敢擔當如此「重任」？然而固辭不獲，也只有誠惶誠恐的硬著頭皮答應下來了。

中華民國代表團一行。於六月二十六日上午七時五十五分，搭乘中華航空公司八一〇號班機自臺北起飛。我平常因爲本身工作關係，遲眠晏起差不多已成了習慣；但這一天特別起了一個大早，在太太和兒子護送之下，僱車趕到了松山機場，時間還不到上午六時三十分。這倒不是因爲首次出遠門就變成了「緊張派」，而是由於責任在身——手提包裡面裝著全團的經費，木柵到松山又是一段不近的路程，如果萬一遲到，自己被留下倒不要緊，耽誤了整個代表團的大事，那可眞是擔待不起！

華航班機原定七時十五分起飛，我們一行於七時前就辦好了一切應有的手續，向送行者一一告別，進入候機室等候登機；但是左等右候，依然聽不到擴音器裡傳出有關「八一〇」

班機旅客登機的訊息。後來一直等到七時五十五分，才算由擴音器裡聽到了招呼，於是我們在團長率領之下，出候機室而魚貫登機；回頭看看「看台」上，擠滿了送行的人群，大家的手都在不停的揮舞著，也看不清楚是誰在送誰？且揮手吧！一面揮手，一面上了飛機，以後才知道這班飛機之所以「誤點」，是因爲修理夜間航行的安全裝置；我們和送行者曾爲此而枯候四十分鐘之久，而可能送行者在心裡更要比我們焦急得多了！

華航的「波音七二七」噴射客機，於準八時正滑出跑道，奮翮起飛；轉眼之間，已經遠離臺北，翺翔於藍天碧海之間，旋又置身於無垠的雲海之上。我坐在緊靠於左舷窗口的座位上，對外面的壯麗景色，可以一覽無餘；回首又復前瞻，不禁感慨萬千——但又無法具體形容「感慨」些什麼！

在現代化的交通工具聯繫之下，天涯有若比鄰；「八一〇」號班機經過兩個小時的航程，韓國漢城的金浦機場已經在望了。當我們步下飛機的時候，韓國的時間（手錶較臺北要撥快一小時）是上午十一時正。

到機場來歡迎我們的，有韓國筆會會長白鐵博士，曾經兩度訪華的詩人趙炳華教授，兩位精通中國語文的作家尹永春教授和宋志英先生，以及此後被我們稱爲「代表團之友」的華僑中學教員高登河先生，和「中央通訊社」駐漢城特派員曲克寬先生，還有大使館的林水吉秘書和不少的韓國記者。

接受了記者的訪問和交談，走出機場貴賓室，我們搭乘韓國筆會所準備的交通車，經過爲一般外邦人士所稱道的韓國現代化建設之一——戰時可作飛機跑道用的十六線高速公路，再沿漢江前行，然後過漢江而進入漢城市區。

當飛機在金浦機場上空盤旋下降的時候。我在內心裡便開始昇起一種初履異邦的異樣感受。可是在由金浦機場駛向漢城的途中，憑著車窗遊目眺望，看到蒼翠的遠山，質樸的田野，蜿蜒的漢江，以及江岸隨風飄拂的楊柳……又使我不禁悠然憶起前人「隔水青山似故鄉」的詩句；於是，那種異樣的感受便爲一份兒親切之情沖淡。畢竟此時我們所踏上的，是一個與我們向稱「兄弟之邦」的國度。

然而，在進入漢城市區之後不久，剛才那份兒屬於「親切」的觀感，就必須又作再度的修正了。在漢城，凡我們目光所及之處，無論市招或廣告牌等等，幾乎看不到中國文字（華僑所經營的「××閣中華館」是少數的例外），同時也幾乎看不到英文字（爲國際筆會大會所作的各種宣傳路牌是少數的例外），到處都是我們所看不懂的韓國文字；據說這是韓國當局近年所大力推行的政策，儘量廢除漢字，而代以他們自己所有的拼音符號。當時別人有什麼感覺不得而知，而我自己則曾經爲了暫時降爲異國的「文盲」，感到一陣頭暈眼花，甚至有些不辨方向了。

二、漢城生活鴻爪

我們代表團一行，被韓國筆會安排（並非招待）下榻於一家新開不久的「大然閣飯店」

(Hotel Tae Yun Kak),我們全住在六樓。陳紀瀅團長住六〇一,副團長王藍住六〇二,副團長李「曼老」和謝冰瑩大姐住六〇三號套房,還有電視機可看,從走廊轉過來,程振粵和香港代表團的熊式一先生住六〇八號,我和紀弦住六〇九號,鍾鼎文住六一〇號;再轉到我們對面的一排,畢璞和葉蟬貞住六一二號(她們也有電視機可看),殷張蘭熙(她在六月三十日才趕到)和黃肇珩住六一三號,姚朋住六一四號,「南郭老」和孫「如老」住六一五號。我之所以不憚其煩的要把每個人的房間號碼和位置都記下來,乃是因爲我身兼「總幹事」之職,遇有集體行動,就得捱著房間撳電鈴通知大家。這一來,此後可就把我給忙慘了。「大然閣」位於漢城市繁華地區的忠武路一街,後臨「明洞」,中國大使館以及很多僑社單位都近在咫尺;距離作爲大會會場的「朝鮮飯店」(Chosun Hotel),步行大約在十分鐘左右即可抵達;所以一切尚稱便利。但美中不足之點也頗爲不少,例如—

一、沒有開水和熱茶可喝,渴了只好喝「過濾」(?)的自來水;這對於中國人來說,是十分「招不住」的事情。

二、冷氣在白天該冷的時候不冷,到夜裡不該冷的時候也許很冷,也許索興停了,這種「乍暖還寒」的滋味也叫人受不了。

三、「大然閣」共有二十四層樓,但是只有三部電梯。除去一部是「直達車」我們無法利用之外,其餘兩部是上去就不肯下來,或者下去就又不肯上來,每天等電梯消耗的時間實在可惜;因而我們「男生」們常常上上下下的跑六層樓梯,附帶連「健身運動」也做了。

一般人寫記遊文章，在題目上喜歡用「行腳」二字；而我們在韓國期間，除了參加筆會大會的集體活動有車輛代步之外，其餘每一步路差不多都非要靠「腳」去「行」不可。原因是漢城的計程車太少，在臺北那種「招手即來」的行之享受，這裡根本談也不要談。漢城街頭雖然到處都有「Taxi Stop」，而等車的人不但要排隊鵠候，甚至即使有空車來了，說不定還得亂「搶」一番；要不然，就是在站外早已被會「抓」的人「捷足先登」了。

我們一到漢城，就從別人口中得知計程車的難「抓」，因而根本就不作出門乘車的打算。好在在開會之外，我們活動的半徑也不大，在「大然閣」附近，從忠武路一街到四街，以至於臨近的「明洞」地區，無論吃飯、購物、發信，已經應有盡有，毋須捨近求遠。雖然如此，如果連每天上樓、下樓，以及偶而步行往來於大會會場，這些「步度」都加上的話。在漢城前後十天所動的「行腳」，可能比在臺北三年之內所走的路還要多。

除了上述的「住」「行」兩大問題之外，我們初到漢城的時候。也曾爲「食」的問題傷過腦筋。例如第一天中午，我們大家就在「大然閣」各吃一份快餐，論其價錢，在臺北可以吃到同樣的三份，論其質量，則所有的男團員都沒有吃飽。到了第二天早晨，大家又爲了到處找吃早點的地方而費了不少力氣；之後，總算逐漸在附近「摸」出來一點門路。有早起習慣的人還居然可以吃到豆漿和燒餅油條。後來在非集體活動或沒有屬於Reception 的時間，大家就在附近一帶各取所需，解決「食」的問題。例如「永和閣」中華館的大滷麵，「明寶莊」的韓國「宮中定食」（帶臍之平鍋也），「新漢城」的韓國烤雞麵，以及記不起名字來的小吃店裡的韓國烤肉、牛肉餛飩……等等，都曾光顧一番。

對於在旅館房間裡只能喝到自來水的人來說，解決「飲」的問題也是相當重要的；因而在忠武路一街和二街的幾家咖啡館，我們的部份團員也常到那裡去作座上客。距離最近的一家名爲「本錢」，頗具規模，如果在上午十時以前去喝咖啡、牛奶，或者缸茶，每杯飲料還附贈煮熟的雞蛋一枚；於是我和鍾鼎文及紀弦兩位老兄，就常到那裡以煮雞蛋當作早點。不遠處，還有一家「天外天」，咖啡煮得很濃，是南郭兄常去之處。另在一條短巷裡有一家「咖啡劇場」（Cafe Theatre），是由幾個愛好戲劇的韓國青年所主持的，顧客可以一面喝咖啡，一面欣賞小型戲劇的演出，可惜我和南郭兄雖然去過幾次，卻因爲時間不對，沒有看到他們的演出。

漢城的啤酒館到處林立，也是一大特色，當地出產的「O、B啤酒」（Orien Beer），每日的消耗量大得驚人。一到晚間，無論飯館或啤酒館，到處都是生意興隆，座無虛席。漢城在午夜十二時實施戒嚴，一到十一時左右，大街小巷都是「醉客」，警察也不得予以干涉取締，自任其踉踉蹌蹌，扶醉而歸。我們的韓國文友，如趙炳華、宋志英、權熙哲、許世旭等人，也都是屬於「酒仙」一類的人物，常常找機會拉著大家去「飲」啤酒，糟糕的是啤酒喝下去並不解渴，回來還得「飲」自來水。

韓國的香煙牌子也很多，最好的是一種叫做「慶嘉牌」的（Cheong-Je，原爲韓國的一種國寶古瓶之譯音），但因爲配銷的關係，漢城市面上並不容易買得到。這次爲了紀念國際筆會大會在漢城舉行，韓國的「專賣局」還特別以「慶嘉牌」出了一種紀念香煙，每位出席的代表各贈一大條。

還有一件和我們生活發生密切關係的，就是寄信。漢城市郵局和國際郵局，就在「大然閣」的斜對面，我們往國內和家裡寄信，當然是方便之至；不過韓國的航空郵政似乎嫌太慢了一點兒，我在漢城停留的十天期間之內，只收到家裡所來的一封信（還被我的「糊塗巧妻」把寫給姐姐的信誤裝在裡面了，等於沒有收到來信一樣，但那當然不是郵局的錯），還有另外的兩封信，我既沒有收到，也未見「退回」，究竟不知道爲現代的「洪喬」先生誤投到何處去了？不過，這次在國際筆會大會舉行期間，韓國郵局也曾發行了一枚紀念郵票，對於愛好集郵的人，倒也是值得一提的事。

在漢城，英語並不見得可以到處通用；例如在一般小商店或市場購物，或在小館子吃東四時，英語就完全無用了。虧得我在出國之前，臨時向我兒子的同學朋友們「惡補」一番，學會了幾句「有音無字」的韓語「洋涇濱」，如「這個多少錢」、「很好」、「吃飯」、「喝酒」、「謝謝」、「對不起」、「再見」……等等。在這裡有時候倒可以大派用場。

這裡美金和韓幣的兌換率，一般行市大約是一比三五〇元。就「購物」而言，除了人蔘、枸杞子、紫菜、蝦乾、魷魚絲等土產或海產之外，韓國的特產紫水晶和煙水晶也是外來客所喜歡購買的；其餘可買的東西並不多，因爲一般工業產品都還不及臺灣的精良；但韓國絲織品的領帶則頗有特性，值得選購幾條。

三、筆會・「幽默」・及其他

韓國爲了主辦這次國際筆會的大會，確實是傾其政府主管機構與民間有關社團的全力，盡量把這次大會開得有聲有色，以搏得各國代表良好與深刻的印象。

在漢城市的通衢要道，到處都搭著五彩牌樓；人行陸橋和高大的建築物上，也到處懸著海報牌和霓虹燈；空中飄掛大型的汽球，許多百貨公司和觀光旅社門首的廣告牌上，都大書而特書著「Welcome 37th International P.E.N. Congress」的字樣。最低限度，可以使原來頗爲神氣一時的「大阪博覽會」的宣傳廣告，在這十天以內爲之黯然失色。

我們到達漢城的當天下午，即曾全體到韓國筆會去作禮貌上的拜訪。韓國筆會會址在漢城市南大門路「韓航大廈」（KAL Biulding）的第二十層樓上，房間寬大，設備齊全，比起我們國內一般文藝團體，當然是夠「派頭」得多了；但是，好在中華民國筆會和中國文藝協會經過多年的努力，也算有了一個頗合實用的新會所，所以對他們也並不覺得十分「羨慕」。不過，據說這個會所是由韓國政府「撥」給他們的；此外，在忠武路二街還有一幢九層樓的「文化大廈」，也是韓國政府特爲他們的文學、藝術、影劇、音樂等等團體而興建的；對於韓國文藝工作者能夠享受如此的優遇，倒又不得不爲之「慶幸」一番了。

大會於六月二十七日上午十時開始報到，中國代表團報到的地點即在「大然閣」樓下就近辦理。住在「大然閣」的其他國家代表團也是一樣；由於人多嘴雜，把那些臨時調來服務的韓國大專學生們，一時搞得頗爲手足無措。我國代表團，則由團長指定我和姚朋兄兩個人，代替大家去辦理手續，繳會費，領資料，一切按部就班，井井有條。因而很快就辦好了；省了不少時間，也博得那些大孩子們的稱謝。

二十八日上下午，國際筆會召開大會之前的執行委員會議，按規定由各國的兩位 Official Delegate 參加，我們代表團即由陳紀瀅和王藍兩先生出席，其餘各人則自由活動。下午六時，韓國筆會在「迎賓館」招待各國出席大會的全體代表。我在六時之前就得把全團「請」下樓來，準時上車；尤其是要特別照顧李「曼老」和謝大姐，再就是得隨時緊盯著紀弦，以免他老兄迷里迷糊的「走失」了。雖然如此，有時仍然照顧不到，在以後的節目中，謝大姐還是在去「梨花大學」參觀的時候，上錯了一次去「板門店」的車子；而紀弦兄則在大家分赴「仙雲閣」和「梧柳莊」的餐會時，根本找不到他人到那裡去了？模擬一下章回小說的句子——「此是後話不提」。

從旅館到「迎賓館」的途中，各國代表團專車所經之處，有警察多人騎著摩托車「前呼後擁」，路上的車輛行人，一律要暫時停止交通；此雖小節，亦可看出韓國當局對於這種國際性會議重視之一斑。——這裡我必須要補記一筆：在韓國，除去警察之外，就根本看不到有人騎摩托車；可見日本人是專把會「闖禍」的摩托車都銷到臺灣來了！

「迎賓館」兩個大廳都佈置得古色古香——是純中國式的古色古香，在一排六扇屏風上寫著蘇東坡的「前赤壁賦」，其餘字畫也莫不是屬於中國風味的；相看之下，頓覺從眼睛到心靈都舒服之至了！

這是一個酒會方式的「Reception and Dinner」，除了各式各樣的飲料之外，滿桌都是韓國的小點心；多吃似乎顯得「窮凶極惡」，不吃又難耐「腹內空虛」。好在這種場合，正是各國代表互相從事國民外交的好機會，握手言歡，舉杯攀談，合影留念……等等，不知不覺已經「和」（讀如「貨」）了兩個小時，而最後，大家才發覺彼此都是「饑腸轆轆」離開會場的。

六月二十九日上午十時。大會正式在「朝鮮飯店」開幕，來自四十一個國家和地區的代表三百餘人，濟濟一堂，漪歟盛哉！大會開幕時所奏的音樂，是韓國「李朝」的古樂，樂隊全穿戴著「李朝」的衣冠，倒頗有一種莊嚴肅穆之感。在開幕式中，韓國大總統朴正熙氏曾經蒞會致詞，除向來自世界各地的代表們致其歡迎之忱外，並且指述韓國所具有的豐富的文學傳統，同時也預示將爲文化建設與國際文化交流而作更多的貢獻云云。

此次國際筆會大會的主題，爲「東方與西方文學中之幽默」（Hum-our in Literature-East and West）；其副題則有「幽默的區域特徵」，「幽默在現代社會中的功能」，以及「戲劇中的幽默」多種。因此，從六月三十日開始，直到七月三日下午大會閉幕之前，無論宣讀論文或者進行討論，一片「幽默」之聲，在會場中此起彼落；而我國「幽默大師」林語堂先生，在七月三日上午以「東西方幽默」爲題的專題講演，英語流暢，內容精彩，更爲大會創造了一個高潮。

在大會會場中，備有英、法、韓三種語言互相傳譯的「意譯風」。各國代表所宣讀的論文，依時以印件供應；此外還有一些通知或改變程序的文件，也隨時塞到各國代表團固定的收件櫃裡，等待轉發。這些印刷品和文件，使我和姚朋兄忙得「馬不停蹄」。會場外面並有大會活動的照片出售，我還得隨時注意爲本代表團選購一整套的，以便留存紀念，可惜一直到了大會閉幕之後，還是沒有搜購齊全，我曾經親往那家「客串」性質的攝影部去了兩次，但他也隨著大會閉幕而關門了。「虎頭蛇尾」，這似乎有點不太「幽默」了吧！

四、悲歌慷慨與誰同

在此次國際筆會大會舉行期間，大會會場以外的其他活動節目，大部分也都是與國民外交和觀光有關的。也值得在此記述一下——

大會正式開幕的當天（六月二十九日）下午六時，韓國大總統朴正熙氏伉儷，在其官邸「青瓦台」以酒會招待各國代表。大家都久慕「青瓦台」之名。只是當時正在下雨，代表專車進入「青瓦台」時，窗外一片迷濛，未得仔細瀏覽四周景物。

「青瓦台」內的大廳，佈置得頗爲典雅大方，而壁上所懸的字畫大部分也都是純中國風味的；只有一組四幅條屏，是用韓文寫出來的篆字，但落款用印則又是中國字了。這個酒會也是飲料加上韓國式的點心，大家有了昨天在「迎賓館」的經驗，而且下面還有節目。所以只有把這些當作「Dinner」來吃吧！

在酒會中，朴氏伉儷曾來和大家握手致意，親切交談。晚九時，在「市民會館」舉行晚會，由「韓國藝術學院」等團體演出韓國的民族音樂和舞蹈。招待各國代表參觀；朴氏夫婦亦準時到場，陪同大家一齊欣賞。

這場晚會，因爲演出之特別精彩；給予大家的印象也特別深刻。其中尤以六十六人的古琴演奏。以及「花冠舞」、「鼓舞」、「扇舞」等節目，更令人激賞。回到旅館之後，大家談起「觀感」來，據說當有人當場爲之感動泣下者！而我個人則認爲：這是韓國傳統文化之被發揚與昇華的結晶，並且結合了藝術工作者認眞鑽研培育而所得的成果。在這一方面，我們並不是沒有「燦爛的花朶」，而是未具「深植的根幹」；所以我們近年所推行的民族舞蹈，都是只有「舞蹈」形式而無「民族」文化的精神。觀乎「他山之石」，我們的民族舞蹈，應該趕快從「研究社」提升到大專院校之中去加以冶鍊了。

六月三十日中午，由韓國教育部長宴請全體代表於「寶塔飯店」（Tower Hotel）；當晚則由總理丁一權氏宴講於漢城著名的「華克山莊」（Walker Hill）。「華克山莊」在漢城郊外，最初的設計，是一個具有「國際水準」的觀光飯店和遊樂場所，以使駐韓美軍和外來的觀光客能得到「賓至如歸」之樂，因而內部設備，可以說是應有盡有。那天晚上，我們所看到的是「夜總會」式的表演，舞蹈是「韓西合璧」的。雖很認眞賣力而不夠精彩；在歌唱節目和音樂演奏中，有幾「條」都是中國的流行歌曲，在此時此地聽來頗有親切之感。

大會預定有全體前往訪問「板門店」的節目，時間是七月一日中午至下午。可是到了一日上午，大會秘書處臨時宣佈，因爲交通工具等等問題，所以把代表分作兩批去「板門店」訪問；這一分，把中國代表團分成了兩半，我也是被分到七月二日去的一批。但是，二日下午有我們中國大使館的茶會，中國代表團和香港代表團全體人員都非出席不可，因而「板門店」之行只得放棄。一日中午，未去「板門店」的代表們，由「亞太理事會」招待在「半島酒店」午餐。這兩天來的「正式」宴會，多以韓國著名的牛排爲主菜；「半島」的牛排，有時會吃出「鮮血」來，其「嫩」的程度令人咋舌。

七月一日下午，由文化新聞部長宴請全體代表於韓國故宮「秘園」之「慶會樓」；據說這是「李朝」時代皇宮的後花園，亭台樓閣，石橋水榭，花圃荷池，蒼松翠柳，令人發思古之幽情。本來在六月二十九日下午，大會安排有觀光故宮「秘園」的節目，但因爲我們和香港代表團都參加了唐大使的午宴，等後來趕到「秘園」時，參觀節目已近尾聲，所以未得暢遊。不過以我個人的觀感而言：漢城雖然是一個向著現代化目標發展的都市，但形成她的「光輝」與「氣勢」的，並不在於到處聳立著的二三十層的高樓大廈，而是她還擁有這些可以代表韓國歷史文化的古蹟名勝。當然，最近若干年來，韓國的進步確實是相當可觀的；而假如她沒有這些可貴的傳統文化的象徵被保留著，那麼即使「進步」得一如美國的紐約和芝加哥，那又有什麼特殊可取之處呢？

在「慶會樓」的晚宴中，我們又欣賞了一場「面具舞」。這是韓國古老的民間藝術，其中有達八十高齡的演員，五六十歲者更比比皆是；這種舞（事實上是舞劇），題材多取自神話，音樂單調，動作粗率，服裝面具也都不夠美化。由此可見，「傳統藝術」的發揚，必須以「再生」與「新生」同時著力，而並非純然的「食古不化」所可濟事。

這一天，還有一件值得惋惜的事。韓國演劇協會爲了慶祝此次國際筆會大會在漢城召開，特別舉行一次話劇聯合大公演，假座「國立劇場」（地點在明洞鬧區）演出五幕劇「山火」；據說有韓國的著名男女演員二十餘人粉墨登場，通力合作。以我從事於編劇的工作立場來說，實在應該前往一觀。可是，當天接到招待券時，下午三時半的「日場」已過；而晚間離開了「慶會樓」以後，七時半的「晚場」也快要演完了。除了望「券」興嘆之外，也只有徒喚幾聲奈何而已！

七月二日中午，由韓國著名的「梨花女子大學」招待部分代表（另一部分去「板門店」訪問）參觀該校。並在校園以學生們自己烹飪的午餐饗客；在場招待的、服務的、以音樂演奏及歌唱助興的，也全由學生擔任。這一餐，完全是使用筷子的中國式吃法，所以大部分東方國家的代表們都吃得比較「可口」。而其他國家地區的代表們則相當「傻眼」。

晚間的節目，是將全體代表分作兩批，觀光韓國的「料亭」（即藝妓館也），並在那裡參加晚宴。中國代表團去的是位於漢城郊外的「仙雲閣」，由「東洋出版社」（Orient Press）擔任東道主。「仙雲閣」是一個依山傍水的建築，花園佔地甚大，而其中的樓閣重疊，長廊迴繞，一切佈置陳設，雖不像他們自稱的頗有「漢唐遺風」，但也相當不俗。

晚宴開始，水陸雜陳，聲色俱備。當時，有一位來自夏威夷的美籍華裔女代表某夫人正坐在找的身旁，而且不停地和我談著話。主事人以爲我是帶著「太太」來的，所以那麼多的粉白黛綠，竟沒有給我分配一個，眞可以說是「幽默」之至！

在東方國家的代表之中，有幾個人是可以寫中國舊詩的。當晚，大概是由越南的裴春淵首先發動，即席賦詩紀盛；在我們代表團中，雖然並沒有專工舊詩的詩人，而鍾鼎文兄卻也「才高八斗」，當即「步韻」和了一首。詩曰：

『翠微向晚欲朦朧，雲閣深深深幾重？別苑松泉棲素鶴，長軒金碧走文龍；霓裳羅襪人似玉，逸興豪情氣如虹。百代風流數今夕，更待筆掃萬邪同！』

後來我讀了鼎文兄的詩，也依原韻「和」了一律。詩曰：

『仙雲飄渺月朦朧，人在蓬山第幾重？紅袖輕拂飛彩鳳，羅裳半曳舞婉龍；八方俊彥會風雨，萬國衣冠亂霓虹。酒醉天涯無去處，悲歌慷慨與誰同？』

這首詩的最後兩句，當然也是有感而發。由於這些日子來身在異邦的體驗，我感覺到我們跟任何一個所謂朋友或兄弟之邦，都不太具備著相同的「遭遇」和「命運」；每一個國家所面臨的苦樂，只有他自己的子民才會有深切的感受，和衷心的關切。因此，我們所需要的自力更生，其程度當然與別人不盡相同了；甚至於我們所蘊發的慷慨悲歌的情懷，不僅與別人大有差別，而且別人也不會來加以瞭解。在國外，我們的「悲歌慷慨與誰同」呢？那也唯有「血濃於水」的僑胞了！

五、僑情與胞愛

我們在漢城的十天之內，和中國大使館以及許多熱情的僑胞們，都有很多的接觸，也留下了不少使人欣慰愉快的回憶。

在我們到達漢城的當天下午，就在團長率領之下，全體到中國大使館，去拜會唐縱大使和館內的各部門負責人員。唐大使曾是我和南郭兄的「老長官」，和代表團中的許多人也極爲稔熟，所以對我們大家的接待特別親切，對這次國際筆會大會的一切也甚表關心。

中國大使館的六層新廈，在唐大使主持下，甫於去年落成，氣勢相當雄偉。大使館所在地的「明洞」，等於臺北市的衡陽街和成都路，是漢城市的黃金地帶；舊的館址還是在清朝的時代由袁世凱所留下來的。翻修爲六層樓的大廈之後。不但美侖美奐，而且極具實用價值；凡中國派駐在韓的各個機構，都集中在這幢大樓之內，合署辦公，一切堪稱方便。

在大使館拱門以外的右前方，有一幢兩層樓房，樓下是華僑總會，樓上是中國國民黨總支部；而大使館的左鄰，緊接著就是韓華日報社、華僑小學、和華僑中學。我們出了大使館之後，就依次一一的拜訪了這些僑社機構。到華僑中小學時，正遇到全校數千師生在舉行放學之前的降旗禮，我們也以莊穆的心情向國旗肅立致敬；在嘹喨的國歌聲中，有許多人都感動的流下淚來。祖國啊！您該知道正有著千千萬萬海外遊子在熱愛著您，在盼望著您的壯大與復興！

是的，海外的華僑都是熱愛祖國的，旅居韓國的僑胞當然也不例外。韓國華僑絕大多數都是來自山東，賦性刻苦耐勞，其中大半都是由經營餐館而白手成家，然後再轉而投資於其他事業；當然，也有少數是來自國內其他各地的，或者是一直是由經營餐館以外的其他行業而起家的。例如有一天早晨，我和紀弦兄在吃早點。遇到了一位華僑丁先生，自動地過來跟我打招呼，還非要「請客」不可；他是一個寧波籍的貿易商人，但是卻也講著一口相當純粹的山東話。

在漢城，無論規模大小的中國餐館，差不多都是山東僑胞所經營的；這些餐館，並不止於只賣中國同胞的錢，主要的還是韓國人士也「趨之若鶩」。有幾家規模較大的餐館，更是韓國上流社會交際酬酢的宴客場所。林語堂博士夫婦於六月二十七日下午由臺北飛抵漢城，曾經印行過他的翻譯全集的韓國出版家李明徽，就是在漢城一家最大的中華館「雅敘園」爲他接風洗塵，以表隆重。我和陳紀瀅團長、王藍副團長、以及白鐵博士和尹永春教授等人，應邀擔任「陪客」，我們對這家還不算「離譜」的北方口味，當場給予相當佳評；大師傅聽說我們是從臺北來的，當然手藝也很賣力。

去年夏季，我在政大讀書的兒子因病住臺大醫院。結識了一位他的「主治實習醫師」李本發，別人都說他們很像哥兒倆，於是當我的兒子出院以後，我便多了這麼一個已在臺大畢業的乾兒子。本發是山東籍的韓國僑生，他的父規李福忠先生在仁川經營一家頗具規模的餐館「福華樓」。這次我到韓國來，本發特別向他的家裡函電交馳，要他的父親對我好好招待一番；而我雖然也曾往仁川一遊，但卻沒能夠到「福華樓」去拜訪我的「乾親家」。

六月二十八日的仁川之遊，是應一位名叫孫國風的華僑青年之邀請而去的，紀弦兄在臺北成功中學執教二十年，桃李滿天下，孫國風也就是他的高足之一；當他在報紙上看到中華民國代表團來到漢城的消息時，他就跑到「大然閣」夾找他的老師，並且邀請我們到他的「出生地」仁川一遊。

在漢城街頭轉了半天，好不容易「抓」到了一部計程車，又被兩個毛頭小伙子不問青紅皀白的就先搶著坐進去了；經過孫國風的說明，說我和紀弦兄是來韓國開會的外賓，那兩個韓國青年才趕快禮貌的讓了下來，而我們一行三人才得坐上車子，直駛仁川。

從漢城到仁川，大約相等於從臺北到基隆的路程。在仁川，我們曾經遊了仁川公園，麥克阿瑟紀念碑，以及麥帥當年登陸仁川的月尾島；並且訪問了孫國風的「故居」（他個人目前住在漢城，在忠武路四街經營一家服裝店），會見了他的父母家人。最使我印象深刻的，就是走過華僑聚居地的幾條街道時，那份兒親切稔熟的感覺，眞有如回到了北方一個曾經駐足過的小鎭。據說最初僑胞從山東到韓國的時候，差不多都是先從仁川上岸；所以這裡的華僑社會，有點類似「聚族而居」，地區頗爲集中，他們保留著來自祖國的生活方式和風俗習慣也較純較多。

到了仁川。就到處打聽「福華樓」，原來還在距離仁川市區較遠的「富平洞」，那裡是一個新興的工業區，因爲時間關係，我們必須趕回漢城，參加大會的集體活動項目，所以這次「乾親家」便探望不成了。

後來，在七月三日大會閉幕的那一天中午，我的「乾親家」夫婦和他的妹夫陳可珍先生，一齊到旅館來看我。陳先生和朋友們合夥經營了一家大型的餐館「泰和閣」，位於漢城市的另一繁華地帶「鍾路區」；在他們的誠意邀請之下，我只好再轉約南郭和如陵兩兄，一起去叨擾了一頓道地北方口味豐盛的午餐。席間，我們彼此談話的課題，差不多都集中在「第二代」的身上。旅韓僑胞對於送其子女回國升學讀書，認爲是一件極爲光榮而重大的問題；這不僅是代表他們對於下一代寄望的殷切，同時也是熱愛祖國與依靠祖國的具體表現。

六月二十九日中午，唐大使曾以午宴款待中華民國及香港兩代表團，這是我們到漢城以後吃得最好和最飽的一餐；尤其是飯前飯後所喝到的熱茶，和「大然閣」的自來水相較之下，簡直可以「如飲甘露」來形容了。七月二日下午，唐大使又舉行了一次盛大的茶會，邀請中韓作家、華僑領袖及韓國文化教育人士三百餘人，歡聚一堂。茶會中，唐大使並將中國文藝協會頒贈給韓國作家權熙哲和許世旭的「文藝獎章」，分別轉頒給了他們。許多人相信，在若干年後，將會證實這是中韓文化交流最重要的一頁。

大會閉幕之後，按照日程，全體代表於七月四、五兩日訪問韓國南部之釜山及慶州等地。我由於要替轉赴日本的一部份團員辦理手續，不得不留在漢城，南郭兄也因爲身體不適，不願再去辛苦奔波，所以也放棄了南下參觀的機會。四日中午，我們兩個人又應唐大使伉儷的邀約，到大使館六樓去喝茶聊天，並共進午餐。到了國外，才會瞭解到「口之於味」

的重要；特別是在「人情味」這一方面，更有超乎「色香味」以外的需要。這種感受，常是我們平時在國內所忽略的，也許是「人在福中不知福」吧！

七月五日，是我們代表團留在韓國漢城十天中的最後一天；晚間，大家紛紛收拾行囊，有的準備轉赴日本，有的早日直接返國。一片驪歌聲中，許多朋友都來殷殷話別。這時，我感覺到我的箱子簡直是無法整理了，土產、紀念品、書籍資料，還有無法計量的中國僑胞與韓國朋友的情誼，實在使我心如蚱蜢舟，載不動許多愁……。

六、東京四十六小時

七月六日上午，我們中國代表團的部份團員一行七人——陳紀瀅、李曼瑰、葉蟬貞、畢璞、孫如陵、南郭、和我，離韓國而轉赴日本東京。大使館一早就派了一部專車來到「大然閣」，把我們送往金浦機場；范總領事、林秘書、和呂主事等人，也特別代表大使前來機場送行。

當我們冒雨登上「韓航」的波音七二七客機時，我望著在煙雨迷濛中的漢城，不禁在心底說了一聲：「別了，韓國！」

「韓航」客機於八時五十五分起飛，也是經過了將近兩小時極爲平穩的航程，於十時五十五分在東京羽田機場著陸。下機之後。乘坐「機場巴士」到達機場大廈；這時，我國駐日本大使館的文化專員邱創壽先生，已先到機場相迎。辦好一切手續，走出機場，僱了三部計程車，駛向東京市區。

離開韓國之後，我這個代表團「總幹事」的職務本來應該解除了，可是謬蒙大家「錯愛」，還要我「有實無名」的「連任」下去；在我們到日本來的一行七人之中，我被認爲是最「年富力強」的一個，看樣子不替大家繼續服務下去也不行。於是，在這三部計程車的行列之末，我單獨的「押運」了一車行李。駛往大使館爲我們預定的旅館——「第一大飯店」。

這時候，龐大的東京市區也正籠罩在細雨濛濛之中。和漢城比較起來，這裡當然更富於異國情調；但她給予我的第一印象，卻並不像漢城那樣的使人「暈頭轉向」。因爲在這裡到處可以看到「一目瞭然」的中國字，當然也有英文和更多的日本文字，但無論如何總不至於令人有降爲「文盲」之感了。

「第一大飯店」（Dai-Ichi Hotel）位於新橋區，與「銀座」緊相毗連；對於像我們這樣的匆匆過客而言，無論觀光或者購物，都得地理之便。這個飯店全部有一千三百多個房間，進得門來，便看到大廳裡熙來攘往看世界各色人種，蔚爲大觀；這大概都是來去於大阪「萬國博覽會」的遊客，在這個時候能夠訂到房間，亦屬不易之事。

我們住在「第一」擴建的新廈部份，得先乘自動升降樓梯上去，然後轉彎抹角，再搭電梯上到五樓。我和陳紀瀅團長合住三五六〇號房間，依次是畢璞和葉蟬貞合住一間，南郭和孫如陵合住一間，李曼瑰先生自住一間，在畢、葉二人的對面。日本人設計這種「雙人房間」，眞是「精簡」的到了令人驚嘆的程度；房間小得僅可容膝，但有臨窗的長桌，有兩張床，有衣服架和箱架，有衣櫥，有投幣後可以收看的小型電視機，有全套衛生設備的浴室……我們大家都稱讚它爲「麻雀雖小，五臟俱全」。當然，這對於我和紀瀅先生這兩條北方大漢來說，一切都似乎稍嫌侷促一些；但來去不過兩天，有此「容膝易安」的下榻之處，也就很滿意了。

一面安頓下來，一面請邱先生以電話替我們聯絡七月八日飛往大阪的機位。並代訂大阪的旅館；一切ＯＫ之後，大家即下樓吃飯和換錢（美金比日幣約爲一比三五八元），吃了以三明治和咖啡代替的午餐，已是下午三時。當即由陳團長和李曼老決定，下半天的遊覽觀光時間既已趕不上了，不如大家分組行動，先去逛大百貨公司購物爲宜；於是我們四位男士一組，在曾經來過東京四次的紀瀅先生率領之下，追隨「識途老馬」而一同出發。

在東京，要叫計程車也並不是一件容易的事；出了旅館大門，得先排隊等候，那裡有穿著整齊制服的「車侍」（這是我姑且杜撰的名詞），專門替客人攔車、叫車，並且打開車門請你依次上車。東京的計程車都相當「豪華」，車身較爲寬大，有「冷房」裝備，也有無線電通話器，一律「右開車」；起步的車資是日幣一百三十元，比臺北貴得太多了。

我們一組四人，先到歷史最爲悠久的「高島屋」百貨公司購物。到東京來，購物實在是一個極其重要的「節目」，不但要購得恰到好處，而且還要買得面面俱到，否則回去眞無法向「拜託」你的家人親友們交代，我想這是每一個曾經到過國外的人，所具有同感的課題吧！

日本百貨公司規模之大，設備之佳，貨品之精美與齊全。以及服務小姐態度之良好，可以說是名不虛傳。在這一時期，一切佈置裝飾，一方面爲了配合「萬博會」的渲染，同時又正值所謂「御中元」的節令，在氣氛方面更有一番不同的點綴。但是，各種日常用品的價格都相當昂貴，除了一些「內定」必需購買的東西以外，一直逛到下午六時。我們每個人手裡所提的貨品並不太多。

出了「高島屋」，先把所買的東西送回旅館，然後再出來解決晚餐問題。我們乘車到了「有樂町」，在「東寶劇場」附近有許多「中華料理」館子，其中有一家叫「來來軒」，看樣子還算清潔，於是便走了進去，每個人各叫一碗「叉燒麵」吃。這個館子是一個寧波老太太開的，「跑堂的」則是一位正在東京某大學讀博士的中年人，以每天課餘時間在這裡「打工」；麵並不好吃，果腹而已。

七時許，我們就近在「東寶」所屬的「日劇」看了一場「現代歌舞劇」。內容雖然並無稱道之處，但從各種舞台條件的構想與配合，可以看出他們智慧的運用和技術的進步。看完了戲，時間已經是九點多鐘；東京各大商店早在八時已經打烊，什麼東西也買不到。於是我們只好在街上隨便閑逛一下，然後回到旅社，沐浴就眠，也好恢復多日以來的疲勞。

次日，一早起床，就在房間裡叫兩份早餐來吃，以節省時間精力。接著，集合大家下樓；紀瀅先生已經爲我們全體七人訂好了票子，參加九時開始的 Uptown Tour。這是由一家 Hoto Bus 公司所主辦的，以上午三個半小時的時間，遊覽東京幾處重要的觀光名勝，定價爲每人日幣一千五百元。

遊覽車在微雨中出發，車上坐滿了各色人種，導遊小姐沿途以英語向大家報告說明，並且每人發給一個小小的日本木偶，請本車的遊客佩在衣襟之上，作爲識別的標誌。以免和別的車上的遊客混淆，或者上錯別的車子。

第一站是著名的「東京塔」（Tokyo Tower），下車後，全體「同車」先在塔前攝影留念。上塔之後，在展望室可以對龐大的東京作一「鳥瞰」；這裡還有紀念品可買，並且還可以在紀念品上爲你打上年月日的鋼印。看到鋼印上日子，不禁使我初則悚然一驚，繼而感慨萬千。原來今天是「七七」！屈指一數，三十三年了！三十三年前的「七七」，我懷著滿腔熱血，參加對日抗戰，十年戎馬，誤盡我一生之中的「黃金年代」，到如今兩鬢將斑而一事無成；國家命運，也因爲對日抗戰而演變至於今日！想不到三十三年以後的「七七」，我卻在日本東京作「觀光客」……。

以下，遊「八芳園」，聽日本古琴演奏並品嚐「茶道」；然後經過「明治神社」、世運會場，而到了遊覽終點的皇宮廣場。這一次的遊覽，雖然停駐的 Big Stops 並不多，但也算是在東京市區的中心地帶繞行了三個小時；在觀感方面，一言以蔽之，可以看出日本是一個有其「傳統」的「進步」國家。在日本皇宮之前結束此次「Tour」時。我們在「東京塔」前所拍的那張彩色照片，已經沖印完成，由主辦公司免費贈送每位旅客一張，效率之高，令人爲之「皆大歡喜」。——在此，我又得補記一筆：在這次三個半小時的遊覽全程中，我曾經仔細數了一下，只見到五部摩托車，大部份都是郵差騎的；可見得這種「害人」的交通工具，日本人自己不用，都輸出到臺灣來了。

中午，我們「男組」四人，仍到有樂町的「中華料理」去吃麵，然後到其附近新開的「阪急」百貨公司購物。爲了各自行動方便，到「阪急」後由團長宣佈暫時解散，於五時前回旅館集合，在「阪急」逛了一圈，只選購幾樣東西，時間已經快到四點半了；外面，天在下著大雨，只得冒雨叫車返回「第一大飯店」。

回到旅館，見孫「如老」留條，說是有朋友要請我們大家吃晚飯，請在旅館相候云云。我因爲今天是留在東京的最後一晚。而要買的東西尙未購齊，所以決定要再去「逛」百貨公司。紀瀅先生回來之後，他同意我個人的決定；於是「馬不停蹄」，下樓、出門、上車，他又把我帶到了位於「銀座」的「松屋」百貨公司。然後，他去看「東寶」的歌劇，我一個人由「松屋」而逛到附近的「三越」公司，復在雨後的黃昏中大逛「銀座」；此時，華燈初上，「銀座」的夜景是繁華而美麗的，這又得讓我發出一連串的感慨——如果不是由於日本發動對中國的侵略戰爭而種下禍根，那麼此時此刻我們北平或上海的夜景，又何嘗不美麗而繁華？如今，我們仍在苦難之後奮勉的自力更生，而「侵略者」則在其完整的國土之上，安渡其發展進步的歲月，甚至隱然以「大國」自居；如此「天道」，眞是豈有此理！

不過，話又說回來了；在日本要買的東西如果買不齊全，回去還是無法交代的。換句話說，這次到東京來，大部份的時間都是在爲別人而忙碌著；這也就是我們中國人的「人情味」，而這其中自有「快樂之本」。於是，我又信步逛過「銀座」附近的幾條橫街，又摸到了「西銀座市場」和「新橋市場」，逛完了這兩個攤位連亙的市場，已是夜裡十點鐘，而「第一大飯店」也已經就在附近了。居然沒有摸迷了路，還算不錯！

這時，兩腿重有千斤。而肚子裡早已唱「空城計」了。在「新橋市場」一家叫做「歌屋」的日本料理店，坐下來，叫了一小瓶酒，兩盤魚蝦之類的「割烹」，先喝他兩杯再說。在漢城的十天期間，由於事情多而睡眠少，因而肝火上升，嘴唇上曾經冒起一個水泡；而且我還得盯著紀弦兄叫他少喝酒，所以我自己也很少「貪杯」。現在，就是多喝幾盃也沒有關係，因爲我有把握可以摸回旅館去。然而，一小瓶酒喝下去又算得了什麼呢?出了「歌屋」，頭腦依然是清醒的，肚子也依然是空的。於是再沿途吃小攤子，吃「立食」，吃「壽司」，又在一家中華館裡吃了一碗「叉燒麵」；回到旅館，已將近深夜十二時，這前後約有七小時的「行腳」，累得也實在「夠瞧」的了。

七、大阪「萬國博覽會」

在東京停留兩天，一切眞可以說是「走馬觀花」；但我們爲原定的行程所限，不得不匆匆而來，匆匆而去。

七月八日清晨七時許，我們一行七人離開東京的「第一大飯店」，搭乘 Limousine（事先預定的可搭乘客及行李的大型車輛）於微雨中直駛羽田機場。

九時十分，我們登上了中華航空公司由東京飛往大阪的班機，於九時半起飛。在漢城和東京跟外國人打了十幾天交道，今日得遇全是「國語人」的「華航」服務人員，彼此均感到親切異常。在「空中小姐」謝思嘉的建議下，我們每人都寫了一張明信片，以代告知行期的「平安家書」，轉托謝小姐回航臺北之後，立即付郵。

十時二十分到達大阪，我國領事館派劉明禮及于介山兩先生前來機場相迎。辦好手續後，即僱車入大阪市區，下榻於西區阿波崛通二之二十八號的「本町莊」；這是一家純日本風格的舊式旅館，除去把「榻榻米」改成木床之外，一切設備都極其古樸而稍嫌簡陋。但在「萬國博覽會」期間，大阪到處人滿爲患。領事館能替我們訂到了這樣的房間，也是大爲不易。我們四男士同住在樓下的一〇四號，三女士則住在隔壁一〇三號。安頓之後，大家反而覺得住在這裡別有一番風味，而且對於「體驗生活」也不無助益；尤其是我國駐大阪總領事館就近在「通」口，有事聯絡也頗爲方便。

下午二時，我們在于介山先生嚮導及陪同之下，步行出「通」，先到領事館作禮貌上的拜訪；然後再繼續步行約六、七分鐘，即到達「本町」車站。於是轉入「地下」，搭乘「地下鐵」前往「千里丘陵」之「萬國博覽會」（Expo'70）。車上，「萬國博」（日本對「萬國博覽會」的簡稱）的遊客有如潮湧；而「地下鐵」之整潔、安全、與快速，均有其值得稱道之處。

車行約二十分鐘，由「地下」升至「地上」後，「萬博」會場「主題館」那張據說是

「太陽神」的大圓臉，即已赫然在望；下車，隨人潮搶至會場入口，購日幣八百元一張的門票進場。經過主題館的廣場，先到我們的「中華民國館」，承新任館長劉維禮先生熱誠接待。並由禮賓官王榮廷先生陪同，在館內參觀一週；出館之後，並在「鳳凰來儀」的雕塑之下及正門前面，攝影留念。此時，中國館前的參觀者正在大排長龍；而館內的每一位服務人員，也正在爲即將到來的「中國日」（七月十日）而忙碌著。雖在百忙之中，王先生仍然抽出時間來，陪著我們去參觀了幾家比較「熱門」的館。而且都是以貴賓（VIP）身份從邊門進場的；否則如果排隊等候的話，據說在一些「大館」門口要排上一兩個鐘頭，那是不足爲奇的事。

首先，我們參觀了日本人所精心設計的「主題館」，它的目的當然是在於表現此次「萬博」的主題——「人類的進步與調和」；姑無論其「表現」的成績如何，僅就其內部的結構而言，已可以看出這是他們無數科學家與藝術家的心血結晶。當人們從「過去——根源的世界」進入，一面聆聽著「生命之歌」，一面摸索過「自然」和「心的森林」，接著讓一層又一層的自動步梯帶著你爬過了「生命之樹」，然後再回到「人間」和「未來——進步的世界」時，不禁有一種「如夢初覺」的感受。而世界在「進步」中究竟怎樣才可以得到「調和」？我想連「太陽塔」上的那張圓圓的臉，也會瞪著失神的眼睛而莫知所答了。

接著，我們又參觀了「三菱未來館」，這是以高度的電學與機械的技巧，表現了它的主題——「日本的自然與日本人的夢」。在「自然」的那一部份之中，它讓遊客「身歷」了狂風暴雨、疾雷迅電、大海狂嘯，濁浪滔天；然後又是火山爆發。岩漿迸射，大地震動，彷彿「面臨」了世界的末日……在心驚膽顫之餘覺得這些「特技鏡頭」，實在已經可以「値回票價」；其他如空中樓閣與海底都市的「夢」想，反而倒不太引起「觀衆」的興趣了。繼之，我們又連續參觀了法國館、德國館、和澳洲館，它們都位於中國館左前方不遠之處。法、德兩國，都是有其歷史文化的歐洲古國，因而在他們館內的佈置內容。當然盡量推出他們的文學家、詩人、音樂家、畫家、戲劇家、建築家、雕塑家、科學家，乃至於明星、歌星、和運動員，眞是琳瑯滿目，各有千秋；何況，此外還有法國的香水、德國的工業，也都是相當「叫座」的。至於澳洲館，則僅以其外觀（好像一條恐龍叨看一隻圓鍋）取勝，內容並不充實；不過他有羊毛和兔毛作成的小手工藝品出售，倒也讓不少遊客們臨時掏了腰包。

七時，回到中國館，由劉館長招待在附屬的餐廳晚餐。遇到李天民兄，他是率團前來參加「中國日」的表演節目的；有文化學院的「霓裳羽衣舞」，有北一女的儀隊操槍等等，預祝他們能爲「中國日」增加一些光彩。

飯後，我們再接再厲，又經中國館的代爲安排，參觀了幾個東歐國家的館。而此時「萬博」會場的夜景，多彩多姿，美麗絢燦，猶如不夜之城；放眼望去，一片燈海，特別是瑞士館前的「光之樹」，據說是共用了三萬多隻燈泡組成的，更爲「萬博」之夜點燃了火樹銀花。

這時候。我們雖然遊興未盡，但是每個人的兩條腿，都已經抬不起來了。承中國館的王副館長特別派了一部車子把我們八個人（連于介山先生在內）送回了「本町莊」；困乏不堪，在旅社的日式「風呂」設備中沐浴之後，上床倒頭便睡。

八、京都、奈良

在大阪的次日（七月九日），我們有京都與奈良之遊。總領事館的于介山先生，是一位熱心人士，他在八時半如約而來。今天仍舊要麻煩他作爲我們的嚮導。於是，大夥兒仍然先步行到本町車站，搭乘九時十分的「地下鐵」出發，中途又轉了一次車，於九時五十分之前抵達京都。

就在京都車站的前面，有該市交通局所主辦的「觀光案內」（案內，服務也），遊覽車也有不同的Course；當即由陳團長決定作上午的半日之遊，留著下午的時間好去奈良。

上了遊覽車之後，先經過「京都塔」（Kyoto Tower）而進入市區，這座現代建築的塔，比起「東京塔」來，當然是小巫見大巫，而且矗立在到處都是名勝古蹟的京都市內，也顯得有點兒格格不入。然後，車子通過了「鴨川」的「五條大橋」，而到達了觀光第一站的「清水寺」。

「清水寺」的景色，以春天的櫻花和秋天的紅葉馳名，但我們來的不是時候，所以都沒有看到。寺前有一條小小街道，多爲出售清水著名的「趣味陶瓷」，和京都特產「西陣織」（絲織品）的商店，這倒讓我們不至於空手而回；我也買了兩套酒壺酒杯，和幾條「西陣織」的「萬博」紀念領帶，回去總可以送送朋友了。

第二站是「三十三間堂」，在這座古老的寺院裡，大殿裡供有十一面觀音坐像，和五百座大小相等的觀音立像；法相莊嚴，金碧輝煌，看起來眞是洋洋大觀。大殿的背面，還供有幾十尊羅漢像，大部份都已定爲「國寶」，並且有幾尊都暫時「離位」，而去參加了「萬博」的展出。

再上車繼續前行，返經「鴨川」上的「七條大橋」。西行經過「東本願寺」及「西本願寺」，折向北行，經「大宮通」，過「二條城」，再轉向西行，經過一條最具古意的街道「白梅町」；然後再向北行，經「北野天滿宮」而到了第三站的「金閣寺」，又名「鹿苑寺」。所謂「金閣」，是在寺內有一座由金箔鑲裹而成的三層高閣，佇立於風景優美的「鏡湖池」畔；比起四週的水光山色來，閣的本身並不算美。另有一「銀閣寺」，又名「慈照寺」，則在京都的東北方，據說是一座由銀箔鑲裹而成的古老建築；因未在遊覽路線之內，只有見之於圖片之中了。

再度上車東行，經「大仙院」及「大德寺」，折向南再向東，經過「相國寺」及其附近的「京都大學」；其時正是中午放學時間，看到來來往往的日本大學生們，作準「嬉痞」狀的竟有如此之多！不禁爲之浩然興嘆，同時也爲我們中國大專青年的篤實作風，而喝彩，而慶幸。再繼續東行，到了此行的最後一站「平安神宮」。在這個佔地廣大而且建築富麗的寺院裡，據說有很多日本影片都曾在此拍攝外景，著名的「蝴蝶夫人」即是一例。

按說「觀光案內」的原定路線，是由「平安神宮」返回「京都驛」前再行解散。上車之後，再經「無鄰菴」、「知恩院」、「祇園」……等地，我們一行八人即在「四條大橋」下車，到橋邊一家山東老鄉所開的中華餐館吃午飯；這家餐館規模不小，乘電梯直上五樓，一面憑窗外望，一面回味此次遊程，頗有「京都四百八十寺，多少樓台煙台中」之感——說實在的，對於一個匆匆來去的遊客而言，在印象上京都眞可以說是一個「寺院的城市」了。

由於清晨我們在旅館裡都只是吃了一點「不知所云」的早餐（早餐是包括在房間租金裡面的；生雞蛋、小銀魚、味噌汁，和硬米飯，使人實在不知道應該如何的吃下去），所以大家的肚子早就餓了；對於這頓北方口味的午飯，當然都吃得很飽。然後鼓腹下樓，就近在四條驛上了「阪急」電車，轉赴奈良。

經過中途的換車候車，抵達奈良，已近下午四時。第一步，先遊以大佛和馴鹿著名的「東大寺」。從南大門進入之後，就看到有許多梅花鹿，夾雜在遊客和攤販之間，非常狎習；遊客可以買些「飼料」去餵它們，它們也就馴服的過來在你的手裡吃著東西，一點兒也不感到陌生和駭怕。

大佛的坐像，在建築宏偉的「大佛殿」內，需要買票進去「瞻仰」。佛像高十六公尺有餘，似乎比我們彰化八卦山的大佛略遜一籌；但據記載：此佛此殿係初建於「天平時代」之公元七五二年，後在「江戶時代」之一七〇九年又重修一次，論其歷史，則可稱爲極其古老的了。

大家都購買了幾樣紀念品，出「東大寺」時，已是暮色蒼茫；於是就僱了兩部計程車，在附近兜了一圈。先到「若草山」和「春日大社」，那裡有更多的馴鹿，徜徉於山林之間。復經「猿澤池」，遙望「五重塔」，晚霞掩映，垂柳如絲，這是奈良風景最美的所在；而在「萬博」會場中的日本「古河館」，就是完全模倣「五重塔」所建造而成的。

六點多鐘，我們的計程車直接開到了奈良車站，搭乘「國鐵」電車返回大阪，在大阪市最繁華的「難波」區下車；同人們有的購買東西，有的跟著閑逛一番。

晚餐，我們在「本町莊」附近一家由華僑所開的「廣州飯店」，以聚餐方式宴請于介山先生，以致謝他兩日來對我們嚮導和陪伴的辛勞；而明天，他就要去爲「中國日」而忙碌，無暇再爲我們作「案內」了。

京都與奈良之遊，我們「跑」的也相當辛苦而勞累，同時也有不少的「感慨系之」！

九、再「跑」一次EXPO'70

七月十日，是我們在大阪停留的最後一天。也是在日本旅程中的最後一天。我們決定下午再去「萬博」一次，參加「中國日」的活動；並利用上午的時間，逛逛大阪的百貨公司。

由於昨天在旅館吃早餐的「痛苦經驗」，今天實在不敢再輕易嚐試了；我們四位男士就在附近一家 Aponi 餐廳，各吃了一份牛奶和三明治，以作早點。到日本這幾天以來，一切集體活動的用費都是由大家「三一三十一」的平均分攤；隨時算賬攤交，常常把我忙得手慌腳亂、頭暈腦脹。今天這頓早點是由紀瀅先生請客，所費雖然不多，卻可以省了我一次麻煩，所以應致雙份兒的謝意！

早餐後，再回「本町莊」，向旅館主人問明路線，然後出發；孫如陵和南郭兩兄因爲另有朋友的約會，請假未隨團體行動，因而這次的 Shopping，只有我們二男三女，一行五人了。

步行到本町車站，搭乘「地下鐵」的「御堂筋線」，到「心齋驛」下車，上升到地面之後，就是大阪最大的百貨公司——「大丸」；但是恰逢「大丸」公司今天休業，我們只好在附近「三和銀行」換錢之後，到「大丸」隔壁的「十谷」公司去光顧一番。

有了在東京逛百貨公司的經驗，而且深知「時機稍縱即逝」的道理，所以在「十谷」看到了可買的東西，馬上就買；同時我也發現，有一些在東京買不到的東西，在這裡居然可以買到了，實在難得。大阪的百貨公司，論規模並不比東京爲小，佈置同樣的精緻而考究，服務也同樣的週到——甚至專門備有能操英語和法語的服務小姐；連包裝紙和手提袋等等小節，也盡量精美，而使顧客認爲即此亦有保存的價值……凡此種種，都是我們國內百貨公司所應急起直追的借鑑。

回到旅社，已經十二點多了。我趁者大家出去吃午飯的空檔，在「通」口叫了一部計程車，一個人單槍匹馬的又「摸」到了大阪的「高島屋」，買了幾樣最後必需買到的東四，吃了一客日本點心，然後又僱車趕回「本町莊」，正是下午二時。畢竟是以前在部隊裡幹過多年參謀，在陌生的地方還可以辨別路線刀向，既未迷路，也沒有讓日本司機載著亂跑一氣，自詡爲本領不小。

下午二時半，我們一行五人再離旅館而出發，仍由本町車站乘「地下鐵」前往「萬博」會場。購票入場後，先到主題廣場參觀「中國日」的表演節目。但見我們的國旗到處飄揚，中國的古典音樂也四方洋溢，令人爲之興奮。此時中國館前，遊客大排長龍，每人出館後並有紀念品相贈，更增加了館內服務人員的忙碌。

我們承中國館禮賓處的安排，首先仍以「VIP」身份參觀了美國館。美國館完全採取「低姿勢」的建構，一切都在地下；由於他的內容充實，規模龐大，而且展出了「阿波羅十一號」太空船的全部眞實裝備，以及由「阿波羅十二號」所取回的最大的一塊月球岩石，因而在遊客心目中形成了最大的熱門館。在文化藝術方面，美國館的展出品當然也是頗爲可觀的；在體育部門之中，連他們棒球巨星白比魯司（Babe Ruth）的球衣和球棒都拿來展覽了，其對於「眞材實料」的運用，於此可見一斑。

接看，我們即以普通遊客身份，繼續的參觀下去。先看英國館，他從最古老的傳統，一直到全世界都知名而又予以非議的「披頭四」都源源本本的推呈在遊客的面前。繼之爲香港館，那幾條帆船點綴得情調甚佳。然後是意大利、捷克、保加利亞、巴拿馬、阿根廷、馬爾他、多明尼加、毛里塔斯、尼加拉瓜、哥斯達黎加、厄瓜多爾、塞浦魯斯、尼日、墨西哥、荷蘭、斯坎的拿維亞（包括丹麥、芬蘭、冰島、挪威、瑞典）、緬甸、泰國、馬來西亞、歐洲共同館、加拿大、紐西蘭……等等，總計差不多有三十多個館。後來實在因爲「跑」不動了，所以「過門不入」而只在外而看望一下的館，更是不計其數。以兩個下午的時間，在短短的幾個小時之內，能有如此成績，亦屬不易；而此次在Expo之「跑」，雖然辛苦一些，但等於觀光了幾十個「具體而微」的國家，機會既極爲難得，收穫也頗覺不少。

在下午六時左右，我們曾在「水曜廣場」的飲食攤上「打尖」一次。一面喝著冷飲，一面由紀瀅先生帶領叫日本湯麵（Nodo）來吃，價廉物美，出乎意料之外」於是，我吃了一碗湯麵，又吃一碗蒸麵，吃著吃著，不由得想起了「宮本武藏」電影，但願我這碗麵裡沒有蒼蠅——事實上也是沒有，阿門！

跑到人困馬乏，時間已是晚上八點鐘了。最後，我們在「中央口」附近的小攤子和商店裡，各自選購了一些「萬博」的紀念品，然後離開燈火輝煌的會場，到了車站，以自動換錢和自動投幣的方式，購買了五張車票，搭乘「地下鐵」返回大阪。

回到「本町莊」所在地的阿波崛通，已經是九點鐘左右，遇到了孫如老和南郭老，他們說「廣州館店」已經打烊了，附近又找不到可以吃晚飯的地方；於是大家只好買些蛋糕和餅乾之類的食品，回到旅館去湊和一頓。我是一個最怕吃甜食的人。爲之奈何？不得已，只有在附近的大街小巷裡亂轉一氣，居然遇上一個吹著小喇叭賣湯麵的車子，彼此言語不通，我就用手勢把那個拉車子的小販叫到了「本町莊」門口，然後進去叫大家出來吃麵；而他們的蛋糕和餅乾早已下肚，有的已經開始換上睡衣去洗澡了。於是，我只得一個人再跑了出來。

獨自坐在麵車旁邊的小凳子上，「享受」一大碗比在「萬博」吃得更覺美味的日本湯麵——這可能是「饑則易為食」的緣故吧！

連夜整理行囊，準備離去。

十、歸去來兮

從六月二十六日到七月十一日，這次的韓國與日本之行，前後僅僅歷時半月有餘，而我早已「歸心似箭」了。

七月十一日起了一個大早，把隨身行李作一次總的清理，免得丟東忘西的，然後我們四位男士又到 Aponl 吃了早餐，準備出發。十時，由旅館代叫的兩部計程車到了；大家上車又是冒著微雨前往大阪機場。

承蒙「華航」大阪負責人的熱心照料，很快的辦好一切手續，並且由「華航」特別優待，安排我們乘坐八〇三號客機的特等艙座。在候機室內，大家有的以剩餘的日幣買些小紀念品，有的抽煙聊天；南郭兄曾經感慨良多的說：我們應該珍念此行的一切。因為再度出國，不知在何年何月？同時也不見得會有這樣多的好友在一起……。

飛機於十二時正起飛，「別了，日本！」下午二時許抵沖繩，在那霸機場「過境」停留半個多小時，除去拍了幾張照片之外，對於琉球風光惜無瀏覽機會。二時四十分，再從那霸起飛，「空姐」阮維瑛提醒我們，把時鐘撥後一小時，而臺北愈來愈為接近了。

下午二時五十分（臺北時間），我們平安地踏上了自己的國土。在松山機場，家人和親友都在歡迎著我——啊！還是自己的國家最好，最可愛！僱計程車冒雨回家。而雨中的臺北，看起來是如此的親切，如此的清新而蘊蓄著無限的潛力。祖國啊！您壯大起來吧！飛躍起來吧！

回國之後，每次和親友們說起了這次韓日之行（包恬「筆會」和「萬博」）的觀感，最後我都只有一個簡單的結論。那就是：

「臨淵羨魚，不如退而結網。」

讓這兩句話惕勉著自己，也希望它能爲國人提供一些它所含有的積極意識。

五十九年十一月，臺北木柵

菲行散記

一、播種三週

今年五、六月間，我曾有菲律賓之行。

此次赴菲，是應聘擔任菲華暑期文教研習會文藝寫作班的講座。這是由中華文化復興運動推行委員會菲華分會所主辦的，共分為寫作、文史、書畫、數學、工藝、和舞蹈等六個班，研習期間定為六週；但是我因為本身職責關係，不能久離工作崗位，所以經過事先的「函電交馳」，協議好了僅講課三週。而加頭添尾，在菲停留也只有二十七天，頗有匆匆來去之感。

五月七日，我們「教授團」一行啓程飛馬尼刺，家人友好都來機場相送。在臨行的前幾天，我也曾向過去在菲擔任過文藝播種工作的幾位「識途老馬」，如王藍、穆中南、尹雪曼、紀弦、董心銘、劉碩夫、彭行才諸兄請領過一些教益，但是歷年的情況也各有不同。像王藍是最早一批去「披荊斬棘」的，不過他們前幾期都是數人一組，分工合作的講授文藝各部門的課程；最近幾年，由於菲華方面主辦單位的更替，和班次分門別類的增加，於是像穆中南兄和尹雪曼兄，一直到我去擔任講座的這一期，寫作班的教授就變成一人唱「獨腳戲」

了。

經過九十分鐘的航程就到了馬尼刺，眞是「天涯比鄰」。從抵菲到正式開課以前，在繁忙的拜會與酬酢之中，我曾爲三週的濃縮課程，很費了一番心思。我計劃要爲菲華青年同學們講詩、講散文、講小說和戲劇；而且，既是「寫作班」，顧名思義，那麼爲他們批改作業，當然也是一個重要的環節。如此一來，忙碌和吃力自在意料之中；但既然決定下來，就得照著計劃去做，於是我這場「獨腳戲」唱得就更相當的辛苦了。

文教研習會於五月十二日在「商總大廈」正式始業。寫作班共分爲上下午兩班，總人數五十二人，同學們的水準還算相當整齊，也都相當可愛，剛開課的前幾天，報名上課的只有三十多個人，我一面講詩，同時也規定他們每人交兩首詩的作業；沒想到人數陸續增加，而且還來了很多「旁聽生」，使我旅館房間的案頭上堆積了一百多首或長或短的新詩作業（其中也有舊詩），這可眞批改得我頭大如斗。再加上不停的寫講義，加上各種集會應酬，加上朋友們來看我和聊天……因而在菲唯一感覺到缺憾的就是「睡眠不足」。

雖然如此，我還是繼續的「樂此不疲」。接著又講散文，批改散文作業；講小說，也附帶講了戲劇；甚至還應學生的請求，講了一小時的舊詩詞。關於小說的作業，因爲時間有限，我在菲期間實在無法批改了；恰好大中華日報舉辦小說徵文，主其事的林騮兄，特別前來班上鼓勵同學們踴躍參加，共襄盛舉；於是我的小說作業批改，便和大中華日報徵文結合起來。以今年寫作班同學們所交新詩和散文作業的水準來看，我私下曾和林騮兄說，他們和她們可以佔取大中華日報小說徵文的重要名次，大概沒有什麼問題；擔任寫作班班主任的許芥子兄，也有和我相同的看法。

除了「寫作」之外，我又節外生枝，講到了作品的「朗誦」問題——特別是詩的朗誦。在我的啓發和鼓舞之下，同學們對於朗誦的興趣都很高；於是立即決定，由上下午兩班的同學們，各自集體創作朗誦詩一首，都在一百行左右，由我閱改定稿之後，立即加強練習朗誦，並且配上音樂、效果、和燈光，再加上戲劇化的表演方式，準備在結業晚會上「盛大演出」。上午班的詩題是我規定的「祖國、祖國」，由黃鳳祝等八位同學集體執筆；下午班的詩題也是我所規定的「我們的心聲」，由許麗容等三位同學合力完成。在我離菲返國之前，兩詩都已定稿，正在「緊鑼密鼓」的練習之中。

我是在六月二日離菲返國的。從六月下旬開始，「捷報」便不斷傳來，這次在研習會的結業晚會中，寫作班的兩個詩歌朗誦節目——「祖國、祖國」和「我們的心聲」，獲得了空前的成功，其如雷的掌聲和如潮的好評，也使同時在晚會中表演的其他節目爲黯然失色！而在結業典禮的各班作業成績展覽會中，寫作班的詩和散文，更是「琳瑯滿目」。還有，據朋友們來信說，大中華日報今年又舉辦了一項「六十詩展」，我批改過的寫作班同學的詩作就佔了百分之八十以上；該報所舉辦的小說徵文，無疑也將是寫作班同學的「天下」。

這當然是使我感到欣慰的一些事實，三週的匆匆來去，有此成績，亦屬不易了。尤其是詩歌朗誦，在菲華社會中，可以說是一種創舉；有了這一次種子的撒播，今後它的開花結實，也許可以使文風一向甚盛的菲華僑界．在文化活動方面更增加多彩多姿的一環。而這，當然也不是我作爲「播種者」的一人之力」就在寫這篇東西的時候，我很懷念那些可愛的致力於辛勤耕耘的同學們。當那些年輕人們的影子在我面前晃動的時候，我的辛苦、勞累、和「睡眠不足」，早已遺忘得一乾二淨的了！

二、臨淵之羡

凡是曾經到過菲律賓的朋友們，都知道：菲律賓的天氣熱，而菲律賓華僑的熱情卻比天氣更熱。

這次我在菲先後逗留二十七天，就曾在炎熱的天氣裡，享受了太多的華僑友人們最珍貴的熱情。尤其是比起一般曾經到過菲律賓的文友們來說，我在菲華文藝、戲劇、和其他方面的朋友，似乎還更多一些；因而在友誼的往還，以及屬於一般應酬的甘苦方面，更多了一些「分身乏術」的體驗和情趣。

正由於菲華僑界友人們的特別熱情，所以無論是「舊雨」或者「新知」，他們總會透過主辦單位的安排，或者是臨時的個別接觸，把作爲「貴賓」的我們的一切活動日程和節目，排得十分緊湊，使你毫無「冷場」之感。有很多看起來似乎與我們無關的集會、典禮、儀式、宴會、聚餐、郊遊……等等場合；我們都會接到請帖，到時候還不得不以「貴賓」身份準時出席；而尤其是我忝爲教授團的「團長」，往往還被安排坐在「首席」，而且還得或長或短的發表一段談話。這種屬於「榮譽」性質的邀請，最初我們大家很有點不大習慣，以後漸漸的也就可以適應了；我並且還想到一個比較「偷懶」的辦法，到該由「貴賓」講話的時候，我就輪流指定「團員」們擔任發言的「任務」。因爲在各種各次的集會或宴會上，具名邀請的單位雖有不同，但主人們則都是大同小異的僑界領袖和知名人物；這樣一來，代表我們教授團致詞的人，既可避免重複老調，而且又富於「男聲」和「女聲」的變化，想不到效果居然甚佳。

在各種的「集體活動」之中，有兩個「節目」對於我個人的印象相當深刻；在這裡，我願意特別的記述一下。

五月九日——也就是我們到達馬尼剌的第三天下午，我接到研習會副主任林友聯先主的電話，他說當天下午有一場音樂會，是菲華音樂家黃楨茂教授的作品發表會，問我們大家願不願意去欣賞一下？我知道，他雖是在徵求我們的意見，事實上他是希望我們去的。剛放下聽筒，菲華戲劇「健將」陳赤美老弟也來了電話，他說黃楨茂的音樂會是在著名的「文化中心」舉行，不談別的，就只爲了去看看「文化中心」的內外設備，這場音樂會也非得去欣賞一番不可！

於是，我立即去通知大家，全體「整裝」出發。

關於「菲律賓文化中心」（Cultural Center of the Philippines），我在國內的時候，就常聽到來自菲律賓的朋友們大大的爲它「蓋」過，說是它的設備如何如何的「標準化」，能在它的舞臺上演戲一場，那才「過癮」云云，當時不過是「姑妄聽之」。到了馬尼剌之後，往來於海濱的杜威大道，首先接觸到它雄矗於岷灣之上的那份兒氣勢，就覺得它果然「名不虛傳」，而極願對它進一步的「一窺堂奧」了。

「文化中心」座落在杜威大道的中段，背海而立，它所佔的地基是塡海而成的；全部建築的坪數當以萬計，已經落成的部份，就是面對大道的大會堂。這個龐大的建築物，外呈方形，乍看之下並無什麼特殊之處，可是配合了兩旁凌空而上的弧形車道，再加上門前廣場中央的噴泉水柱，尤其是入夜之後，燈彩四射，連噴泉也是璀燦萬狀，看起來的確具有一種「藝術之宮」的壯偉而高雅的風貌。

至於內部的設備。我在這裡就不必替它再作渲染性的描述了。總而言之，在大會堂中的主要部份，就是一座非常「標準化」的音樂廳和劇場，特別是在音響系統方面的設計，據說：即使是一枚鈕扣掉在舞臺上，連後排的觀衆都可以聽得見。

當然，黃楨茂教授的作品發表會也是相當成功的。其中有菲華詩人亞薇兄作詞、陳吳靜娟女士（即歐陽飛鶯）女高音獨唱的「彷彿是在」，有施穎洲兄所譯菲律賓國父黎剎的名詩「我的訣別」，有陳明勳教授作詞，男低音獨唱的「遊子吟」……而最後的鋼琴協奏曲「錦繡祖國」，充滿了海外僑胞對於祖國的嚮往、關切、熱愛、與讚頌，並且在第三樂章之中，以家喻戶曉的「蘇武牧羊」旋律作爲第二主題曲，在交響樂伴奏之下，正氣磅礡，感情洋溢，使人聞之，不禁感動淚下。

散場後，趁著去向黃楨茂教授道賀之便，大致的又參觀了一下設備齊全的後臺。結論是：在我們臺北，就缺少這樣一座「標準化」的「而且可以使演員和觀衆都「過癮」的劇場。

古人有云：「臨淵羨魚，不如退而結網」。不管我個人有否「結網」的力量，但總難免有這如此的「臨淵之羨」；而且有這樣想法的，當時也可能不止我區區一人。

我國駐菲大使館主管文化事務的秘書胡國材（與西班牙前駐我國大使譯名相同，故人多稱之爲「胡大使」）先生，詩人也。他曾有「岷灣雜詠」五律十題，其中有一首就是寫「文化中心」的。詩曰：

『濱海矗高樓，琳瑯滿目收。銀河星月朗，玉宇煙雲浮。鸞鳳鳴千仞，波瀾匯萬流。豈徒娛耳目，敦化尚溫柔。』

承國材兄不棄，希望我也能與他唱和一番：在「文化中心」聽了音樂會之後，不免有所感觸，於是乃步韻而奉和一首云：

『落日映瓊樓，豪華眼底收。盈門燈彩燦，滿庭管絃浮。歌起波濤湧，曲終涕淚流。臨淵何所羨？悵對海風柔！』

此詩雖非上佳，但在「觸景生情」方面，卻也可以說是「寫實」之作。以上是「臨淵之羨」第一章。

之後，到了五月十六日晚間，我們又應中正學院的邀請，到「美菲大會堂」去看了一場該校同學的話劇演出。

「美菲大會堂」的本名，應該是「美菲人壽保險大廈音樂廳」；顧名思義，這不過是屬於一家人壽保險公司的會堂且兼音樂廳而已。然而，我在未來菲律賓之前，早已聽到它的「大名」，不在前述的「文化中心」之下，而且我的菲華戲劇界的朋友們，如蘇子、吳伯康、亞薇、陳赤美等人，都曾在它的舞臺上不止一次的「過癮」」我的劇本也曾在這裡上演過，所以對它頗有一份兒關切之情。我初到馬尼剌的時候，晚上，蘇子兄曾經拉我出去喝酒，伯康和赤美兩位老弟也曾分別駕車載我出去兜風：每次，他們都特別讓車子彎過了「美菲大會堂」的門前，指著它，告訴我說：

『瞧，這就是美菲大會堂！』

從這句不約而同的話裡，我聽出了每一個「劇人」對於劇場的關愛與嚮往；正如農民之對於田地一樣了！

比起「文化中心」來，「美菲大會堂」的規模與氣勢雖然略遜一籌，但在各種適應於音樂和戲劇演出的設備方面，不僅並無遜色，而且更顯得有一種精緻緊湊的優長。從它用大理石裝璜的廳廊，到座位安排的極爲適當舒服的前臺「池座」，到音效系統設備極佳的舞臺結構，到空間甚大而且應有盡有的後臺和化裝間……一言以蔽之，這也是一個相當「標準化」的劇場和音樂廳，而我們臺北也沒有。

中正學院演出的劇名是「芳草恨」，其中也有我寫作班的同學在擔任要角；一群生長於異邦的大孩子們，能夠把「國語話劇」演得頭頭是道，已經相當難能可貴。幕間，我和亞薇兄及赤美老弟在廳廊上抽煙聊天，自然而然的就說到了國內的劇場問題；我徒有「臨淵之羨」第二章，同時，我也聯想到了「漁者有其船」，「耕者有其田」，以及「劇人有其場」：：

也許有那麼一天，在那麼一個晚上，我陪著來自海外的朋友，特別驅車經過了臺北街頭某處一座雄偉而高雅的建築物，指著它，告訴我的朋友說：

『瞧，這就是咱們標準的國家劇場！』

然而，誰來「結網」呢？

三、走馬紀遊

在馬尼剌，我們教授團一行六人，由主辦單位安排在在僑區中心王彬街的「國際飯店」十一樓，每天上下午，準時前往研習會所借用的「商總大廈」（Federation Center Building）去上課。

最近剛告落成未久的「商總大廈」，位於距王彬街不遠的Dasmarinas街上。在這幢新穎而寬敞的七層大樓之中，有許多寫字間還沒有租出去，所以暫時借來作爲研習會的教室。我的寫作班，和何蟠飛教授的文史班，都在三樓；陳達芳教授的數學班，和江明珠小姐的舞蹈班，設在七樓；梁秀中小姐的書畫班，和陳杭生教授的工藝班，則在樓下。「商總大廈」

裡面冷氣開得十足，涼風習習，暑氣全消，倒不至於揮汗如雨，還算相當愜意。

研習會各班每天上下午各上課兩小時，上午九時至十一時，下午三時至五時；每天雖然僅有四小時的課，但其他的時間也都在各式各樣的忙碌中無形消耗了。更加上菲律賓社會治安不太好，馬路上不時有搶劫案件發生；爲了安全起見，我們上課、下課、參加集會聚餐等等活動，無論距離遠近，主辦單位或朋友們一定要派車接送。同時，我們從在國內直到馬尼剌之後，都曾得到朋友們的「警告」，千萬不可單獨或少數人上街，不可在身上帶太多的錢，不可帶貴重的手錶、鋼筆、首飾……等等，說得「像煞有介事」，嚇得大家疑神疑鬼，即使沒事也寧可呆在旅館裡，不敢出去冒險。

就我個人來說，內心實在是想不聽這一套：可是一則確實沒有時間，再則初到那裡，出門不辨方向，要逞英雄也並無用武之地，爲之奈何！因此之故，凡事差不多都是集體行動，而且都有當地的友人們陪同引導，購物、觀光、遊覽，莫不如此。當然，凡是到過國外的人，這三種節目總是少不了的；不過由於我們大家（特別是我個人）都是「忙裡偷閑」，所以一切也莫不有「走馬觀花」之感。

五月十六日，是研習會開課之後的第一個星期天；我們教授團應「美菲馬京退伍軍人會」的邀請，前往怡保水庫一遊，並致祭二十六年前爲保衛水庫、抗擊日軍而犧牲的華僑義勇軍烈士之英靈。上午八時出發，一行男女老幼百餘人，分乘大小車輛，浩浩蕩蕩開拔」到了那裡，已是「日正當中」，獻花、致祭、講演、拍照……然後進行野餐，直到下午五時才回到了馬尼拉。這是我們到菲後首次的郊遊，雖然費去了差不多一整天的時間，但由於天氣炎熱，路遠而壞，因而在來去匆匆的情況之下，也並不能說是一次「暢遊」。

五月二十三日，好不容易又是一個星期天。我們事先自行擬定一個計劃，恕不接受任何公私邀請；上午購物，下午逛著名的黎刹公園和中國公園，然後去欣賞「岷港落日」的盛景。

我們教授團有兩位「本團之友」，「第一之友」是陳赤美老弟，「第二之友」是研習會教務副主任莫杏幼小姐。那天上午九時，莫小姐和她的二姐就來了，由她的二姐夫駕車，陪著我們到距離馬尼剌相當遠的 Greenhills Shopping Center，在 Uni-mart 購物；因爲在菲律賓逢禮拜天各大小商店都不開門，只有在這裡才能夠買到東西，而且東西也最齊全。事實上，這裡的貨色有些正我們中國差得很遠，而價錢也並不便宜；於是我們只有選擇有特色的東西來買，大多數都是屬於可以送給家人親友的小禮物。

原定下午的節目，是由「第一之友」陳赤美老弟「主持」的，可是到了約定的時間——下午三時之前，天公卻不作美，居然下雨起來了。赤美來了電話，只好改期再約。這是第一次專誠要去看「岷灣落日」而沒有如願以償。

過了兩天，也就是五月二十五日，下午下課之後，我們接受莫杏幼小姐的臨時動議，去遊菲律賓的「文化村」（Nayong Filipino）。車子經過馬尼剌灣的時候，可惜還沒有到日落時分。到了「文化村」，才知道它等於菲律賓各省的土產陳列館，開設在國際機場附近，是用招攬各方觀光遊客的。有些小玩意兒和手工藝品，都頗值得買來當作送人的禮品，於是大家都分別選購了一些。而最高興的，就是在這裡可以放心大膽的坐坐 Jeepney；這種由吉普車改裝而被裝飾得花花綠綠的車子，是在馬尼拉市上到處可見的街車，但是大家平常都想坐而不敢去坐，因爲在車上發生搶劫的案件也是屢見不鮮的事。在黃昏之前，雖曾遙望了一番落日情景，但不在岷港，便無法欣賞到那種大自然的盛景究竟如何？仍是遺憾。

到了菲律賓而不去一遊碧瑤，相等於來到臺灣而未去日月潭一樣，那才眞是一大遺憾。本來，我預定在六月之初離菲返國，返國之前要結束課業，忙碌不堪，決定不去碧瑤了；可是朋友們還是勸我發動「衝力」，非去不可，以免事後因爲沒有去過碧瑤而懊悔不迭。考慮再三，去就去一次吧！這也正是考驗自己「衝力」的一個機會。

最初，是由研習會執行副秘書長譚卓民學長自報奮勇，要陪我上碧瑤去；研習會副主任蔡廷碩先生，則希望我到碧瑤後住在他的別墅之中。但是這個任務立即又被赤美老弟給搶過去了，他也是勸我去遊碧瑤最力的一人。

我和赤美於五月二十九日凌晨一時半乘車出發，車上另有一位在碧瑤經營商業的陳先生，和一位專跑碧瑤、駕駛技術極爲老練的司機；經過將近五小時的夜間乘風疾馳，於清晨六時到達碧瑤，下榻於著名的「松林大飯店」（Pines Hotel）。稍事休息之後，就出去遊覽以風景和涼爽見稱的碧瑤市，在「夏宮」之前購買山地人的土產和手工藝品，到一處懸崖上的涼亭拍照，然後盤旋而上到最高處，在一所天主堂前面、俯瞰腳下的碧瑤全市，盡在雲霧四合之中……。

在碧瑤住了一夜，次日（五月三十日）上午在山上購買了一些東西，於下午二時半乘車下山，晚七時左右返回馬尼拉。這次碧瑤三十二小時之旅，眞可以說是「走馬觀花」，我自己的「衝力」倒不說，而赤美老弟的盛情厚誼，確實令人難忘。

從碧瑤回來的次日，即五月三十日，我又應寫作班上下午班全體同學的邀請，再接再厲的在馬尼拉市「遊」了一天。本來這些孩子們是打算請我去著名的「北山寒」（pagsanan）郊遊的，可是我認爲離菲在即，連在馬尼拉市的中國公園黎刹都沒有去過，又何須乎僕僕風塵去「捨近求遠」呢？於是，便有了這樣專遊市內名勝的決定，當然也包括欣賞「岷灣落日」的節目在內。

一輛大型的學校巴士，載著歌聲出發。芥子兄擔任領隊，他的夫人女作家枚稔也參加了；同學之中由黃鳳祝擔任總幹事，他們準備的食品飲料可眞不少。一路上，這些可愛的男孩子和女孩子們，不停的歡笑著，不停的唱著歌——那都是來自祖國的國語流行歌曲，還有油印的歌本，喃！裏面印的從「紅豆詞」到「淚的小花」，差不多有四、五十「條」呢！聽他們「字正腔圓」的唱著，我忽然覺得我們對於流行歌的功能，似乎應該再作一番重新的估計；據幾位同學告訴我，流行歌曲在海外僑區的傳播，一則可以增加青年們的祖國之戀，再則，他們的國語都是向流行歌曲和國語影片校正的。果然如此，那麼問題就在於「輸出」這些成品時的淨化與過濾了！

我們終於遊了黎剎公園和中國公園，可惜天又下雨，而且恰巧下在日落之前，使我再次失去專往欣賞「岷灣落日」的機會。我曾爲同學們的新詩也作出過這樣的題目，他們大部份都寫景寫得很好，而只有我自己在這方面繳白卷了。

但是，有了此次之遊（以後在我離菲的當天——六月二日中午，我們全團曾又來一次公園之遊，並攝影甚多，以留紀念），我又有了爲胡秘書國材兄的「岷灣雜詠」和詩的題材。下面就是我依韻和成的兩首五律（胡秘書酌原詩恕不再錄）」其一爲「黎剎紀念碑」，詩曰：

『獨立蒼穹下，光被菲律賓。碑傳創世紀，像屹擎天神。盛德垂千古，餘蔭庇萬民。長歌賦訣別，不愧一詩人！』

其二爲「中國公園」。詩曰：

『人行圖畫裡，拂柳過長橋。金谷風光在，蘭亭意趣饒。景增他國美，花是故園嬌。海外歸心發，陽明路未遙！』

菲律賓的華僑都是熱愛祖國的，菲華青年們對於自由祖國更有極其熱切的嚮往；我的寫作班的學生們，有許多人還沒有回到臺灣來過的，都希望能夠早日返國一行，看到自由祖國壯大進步的實況。那麼，讓我謹以此詩的最後三句，作爲我對他們的鼓舞與祝福吧！

六十年七月，臺北市

台北首途

——訪美紀行之一

第五屆世界詩人大會，於本（一九八一年）七月六日至十日在美國舊金山舉行，共有來自三十五個國家和地區的詩人參加。我們中華民國曾經在一九七二年主辦過第二屆世界詩人大會，在台北市盛舉行七天，因而歷屆以來，我國都是被大會邀請的主要國家之一；如一九七六年在美國巴鐵摩爾所舉行的第三屆大會，一九七九年在韓國漢城所舉行的第四屆大會，我國都曾派人數相當衆多的詩人代表團，前往參加。這一屆當然也不例外，在接到美國主辦人邀請之後，即在教育部和有關單位輔導之下，組成了一個三十餘人的中華民國詩人代表團，前往出席盛會，與全世界的詩人共聚一堂，共同爲世界詩人大會的一貫宗旨「World Brotherhood and Peace Through Poetry」而作更進一步的努力。

中華民國出席第五屆詩人大會代表團，由鍾鼎文擔任名譽團長，王大任擔任團長，易大德和翟君石（鍾雷）擔任副團長，瞿立恆爲祕書長，林咏榮爲副秘書長。鼎文兄曾經和菲律賓國際桂冠詩人協會負責人尤松博士（Dr. A mado Yuzon），發起創辦世界詩人大會，並且在一九六九年首度舉行大會於馬尼拉；之後又竭盡一切努力，籌備第二屆大會在臺北市盛大舉行，並擔任會長之職；此後又以第二屆世界詩人大會會長身份，擔任歷屆大會的指導委員，襄助第三屆大會會長美籍而原爲匈牙利的反共詩人普拉瑟（Jeno Platthy），第四屆大會會長被稱爲「中國之友」的韓國詩人趙炳華，以及本屆大會會長美國女詩人魯絲瑪麗（Rosemary C. Wilkinson），使每屆大會都能夠順利舉行，而且與會的國家和地區，以及詩人代表的人數，歷屆都有增加；對於世界詩人大會本身，以至爲我們國家推展國民外交與對外文化交流方面，確已具有其不凡的貢獻。

至於王大任、易大德、瞿立恆、林咏榮，以及代表團中有幾位先生女士們，從第二屆大會開始，歷屆都曾隨團出席大會，爲國宣勞，各有貢獻。而我個人，雖然曾經於第二屆世界詩人大會在臺北市舉行之時，參予策劃籌備，並且擔任過大會副會長，和中華民國代表團執行副團長；但此後因工作忙碌，第三和第四兩屆大會都沒有出席參加。到了這一居，在中華民國新詩學會值年常務理事左曙萍兄，和鍾鼎文兄這兩位老大哥的函電交相督催之下，不得不告假三週，奮勇請纓，參加了代表團的行列，並且被派忝任副團長之一，得以追隨諸君子之後，前往美國一行。

中華民國代表團的成員，大致是由國內幾個詩學團體分別推荐而參加的。在新詩方面，有中華民國新詩學會和國軍詩歌研究會，由王志健（上宮予）和羅行分兼領隊，代表有王吉隆（綠蒂）、王傳璞、方心豫、李超宗（李牧）、吳宏一、陳敏華、張騰蛟、提日品（菩提）、潘家驎、戴書訓（舒蘭）和龔建軍等人。在傳統詩方面，有中華民國傳統詩學會、中華詩學研究所、和中興詩歌研究社等單位，由曾人口、楊向時、和周開福分任領隊，代表有林樹芳、孫靜芝、陳家添、陳綿芳、張國裕、廖從雲、楊大乾、楊志鞏、蕭明華等人。此外，代表團爲了分工行事，又聘王吉隆爲聯絡秘書。張國裕爲總務秘書，李超宗爲英文祕書，廖從雲爲中文祕書，方心豫爲新聞秘書。還有海外顧問二人，聘請原在舊金山的路逾（紀弦）和關仲豪兩位擔任。

代表團的全部行程，是經由旅行社代爲安排的，訂於七月三日從臺北出發。鍾鼎文、瞿立恆、楊大乾、周開福、和在大會中擔任公共關係職務的王傳璞，先後個別直接飛往舊金山，陳敏華則是由哥斯達黎加前往美國與會；何錡章和陳家添兩人，臨時因病因事不能參加，因而我們代表團之由臺北啓程者，一行共爲二十四人。旅行社並派了一位吳靜芝小姐，隨團同行，照料一切。

七月三日一早，我在「賢妻」和兩個孫兒護送之下，前往立法院在濟南路的側門集合，八時前後全團陸續到齊，登上交通車，向送行的家人們揮手告別，直駛桃園中正國際機場。我也帶著「賢妻」的祝福與叮嚀，和兩個孫兒購買球拍以及玩具等等的請託與殷望，開始踏上了旅途。

我們代表團一行，於七月三日上午十時前到達桃園中正國際機場，一切手續都由旅行社代爲辦理，尚稱便捷；十一時許登上「菲航」班機，於十一時半起飛。我倚窗外望，一時思潮起伏，不能自已，「才出家門便想家」，這也許是人之常情吧！

十二時，在機上進午餐；「菲航」的伙食實在令人難於下咽，飯菜都是涼的，味道也無法形容，只有捏者鼻子胡亂吃了一些。這使我不禁想起了「華航」。其實，像我們這樣一個由國家派出的代表團，出國應該坐「華航」的班機才對；只是因為「菲航」的票價較為便宜，旅行社為了賺一點錢（但以全程而論，實在賺的也不算多），不得不以買「零頭布」的方式，為我們安排坐「菲航」班機，而且還繞了一個彎兒，在馬尼拉「過境」一番。說是在行程中多到了一個國家，實則除了增加麻煩之外，並無多大的意義。

下午一時許抵達菲律賓的馬尼拉機場，大家一行到過境室休息。在這裡我必須補敘一筆，前面所說的我們一行共二十四人，實際上並不止此數；因為在代表團之中，有林咏榮、廖從雲、和戴書訓三人，都是偕著太太同行的，他們之所以出動了「夫妻檔」，乃是藉此機會前往美國主持兒子或女兒的婚禮。此外，上官予則是侍奉著八十高齡的老母，萬里遠行，要到美國加州去探望他的弟弟志強。這樣算起來，我們這一行連同旅行社的吳小姐在內，總數共為二十九人。人多顯得熱鬧，倒是團體行動的最大好處。

對於馬尼拉機場的過境室，實在不敢加以恭維；沙發破爛不堪。蒼蠅到處亂飛，其「落後」的情況，和我們的桃園機場比較起來，相距不啻霄壤。十年前，我曾經來過馬尼拉，為菲華青年暑期文藝寫作班講學一個月，匆匆來去機場，對一切未曾加以留意；後來原有的機場燬於火災，經過重建，而後依然如此破敗，令人不可思議。

既然來到了馬尼拉而過境不入，我就打算給在僑社的朋友打個電話，彼此聊聊近況也好；但一問之下，過境室的櫃檯上僅有一部電話，只有內線而無外線，電話也打不成了。實在爲之無可奈何！

候機不知道「候」到何時，於是盡量想辦法打發時間，買明信片和郵票，寫好投郵；又到免稅商店買香煙；大家又一邊喝著冷飲，一邊天南地北的閑聊……好不容易「候」到了下午四時半，拿到了登機證，大家提著行囊魚貫登機。這是「菲航」的七四七廣體客機，我和楊向時、楊志翬、陳錦芳、戴書訓等幾位「癮君子」，都坐在「抽煙區」，倒也方便自在。

飛機於五時十五分從馬尼拉起飛，大概因爲氣流關係，頗有顚簸，但不久也就正常而平穩了。於是先睡他一覺再說。七時進晚餐，想不到換了飛機卻沒有換伙食，仍然是「色香味俱無」，使人難以下嚥；可是肚子實在感到餓了，不吃也不行，只好又「囫圇吞棗」式的勉強吞了一些生菜冷飯，對自己的腸胃「聊以塞責」。這時天色早已入夜，飯後只有倒頭大睡；據說機上還放映了一部電影，我連一眼也不曾看到。

一覺醒來，機窗外面天已發曙，看看手錶，時針指在一點鐘上，大概已經跨過國際換日線了。後座二位楊兄早已睡醒，而且詩興大發，正在那裡推敲詩句呢！看過他們的大作之後，我也頗爲「技癢」，很想寫點什麼「遣興」一番。多年以來我雖然致力於新詩寫作，但對於傳統詩也算是「科班出身」，不僅並未忘情，而且在近年來更是不斷鑽研，且對杜、陸兩家尤其著力甚多。於是，也拿出紙筆，步韻和了胡國材兄的七律一首。

這次代表團的名單中，本來也有在外交部服務的詩人胡國材兄。他十年前在駐菲律賓大使館工作的時候，我和他相識於馬尼拉，那時候就曾經「奉和」過他的「岷灣雜咏」五律六首，並已收輯於我的詩集「天涯詩草」之中。此次他因爲公忙，未能隨團前往美國，曾經寫了一首「贈出席第五屆世界詩人大會中華民國代表團諸君子」，詩曰：

「岷灣盛會憶前塵，意氣軒昂滿座春。白雪才華蓬島客，黃金姓氏桂冠人。虹橋麗景層層遠，鳳閣佳篇處處新。遥望雲天揚漢幟，共弘詩教定亡秦。」

這首詩，代表團中的「諸君子」，也多有次韻唱和之作，如林咏榮教授的和詩，是這樣寫的：

「首途赴會踏征塵，承贈嘉言煦好春。亦有文章驚若輩，豈徒風月屬吾人？交流學術同器重，增進詩盟必鼎新。喜聽長才膺寄命，合縱多策滅嬴秦。」

至於我的和詩，因爲時間匆忙，未經推敲，先一揮而就再說。原詩如下：

「酒痕衣上雜征塵，臺北金山兩地春。萬里長風參盛會，千秋巨筆屬詩人。溫柔敦厚流傳久，團結精誠氣象新。大漢天聲揚四海，同歌正義共亡秦。」

我這首詩傳閱未已，而飛機已經在逐次低飛，似要降落了。趕快結束停當，作好下機的準備，而夏威夷已經在望了。

飛機在夏威夷檀香山機場安然著陸，滑行轉入停機坪；看看手錶，是二時五十分。下機進入海關之後，再看看牆上的鐘，則是當地時間上午九時十分，而且日曆上標示著今天仍然是一九八一年七月三日。

「青年戰士報」副刊，七十八年八月二十九日

檀島二日間

——訪美紀行之二

我們代表團一行，於本年的「第二個」七月三日上午，到達了夏威夷的首邑檀香山。具有世界地理常識的人都知道，這裏是在夏威夷群島的第二大島阿湖（Oahu）島上，本名火奴魯魯（Honolulu），檀香山的名字是我們中國人爲他取的。

進入機場海關，北美事務協調會檀香山辦事處的張祕書旭暉已經前來相迎。由於我們是前來美國開會的團體，所以一切手續並不繁複，大家很快的就出了機場：但是我們代表團所攜帶的公務紙箱，卻少了一個，爲了這隻箱子，可消耗了不少時間。

原來我們代表團所攜帶的公物，包括了三座複製品的寶鼎，是準備分別贈送給本屆世界詩人大會會長和主辦單位的；另外有木質銅面的紀念牌三百多個，是代替大會製作準備分贈給出席大會的各國詩人，以作紀念的。此外還有代表團的小型團旗、紀念册，以及團員所編的詩刊等等，都分裝在幾個紙箱之內，由負責總務的秘書張國裕先生和幾位年富力強的代表們，分別予以保管攜帶；但是到了這裡，不知道爲什麼其中的一個紙箱會「不翼而飛」了？

爲了這隻箱子，張國裕、曾人口、羅行、和綠蒂等人，找得滿頭大汗，直到上午十一時以前，全團才離開了機場大廈。

我們到檀香山以後，由當地的「龍門通運公司」接辦旅遊業務，派了一位戴瑪莉小姐擔任嚮導和服務工作。第一個「例行」的儀式，就是由夏威夷的土著男女青年，爲大家依次獻上花環，並且個別攝影留念，之後全體登上遊覽巴士，在一陣 Aloha 聲中，先在著名的 Waikiki 區和唐人街等地遊了一圈，然後到太平洋美軍公墓紀念堂，去瞻仰一下曾在電視影片「檀島警騎」片頭中出現過的正義女神之像；據說這是檀香山的名勝之一，不可不看。

大家在正義女神像前，拍了不少照片之後，又到附近一座平臺上面，居高臨下，俯瞰檀島的風光景勝，可說大半已收眼底（背後的當然看不到）。這時已是時過中午，於是仍乘原車下山，到了我們的下榻處由華僑所經營的「美麗華大飯店」；大廳的牆壁上。有一尊高可及丈的孔子浮雕造像，氣勢頗爲壯觀。

午飯是在旅館附近的一家華僑廣東館吃的。自從踏上檀香山之後，幾個小時滴水未進，不免以「渴馬奔泉」之姿，抓著熱茶、冰水和飲料，先喝夠了以後再吃飯。桌上的飯菜頗爲豐富，如果用臺北的「製作水準」來衡量，雖然還是「不夠看」，但這在國外已是相當難得；而且由於我們在「菲航」班機上沒有吃飽過一餐，所以這裏的飯菜就顯得格外之香，大家都吃得相當之飽。

回到旅館，房間都已分配好了，全團大部份都住在五樓，我和張騰蛟同住五四〇號。下午是自由活動時間，大家稍加安頓，就各自結伴到街上蹓躂一番，觀光購物，各隨其意；我也和楊志翬、上官予等人，在附近走走看看，不過還沒有準備「下手」購買東西。在這裡，所可購買的物品，不外是夏威夷花襯衫、巧克力，以及當地特產的鮮花香水等等；中國人所謂「貨走三家不吃虧」，在這裏還有的是時間，似乎可以不必急於一時。

到了下午七時，我們全團應北美事務協調會檀香山辦事處左處長紀國的邀請，前往一家也是由廣東華僑經營的「羊城飯店」，去出席他的歡宴。左處長的尊翁，就是中華民國新詩學會值年常務理事左曙萍先生，關係自然非比尋常，他們賢伉儷對我這位「叔叔」更是稔熟而親切；左處長一見面就和我擁抱起來，然後我將代表團的同仁一一介紹給他相見：左夫人馬秋壬女士，是總統府祕書長馬紀壯先生的女公子，談到他們多年前結婚時的情景，歷歷猶如昨日。

這次，我們的「左大哥」雖然沒有隨團來美，而左處長對代表團的款待依然盛大、熱烈，並且請來當地的文化界人士，和我們大家歡聚一堂；其中有夏威夷中華文藝協會會長馬文驧，副會長潘明紀，前任副會長張鏡波，婦女文藝團體負責人余張劍飛，中華新報總編輯陳洪鋼，世界日報代表法龍標，以及協調會祕書張旭暉、林怡明、戴路克等人。席間除了彼此親切敬酒、交談之外，代表團王團長大任首先起立致詞，感謝左處長的盛情款待，並且盼望今後更爲加強海內外的文化交流。左處長在致詞時，道出了他的「他鄉遇故知」的喜悅心情，接著報告檀香山的僑情，使我們對於百餘年來華僑在此胼手胝足、刻苦奮鬥的卓越成就，有了進一步的瞭解。此外，在賓主之間，也有踴躍起而講話的，也有即席賦詩而當衆朗誦的……這次的晚宴在熱情洋溢中由開始而結束，彼此依依分手，還有幾位文藝界的朋友一直隨車把我們送回旅館，才殷殷道別而去。

回到「美麗華」之後，時間大約是九點多鐘：大家當然不想上樓睡覺，於是就成群結隊的到旅館後面的國際市場（International Market）去閑逛。市場之中有一棵參天的大榕樹，氣根四散垂地，懸掛著五光十色的燈彩；各色人種的四方遊客，摩肩接踵；出售當地特產的店鋪和攤位，櫛次鱗比，要價各自不同。逛了一圈，大家買東西的並不多，十時已過，回去旅館沐浴就眠，因爲明天還得一早起來；而且還有一整天的遊覽日程呢！

第二天——七月四日，八時之前起來，接著就下樓集合。我們大家本來都是西裝領帶、「披掛齊全」的，可是因爲夏威夷的天氣實在炎熱，在街上放眼望去，男性大多是上身打著赤膊，下身只穿著一條短褲；女性則穿著三點式游泳衣者，比比皆是。因而導遊的戴瑪莉小姐一再向我們提出「警告」，像我們這樣的「衣冠楚楚」，在這裡會讓人看著不順眼，當心被別人剪了領帶。這雖然不過是一句笑話，但我們也自感應該入鄉隨俗，不必過份「鄭重其事」，再說中了暑也不是鬧著玩兒的。於是早上集合一看之下，各式各樣的短袖襯衫、運動衫，和「功夫裝」紛紛出籠，有兩位還換上了短褲，倒是別有一番精神奕奕的新貌。

步行到海濱一家叫做 smorgy 的餐廳，吃過自助式的早餐之後，全團再步行到著名的衝浪海灘，由「龍門」安排照了一張團體的合影，然後登車開始出發遊玩，沿海而行，經過了鑽石頭山，Koko Head, Hanauma Bay，噴水口，和中國斗笠島等等所謂風景名勝，最後來到位於兩個山峰之間的「大風口」，暢快的納涼一下。一路都由戴小姐加以說明，這個也是來自臺北的女孩子，口才不錯，解釋每一事物，夾敘夾議，亦莊亦諧，讓這些詩人們聽了不至於打盹睡覺，這就可以說是很難能可貴的了。

在遊覽途中，隔海的茂宜島（Maui）曾經遙遙在望。此時我身在阿湖，遙望茂宜，緬想起 國父當年求學於阿湖書院，之後又創起興中會於檀香山，而他的在茂宜經營牧場並且號稱「茂宜之王」的長兄德彰，爲了支助革命經費而至於毀家紓難，民國肇建之後功成不居……這時，不禁另有一種思古之情悠然升起，滿心虔敬，低徊不已。

中午，我們來到了珍珠城，在一家「上海家鄉村」共進午餐，這家的酸辣湯非常可口而開胃。飯後，繼續前行到舉世聞名的珍珠港（Pearl Harbor），乘坐小艇到「亞里桑那號紀念館」憑弔一番；其實，在一九四一年（民國三十年）十二月八日，日本集中全力偷襲珍珠港，幾乎使美國在太平洋的艦隊爲之全軍覆沒，而亞里桑那號（U.S.A. Arizona）不過是其中最大的一艘主力戰艦，具有代表性而已。

也就是由於「珍珠港事變」的爆發，當時才使得美國和英國這些民主國家，從姑息和敷衍的迷夢中醒來，和單獨抗戰已經五年之久的中國結爲盟邦，正式對日宣戰，以迄爭取到中國抗戰和第二次世界大戰的最後勝利。然而到了現在，國際的道義何在？眞理與正義何在？這眞使我這個身經抗戰的「老兵」，因之感慨不已！

離開了珍珠港，乘車重回檀香山市區，戴小姐帶我們到一家事先約好的大型百貨商店，以一個多小時的時間，讓大家儘量選購所需要的物品。最後統計，以買香水和香膏的爲最多，巧克力次之，各種紀念品又次之，購買夏威夷衫的人仍然不多；後來才知道，很多人都以我身上所穿的一件夏威夷大花襯衫作爲「樣本」，這件襯衫是我兒子翟翬去年在檀香山爲我買了帶回去的，不但式樣大方，而最重要的就是它有四個口袋，出門可以多裝隨身用品，最實用不過了。可是這種式樣已經流行過去，今年不復再能買得到了，爲之奈何！

又回到旅館，放下了東西，立即又下樓集合，步行到一家名爲 Hula Hut 的夜總會，一面吃晚飯，一面欣賞夏威夷著名的「胡拉舞」。臺上的男性主持人兼主唱人，比我們的諸葛小寶還要胖上三倍，據說他還是當地有名的美男子呢！節目進行到最後，臺上的胡拉女郎們走下臺來，到來賓席裡各自物色她們的舞伴，上臺共舞；在我們代表團的席中，曾人口和龔建軍二人被拉上臺去，而龔建軍還粉墨化粧一番，成爲衆星拱月的男主角，難得是他居然還跳得有板有眼，在一片掌聲中鞠躬下臺，也結束了這次充滿歡笑的晚餐。在這次自助式的晚餐中，菩提得到了一塊很大的排骨肉，吃得津津有味，稱道不已。於是，席間雖然無詩。我卻有兩句章回小說的回目以紀其事曰：「龔建軍初試身手，提日品大快朵頤」。

吃了晚飯出來，已是華燈初上的時候，和幾位代表一路步行走回旅館，同時也把握已經不太充裕的時間，儘快購買還沒買到的東西。就這樣走走，停停，看看，問問，試試，買買，走到旅館附近，已經是十點鐘了，想起來還有跟王藍老弟的約會，不得不趕快上樓回到房間去等他。

「青年戰士報」副刊，七十年九月一日

從檀香山到舊金山

——訪美紀行之三

當我隨代表團從臺北啓程的時候，就決定到檀香山之後，要和在檀島養病的王藍老弟，晤見暢敘一番，這在私誼之外，還有一點「公事」。因爲在去年的五月，我被推選擔任中國文藝協會的値年常務理事，宋膺兄連任總幹事，也許是「天將降大任於斯人也」，必先如何如何……沒想到就在去年九月二十九日，「文協」會所所在地的羅斯福大廈，被六樓起火延燒，以致在九樓的「文協」和「道藩文藝中心」（原爲道藩文藝圖書館），都遭到「池魚之殃」，不幸付之一炬，而王藍則是「道藩文藝中心」的負責人。

「文協」和「中心」同在一層樓中，同時遭遇「回祿」之災，也同時要進行復建工作，這是一項千頭萬緖而且非常累人的工作，正當此時，宋膺兄心臟病發，住進臺大醫院好幾個月，直到我出國之前，他才剛剛出院不久。王藍也因爲身體不好，而臺北的氣候對他不太適合，也不得不到檀香山來易地療養。但「文協」和「中心」的重建工程，可以說是進度一致、二位一體的，「中心」主事無人，「文協」的工程就被拖得慢了下來。因而在我出國之前，代替王藍在臺北督工辦事的老劉，特別拜託我向王藍帶個口信，商酌冷氣如何裝法，隔間如何隔法等等，因爲和「文協」復建工程有關，這也當然算是「公事」了。

我到了檀香山之後，一住進旅館，就馬上給王藍老弟打電話，直到晚上才撥通了，但是沒有人接。第二天七月四日，到了下午才有時間打電話。這次一撥通，彼此都高興萬分，他立刻就要過來看我，但是因爲我們代表團還有節目，所以就約定晚上十時以後，他到「美麗華」來，一併還可以看看其他的老友。

到了晚上十時半左右，王藍帶著他的全家人——他的太太涓秋，兒子春步夫婦和春雷，一起都來到了旅館。好友相見，歡樂異常，擁抱、握手，談笑風生，我看到他的健康情形相當良好，內心也爲欣慰不已。他在我的房間裡跟大夥聊天很久，才興辭而去。我們所要談的「公事」，因爲他預計要在七月中下旬返國，一切等他回去自行處理，也就不必再多說了。

我們代表團一行，在夏威夷勾留兩天，並且暢遊檀島風光名勝之後，於七月五日上午再由檀香山啓程，前往舊金山去出席世界詩人大會。

七月五日又是一早起床，收拾行裝，下樓集合並進早餐。這時候，王藍老弟又僕僕而來爲我們送行，左紀國處長也派來張旭暉秘書代爲歡送，而當地的文友如馬文騶先生和余張劍飛女士等人，也都趕來相送，執手話別，熱情至爲可感。

爲了辦理各項手續的時間充裕起見，我們一行在上午十時就由旅館乘車前往機場，仍然搭乘「菲航」班機，於十二時半起飛。這班七四七的廣體客機，原來就是我們從馬尼拉搭乘而來檀香山的那一班，空中小姐和「少爺」們，也原班人馬，舊曾相識，所以飲料送得相當之殷勤，不會耽心有口渴難耐之虞。在國際飛航的班機上，在東半球，只供應飲料而不供給酒類，換句話說，喝酒是要另外付錢的。到了西半球，則是連酒也免費供應；所以我兩邊的鄰座——楊向時和陳綿芳兩位老兄，都是一杯在手，小飲爲樂；而我這次出國，爲了血壓和雙耳的平衡（前年我因爲感冒而患了雙耳不平衡症，臨時未能前往韓國出席第四屆世界詩人大會），決心一路之上，滴酒不沾，而且看著別人喝酒，我也視若無睹，毫不發饞。

過了一會兒，開午飯的車子推過來了。想到前兩餐所吃「菲航」的飯，這一餐本來準備放棄算了，可是送到面前的飯菜，居然還發出熱騰騰的香味，品嚐之下，也頗爲可口，那咱們就吃吧！原來，這一班飛機上的伙食，是從檀香山供應而來的，怪不得還算不太「菲蕪」。

從檀香山到舊金山，航程不算太長，大家都沒有睡覺的意思，彼此東南西北的聊天說地，打發一些時間。說著說著，舊金山已經到了。飛機降落後，我的手錶是下午四時四十五分左右，但當地的時間則是七時三十分。

北美事務協調會舊金山辦事處的鍾湖濱處長，親自前來機場歡迎；還有擔任本屆大會副會長的關仲豪先生，以及一位女性的大會職員，也前來歡迎並照料一切。而上官予的弟弟志強也來了，他已變得成熟而且文質彬彬，居然還認識我這位「大哥」；上官予把母親和「天倫之樂」交給了他的弟弟，然後我們走出機場大廳，去取行李。

舊金山機場取行李的地方相當擁擠，費了不少時間，全團才把行李取全，登上巴士，在萬家燈火中進入舊金山市，到了我們的下榻處也是世界詩人大飯會場所在地的 st.Francis 大飯店。

我們到了舊金山之後，在七月六日到十日的大會期間，一切食宿自理，不在旅行社「承包」的範圍之內。因此住入旅館，大家要自行辦理手續，也很費了一些時間；我和上官予本來約好住在同一房間的，但是他七月十日就要離開舊金山，前往他弟弟的家中，我爲了不願意一個人單獨多住一天，所以就和龔建軍搭檔，同住九八九號房間；上官予則和李牧同住，因爲李牧也是預計在七月十日就要轉往紐約去的。

在辦 Chack in 手續的時侯，紀弦兄來了，彭邦楨也來了。在臺稔熟了二三十年的老友，如今因爲開會而相逢異國，情緒上還眞是有些「悲歡交集」，彼此熱烈的擁抱握手和寒暄，有話也不知該從何說起。紀弦兄如今定居在舊金山，他是當地的詩人代表，但同時還是我們代表團的海外顧問之一，邦楨和他的黑夫人梅茵，則都是紐約的詩人代表，「楚材晉用」，令人不能不爲之感慨。

辦好手續，把行李運到房間安置之後，一看手錶，竟然已經是夜裡十一點了；肚子裏饑腸轆轆，如何是好？於是趕快又下樓，得去找東西吃。在樓下遇到了彭邦楨、上官予、李牧、菩提、和魯蛟，大夥兒結伴走出旅館，上街解決民生問題，這時又迎面遇上了鍾鼎文，在他的指點之下，我們出了側門，就向街的另一端摸了下去。

在還沒有來美之前，早就知道舊金山的天氣常常會很涼爽；本來想多帶一件毛背心來的，而臨時又忘記把它裝到箱子裏面。現在這麼一「體驗」，果然是入夜後涼風颯颯，砭人肌骨。還好，走了不遠，街角就有一家「輕食」小館還在開著，進去之後，每人叫了一份「漢堡」，就著熱咖啡，總算是吃飽了肚子。付賬的時候，邦楨以在美國居住多年「老馬識途」的資格，決定各人付各人的；這雖然還不太習慣，但是也只好入鄉隨俗了。

回到旅館房間，邦楨也來陪我抽煙喝「自來水」聊天了。我們是同一代的人，而且同樣是身經抗戰，爲國披堅執銳，浴血八年的老兵；也只有像我們這樣曾爲「承先啓後」而奮鬥不懈的人，才會品嘗到別人所無法體會的悲歡與哀樂，那眞是萬行長詩也寫不盡的啊！在「感慨系之」之餘，彼此還要互勉同勉一番，老兵不老，而且「筆如寶刀尤不老」……而此時，時間已經是七月六日凌晨三時半了。

「青年戰士報」副刊七十年九月四日

第五屆世界詩人大會

——訪美紀行之四

第五屆世界詩人大會，於七月六日上午九時，在美國舊金山聖法蘭西斯大飯店隆重揭幕。

本屆大會的主辦單位，是舊金山的一個文藝社團 The Ina Coolbrith Circle，由該社團的值年主席女詩人魯絲瑪麗擔任大會會長；同時也由我國在舊金山的華僑社團「中美文化協進會」協助主辦，推舉關仲豪先生擔任副會長。而歷屆的大會會長如我國的鍾鼎文、韓國的趙炳華等人，都擔任了本屆大會的指導委員。

在開幕典禮中，首先由會長魯絲瑪麗致歡迎詞，接著由鍾鼎文代表大會致開幕詞；之後，我們中華民國代表團以不遠萬里所攜來的大型寶鼎一座，致贈給大會，由會長接受，全場爲之掌聲雷動。

在會場裏面，見到了一些國際詩壇的老友，如美國的樂陶爾（Lou Lu Tour）女士，黧黑如昔，而鬢髮已見斑白；如盧森堡的「小鬍子」莫瑞納（D. M. Morina），兩撇鬍子也已抹上了霜雪，倒是趙炳華依然故我，依然是法蘭西帽和煙斗，見面就熱烈握手，連呼「瓊——瑞——」（這是他對於「鍾雷」二字的發音）不已。還有幾位在第二屆大會時也曾到過臺北的男女詩友，如今走路都已經有些顫顫巍巍的了；歲月催人，能不惕然！

大會的五天議程，安排得相當緊湊。每天上午九時起舉行全體大會，其主題依次是：「詩與教育」、「詩與醫藥」、「詩與宗教」、「詩與科學」，和「詩與美國及加州」；在主講和論文之外，還有 Speech 和 Dialague 等等，事先準備的人選也頗爲周詳。但可能因爲主題過於「專門」。以致有些老先生們對此興趣不太濃厚，便紛紛到會場外面的大廳裏抽煙、聊天，藉此作交誼活動。

而在「交誼」之外，也還有些人在作「交易」活動的，如印度和馬來西亞的年輕女代表們，就在大廳中設立臨時攤位，出售絲製的衣料、領帶、以及小錢包等；新加坡的代表在出售印有大會標誌的T恤；其餘還有大會的紀念章、手提袋，乃至個人詩集等等，五光十色，不一而足。此外，從第二天開始，負責大會攝影的人，也在大廳牆壁上展出了他的「作品」，任大家挑選後登記號碼，以便加印；但價格卻相當昂貴，自帶照像機的人們甚少問津。

下午的議程，主要是類似分組座談會的 Poetry Workshop，然後又是大會的宣讀論文和詩的朗誦。七月六日、八日、和十日的下午，共有三次的 Chinese Workshop，內容依次是關仲豪主講「新月派詩」、鍾鼎文主講「中國現代詩」，和楊大乾主講「中國古典詩」——不過他只談了杜甫及其作品「兵車行」。參加這一組的，當然以中國人爲最多，其他別的國家的詩人們，也有一些對於中國詩有研究和興趣的，所以經常也有外賓在座。

在本屆大會之中，我們中華民國代表團的代表有三十餘人之多；主辦單位之一的舊金山華僑「中美文化協進會」；也有一個代表團就近參與大會，人數大約也有十幾位。此外，接受大會直接邀請而由美國其他各地前來赴會的中國詩人，至少也有五六位（彭邦楨即是其中之一）。合計起來，中國詩人在本屆大會中的席位。大概有五十人左右，約佔全全體七分之一的比例，陣容實在可以說是相當壯大而可觀的了。

也正是因爲如此，這僅有一個小時的分組座談會，除去主講者所用的時間之外，已經所餘無幾；與會的中外詩人衆多，往往未能暢所欲言，也就只得在意猶未盡的情況之下散會，再趕到大會會場去參加別的項目了。

至於七月七日和九日的下午，大會則安排了兩次集體遊覽的節目。七日下午遊舊金山的風景名勝，包括了著名的金門大橋、海灣大橋、市政廳、聖瑪麗大教堂、和雙峰山等在內；所到之處，中外詩人聚在一起，紛紛攝影留念。九日下午，則是專程往遊有酒鄉之稱的 Sebastiani 酒廠，這是一座非常古老的西班牙酒坊，以出產葡萄酒著名；在它的試酒室，我雖然仍是滴酒不嚐，但買了一瓶帶回去作爲紀念，卻不失爲頗有意義的事。出了酒廠，又到附近仍有西班牙餘風的 sonoma 小鎭，逛逛市街，購買一點紀念品，忙中偷閒，倒也別有情趣。

大會每天晚間的節目，也安排得非常的多彩多姿。在大會期間，一般食宿都由各國代表自理，只有晚餐是由大會招待的，而且是相當隆重的 Banguet，在晚宴中，大家穿著不但相當正式，而具有各個國家或民族特色的服裝，也紛紛出籠，蔚爲大觀。宴前並由大會主辦單位或各國代表依次擔任主人，排成了長長兩列的 Reception Line，在握手寒喧之間，無論舊雨新知，都是倍感親切。

在晚宴之中，也有一些有關的報告和致詞，接者就進行內容甚爲精彩的晚會。第一天（七月六日）的晚會，主要是音樂節目；並且頒發了三個紀念獎，我國已故的詩人陳邁子，他的家屬也獲得了其中之一。第二天（七月七日），晚會的節目是詩歌集體朗誦，由大會主辦單位中的六位先生和女士，合誦一首「芝加哥的敘事詩」，非常精彩而動人；尤其是其中的一位米勒先生，朗誦技巧非常突出，抑揚頓挫，急徐轉折，聲音的表情至爲豐富，可以說是最爲成功的一人。

在這裡值得特別一記的，是在七月七日的晚宴之中，大會以及由大會創辦的學術機構「世界藝術文化學院」，特別頒贈榮譽博士學位給予各國具有成就的詩人，由大會和學院方面的主要負責人魯絲瑪麗、鍾鼎文、趙炳華、樂陶爾、莫瑞納，以及澳洲的 Cox P. Brian、印度的 Krishna Srinivas 等人，共同主持並頒發證書，一時之間，鼓掌、喝采、歡呼、握手、擁抱、吻頰……在鎂光燈閃爍之下，一片恭喜道賀之聲，此起彼落，形成大會的高潮，在中華民國代表團中，當場有我和紀弦與瞿立恆，獲得榮譽文學博士學位；王大任、易大德、和廖從雲等幾位，獲得榮譽人文博士學位。當我上臺領取證書的時候，腦海裡簡直是一片空白；回到座位上時，也是一路接受紛紛握手和熱情的致賀，其中一位也獲贈博士的外國詩友說：「這個博士學位非常值得珍視，因爲這是靠著我們勤奮不懈寫作了幾十年而得到的！」聽了這幾句話，我在感謝之餘。也不禁感慨萬分；我轉述給紀弦兄聽了，他也深有同感。

第三天（七月八日）的晚宴和晚會，是在中國城「金龍大飯店」所舉行的「中國之夜」，由中美文化協進會主持；吃的是中國式的自助餐，欣賞的節目是國樂演奏和由華僑青年所表演的歌唱與民族舞蹈。這個業餘性質的國樂團，水準相當之高；而那些舞蹈和歌唱——如「王昭君」與「高山青」等等，成績也斐然可觀，同時在此時此地看來，尤其覺得難能可貴。我們的觀感如此，在外國朋友的心目中，當然更認爲是相當的 Wonderful 和 marvelous。在散場之後，紛紛向我們握手致謝，頻頻稱道不已。可見在中華文化的博大精深之中，每一藝術形式都具有它的感染力和影響力；在這一個工作環節上，我們國家實在應該有計劃的加強發揚，並且多多「輸出」才是。

第四天（七月九日），在晚宴開始之前，我們代表團爲大會所預製的紀念牌，隨著大家的入場，一一分贈給各國的出席詩人；不但皆大歡喜，而且也更贏得濃厚的友誼。大會會長魯絲瑪麗和大會主辦單位，更是一再向王大任團長和我們代表團深致謝意。在國民外交方向來說，我們的努力，可以說是已經獲得了相當豐碩的收穫。

在最後一天（七月十日）的晚宴中，我們代表團的幾位負責人，都擔任了主人的角色而參加了接待的行列；在大家一片離情別意之下彼此的手握得更緊；寒喧道別的話的也說得更多。晚宴上，由大會主辦單位的米勒致閉幕會詞，他老兄眞不愧爲朗誦專家，一篇閉會詞就好像一首動聽的朗誦詩，特別是在他那種「迴腸盪氣」的語調中，更使人爲之惆悵低迴不已。

之後，我們代表團把一座中型的寶鼎，就在宴會上贈給這位米勒先生，因爲他是本屆大會主辦單位「英娜・考爾布瑞斯」社團下一年的値年主席；以接替魯絲瑪麗的「交棒」。而在另一方面，世界詩人大會的棒，也由美國交給了西班牙；當鍾鼎文代表著大會鄭重宣佈，第六屆世界詩人大會定於明（一九八二）年在西班牙首都馬德里舉行之時，場內發出一陣歡呼，並且紛紛互約：「明年西班牙再見」！

「青年戰士報」副刊，七十年九月十五日

舊金山會場之外

——訪美紀行之五

中華民國代表團於七月五日晚間到達舊金山，次（六）日就開始參加第五屆世界詩人大會的各項活動；大會於十日晚間圓滿閉幕之後，我們於十一日還在舊金山有一整天的活動，然後才搭機飛往洛杉磯。

在為時五天的大會會期之中，屬於大會日程內的一切活動已如前述，而在會場之外的有關動態，似乎也應該在此補敘一下。所謂會場之外的活動，不說別的，單是吃飯問題，就夠麻煩的了。前面也已經談到，我們在大會期間，除了晚餐之外，一切食宿概由自理；而我們代表團所委託的旅行社，也沒有把這五天「承包」在內。所以每天為了早、午兩餐，大家都相當的「傷腦筋」。但也有一個好處，就是可以趁著出去找地方吃飯的機會，信步在街頭逛他一逛，買些香煙之類的小東西；由於大會的議程排得過於「密集」，因而有這樣小小「蹓躂」的機會，有時候倒還覺得是難得的了。

記得第一天（六日）的早晨，我們為了不耽誤參加大會的開幕典禮，決定就近在旅館的樓下吃早餐，但這裏的價錢非常昂貴，被敲了一記「悶棍」之後。我們只好再也不來問津了。以後的早午兩餐，大部份團員都在附近的兩家小餐館裡解決問題；一家是街角上的Harveys Kitchen，也就是我們剛到舊金山那天深夜吃漢堡充饑的地方。另一家也不遠，在「聯合廣場」的街旁，是從臺北來的平氏姐妹所經營的小餐館，口味方面倒是接近「中國化」一些，而且吃了飯之後，可以就近在一家 Walgreen 市場裏面購買東西。七月九日上午，我們許多人在吃過早餐以後，就曾經在這家市場好好的 Shopping 一番。凡是出過國門的人都知道，受託爲家人親友們購買東西，是一件相當重要的事；這也是「人情味」更加「責任感」的混合意識，大概無人可以免俗。

還有一種也是屬於「人情味」的事情，就是朋友之間的應酬。在我們還沒有出國之前，就接到了目前定居在舊金山的紀弦兄的來信，說是等我們這些老友到了舊金山之後，他一定要作個東道，請大家到中國城吃一頓，以盡地主之誼。在大會開幕的第一天中午，他老兄的諾言立即就要兌現，但在會場之中並沒有聯絡確實；而另一方面，代表舊金山僑社出席大會的謝大荒先生和舒曼霞女士，也邀請王大任團長、易大德將軍、我和上官予以及幾位傳統詩人，一起到唐人街去吃飯。於是，大家就分爲兩路向著中國城出發了。

舊金山又名三藩市，這也都是咱們中國人替這個城市 san Francisco 所取的名字，前者取義而後者取音。這裏的中國城，在美國各通都大邑之中，可以說是歷史最爲悠久的唐人街之一；早年華僑在此的胼手胝足，血淚經營，其艱苦概可想見。我們走過旅館所面對的「聯合廣場」，左轉彎到一個大隧道的前面，然後搭上三十路的無軌電車，出了隧道，經過「世界日報」，就到了一家「廣東茶樓」。在這一帶，商店、市場和酒樓林立，大概也就是中國城的中心地帶了。在茶樓裏面，聽到滿耳的鄉音，看到的也都中國同胞，恍如置身於臺北市的廣東茶樓之中，當然使人倍感親切。在吃飯（應該說是飲茶）的時候，遇到了現在也居住在此地的謝冰瑩大姐伉儷，和出席本屆大會的香港代表丁淼先生夫婦；謝大姐見到了我和上官予，也不禁悲歡交集，說話都有些硬咽了。她的右腿曾經摔斷過，現在還不良於行；她的賈先生身體也不太好，一切還需要照顧。以她目前的情況，並不太適於寄身國外，可是「家家有本難念的經」，我們也不知道該怎麼安慰她才好，只有再訂後會之約而別。那天因爲下午要繼續開會，所以連中國城都沒有來得及逛兩步，趕快匆匆忙忙的又回去了。

到了七月十日，一早晨就接到謝大姐的電話，她說中午要來看我們；我因爲她的行動不算方便，勸她不必勞動大駕，可是她堅持要來，她說還有一些其他的朋友要看，非來不可。此外，同事好友還兼我鄉長的唐棣兄，目前也定居於此，曾經也來過幾次電話，要來看我們，並且要請一些朋友們到他柏克萊的家裏去吃飯；我因爲實在抽不出半天時間到柏克萊去，而且摸到一個全然陌生的地方也並不容易，所以就在電話之中一再婉辭。但唐棣兄仍然鍥而不捨，又要請託紀弦兄當嚮導，帶著我們一起去，在無可奈何之下，我只好請紀弦兄也代替我們大家婉謝了，而對於我們這位老大哥的一片熱情，實感於心不安。

放下了謝大姐的電話，下得樓來，準備約人一起去吃早餐，在大廳裡遇到了李芳蘭大姐，她也是往日在臺甚爲熟識的女作家，而現在也居住在舊金山；李大姐正要邀人去吃早餐，相見之下，寒暄未畢，便也被她拉著一同前去，同行者還有上官予、李牧和龔建軍，所去的地方仍然是中國城的「廣東茶樓」。飯後總算「如願以償」的在唐人街上逛了一會兒，看看我們的「黎明書局」以及其他的書店，又買了一些零碎東西，然後又匆匆回到旅館，到大會會場剛坐了一下；紀弦兄和彭邦楨兄就來招呼我出來合影紀念，而這時候已到中午散會的時間了。

那天（十日）中午，北美事務協調會舊金山辦事處鍾湖濱處長，和文化組美西辦事處劉定一主任，在中國城的「金寶飯店」，聯合歡宴中華民國代表團全體團員，這時謝冰瑩大姐也來到了旅館，我們當然請她也去參加，此外也邀了彭邦楨夫婦。到了「金寶」之後，我趁機會到附近的黨支部去訪問了一下；這裏的負責人陳伯豪老弟，也是僑社出席大會的人代表之一，十年以前我到韓國漢城去出席「世界筆會大會」的時候，他還正在那裏讀博士，如今已經是卓然有成了。從總支部出來，他又帶我到隔鄰的「世界日報」去看看，然後再回到「金寶」去參加歡宴；在本團以外，還有僑社文化新聞界人士多人也應邀而來。

鍾處長和劉主任以前在台北的時侯，我們都是頗爲稔熟的朋友；而他們兩位在王團長的面前，則要以晚輩自居。在禮貌上，我們代表團本來要在次日去分別「回拜」一番，但七月十一日正值是週末例假（在美國是週末的全天都不上班），因而在席間互相約定「免了」。在吃飯的時候，除了兩個主人和王團長都曾致詞之外，爭取發言的人也很踴躍，並且還有吟詩和歌唱等等餘興節目；賓主盡歡之下，互道珍重而別。

大會在舉行開幕典禮的那天，「中視」駐舊金山記者鄧昌智特別前來會場攝影採訪，鄧君是我兒子翟翬的同事，在我的面前他當然也是以晚輩自居。到了十日晚間在大會閉幕的晚宴上，鄧昌智又帶著助手來採訪攝影了；詢問之下，才知道他患了重感冒，所以在這中間三天都沒有辦法到會場來。我們在同一席上吃著晚飯，他說他要自己駕車，陪「翟伯伯」去夜遊舊金山，以表示略盡地主之誼的心意。他這個主意固然很好，可是我卻顧慮到他病後的體力」他說這點路程算不了什麼，他的體力也毫無問題；於是我欣然答應下來，並且邀了「二楊」（向時兄和志翬兄），一同離開會場，登車出發。

鄧昌智在舊金山居住多年，地理環境當然非常熟悉，開車的技術也相當優秀；我們這次的夜遊，可以說是把舊金山都跑遍了。除了「金門」和「海灣」兩座大橋之外，又從雙峰山到了電報山，沿著號稱「世界上最彎曲的路」蜿蜒而下，然後又經漁人碼頭而到金門公園，打開了汽車的前燈，遙觀了一下由我國所贈送的「金門亭」，路上還在一家叫做 Safeway 的大型超級商店停下車來，讓我們三個人不慌不忙的購買一些東西；而二位楊兄買得尤其「過癮」，在舊金山幾天來所沒有買到東西，這一下差不多就齊全了。之後，又經過兩座大橋而返回市區，昌智還在路邊停了下來，讓我們好欣賞一下金山海灣的夜景；在夜涼如水，夜色如畫的幽境之中，遙望金門大橋的弓形之姿，忽然憶起唐人柳中庸在我的故鄉所作的「河陽橋送別」詩，不禁觸發起一縷思古又兼懷鄉的幽情，爲之惆悵低徊不已。在歸途上，拈得七絕一首如下：

「金山海上看雙虹，昨日雲霞今夜風；偶憶河陽橋下路，鄉思若夢雨濛濛。」

七月十一日，是我們代表團在舊金山勾留的最後一天，這當然完全屬於大會以外的活動了。而代表團的同仁和參加本屆大會的老友們，在十日晚間和十一日早晨也有些人在紛紛互相告別；鍾鼎文和瞿立恆要經洛杉磯飛往紐約，林咏榮、廖從雲，和羅行也飛往東部，上官予到舊金山附近他弟弟家裡去，方心豫也單獨前往加州去和他的雙親和兄弟聚首，周開福和王傳璞各自單飛前去洛杉磯，楊大乾、潘家驎、與陳敏華等人也各有去處，菩提一個人直接飛回臺北，紀弦仍然留在舊金山，彭邦楨夫婦也要返回紐約去了。代表團一行加上舒蘭的太太和旅行社的吳小姐，還有十九位，再接再勵，繼續邁上預定的行程。

十一日一早，收拾好了行李下樓結帳，這時由旅行社委託舊金山的「同業」，接辦我們代表團的遊覽業務，派一位名叫先健華的年輕人來擔任嚮導。這位「先先生」可能由於經驗不足，他本來想先帶著我們走一段路，然後再乘坐舊金山著名的有軌電車，前往漁人碼頭，可是沒想到電車今天偏不湊趣，越等它越是不來，眼看寶貴的時間白白流失的太可惜，有些人實在等得不耐煩了，於是決定能走得動路的人，繼續步行下坡而往；不願再走路的人，等著僱計程車到漁人碼頭去。在這種情況之下，我也只得鼓起餘勇，跟隨著「步兵」繼續前進；走到漁人碼頭，這一段路並不算近，可是連王團長和易將軍在內，大夥兒居然都是「氣不發喘，面不改色」，自勉老當益壯，互相佩服不置。

中午，在一家「上苑餐廳」吃飯，不期而遇的跟唐棣兄遇見了，向他道歉之外，握手寒暄，別後多年的話也不知從何說起。這時候，「上苑」的老板過來跟我打招呼，相認之下，原來他是曾在「中視」擔任過助理製作人的桑繼康，我們在幾年前合作過一部「大地風雷」連續劇，成績很好；又談到我最近編爲的「戰國風雲」，在舊金山也是非常轟動——記得陳伯豪也曾這樣對我說過。據桑繼康說，他目前在柏克萊和漁人碼頭經營兩家大型的中國餐館，生意鼎盛，想再回國投身於電視事業，而這裡的事業已是「欲罷不能」了。祝福他就在此一行業大展鴻圖吧！

吃過午飯，在樓下的紀念品商店裡買了一些小東西，大家登上旅行社的車子（早有車子就好了），回聖法蘭西斯大飯店去取了行李，然後去遊金門公園、科學館，以及種植有世界各地奇花異卉的「國際花房」等地；於六時左右再回到中國城在一家「陶陶飯店」吃了晚飯之後，就乘車直接前往舊金山機場。這時候，劉定一主任特別前來爲我們送行，而我們代表團準備贈送給本地僑社文化界的一座「寶鼎」，此時就請劉主任帶去，然後相機轉送。

八時前，大家辦好手續，相繼登上飛向洛杉磯的ＰＳＡ班機，開始踏上我們美西旅遊的行程。

「青年戰士報」副刊，七十年九月十八日

洛杉磯蒂娃娜去來

——訪美紀行之六

我們代表團一行，於七月十一日下午八時前，在舊金山搭乘太平洋南美公司的班機，啓程前往洛杉磯。班機於八時二十分起飛，因爲在我們這次整個的行程中，以在舊金山停留的日子爲最多，所具的意義也最大，所以在起飛之後，心中不禁很想說一句：「再見了，舊金山！」

誰知道這句話剛剛想到，而飛機卻在空中繞了一個圈子，又在舊金山機場降落了。這麼快就「又見舊金山」，倒引起了大家的一陣詫異和猜測，不知道究竟是怎麼一回事？這時候，飛機停妥，機門開處，又是一批乘客湧了進來；原來我們這班飛機還並沒有坐滿，因而地面上又把它召了回來，把下班飛機的乘客也裝上來了。美國國內航線的小公司的班機，當然以「生意經」爲先，但是這種「去而復返」的作法，不免讓一些慣於神經緊張的人們嚇了一跳。

從舊金山到洛杉磯，航程不遠，大概就好像從臺北飛到高雄差不多；不大一會兒工夫，洛杉磯已經出現在腳下了。此時已是萬家燈火，飛機愈飛愈低，可以看到洛杉磯的街道，東西南北，劃得整齊而「井」然，簡直有如棋盤一樣；而所佔地區之廣，似乎一望無際；地勢平坦開闊，與舊金山的風貌自是大不相同。

飛機於九時在洛杉磯著陸，我們下機進入機場大廈之後，北美事務協調會「羅安琪」辦事處的李領事義男，代表金樹基處長前來歡迎。「羅安琪」是我國外交界對於 Los Angeles 的官方譯名，而「洛杉磯」則是一般相沿成習的通俗說法和寫法；本文中為使各位「看官」閱讀方便起見，決定仍從俗而沿用後者。

洛杉磯是美國西海岸最大的城市，目前且已超越了芝加哥而成爲全美國的第二大都市；近年以來，更是東方各國來客出入美國的重要門戶。因而飛機起降頻繁，機場之內人群熙來攘往，我們取行李也頗費了一些時間；出了機場，這裡接辦旅遊業務的「勵馳」旅行社，已經派車在外面等候，負責人詹錦棠和擔任導遊的韓誠峰，在督工裝好行李之後請大家上車，駛入洛杉磯市，然後轉到 Pasadena，抵達我們下榻的「巴沙迪納希爾頓」大飯店，時間已過深夜十一時了。我們全團都住在三樓，我仍然和龔建軍同室，住在三二四號。

次日（十月十二日）一早起床，下樓集合，王傳璞和周開福也回來歸隊，開始我們在美西訪問遊覽的旅程，同時也參觀有關的文化藝術建設和育樂的設施。「到處留心皆學問」，其收穫常與「開卷有益」相伯仲；而「行萬里路」與「讀萬卷書」，在當前的時代，尤其可以收到互爲表裏、相得益彰的實效。本此觀點，我們在「勵馳」旅行社的安排之下，準備再接再「勵」，奔「馳」一番！

八時上車，先到不遠一家叫做 salt Shaker 的餐館吃了早餐，然後再登車出發，出洛杉磯南行，直駛二百公里以外的聖地牙哥。今天由「勵馳」的老闆詹錦棠親任導遊，他原來在國內的某大旅行社任職，常跑美國這一條線，後來邂逅了他的美籍華裔的太太，結婚生子，定居在洛杉磯，並且自行經營這家旅行社。一路上他對於洛杉磯以及我們所要去的聖地牙哥，作了頗爲詳盡的介紹，使我體認到了參加旅行社和有導遊的好處，有時候並不是用金錢所可衡量的。兩百公里的路程不算太近，詹先生的介紹報告，大概只用了三分之一的時間；其餘就讓大家閉目養神，或者乾脆靠在座椅上大睡一覺。當然也有不想睡覺的人，就由聊天而談詩而對起對聯來了。易副團長以他和王團長二人的姓名而出了一個上聯：

「易大德，王大任，大德當大任：」

這個上聯似乎並不難對，但卻不一定在本團之內「就地取材」；後來經過我的思索琢磨，對出了一個下聯：

「江長文，梅長齡，長文享長齡。」

梅長齡是「中視」的總經理，江長文是他旗下的當家小生，此點勿庸多加說明。上聯的意思是，唯有大德者始可擔當大任；而我這下聯則是說：長於文者乃能享其長齡，而且文學家的作品常是千古不朽，他的名字也隨之而百世流方，豈非其齡更長？

接著，我也就地取材，以本團之中的三位楊姓代表爲題材，出了一個上聯：

「楊大乾，楊志鞏，楊向時，三陽開泰，有大志向；」其中「陽」字是和楊字叶音，而「大志向」三字，則是從他們三位的姓名之內各取中間一字。這樣的組合安排，一時之間實在是並不好對；在還沒有得到具體的「下文」的時候，而聖地牙哥已經近在跟前了。

到聖地牙哥來，主要是爲了參觀海洋世界（Sea World）我們國內也有一個稱爲Ocean World的「海洋世界」，正在野柳附近的海濱興建之中，其規模範圍如何，尙不得而知。而這裡的海洋世界，則是馳名已久，値得一看，它不僅有各種表演節目，而且其他的有關遊樂設備，也甚爲齊全；因而成爲美國國內度假和國外人士觀光的好去處。我們來時，但見遊客如雲，顯得相當的熱鬧。

海洋世界的表演節日，共有七八種之多，詹先生因爲時間關係，爲我們安排參觀其中最爲精彩的四種。首先是Underwater Show由一位美人和兩隻海豚在水底共舞，還編織一點故事情節在內，成績雖然不算太好，但海豚能訓練到如此通靈的地步，確實是太不容易了。第二個也是海豚的表演，在一個大池的四週，看臺上觀衆萬頭鑽動，一致欣賞那幾條海豚的花式繁多而精彩的表演，小孩子們尤其爲之興奮鼓掌不已。這些表演項目，各位讀者可能都已在電視螢幕上看到過，此處限於篇幅，恕不多加描述。

第三個節目是噴水的表演也就是有很多各式各樣的噴水，隨著音樂而忽高忽低，或疾或徐的噴出各種花樣。我因爲曾經在電視上看到過，興趣不大，所以沒有隨著大家入場，趁此時間，到附近的攤子上逛逛，先買了一頂紀念帽戴在頭上，以防日晒，倒也確有必要。然後坐在樹蔭之下休息一會兒，回味一下剛才所看海豚的表演，忽然有一種憐憫的情緒油然而生，於是吟成七絕一首曰：

「濠梁萬衆觀魚戲，冷暖哀歡魚自知；誰解莊周惠子語？江湖秋水相忘遲。」

此詩既成，看噴水表演的人也出場了。時已中午，於是詹先生就帶著我們去吃午飯，那是就在「海洋世界」之內的一家餐廳，炸魚炸雞，各取所需。飯後大家趕快把握時間，七手八腳的購買了一些紀念品，然後又去參觀一場最精彩的的殺人鯨 shamu 的表演。殺人鯨這個名稱雖然聽起來頗爲恐怖，但它們馴順、乖巧，和通靈的程度，較海豚尤有過之而無不及；表演項目的精彩動人，當然不在話下，這裡也恕不多贅，且亦避免代替別人作廣告之嫌也。從「海洋世界」出來，已近下午三時，趕快登車，向預定的目的地——墨西哥邊境的觀光小鎮蒂娃娜（Tijuana）出發。

開車之後，詹先生就對我們詳加介紹蒂娃娜的地理位置及其特產，並且一再叮囑大家，到了那裡之後，在購買當地特產皮革製品或其他物品的時候，一定要堅持他們「漫天要價」而我們「就地還錢」的原則，半點也不能客氣，不「殺價」就會吃虧上當，後悔莫及。我們當然把這些話牢記在心，但是也頗爲墨西哥這種落後的習性和作風感到惋嘆。

下午五時左右，我們一行到達了美、墨兩國的邊境，雖然僅是一道鐵絲網之隔，而兩邊的各種風物迥然不同，在豐茂與荒瘠之間，相距也有如雲泥。步行過了邊境，換車前往蒂娃娜，頃刻即到，在一家名爲Caesar的飯店門前下車，詹先生和大家相約，因爲要在晚間十時左右回到洛杉磯，所以在這裡只能停留一個小時，六點鐘希望大家準時仍在原地集合，也好上車回程；否則無論那一位被留在墨西哥，那個麻煩可就太大了！

於是，大家暫時解散，各自分頭去略作觀光，隨即展開了相當「艱苦」的購物活動。我先跟著幾位團員走進一家皮貨店，墨西哥籍的老板和店員們，立即群起笑臉相迎，而且果然「漫天要價」起來，趁別人「就地還錢」的時機，我看看並沒有我所需要的皮件可買，趕快突圍而走，到了隔鄰的另外一家商店，放眼物色之下，看到有幾件女用繡花襯衣，倒是頗具墨西哥的特色，剛剛上前一問，就被老板兄弟母子們給「粘」上了！在這裡我是孤軍奮鬥，有圍難突，只好咬緊牙關，先是挑毛病，然後就猛「殺價」；這家老板英語說得還可以，而且頗有幽默感，表情也特別豐富；我幾次回身要走，都被他用種種不同的親切方式給「絆」住了。我一看手錶，時間已所餘無幾，但是仍然堅持殺價的原則絕不放鬆，反正我是可買可不買；最後每件要價美金五十元的襯衣，我以每件十一元的價格買了兩件，已經是累得滿身大汗了。

回到指定的集合地點，時間只剩下了幾分鐘，趕快買瓶飲料來解渴，又搜購了幾包牌手各不相同的墨西哥香煙，大家已經陸續到齊，對著這小鎮風情紛紛攝影留念之後，登車踏上回程。而來回的手續並不一樣，回到美國邊境還需要經過海關和查驗護照，繁簡也因主其事者人之不同而各有差異，所以先回到美國國境的人，還得等待後到的人。大家坐在路旁休息，不免互相展示一下匆忙中所能買到的東西，其中以易將軍和李牧兩個人購買得最多」李牧本來是準備到紐約去的，但因爲飛機票沒有買到，所以也就只好隨著大家參加了美西之旅；這次他爲他的三個女兒每人各買了一件皮夾克，自己還添置了一隻大皮包，自稱相當滿意。張騰蛟在未來蒂娃娜之前，曾說對於這個小鎭的興越很濃；結果他只買到了兩條皮帶，不過我想他也許已經掇拾了不少的寫作素材。而吳宏一居然得到了墨西哥人所贈送的小禮物，可見這個小鎭還是有他的人情味呢！

至於買到東西不多的人，我也是其中之一，然而我爲「賢妻」和媳婦兒所買的這兩件墨西哥襯衫，卻也很讓兩位女團員們爲之稱羨不已。總而言之，這次墨西哥小鎭匆匆去來，我們總算是又多到了一個國家，觀光購物，不但沒有空手而回，而且印象也還相當深刻，這就已經可以心滿意足的了。

大家到齊之後，步行了一段路，又登上原先從美國來的車子，駛向歸程。中途在聖地牙哥一家名爲「京荣美利堅之家」的中國餐館，吃了一頓還算相當豐富的晚飯，然後繼續上車前行，北返由暮色蒼茫而漸至燈火萬家的洛杉磯。車中無聊，又信口綴成紀事詩一首如左：

「匆匆來去墨西哥，小鎭風情未足多，回首蒂娃娜已遠，洛城夜色又如何？」

而當回到我們所下榻的旅館時，已是夜裡十時了，趕快沐浴就眠，明天還要到狄斯耐樂園去遊覽訪問呢！

「青年戰士報」副刊，七十年九月二十日

狄斯耐樂園一日遊

——訪美紀行之七

我們到達洛杉磯後的第三天，也就是七月十三日，全團仍然是一早起床，下樓在旅館的大廳集合。今天「勵馳」旅行社由韓誠峰先生來接班，擔任導遊工作；他爲了適應大家的胃口，宣佈今天早上吃中國式的早餐。

上車之後，直駛洛杉磯的中國城；這是原有的舊的中國城，也即是此地歷史較爲悠久的唐人街，大概是以百老匯街爲中心的一帶地區，廣場上有　國父銅像一座，使人到此肅然起敬。另外還有一個新興的中國城，則是位於目前頗有名氣的蒙特利公園（Monterey Park）區內，後文當會提到。

我們的早餐，是在一家老式的廣東餐館吃的，有粥和小菜、春捲，以及廣式的實心油條，「口味」雖然不錯，至於是否眞正對了「胃口」，尚難下個定論。因爲我們全團之中並沒有廣東人，只有我一個人是「廣東女婿」，但對於這種油條也只能「淺嚐即止」，未敢多多領教。

早餐後，大家到廣場前向　國父銅像行禮致敬，並攝影留念。因爲我現在的職務是「孫逸仙博士圖書館」館長，所以特別動用我所攜帶的一架二次世界大戰末期德國的老牌照相機，請龔建軍爲我單獨攝影一張，以留珍貴的紀念。而在這時候，龔建軍要暫時跟我們大家告別一天，去參加在洛杉磯舉行的一項國際傳記文學會議去了。

全團再次上車，到洛杉磯的市中心區逛了一圈，看看最負盛名的音樂廳，也就是歷屆「奧斯卡」金像獎頒獎大會的所在地。然後前往北美事務協調會「羅安琪」辦事處，拜訪金樹基處長，並且致送團旗和紀念牌等禮物。之後下樓登車，直駛今天所要參觀訪問的去處——狄斯耐樂園（Disneyland）。

一般人都以爲狄斯耐樂園就在洛杉磯，而據韓先生告訴我們，實際上它是在一個以出產柑橘而得名的「橘郡」，距洛杉磯不遠而已。車行一路之上，韓先生也向大家介紹了有關加州的風土民情，以及華僑和留學生的生活狀況等等，分析指陳，有條有理，而且頗有見解。原來他是留美學生，曾經獲得電腦碩士，並且在美國公家機構和私人企業都作過有關電腦工作，後來因爲興趣關係，轉入了旅遊的這一行業，不僅比較自由，而對於他好動的個性也頗爲適合。談到狄斯耐樂園，他已不知道來過了多少次，當然可以歷歷如數家珍，可是他說不願意事先多作介紹，要大家自己去看才有意思。

提起狄斯耐樂園，我對於它的創始人——已故的卡通藝術大師而兼大製片家的華特狄斯耐（Walt DiSney），眞可以說是仰慕已久，久得已達四五十年之久了。記得我在童年時代，就喜歡看他的卡通影片，那是從「米老鼠」開始的，日後我雖然年齡漸長，但是仍然一直愛好不衰；所以凡是他的卡通作品，從「愛麗絲漫遊記」，到「白雪公主」，以及「木偶奇遇記」、「小飛象」、「小鹿班比」、「小熊邦果」、「小飛俠」、「仙履奇緣」、「幻想曲」、「彩虹曲」、「睡美人」、「一〇一忠狗」、和「石中劍」等等的長篇鉅構，都曾經一看再看。之後，我的兒子和孫子們，也莫不如此；而且直到目前，連電視上的「彩色世界」，每集也都不會輕易放過。此無他，乃是由於華特狄斯耐的作品，都是充滿了愛心和鼓舞人們樂觀奮鬥的意志力，在歡笑之中給人以莫大的啓示，因而這也就是他的偉大不凡之處。

如今，華特狄斯耐已經故世多年，墓木已拱，而他的作品恆在，他所創辦的樂園仍在；我以一個對他仰慕已久的人，到了今天才來訪遊狄斯耐樂園，不禁有些感慨萬端。於是又想到了兩句詩：「少年早慕狄斯耐，半老方來遊樂園」……還沒有來得及想下去。狄斯耐樂園已經到了。

韓先生爲我們集體購票之後，大家隨著洶湧的人潮入場，首先在正門攝影留念，而後就開始園中的一日遊程。由於狄斯耐樂園的範圍實在太大，項目也非常之多，普通要三天才能逛得周全，所以韓先生代替我們選擇了一些重點，也是一般人都喜歡看的地方。於是我們行過了「市政廳」，經過了馬車、舊式救火車、和老爺汽車來來往往的大街，左轉到了一條有「密西西比」風貌的河邊，遙看一下「馬克吐溫號」的古老輪船，然後就開始了第一個節目。

然而，這第一個節目我就先「請假」了。這是驚險萬狀的「霹靂飛車」，我一方面對它毫無興趣，再則我臨來美國之前，我的兒子和我們的醫生朋友，由於他們都曾經到這裏來坐過這種飛車，所以也都特別勸告過我，千萬不必過這個癮，沒意思，而且萬一刺激了心臟和血壓，或者弄得頭暈眼花什麼的，以下也就玩得不痛快了。對於這些出於誠意的勸告，我自然是從善如流，並且牢記在心；於是到此望門不入，就和韓先生坐在場外一面閒聊，一面等著。不一會見，大家都出來了，有幾個人都被這飛車弄得面色發青，猶有餘悸；還有的人在進了場內以後，臨時退卻而沒有「上車」，可見得我這麼做還是「吾道不孤」。不過如果檢討起來，這第一個節目應該說是安排上的一大敗筆，對於像我們這些年齡偏高的人們，這種「刺激」實在是無此必要。

第二個節目，就是久已聞名的「加勒比海盜世界」。過去在國內的報刊上，看到這一類的記遊文字很多；現在自己親身來遊覽和體驗一下，才更覺得在這一部門的設計，匠心獨運，確實精彩可觀。我們坐在船上（其實是前有鐵纜，下有軌道的水中電動車），順流而下，一路在警告與威嚇之下，在危機四伏之中，逐漸進入海盜世界，沉船、斷桅、刀劍、珠寶、白骨、骷髏，在一片淒慘恐怖的氣氛裡），俄而槍聲與砲聲齊鳴，火光與殺聲並作，海盜們搶掠燒殺，追逐婦女，劫奪財物，乃至醉後百態，莫不各具動感，栩栩如生……然而到頭來仍是斷劍殘旗，留下白骨青燐與金銀珠寶爲伴；一夢成空，至足發人深省。而像這樣藝術與科學技術緊密結合的設施，也使人覺得雖急起直追而猶恐不及。

從海盜屋出來，又踏上了「新奧爾良廣場」的現實世界；時已中午，我們就在猶有一些古風的 Cafe Orleans 吃了午餐，接著就又馬不停蹄的進行下一個節目，參觀也是聞名已久的「鬼屋」。

有關描寫「鬼屋」的記述文字，過去也曾看到過不少，絕大多數都是說鬼屋裡面是如何如何的恐怖和可怕；可是從開始到結尾，從進去到出來，我連一點害怕的感覺都沒有。什麼遊魂、僵屍、骷髏、白骨、棺材、墓碑……等等，都有一種虛偽做作之感。出來以後，不但覺得索然無味，而且很替這些設計人感到「黔驢技窮」；再說，在「樂園」之中，似乎也不應該有這種不適於兒童們遊賞的「鬼屋」，這種設計實在沒有什麼道理。

再接著一個節目，就是暢遊衆所熟知的「小小世界」（Small World）了。我們大家仍是乘舟順流而行，在「小小世界妙妙妙」的歌聲旋律中，歷經世界各大洲各人種的兒童玩偶行列之中，天眞可愛，令人忘憂而且忘我，感覺到世界大同似乎觸手可及。但也有使人覺得遺憾的，就是在亞洲部份，有香港兒童而沒有中國兒童，在出口處有各國文字的「再見」，而中國的也竟付闕如。據說，這可能是根據來園參觀的各國觀光客的多寡，而有「厚彼薄此」之分；目前我們政府已經開放出國觀光，將來在「小小世界」能佔一席之地，也許是指日可待的吧！

從「小小世界」出來，自覺童心猶在，不禁欲語忘言；於是稍加思索，就把來此之前的那兩句詩，接續而成爲七絕一首：

「少年早慕狄斯耐，半老方來遊樂園；一片童心依舊在，悲歡感慨欲忘言。」

以下，我們又繼續參加了「蠻荒之旅」；接著乘坐環園火車，中途觀賞了「大峽谷」風光，在車站上還遇到了方心豫。再就是欣賞由動物玩偶們所表演的，而且是有系統加以介紹的 America Sings；最後天色將晚，韓先生還一再建議我們去看八銀幕的 America the Beautiful。這部電影需要站著四面八方的看，由於它要故意賣弄「動感」，在鏡頭推拉之間，難免搖搖晃晃，讓人覺得不太舒服；尤其是其中拍到舊金山那段「世界最彎曲的路（請參閱前文）的時候，我也和場內的許多觀衆一樣，不得不閉上眼睛，以防頭暈目眩。

看罷電影出來，距離原定下午六點鐘集合上車的時間，已是所餘無幾。大家趕快一面買飲料解渴，一面七手八腳的「搶購」一些紀念品，另外還得找「米老鼠」、「唐老鴨」、和「古飛狗」這些卡通主角人物，來個合影以留紀念；最後我也總算是買到了一點東西，也和一條卡通狗合照了照片，在手忙腳亂之下，大家準時上車，返回洛杉磯。

回到洛杉磯，車子先開到號稱爲新的中國城的蒙特利公園，在「彭園」晚餐。這裡之所以稱爲新的中國城，乃是因爲在此居住的中國人，都是在最近若干年來，從臺灣遷移到美國來定居的；據說房地產的價格被「炒」得越來越漲，但隨後來到的人還是愈來愈多。馬路兩旁的商店飯館，也是來自臺北的字號，「彭園」、「九如」、「義美」之外，還有「頂好超級市場」；將來說不定會成爲第二個臺北市，一切應有盡有。看了這種情形，不禁頗有所感，因而又謅詩一首以記之：

「彭園近在九如旁，笑語聲歡酒菜香；西出陽關臺北客，誰知此處是他鄉？」

飯後，乘車返回「巴沙迪納希爾頓」。路上有人抱怨韓先生，在狄斯耐樂園只顧勸大家多「看」卻忽略了「買」的問題；他可不知道「看」雖是個人的收穫，而「買」卻關係著家人親友的囑託；只看不買或多看少買，回去可交不了差的。韓先生聽了以後，決定晚間親自開著他自己的車子，帶著要買東西的人，好好的再去Shopping一番。

回到旅館休息了一下，韓先生果然分別打電話到房間裡來，邀請大家下樓前去購物；他的車子還眞不小，能坐十幾個人。車子開到了一家大型的超級市場，大家儘量購買；但超級市場不同於百貨公司，有些東西還是買不到；當然更不同於狄斯耐樂園，凡是沒有買到紀念品的，也只有追悔不及，而狄斯耐樂園未遊之處，也只有待諸於他日重來了。

大概到了十一時左右，韓先生催請大家上車，又把我們開車送回旅館，每人並且各贈水果一袋；他還得開很遠的車回家，而明天一早就得再到旅館來，陪著大家去訪問環球片廠，並且遠赴「賭城」拉斯維加斯一遊。

「青年戰士報」副刊，七十年九月二十三日

影城與賭城之旅

——訪美紀行之八

七月十四日，又是一早起床，剛要去盥洗，接到王團長大任從他房間裡打過來的電話；他說他接到了長途電話，他的夫人病勢危急，他今天就要立即返回臺北。

本來在我們中華民國代表團組團的期間，王團長就由於他的夫人纏綿病榻，爲之心緒不寧，一度曾經想要退出代表團的；但是因爲王團長不僅是立法委員，詩壇重鎭，而且他平日爲人誠純仁厚，處事認眞負責，兼具賢者與長者之風；所以在教育部和文工會的敦請，以及各詩人社團的共同推舉之下，不得不勉力擔負起團長這一職責，同時也盡心盡力，奔走折衝，使這個代表團終於能夠順利組成，準時前來美國出席第五屆世界詩人大會。

在代表團出國之前不久，王夫人的病情及曾一度惡化，幾乎使王團長又因之而放棄成行；可是後來又轉爲安定下來了，所以王團長終能率團前來美國出席大會，並且在他的指揮若定之下，使我們本團在大會中有著極爲優異的表現。然而現在，王夫人的病勢又告危急，他在接到他的公子曉祥從紐約打來的長途電話以後，憂心如焚，歸心似箭，決定立即摒擋一切，立即返回臺北。

我們代表團一行，於早晨下樓集合之後，仍到 Salt Shaker 吃早餐；王團長向全團宣佈了他的決定，大家不免爲之黯然。飯後一同乘車送團長返回旅館，大家除了祝福王夫人病癒之外，並且鼓掌歡送，祝福團長一路平安；我和易副團長代表全團送王團長下車，握手道別，內心也深感難過。回到車上以後，我立即宣佈請易副團長代理團長，率領大家繼續進行訪問遊覽的預定日程，於是開車出發，前往「環球製片場」。

這時候，在我們的代表團中，王大任團長準備返回臺北，王傳璞轉往他處，周開福留在洛杉磯，龔建軍今天又去參加他的另一項會議；因而全日的人數目前爲十五人，加上舒蘭的太太，由臺北同來的吳靜芝小姐，以及「勵馳」的導遊先生韓誠峰，總人數共爲十八人。出發之前，我們已經把「巴沙迪納希爾頓」的房間暫時退了，把大行李都存放在另租的一個房間裡，因爲我們在訪問過「環球」之後，就要直赴拉斯維加斯而去了。

車行不久，便到了環球製片廠（Universal Studios）。據韓先生事先向我們解說，這裡並不是好萊塢「Hoilywood」，也不屬於洛杉磯，而是大洛杉磯區之中的一個市——環球市（Universal City），而在這個市內，仍以環球片廠爲主體，其規模之大，可想而知。

購票後隨著人潮入場，坐上場裡的四節一列的遊覽車，開始參加了一系列的 Tour 節目。目前美國電影事業仍在不景氣之中，所謂八大電影公司，都不得不轉向電視影片去求發展；以環球公司如此龐大的規模，悠久的歷史，今日也無法例外，他們這種 Tour 生意，也可以說是「予人方便、自己方便」之舉，既可以滿足全世界影迷的好奇心，自己也可以由此而賺些「外快」，倒不失爲一種生財有道的措施。

我們參觀遊覽的順序，大致是：先經過「太空爭霸戰」的場景，槍聲機嘯，非常逼眞。出來後下車步行，穿過「妙賊」羅伯韋納（Robert Wagner）的化粧室接著參觀一連三座的特技間，銀幕上也是由羅伯韋納在加以說明。然後再出來上車，繼續前行，經過大小道具間，其佔地之廣，存量之多，使人聯想到了「百足之蟲，死而不僵」這的句話。之後，又行經「桂河大橋」、暴風雨區，以及「十誡」影片中紅海海水被分開的場景；這都可以說是影片之中特技的最佳示範，尤其是紅海的水被從中間分開，而我們的車子可以從分開之處通過的設計，雖然看起來好像很簡單，但卻是「巧奪天工」，當時的構思考大概很傷了一些腦筋。

以後，車子又經過了具有各國風貌的佈景區，看起來仍然是規模宏大，潛力無窮；而且遠遠近近，推土機仍在忙碌的工作著，據說正在興建新的攝影棚。但願世界影業的復甦，就從這個「影城」之中開始吧！

最後，車子通過了「時光隧道」，這玩意兒曾經在「無敵金剛〇〇九」的電視影集裡看到過，而且我兒子也曾向我提供過建議，害怕頭暈的人到了這裡，最好不要仔細的看它旋轉；所以一進入口，我就把眼睛閉了起來，萬一因爲看它旋轉而頭暈目眩，那實在是一件很划不來的事！

遊覽已畢，下了車子，又去參觀西部的特技表演，時間已近中午；大家趕快又匆匆的去購買紀念品並且紛紛攝影留念；然後出門登上我們的車子，這次是要去好萊塢了。不過據韓先生告訴我們，好萊塢如今已經是無光可觀，我們到了那裡，先看看中國戲院，吃了午飯，還是趕路要緊，等從拉斯維加斯回來之後，預定還要重遊一下好萊塢和比華利山莊。

我們一行到達了影城著名的中國戲院，而最著名的還是因爲在戲院門前的水泥地上，有許多大明星的手模腳印，如克拉克蓋博、羅勃泰勒來等人，歷歷可數；旁邊還有一座瑪麗蓮夢露的全身塑像，不十分太像，但也還算栩栩如生；看了這些，令人有一種「青黃不接」悽涼之感，大家在此拍照留念之後，上車前往好萊塢大道旁邊的一家中國餐館「麒麟酒家」去吃午飯。我對今天上午的訪問遊覽，當然也頗有些感慨，一面吃著飯，同時也得詩一首：

「影城久羨好萊塢，今我來遲景物殊；銀海滄桑春夢短，人間何事不榮枯？」

午飯後，大家重又上車，直赴遠在內華達州（Nevada）的「賭城」拉斯維加斯（Las Vegas）當初旅行社安排日程的時候，我個人對於這一站就曾表示過異議，並且希望把這兩天挪到日本東京去用，無論觀光購物，都會更好一些，但是因爲「賭城」附近的大峽谷（Grand Canyon），乃是美國的國家公園之一，據說是鬼斧神工，風景絕美，有許多代表們都很想前往一遊，所以日程還是這樣排定下來了。

不過，乘坐小飛機去大峽谷一遊，並不屬於全體行動，而且另外要付費用，因而這就要看個人的興趣如何了。臨出國之前，「賢妻」曾經一再對我諄諄勸誡，在任何情況之下，都不許坐著小飛機去遊大峽谷；我當然「奉命唯謹」，同時我自己也沒有這種興趣。至於本團究竟有幾個人要到大峽谷，那要等到抵達「賭城」之後，看看天氣狀況如何，才可以決定。

從洛杉磯到拉斯維加斯，路程相當遙遠，而且想要橫越一片沙漠地帶。在天色將晚時，我們到達中途站一個小鎮拔士都（Barstow），下車休息，「上水」（喝飲料也），「放水」（解小手也），又在印第安人的小店裏買些小紀念品，然後再集合上車。此時我又成詩一首以記其事：

「渺渺征途漠漠沙，道旁小鎮見人家；紅番肆內盤桓久，拔士都前日已斜。」

車子再繼續前行，天色逐漸晚了下來。這時由曾人口發起，大家在車上開始聯句，以後又吟詩，唱歌，乃至於我用平劇唱詩，楊向時兄則索性唱了一段平劇「甘露寺」。這樣總算是打發了不少的無聊時間，直到晚間九點多鐘，我們才在「火樹銀花、城開不夜」的絢景之中，到達了拉斯維加斯；全團下榻於 Maxim 大飯店，都住在十四樓。我和易副團長同住於一四〇九號。

稍事安頓之後，立刻又下樓集合，乘車前往 Stardust 飯店吃晚飯，飯後欣賞來自巴黎的「麗都」歌舞表演。在這些花團錦簇的節目之中，那些巴黎舞孃們的「上空」歌舞，看來也不過爾爾；倒是魔術和溜冰極爲精彩，有人說可以值回票價。但以我一個從事戲劇而且多次擔任演出人的眼光來看，舞臺的設計與裝置才是最精彩和最成功的部分。

這裡的舞臺並不很大，分為前後兩個部分，前半部是電動升降式的，這在臺前可以看得很清楚；而後半部則是左右推拉式的，在旁邊的換好了景就把它推到中央來，而旁邊的立刻再去換景。所以，從宮廷到山林從巴黎到非洲，可以在轉瞬之間，就把佈景換得漂亮逼眞，天衣無縫。同時，舞臺的前後兩部分還可以分割開來，這個用處也很大；例如在有一場歌舞中，臺上竟出現了瀑布，眞水從山頂之上澎湃而下，都流到舞臺前後兩部分分割開後的縫隙之內，想像中大概是預先安裝了水槽，讓水流入到預定排水的系統。而「說時遲，那時快」，舞臺上的景又換了，山水樹木和瀑布在剎那之間消失無蹤，又換了另外一景，而在舞臺上連一點水漬都沒有留下：你不能不佩服他們舞臺工作者的手法之快，運思之巧吧！

其實，在科技進步，知識爆炸的今天，這樣的一點舞臺技術又算得了什麼？然而話又說回來了，在我們國內，時至今日，仍然缺少標準劇場和自動化的舞臺，多年來戲劇運動日見式微，欲振無力，這也是其中主要的因素之一。像這樣的「他山之石」，雖小道亦有可觀，使我覺得我們應該做的事情實在太多了，尤其是在文化藝術建設方面。

散場之後，乘車返回我們住的飯店，路上看到了一家 Desert Inn，原來就是電視影集「賭城一條龍」拍片的地方。這裏的每一家飯店和旅館，都是兼設賭場的 Casino，在我們飯店的樓下「巡禮」一番，恍如置身於影片之中，倒也別具一種感受。本團團員既非豪客亦無賭徒，大家只是玩玩最小的 Jack Pot（即吃角子老虎）；我平生最不喜賭，但到此也未能免俗，總算也拉拉 Jack Pot，免得同去被別人問起來，去了一趟「賭城」連手都沒有動一下，那豈不是太「土包子」了？

十二時上樓就眠，枕上又成詩一首曰：

「火樹銀花不夜城，呼盧喝雉泛潮聲；揮金似土何關我，我自酣眠直到明。」

一覺酣眠到次日——七月十五日，仍是一早起床，一問之下，到大峽谷去的人，更早就已經出發了。據說大峽谷那邊的天氣不算太好，因而有些人都打了「退堂鼓」，去的只有「四壯士」，就是揚志翚、張國裕、曾人口、和王吉隆等四位。沒有去大峽谷的人，仍然集合去吃早餐，飯後乘車在市街上逛了一圈；「賭城」在白天的陽光之下看起來，就像經過一宵狂歡的半老徐娘似地，脂粉褪殘，鬢髮蓬亂，簡直是令人不忍卒睹。而我們在這裡浪費了許多時間實在覺得可惜。

午飯之後，到了下午三時，去大峽谷的「四壯士」回來了，稍加休息，大家下樓上車，前去百貨公司購物。七時，到一家中國餐館「五月花」吃了晚飯，又再去逛了一趟百貨公司。據韓先生說，內華達州的稅率比加州低了兩成，所以大家可以儘量在這裡買東西。雖然如此，我的大孫子經元所要的乒球「負手板」，二孫子經文所要的小型電動玩具，至今仍然沒有辦法買到；看樣子，如果經過日本還買不到的話，那也只有等回去發「代金」了。

七月十六日，一早六點鐘就起來，下樓集合並且吃了早餐之後，登車出發，離開「賭城」而重回洛杉磯。中途仍在「拔士都」休息一下，繼續趕路，於中午回到了洛杉磯；先到中國城一家湖南館「玉樓東」吃過午飯，大家又在附近逛逛，有些人在「天仁茗茶」買些西洋參、枸杞子之類的東西，然後上車再去一次好萊塢。

車經落日大道（Sunset Strip），懷想起像「影城疑雲」那樣的電視影片，如今都已不可復見；而從這「落日」二字，也不禁聯想到好萊塢目前的境況，似乎眞有日薄西山的趨勢。再經比華利（Beverly）山莊，那些大明星們的豪華住宅，如今大半是門庭冷落。好萊塢的當年盛況不再，「影城」的昔日好景不再，「誰爲爲之？孰令致之？」我除了惘然之外，一時也找尋不出答案來。

「青年戰士報」副刊，七十年十月一日

萬里歸程

——訪美紀行之九

且說我們代表團一行，於七月十六日從拉斯維加斯重返洛杉磯之後，又在好萊塢和比華利山莊逛了一圈，頗有不勝今昔之感。這時候，導遊的韓誠峰先生向大家宣佈，今天將以整個下午的時間，帶大家再去購物，請大家要把握著這個在美國的最後一段時間，儘量把沒有買到的東西趕快買齊；否則的話，明天一上了飛機可就要後悔不及了。

於是，車子在下午兩點多鐘的時候，就開到了一家大百貨公司的門口，這家公司名爲Gelson's，規模很大，而且還有超級市場。按照預先約定，大家可以在這裏買東西，買到六點鐘，這時間可以說是相當充裕的了。好在我們此行的任務和日程——如開會、訪問、遊覽等等，都已告一段落，在離美返國之前，也就剩下私人購買東西的這件事情了；此時不買，更待何時？

然而以我個人來說，在這裏樓上樓下的轉了半天，要想買的東西買得到的並不多，而事前沒有預定要買的東西，除非的確是物美價廉，在臺北又買不到，否則最好不要「突破」原定的計劃；因爲回去之後，少買了東西固然不好交差，而多買了、買貴了、或者買的不對，甚至買的是臺灣外銷出去的「回頭貨」，同樣也會落褒貶的。

在本團之中，大夥兒都說我「很會」買東西；易將軍甚至還說，只要我買什麼他就跟著買什麼。事實上，出國買東西還眞是一門「學問」，同時也是一種樂趣；因此事前要有量力而爲的準備，不可以毫無腹案；要在精而不在多，要重實用而不可替家裏增加廢物；買東西的時候，更要有迅速的反應和決定，不要作兩種後悔之事——該買的沒買，不該買的買了。在該買的東西之中，各種具有特定性質（例如狄斯耐樂園或環球片廠等等）的紀念品，也不可予以忽略，必須見到就買，俗話說得好：「過了這個村就沒有這個店了」，誠哉斯言！「看官」諸君，請不要以爲我是在浪費筆墨和篇幅，這也是出國旅遊節目中最重要的一環，希勿等閒視之；在此謹獻「一得之愚」，以供參考。

約定的時間已到，大家出來上車，又再度前往中國城，在另一家湖南館「正陽春」吃了晚飯，乘車重回到我們原來所住的「巴沙迪納希爾頓」，房間經過重新分配，我和易副團長同住在四〇四號；取了大行李，略加安置，就又下樓去閒逛一下，信步逛到了不遠一家Broadway，也是很大的百貨公司，在這裏又買了一點東西。從拉斯維加斯到現在，再加上檀香山和舊金山所買的，雖然並不算多，但是家中人等以及親友們的東西，總算是人各有份了。時間已經不早，趕快回旅館整理行囊，準備「歸去來兮」！

夜裏，睡在床上，起初頗有些輾轉反側，不能成眠。出國這十幾天來，個人一切情況良好，每天能吃能睡，而且還可以晚睡早起，在「緊鑼密鼓」的一連串開會與遊覽的日程之中，也始終精神抖擻，從未覺得疲倦。現在由於歸期已近，雖然想到「鳥倦飛而知還」的陶公名句，但也仍然沒有什麼倦怠的感覺。而這十幾天來，在美國的所見所聞，當然收穫不少，但也感慨良多；又想到所謂「臨淵羨魚，不如退而結網」的話，則似乎已經淡忘是誰所曾說過的了。想到這裏，不如在枕上推敲詩句，以代催眠，因而又得詩一首如下：

「遊興將闌喜賦歸，明朝又別洛杉磯；臨淵忘卻羨魚事，倦鳥還巢好自飛。」

七月十七日，一早起床之後，把所有的大小行李整頓妥當；九時下樓集合，就在樓下吃了早餐，又到旅館的門前攝影留念，然後登車前往洛杉磯機場。

這時候，我們代表團的「陣容」又有一番變動。龔建軍在洛杉磯開了幾天會，連狄斯耐樂園和「影城」、「賭城」之遊他都放棄了；而這時爲了要隨團回國，他也不能不來歸隊了。此外，蕭明華女士要到東部去看她的兒子和媳婦，戴書訓夫婦則是前往亞特蘭大去主持女兒的婚禮，所以他們都在洛杉磯機場向我們大家告別了。

機場大廈裏面有免稅商店，大家就把握這在美國最末一次的購物機會，多少再買一些東西；於是有人買煙，有人買酒，我也趁機爲「賢妻」選購了兩瓶香水，價錢倒是比外面便宜，可是手續卻相當囉嗦，而且還要等待到日本東京，下了飛機之後，才可以到海關去提取，這也未免太麻煩了吧！

下午一時許，我們一行開始登上「日航」班機。「勵馳」旅行社的韓誠峰先生向大家一一握手道別，我們對他多日以來的熱忱服務，也表示由衷的謝意。這架「日航」七四七廣體客機，於二時振翼起飛，載著我們邁上回國的歸程——再見了，洛杉磯！再見了，美國！

三點多鐘的時候，在機上進餐，當然是日本口味的飯菜，而同時還看到別人在喝小瓶的酒，那些連帶杯子的小酒瓶非常精巧好玩兒；一問之下，這些小瓶的酒可付錢來買，有「菊正宗」的，有「月桂冠」的，價錢也都不貴，於是就買了幾瓶，帶回去也可以作個紀念品。之後又再一問，原來機上還有香水可買，而且價錢又比免稅商店便宜一點，同時也沒有那些囉嗦麻煩的手續；既是如此，自然應該再買兩瓶，因爲這才是「賢妻」最喜歡的東西。後來我又想到，在免稅商店先買了香水，還是一種「明智」的決定，否則在飛機上如果買不到，那豈不是落空了？因爲在各航線的班機上，所能買到的東西也各不相同，在這班飛機上就沒有西洋的煙酒可買。

機上開始放映一部日本影片，是由市川雷藏和木暮實千代所主演的「新平家物語」。很久沒有看過日本電影了，他們的製作態度雖然號稱嚴謹，但是內容依然還是老套，可見其題材也是相當貧乏。楊志翚兄向我說，這部影片很有點像我爲「中視」所寫的「戰國風雲」，不過他們在氣勢上卻差得多了。這使我想到了魯稚子老弟，他目前正在東京，帶著蔣子安、王中強、和高光德等等的「中視」一干人馬，在爲「戰國風雲」的日語拷貝剪輯配音，不久就要在日本電視臺播出；他也知道我什麼時候可以抵達東京，但是還不知道到時候彼此能不能聯絡得上呢！

看完電影，時間才不過是下午六點多鐘，距離日本東京還遠，大家不得不以聊天和睡覺來打發時間。由於此行要經過國際換日線，所以一路都是「不夜天」——直到又是一個「一時許」，飛機終於在東京的成田機場著陸，這一行程長經約十二小時的白晝，眞可以說是「最長的一天」了。而此時的東京時間，卻是七月十八日的下午五時二十五分；以前我們所多賺出來一天，現又奉還給萬能的造物主了！

成田機場距離東京尚遠，由於我們明天一早就要從這裏換飛機回臺北，所以機場依照規定，招待我們一行就住在他們附設的 Nikko Narita Hotel 裏面，在這機場的區域以內，任何其他交通工具都不能進入，我們只有搭乘機場「巴士」前往旅館。到了東京「過門不入」，而現在還得辛辛苦苦的提著東西去搭乘「巴士」，這實在是太不夠意思了，引得大家對於旅行社的吳靜芝「怨聲載道」，責難不休！

這個問題我在前面已經提到過了，假如出國之前在安排日程的時候，把在「賭城」兩天的時間（甚至一天也好）挪到東京來用，那豈不是更皆大歡喜了嗎？但是旅行社爲了賺錢，不此之圖，以致讓我們大家先在馬尼拉過境一次倒還無所謂，而現在到了東京又是一次過境，這實在是不可原諒的一大敗筆，難怪大家不滿。但是，生米已煮成熟飯，只放「馬後炮」也於事無補；好在旅館樓下也有附設的商店，而且明天一早到成田機場大廈裏面的商店，也還可以買些東西，這也算是唯一可以彌補的辦法了。

在旅館二樓吃了晚飯，下來換了日幣，就在樓下商店裏面買了一些正露丸等等的藥品和小東西。天已不早，外面又有風雨，住在這裏跟魯稚子也無法取得聯絡，只好上樓回到房間——在此倒是每人一個房間，我住在五二六號。這時候，我已經是歸心似箭，原來想去東京的念頭也早已蕩然無存了。計算起來，我曾在十一年前（一九七〇）來過東京，那是到韓國漢城出席世界筆會，會後來到東京，然後轉赴大阪去參觀「萬國博覽會」的；那年在東京的第二天，正値「七七」，當時我的感觸很深，回國後曾經在「韓日之行拾記」一文中這樣寫著：

『如今，我們仍在苦難之後奮勉的自力更生，而當年的「侵略者」則在其完整的國土之上，安度其發展進步的歲月，甚至儼然以「大國」自居；如此「天道」，真是豈有此理！』

而這十一年來，時局多變，世道更險，日本政客早已背棄道義，與虎謀皮，「豈有此理」更甚於往日；如果再到東京去看看，說不定更會令人憋了一肚子的「鳥氣」，那又何必？算了！歸去來兮，離家已久，胡不歸？

由於方才的一些感慨，在就寢之前，不禁又吟成七絕一首曰：

「十一年前曾舊遊，重來世事更多憂；漫天風雨東京夜，似箭歸心放不收！」

七月十九日——這是東半球的七月十九日，一大早就起了床，六時二十分在旅館二樓吃了早餐，然後全團集合，出去搭乘機場「巴士」，於七時前到達成田機場。大家把握著這次在國外行程中最後的一個多小時，趕快購買東西。機場大廈之中，商店倒是相當不少，可是看來看去，我的兩個孫子拜託我這當爺爺的所買的東西──小元的乒乓球「負手板」，和小文的小型電動玩具（還附的有圖），仍然買不到；沒有辦法，只有回去發「代金」就是了。

可是看看別人，東西還眞是買得不少，什麼照相機和電器音響等等，無所不有；既然大家能在這最後機會之中買得皆大歡喜，那也就算是此行功德圓滿，東京不去也罷了。

我們一行於九時前登上「亞航」班機。此時，團裏有張國裕、吳宏一，和王吉隆等三個人已留在東京，各自處理他們私人的事務去了。全團之中「貫徹始終」而隨團回國的，就是易大德副團長、我、李牧、曾人口、楊向時、林樹芳、陳綿芳、孫靜芝、張騰蛟、楊志翬，和龔建軍等十一員大將，此外就是旅行社的吳靜芝，也是全始全終而歸。

「亞航」班機於九時十分起飛，我們都把手錶撥慢爲臺北時間的上午八時十分。機上有中國的空中小姐，乍聞國語，頗感親切異常；進餐之後，大家又買了一些煙酒，而臺灣的錦繡山川已經在望了。

飛機於十一時前降落，安然著陸於桃園中正國際機場，在感到機輪觸地的一剎那，我不禁從心底吶喊了一句；

──祖國啊！我們回來了！

在「莫瑞」颱風帶來的風雨中，兒子翟翬驅車來接，還有「中視」駐桃園的記者宋文正；他們先替我接過去手中所提的東西，使我在高興之餘，更覺輕鬆不少。取了大行李，揮手告別全團人等，又到「華航」貴賓室找到了在那裏等候接我的兩個孫子，然後冒著風雨馳回臺北家中，「賢妻」和媳婦兒也都在迎候著我，一家團聚，歡樂滿室。

回到國內，感到還是我們的國家最可愛；回到家裏，更覺得只有自己的家庭才最溫暖而舒適。任「莫瑞」颱風挾著雨聲在窗外喧囂吧！「風雨一杯酒，江山萬里心」，此時我倒很想喝杯上好的高粱了！

七十年九月，臺北市

「青年戰士報」副刊，七十年十月二日

「文協」訪問東南亞紀行

一、桃園二十四小時

中國文藝協會爲了加強對海外文藝作家的聯繫，並且促進國內外的文藝交流，決定組成一個東南亞訪問團，於本（七十二）年七月十五日前往菲、新、泰、港四個國家和地區訪問，已於七月二十七日圓滿達成任務返國。多年以來，由於各地僑胞的心向祖國，海外文藝團體或作家個人來臺觀光、訪問，或者參加各種有關會議的，可以說是指不勝屈；而國內文藝團體或作家個人，出國考察、訪問，或出席名種文學藝術性會議與展覽的，也是大有人在。但作爲一個全國性和綜合性的文藝社團，中國文藝協會正式以本會名義組團出國訪問，這還算是首開紀錄。

正因爲中國文藝協會是一個具有綜合性的全國文藝社團，所以凡有海外文藝團體回國訪問，莫不以「文協」爲「拜訪」的對象。日久天長，「文協」也有感於積欠的「來而不往非禮也」的人情債，不可不分期償還，理應有出國「回拜」和「報聘」之行，於是決定先從東南亞開始。但是，國內的文藝團體一向都是經費短絀，「文協」又何獨不然？因而此次東南亞之旅，凡是參加的團員，都是自掏腰包，以私濟公；此外，請求各有關機關臨時補助一點經費，則作為訪問團必要開支的公費。

中國文藝協會東南亞訪問團，經過多日籌備，有的團員臨時有事不能去的，還有的要「走馬換將」的，最後確定的名單是這樣的。團長由值年常務理事朱嘯秋擔任，祕書長宋膺、副祕書長朱慧夫，團員以姓氏筆劃為序，計有：王志健（上官予）、吳詠九（宋瑞）、林鵬（飛月）、胡秀（呼嘯）、孫煜棓、孫煜玲、張放、楊濟賢（震夷）、翟君石（鍾雷）、臧冠華、鄧靄梅。全團共為十四人，包括詩人、小說家、劇作家、散文作家、專欄作家、畫家、版畫家、攝影家，以及副刊主編等。並且依照目前一般慣例，一切出國手續和事務委託旅行社代為辦理，由旅行社派遣一位徐慶屛先生隨團照料，合計一行共為十五人。

諸事齊備，訪問團按照預定行程，於七月十五日上午八時半，在臺北市國軍英雄館集合，登車直赴桃園中正國際機場。抵達機場之後，國立藝專教授彭行才兄也匆匆趕來。他是應菲華藝宣總隊的邀請，前往馬尼拉執導一齣話劇，過去兩年都是採用我的劇作，此次他事前和我聯絡，知道我們有這樣一個團體前往菲律賓，他老兄為了結伴同行，湊湊熱鬧，費了九牛二虎之力，好不容易換到了一張和我們同一班機的華航機票，來到機場，高高興興的加入了訪問團的行列之中。

華航飛往馬尼拉的班機，原定於上午十一時起飛，沒想到菲律賓由於「薇拉」颱風的侵襲，馬尼拉機場臨時封閉，這班飛機所有的乘客，先是在候機室「待命」，繼而由華航招待午餐，繼續聽候消息：最後宣佈今天不能起飛，把大家送到機場附近的桃園大飯店，住宿一宵，等候次日能否起飛的安排。

我們事先誰也不會想到，大家竟會來到桃園滯留一宵；尤其是「彭公」，要不是爲了和我們結伴同行，他早在三天以前就飛走了。但是要湊熱鬧就得湊到底，我們大家就在樓下咖啡廳內吃茶聊天，一面打發時間，一面待機去搶樓下那部唯一的外線電話，好往家裏報告行止。每個人的電話打回家裏，家裏的人莫不先問一聲：「你們已經到了馬尼拉了？」等到說明事實之後，話線兩端的人也莫不啼笑皆非。有什麼辦法呢？也許，我們與桃園有此一宵之緣吧！

看樣子，這家大飯店平日的生意不算鼎盛，現在一下子來了一飛機的乘客（約有一百多人），高興之餘，未免有些手忙腳亂。晚餐供應的是牛排，其硬有如鞋底，不要說是吃了，連用力操刀都切它不動；不得已，大家只好半飢半飽的離開了餐廳。因爲多數人的盥洗用具，都放在箱子裏，而箱子已經上了飛機，所以不得不臨時張羅，在樓下的商店裏購買了毛巾牙刷等物，以準備明天早晨應用。

當晚，我和團長朱嘯秋兄同住一室，聊天、看電視，然後沐浴就眠！有夢無夢，渾然不知東方之既白。

次（十六）日早晨七時起床，下樓吃了較昨晚有進步的早餐，再向臺北家中打了道別的電話，出門上車，前往機場，再從頭辦好各項手續，於十時半登上華航班機；這架合併昨今兩天飛菲旅客爲一班的七四七巨型飛機，在十一時二十分終於振翼起飛，向東南越過巴士海峽，中午在機上進了午餐之後，隨即於下午一時在馬尼拉機場平安著陸。這樣短短的一段航程，沒想到卻讓我們平白浪費了大約二十四小時的寶貴時間，這眞是從何說起！

二、訪菲日程，緊湊充實

「文協」訪問團一行抵達馬尼拉之後，「菲華文藝協會」的幾位主要負責人，都已前來機場歡迎；老友有施穎洲、王禮溥、林忠民（本予）、林孝永諸先生，後起之秀則有蔡慶祝先生，以及莊良有和林婷婷兩位小姐，也都曾在前年於臺北所舉行的「亞洲華文作家會議」中互相認識。「太平洋經濟文化中心」駐馬尼拉代表劉宗翰先生，也親自前來相迎。彼此親切的握手寒暄，並接受和佩戴上了茉莉花環，大家隨即到機場貴賓室休息。

由於「麗明」颱風（這是菲律賓中文報紙的譯音）的侵擾，施穎洲兄他們昨天曾經來機場白接一趟，焦急苦待的心情也可想而知。而更重要的是，他們已經將接待的日程安排妥當，如今少了一天的時間，不得不臨時大爲更張。就這一問題彼此交換意見之後，即分乘主人自備的車輛，到我們的下榻處「喜來登大飯店」休息。

出機場時，遇見了前來接我和彭行才的陳赤美老弟，把「老彭」交給了他，我則因爲隨著團體行動，暫時以無法到他那裏去做客爲歉。

車經海濱大道，望著四週景物，不免頗有今昔之感。我在民國六十年夏季，曾經應邀前來馬尼拉講學，擔任暑期文教研習會文藝寫作班的教授，爲時約有一月之久。當時菲華僑界文藝風氣蓬勃發展，人才輩出，展現一片燦爛的遠景。但在次（一九七二）年九月，菲國實施全國軍事戒嚴法，之後於一九七五年六月又與中共建交，僑校的菲化與僑報的管制，不但使僑社發生了重大的變化，尤其對於文藝發展更有莫大的影響。前年「軍管」解除之後，一切才有解凍復甦的現象，僑報如「聯合日報」等，自從去年建立了副刊，文藝風氣乃又逐漸由振作而蓬勃興盛起來。十二年來，我再至菲島，舊地重遊，而在這期間，菲華文藝界卻似身經一場危疑震撼的噩夢；感嘆之餘，對於他們百折不撓、愈挫愈奮的精神，應該敬致衷心欽佩的至忱。

到了「喜來登」，我和嘯秋兄同住在九一九號房間，略加安頓，即應施穎洲兄等人之邀，下樓在咖啡廳喝冷飲聊天。從穎洲兄的談話中，使我們更進一步了解菲華文藝界的現況；而由彼此的交談中，也逐漸具體的商討了今後如何促進中菲文藝交流的問題。透過這種親切而且不拘形式的會談，所得到的效果，遠比大家坐在會議桌上的正式會議，更能獲致豐碩的收穫。這不能不說是一個非常具有意義的臨時性「節目」。

當晚七時，「菲華文經總會」在東亞飯店設宴歡迎「文協」訪問團。我們搭乘旅行社的交通車前往王彬街，「聯合日報」派兩位男女記者鄭承偉和張瑛倩，隨車同行，訪問每位團員，將時間充分加以利用。王彬街是我所熟稔的地方，尤其是「東亞」樓下的粵式早餐，回味猶如昨日。上得樓來，東道主姚望深、莊燕奎、和林樹燦諸先生，都是當年舊識，寒暄之下，不免感嘆於「光陰似箭，日月如梭」。十二年前我來菲時，身爲「教授團」團長，在頻繁的酬酢場合之中，尙能「來者不拒」，豪飮一番；但如今卻因爲血壓關係，遵醫囑已經「禁酒」將近一年，只能以汽水或果汁代酒，答報主人盛情了。

在「東亞」賓主盡歡而散以後，我們即步行前往「自由大廈」，出席爲歡迎本訪問團蒞菲而舉行的文藝座談會。事前施穎洲兄還非常擔心，因爲颱風關係，「聯合日報」延遲出版，不能及時發出這個座談會的消息；而且今天又是週末，恐怕來參加的人不太踴躍。但事實上聞訊而來的愛好文藝的菲華青年們，爲數並不算少，大禮堂裡面的座位，差不多都已座無虛席。座談會開始，先由林婷婷小姐依次介紹訪問團每位成員，然後由劉代表宗翰致歡迎詞，接著由朱團長嘯秋致詞，說明本訪問團訪菲的使命與意願；並由宋膺、筆者、和上官予分別報告國內文藝、影劇、與詩壇的概況，以下即由與會的人提出口頭或書面問題，由祕書長宋膺兄依其性質，分別請本團團員即席答覆。會場情緒相當熱烈，除發言與答覆問題外，青年朋友們請求訪問團成員簽名者，更是絡繹不絕。可惜時間容易流逝，在不知不覺間，已是將近午夜十二時了。座談會結束，我們乘原車返回飯店，也結束了訪菲第一天的日程。

訪菲的次日——七月十七日，正好是星期天。上午，在施穎洲兄、王禮溥、莊良有、林婷婷，以及許芥子夫人、女作家枚稔等人的陪同之下，搭乘旅行社的交通車，前往各處遊覽一番。在車上，看到「聯合日報」爲我們所出的特刊，以前我在此所寫的一首「岷灣落日」的短詩，也又登載出來。

我們先到著名的「菲律賓文化中心」，這是在菲國總統馬可仕夫人策劃主持之下，塡海而在海濱新生地上興建完成的；外表宏偉壯觀，內部設備更是精密而完善，堪稱是一座現代化與標準化的國家劇院。我十二年前在此，曾經欣賞過一場音樂會，並且在奉和大使館祕書胡國材先生的「岷灣雜詠」詩中，寫出了我的觀感，其中有「臨淵何所羨，悵對海風柔」之句。而我這一「臨淵之羨」，直到十二年後的今天，國內爲戲劇界熱切盼望的現代化標準劇場，尙不知何日可以出現於臺北街頭。

接著，我們又去一遊西班牙古堡（Fortress Sautago），這是菲律賓國父大詩人黎刹當年被囚禁之處，他的不朽遺作「我的訣別」一詩，也就是在這裏寫成的。這首詩已被譯爲多種不同國家的文字，中文的譯詩乃是出於施穎洲兄的手筆，已經刻爲石碑，與其他各種不同文字的譯作，同立於黎刹公園中黎刹昔日慷慨就義的所在。我在國內有關詩的集會中，曾經多次朗誦過這首感人至深的詩；上次來菲，也曾多次前往瞻讀憑弔，並且有詩以紀之。可惜此次因爲時間倉卒，大家未能前往黎刹公園和附近的中國公園一遊，實亦無可奈何的美中不足。

以下我們又乘車前往華僑義山，新興市區馬卡蒂（Makati City），福備公園（Forbel Park）住宅區，以及爲紀念第二次大戰期間在太平洋地區陣亡數萬美軍的麥堅利堡（Fort Mckinly），僅只匆匆遊觀一週，已是時近中午了。

中午，菲華文藝協會在海悅大飯店頂樓，以盛大的自助餐會，歡宴我們訪問團，賓主之間並互贈禮物，以作紀念。在午宴中，老友陳明勳和歐陽飛鶯夫婦也來了，百忙的許芥子兄也來了，舊雨新知，高朋滿座。餐會中並且有餘興節目，大家一面進餐，一面欣賞菲國的民族舞蹈；而當名聞遐邇的「竹竿舞」上場之後，爲了傳統的禮貌，朱團長首先被邀請下去，和一位菲島女郎共舞，嘯秋兄不慌不忙，跳得也中規中矩，博得一片熱烈掌聲。接著，莊良有小姐也以主人身分請我下去共舞，我也總算不失衆望，由慢而快的跳了大約兩分鐘，居然沒有讓竹竿夾到腳踝，這也就很不容易了；於是見好就收，在四座掌聲中，拉著莊小姐趕快跳出重圍，回座而去。

之後，節目又進行到夏威夷的呼拉舞，嘯秋兄、我、林鵬兄和臧冠華，還有兩位小伙子，都又被邀請下場，按照慣例，那一組的男士跳得最好，就要重新粉墨更衣，扮演被一群美女「衆星拱女」的酋長。結果以朱團長的舞技優異而中選了，但嘯秋兄認爲已經可以適可而止，在大家的歡笑聲中，跳舞的部分到此告一段落，歐陽飛鶯女士應邀上場唱了一首歌曲，本團也由上官予唱歌一首，以表示回報。這次盛大的餐會，便在極其歡愉的氣氛中結束了。

回到飯店稍事休息，下午我們在王禮溥、林孝永、和枚稔女士熱心陪同之下，到Nayoug Filipino 土產市場購物，絕大多數購買的都是菲式襯衫，其他似乎也沒有什麼好買的。

晚六時半，「文協」訪問團又應邀到「東亞大飯店」二樓，出席「耕園」文藝社的歡宴。「耕園」在菲華文藝界，是具有三十餘年歷史的文藝團體，今年三月曾由社長王國棟率團回國訪問，「文協」也曾舉行茶會座談，以表歡迎。但今天「耕園」招待我們的場面就不同了，席開數桌，水陸並陳，在馬尼拉的菲華文藝團體或作家個人，差不多都應邀前來作陪。王社長伉儷，以及老友林騮、若艾等人，都在場殷殷待客，頻頻勸飲，可惜我仍然不敢「開禁」，面對美酒當前，也僅只沾唇而止。晚餐進行中，也有餘興節目，由「耕園」祕書長亞蘭小姐主持，本團方面，宋膺、上官予和張放都曾應邀上臺表演節目。到了將近十時，才賓主盡歡而散。

七月十八日，是我們訪菲的第三天，但因爲日程緊縮，也就是訪問團在馬尼拉逗留的最後半天，下午就要離此而飛往新加坡了。「麗明」颱風扮演了造化弄人的搗蛋腳色，讓我們在菲律濱少了一天的日程，又當爲之奈何？

一早起床，收拾行李，然後下樓上車，到「希爾頓大飯店」頂樓，參加劉代表宗翰的早餐款待；正如這位在僑胞心目中最爲崇敬的劉大使所說，是歡迎也是歡送，是接風也是餞行。訪問團向劉代表獻贈禮物（楊震夷的國畫），並且合影留念，然後又匆匆下樓登車，由王禮溥、林孝永、及林婷婷諸位陪同，到馬卡蒂 Shaemart 百貨公司，作離菲之前的又一次shopping。中午，由「聯合日報」在中國小姐謝馨夫婦所經營的「香洋飯店」，宴請訪問團，殷殷惜別。飯後即又匆匆上車，直赴馬尼拉機場。

到了機場，辦好手續，到候機室候機。而在此時，劉代表宗翰、施穎洲兄、王禮溥老弟，以及莊良有小姐，都又趕來相送話別，盛情可感。千言萬語說不盡，今後唯有加強中菲文藝交流，藉以擴大推動海內外文化與文藝的交流工作，共同爲三民主義統一中國的大業而團結努力。

下午三時，揮別了可敬可愛的菲華文友，在「再見」聲中，我們一行登上了新航班機，邁上訪問東南亞的第二站行程，於三時五十分起飛。

再見，菲律濱！再見，馬尼拉！

而在下午六時四十分，新加坡便已展現在我們的機翼之下了。

三、新加坡走馬觀花

從馬尼拉到新加坡的航程，大約是三個小時。「文協」訪問團一行登機起飛之後，有的人在閉目假寐，有的人在互相聊天，宋膺兄則在爲「新航」的空中小姐們看手相，一個接著一個的，把「宋半仙」忙得不亦樂乎，而他的「鐵口直斷」，也使得那些空姐們爲之口服心服。

六時四十五分，班機在新加坡機場飄然而降。通過號稱最爲科學的檢查手續，走出機場大廈，當地的旅行社已經準時派車來接。大家陸續上車，開向市區，導遊「小何」爲我們說明了一些須知事項，簡明得體，對於一些初到這個新興國家的人而言，這種開宗明義第一章是相當必要的。

在萬家燈火中，我們先到達一家「域多利亞」的中國餐館，一面吃晚飯，同時大家都向小何換了新幣，準備應用。飯後乘車直至我們的下榻處「總統美侖大飯店」，我和朱團長被安排同住在一一一四號房間。

新加坡商店打烊很早，晚間無處可逛，只好留在房間裏看看電視。九時，正在收看第八頻道的國語新聞，此地的文友謝克、葉昆燦、和杜誠等先生先後而來。他們都是「新加坡文藝研究會」的主要負責人，去年十二月曾經組團回國訪問，由葉昆燦擔任團長，成員除謝、杜二人之外，還有一位劉筆農，共為四人。當時，曾在臺中和臺北舉行兩次座談會，互相瞭解了中新兩地的文藝工作概況，並且也交換了兩地文藝交流的意見；中國文藝協會更招待他們環島參觀旅遊一番，然後互訂後約而別。

由於這四位新加坡文藝人士那次的返國訪問，才使得中新之間的文藝交流，開始觸啓了新的契機。當時，主編「南洋、星洲日報」的謝克，向國內作家約稿，呼嘯兄就首開先河，把他的長篇小說「鬼戀」交給了謝克，同時還有鄧靄梅等人的作品，都交由謝克先生帶回新加坡，而且已經在他所編的副刊上連續發表，獲得海外讀者極為良好的反應。所以這次呼嘯和鄧靄梅隨團來新加坡，朱嘯秋兄就笑稱他們是領稿費來的；但這也確實是中新文藝交流工作中，最為具體的初步成果。

而「文協」訪問團的此次出國，把新加坡也列為重點地區之一，當然也有「報聘」的意義在內。因此，我們在新加坡的活動日程，除了旅行社事先排好的觀光旅遊節目之外，有關於訪問座談等等的項目，都有賴於東道主「新加坡文藝研究會」的安排了。

在新的次日（七月十九日）一早起床，下樓上車，先到新加坡河畔的市場之中，吃本地有名的「肉骨茶」以作早餐。然後經過素稱中國城的「牛車水」，海濱紅燈碼頭，以及印度村等地，到「虎豹別墅」遊覽。虎豹別墅在東南亞久負盛名，正如萬金油和八卦丹一樣的遠近皆知，但是裏面的各種雕塑佈置，無論造形色彩，實在是俗不可耐，令人不敢恭維。大門、二門，以及各處牌坊上的對聯，在對仗和音韻方面，多數都値得推敲，難見佳構；只有在「挹翠坊」上的一副對聯，出於三十年代文人郁達夫的手筆，還不愧是翹楚之作。抄錄如下：

「爽氣自西來，放眼得十三灣煙景；
中原勞北望，從頭溯力萬里鵬程。」

品味下聯的含義，覺得至今仍是海內外同胞所應努力以赴的鵠標。

接著，由小何引導我們到一家玉器公司去參觀，參觀之餘，大家當然要各取所需的購買一些飾物；我也爲賢妻選購玉鐲一只，用以慶祝結婚三十九周年紀念。然後又去一遊「裕廊飛禽公園」，中午在一家「豐隆花園酒店」吃了午飯，乘原車返回飯店休息。

下午三時，經由葉昆燦先生的安排，前往訪問「新明日報」，由副董事總經理陸志民、總編輯董德榮、編輯主任鄭文輝、及顧問黃溢華諸位先生接待，並舉行座談，增進彼此了解。繼之又於下午五時訪問「南洋、星洲」聯合早報及日報，由總編輯鍾文苓、副總編輯陳厚生、公共關係經理陳滿貴、及副刊主編謝克諸先生接待，也舉行了茶會座談，交換有關意見。本文因篇幅有限恕不作「紀錄」式的敘述。

新加坡的華文報紙、雜誌，和一般出版品，都是使用簡體字橫排，看起來很不順眼。不過據說新加坡當局對於這些簡體字，已經著手改進，將來可能自成一格。但無論如何，這對於中華傳統文化，是有其相當嚴重的傷害的。目前，在這個由多元民族構成的新興國度中，華文教育的推行，固然令人欣喜，而任令簡體字如此流傳下去，則若干年後在此地區的所謂「華文」，無論在精神與面貌方面，究將伊于胡底，則不能不令人為之憂心忡忡了。

訪問兩報之後，又由小何帶大家到一家百貨公司購物，然後於七時半在「百福酒樓」晚餐，隨即返回飯店。天色已晚，無處可去（這一點，新加坡就比不上臺灣），大家只好在樓下喝喝咖啡，聊聊天，再逛逛飯店裏面的商店街，而後上樓在房間裏看看電視，一天就是這樣的過去了。

來新加坡的第三天——七月二十日，八時下樓，到飯店對面的「夏蕙」廣東粥店吃早餐，飯後在附近逛了一圈，想品嚐一下「水果之王」榴槤，在傳說中又香又臭的實際滋味如何，終因為勇氣不足，未敢輕於嘗試。十時半，又集合上車，前往太平洋經濟文化中心駐新加坡辦事處，拜會胡炘代表，並致贈禮物及攝影留念。

十一時半，前往拜遊　國父當年在南洋策劃領導革命的聖地「晚晴園」。此處由本地中華總商會「主辦」管理，二層樓的建築已有些殘破，正在僱工作局部的修葺；在有　國父銅像的庭園中，滿地的敗葉枯草也有待加以整理。樓下大廳一片凌亂，樓上的公共圖書館，因時近中午，亦無人在。和管理員梁小姐談起來，她說因爲經費關係，主辦單位對晚晴園未免照顧不周；平日靠著出售一些小册子和有紀念性的明信片，以作補貼。因此，我們也立即購買一些，用以表示一點心意，而後滿懷惆悵，登車離去，返回飯店休息。

這時，天下了一陣雨，把素稱整潔的新加坡市容，洗濯得更爲清新宜人。來到這裏之後，多數時間都是坐在車上，東奔西馳，對新加坡實有「走馬觀花」之感。除了到處矗立的公寓大廈，是新加坡用以向世人炫耀的成就之一，可以在遠處一覽之外，其餘似乎該看的都還沒有看到。日程匆匆，令人遺憾。

中午，「新明日報」在「翠華樓」以午宴款待本訪問團。飯後由旅行社今天接班的「小陳」，引導大家去購買本地名產的印染花布襯衫，和風行東南亞的各種藥品，然後又去一家印度百貨公司購物；我們本來想去有名的「珍珠坊」商場，但小陳大概因爲到那裏對他個人並無「好處」，所以還是悶聲不響的往這家印度公司裏送人情，而他個人實在可以說是不通人情之至！

下午四時，我們「文協」訪問團一行，正式去拜會「新加坡文藝研究會」，並且舉行茶會座談。該會成立僅有三年，除了向報紙「借版」定期出版專刊外，還編印了一份不定的刊物「新加坡文藝」，而且也出版了幾種文藝叢書，成績相當可觀。在座談中，一方面更進一步增進彼此的瞭解，同時也交換一些更爲具體積極的意見，以期擴大今後中新文藝交流的層面與效果。

晚間七時，由「南洋、星洲」聯合早報及日報，在「阿波羅」夜總會歡宴本團，同時欣賞由臺北來此登臺的「急智歌王」張帝，以及其他歌星的表演。我們因爲明天一早就要離此而飛往泰國，行李有待整理，所以飯後即向主人告辭，乘車返回飯店；把還沒有用完的新幣，在商店街替孫子們購買一些東西，然後上樓整理好了箱子，往臺北家裏打了一通報告行止的長途電話，趕快上床就寢。

七月二十一日，早晨六時起床，隨即下樓集合上車，直駛新加坡機場。辦好手續，就在機場餐廳吃早餐，葉昆燦和謝克等人也前來送行話別。正在此時，吳詠九兄匆匆去上廁所，而廁所裏正有一個工人在洗地，吳詠九一不留意，滑了一跤，把左眉尖給摔破了；他鮮血淋漓的跑了出來，經由他的室友上官予和徐慶屏等人，把他護送到機場醫務室，施行緊急救治，並且縫了幾針，才算並無大礙，也並沒有延擱飛往泰國的行程。於是，大家在爲他的有驚無險而慶幸之餘，想出了一句章回小說的回目：「吳詠九血洒星洲」，以誌其事。

既有下句，不可無上句，因而又湊上了一句「朱嘯秋舞驚菲島」，亦即爲紀實之語。而此時的時間已是上午八點多了，我們揮手別了新加坡的文友，也揮別了新加坡，登上新航的班機，於九時二十分起飛，飛向我們此行的第三站——泰國。

四、泰國三日行腳

在從新加坡飛往泰國曼谷的班機上，旅客大概只有八成左右，後艙「吸煙區」的空位很多，我們訪問團的「癮士」們，可以隨時到後面抽煙聊天，不必再作「忍者」了。吳詠九（宋瑞）兄也可以平躺在四張空位之上，藉以休息養傷。

由於吳詠九的「血洒星洲」，我們在閒聊之中，又湊出一些仿章回小說的「回目」，如「宋膺神相得義女，呼嘯鬼戀迷南洋」；「飛月雙錶繫千里，鍾雷一鐲值萬金」；「放弟草帽小生相，濟公竹笠大俠風」等等，用以重點式的記述本團諸君子在此次行程中的「逸事」。

原來宋膺兄爲「新航」空姐們看手相，從由菲律賓飛新加坡的班機上看起，據說鐵口如神，因而聲名大播，後來還有許多空姐到我們在新加坡的下榻處，請他下樓到咖啡廳來看相，因此收了一位義女，可算此行佳話。至於呼嘯兄的長篇小說「鬼戀」，風靡南洋讀者，前已寫及，這也是他在此行中最爲愉快的收穫。林鵬（飛月）兄在新加坡曾購了兩只名牌手錶，一爲自用，一則準備歸贈太座，心繫千里，令人稱羨。而我爲賢妻所選購的一只玉鐲，無論價值多少，其中正含有三十九年悲歡歲月的一片心意。張放從出國門開始，就戴著草帽，帥氣十足，頗有電影小生的味道。楊震夷人稱「濟公」，他在馬尼拉買了一個竹製的大斗笠，一路低壓半面的戴著，甚有武打片中千山獨行的江湖大俠之風。這些都是屬於即興寫實之作，並且以具有趣味者爲原則，工拙在所不計，聊以作爲日後回憶與談助的資料而已。

受傷後精神已經逐漸恢復的宋瑞兄，也提出一句「上官予高歌邀寵」，這是在馬尼拉時的事情，前文已曾述及。因爲上官是複姓，不太好對，我只好把此次臨時有事，未能隨團出國的公孫嬿兄搬了出來，對以「公孫嬿勒馬退兵」——未經推敲，而泰國曼谷已經到了。

「文協」訪問團一行於上午十一時許抵達曼谷，到這裏要把手錶撥慢一小時，也就是在泰國的時間上午十點半鐘出了機場，當地的旅行社也已經派車來接，導遊自稱「小郭」，請大家上車之後，立即分發每人一份已經印好的觀光旅遊行程表。本團此次前來泰國，因爲並無預定的訪問任務，所以純爲在此行之中取道觀光遊覽的一站；當然，今後如何開拓中泰之間的文藝交流工作，尚有待於加強瞭解、聯繫、策劃與努力。

巴士由機場開往曼谷市區，小何也爲我們作了日程的說明，旅遊與購物須知，並且臨時惡補了幾句泰語，隨即爲大家各換了一些泰國的「銖」錢，以備應用。中午時分，到達一家「花園自助餐廳」休息進餐，這家餐廳備有中、西、泰式三種自助餐，來客可以各取所好，隨意享用。我爲了入境問俗，先吃泰國麵一碗，風味居然不錯；接著又中西合璧的吃了一些東西，最後也吃到了泰國的木瓜，實在香甜可口，與衆不同。

下午一時，乘車先到曼谷附近著名的「鱷魚潭」去參觀。在炎熱的天氣之下，來看這些醜惡猙獰、腥臭撲鼻的玩意兒，實在沒有什麼意思。之後，又集合登車，駛向一百五十公里以外，位於暹羅灣畔的海濱渡假勝地「芭他亞」（Pattaya）；據說這是近年以來，前來泰國旅遊的觀光客所必須一遊之地，有「東方夏威夷」之稱云云。

小郭精明能幹，口才甚佳，一路上爲大家娓娓講述泰國的風俗民情，史蹟掌故，歷歷如數家珍，算得上是一個優秀的導遊。中途休息一次，大家各自購買了一些衣物土產之後，再上車繼續前行。將到芭他亞之前，又停車購買短褲和海灘鞋，這些都是在明天日程中必備的服裝道具。

下午五時許抵達芭他亞，我們一行下榻於「皇宮大酒店」，我和嘯秋兄同住於七六八號房間，推窗外望，但見海天一色中，映著落日餘暉，此情此景，確實暫時可以使人萬憂俱忘，百慮全消。在臺北，我們大家都不知道自己在忙些什麼，連度假的時間和心情都沒有，現在卻跑到別的國家來，作偷得浮生三日閒的過客；如此一想，不禁啞然失笑，感慨良多！

六時半，到一家「暖阿儂」大酒樓的花園中進餐。飯後去看一場當地頗負盛名的歌舞表演，它的特色是一律以男扮女，也就是在東南亞許多地方所稱的「人妖」。這個歌舞團是一位泰國留法學生所組成的，曾經在香港上過電視，回來並在泰王御前獻藝，因而聲名大噪，成爲觀光的節目之一。當晚因爲觀衆多數是由臺灣來的團體，另外還有少數的韓國和日本的觀光團，所以在節目安排方面，以中國風的爲最多，有「遊龍戲鳳」、「高山青」以及鄧麗君的歌唱等等；此外也有韓國的「阿里郎」，並且有一個日本老藝妓的歌舞節目，簡直出盡了日本人的洋相，令人捧腹不已。在全部節目的進行與結構上，一氣呵成，而且無論在服裝、佈景、燈光、和效果各方面，配合得宜，絕非「吳下阿蒙」。散場之後，幾個主角都在門外廣場送客，來自臺灣的一些老太太、大嫂子們，紛紛拉著「鄧麗君」合影留念，並且大把塞過紅包，憐愛之情，較之對凌波和楊麗花有過之而無不及。

次日（七月二十二日）一早起床，大家都換穿了短褲和沙灘鞋，下樓吃早餐之後，從飯店的側門走下海灘，涉水上了小船，再由小船換乘大船，前往對面的「格蘭島」。大船行至中途暫停，船主搬出長短槍來（槍枝在泰國是可以自由買賣的），請大家射擊投在海中的汽水瓶爲戲，其實這也是他生財有道的副業。在本團中不乏身經百戰的老兵，但每打六發子彈就要耗去一百銖，所費不貲；在情不可卻的狀況下，朱團長嘯秋和我，只有上陣「捧場」一番，每人各打掉了兩百銖，大船才算又啓錨而鼓浪前進了。

將到格蘭島，又由大船換乘玻璃艙底的小船，可以俯看海底的珊瑚成林，游魚如織。然後又下船涉水登上格蘭島，大家除去選購衣服土產，並撿拾貝殼與石頭之外，對於快艇拖曳傘和水上摩托車那種所謂「休閒遊戲」，大多缺乏興趣；只有孫煜玲勇氣可嘉，乘坐拖曳傘到空中去兜了一圈。之後，我們又乘小船到島的另一面去吃午飯，曾經做過游泳教練的鄧靄梅，也換上泳裝，與呼嘯、莊原等人，乘風破浪，下海一展身手。由此而又得回目曰：「鄧靄梅下海過癮，孫煜玲上天兜風」。

下午一時，從格蘭島涉水上船，由小換大，再由大換小，然後涉水上岸，回到飯店，休息更衣，整理行李，於三時許集合登車，離開「芭他亞」而駛向曼谷。中途休息一次，於六時半抵達曼谷，先在「金麒麟大酒樓」吃了晚飯——這裏也有從臺北來的歌星獻唱，然後即又匆匆乘車前往我們的下榻處「拉瑪大酒店」，我與嘯秋兄同住在八〇九號房間。安頓之後，和嘯秋兄下樓去逛商店街，爭取時間，先選購一些襯衫和泰絲領帶，然後上樓就寢。

七月二十三日，一早六時就被叫起了床，下樓上車，先到一家「金蓮酒樓」吃了早餐，隨即又登車到達河邊碼頭，然後乘船一遊有「東方威尼斯」之稱的湄南河風光。一路瀏覽了水上人家的生活面貌，並且在水上市場選購衣物之後，前往參觀在泰國華僑心目中衆所崇仰的「鄭王廟」。鄭王名爲鄭昭，原籍爲廣東人，在十八世紀時，是打敗強鄰緬甸而統一泰國的英雄人物，也使在泰國的世代華僑，因他而引以爲榮。我們在這裏由旅行社援例拍了一張團體照，再乘船前行不遠，而後捨船上岸，原車已在碼頭相候了。

在導遊小郭安排之下，帶我們到一家土產中心，去參觀和購買著名的泰國寶石。這家公司對顧客所採用的「全場緊迫盯人」戰術，讓你絕不會空手而出，實在高明萬分。出來上車之後，小郭坦率的公開了他這次所得到「好處」的數字，使大家都相當欣賞他的態度之大方。

接著，又去參觀「泰國國立毒蛇研究所」，由一位來自臺灣的「專家」接待、說明，最後並且推銷他們所研究製成的藥品，定價雖然頗爲昂貴，但有其需要者還是要買他兩瓶，姑妄一試。

中午，在「福祿壽大酒樓」用餐。飯後立即登車，往遊泰國拉瑪五世王的皇宮，以及毗連的泰國第一國寶「玉佛寺」。拉瑪五世是位醉心歐洲文化的人，所以他興建這座皇宮，完全採取歐洲風格；據說好萊塢光頭明星尤勃連納所主演的「國王與我」，就是影射拉瑪五世的其人其事。其實，看過了金碧輝煌、氣勢宏偉的玉佛寺，便會覺得這座皇宮並無足取了。

之後，小郭又帶我們到一家免稅商店去購買泰國出產的藥品，然後又去遊覽「臥佛寺」；走馬匆匆，天色已經向晚，於是上車開到一家「國賓夜總會」去吃晚餐。在這裏，大家對於由臺北來的歌星演唱，因爲「司空見慣」，並無興趣，飯後決定前往耀華力路一帶，華僑商業中心地區去參觀遊覽一番，也好領略一下親切的鄉情。

到了曼谷的唐人街，頗感「賓至如歸」，可惜來遲一步，商店正在紛紛打烊之中，見到尙未關門的商店，宋膺兄是逢門必進，能買的東西就買；而楊「濟公」則爲了要買一瓶好酒，費了不少力氣，最後才算眉開眼笑的得到了，於是又有了「回目」以記其事曰：「宋買辦有物必購，楊大俠無酒不歡」。

這時候，嘯秋兄下決心購買一個大號的榴槤，好讓大家品嚐一下這「水果之王」的風味。但是依照慣例，榴槤又不能帶回飯店的房間裏去吃；後來想到一個辦法，我們到一家潮州店裏去吃聞名遠近的魚翅羹，順便就在那裏把榴槤剖而食之。其實這個榴槤倒是味道甘美，並不像傳說中的那樣的又香又臭；而魚翅羹也是香濃可口，不愧名產。吃完之後，鼓腹登車，返回飯店，連忙又在商店街搜購了一些零碎東西，因爲明天我們就又要離開泰國了。

七月二十四日，又是一早起來，收拾好行李之後，下樓上車，先到一家「如意餐廳」吃了早餐，然後匆匆前去一遊泰國的第二國寶「金佛寺」，隨即結束了在泰國前後恰好三天時間的行程，揮別有如「南朝四百八十寺，多少樓臺煙雨中」的佛都曼谷，於九時乘車前往機場，辦好一切手續，在小郭的殷殷送別之下，再次搭乘「新航」班機，於十一時半（登機後手錶再撥快一小時，應爲十二時半）起飛。下站，就是我們此行的第四站，也即是最末一站的香港了。

五、香港來去亦匆匆

「新航」班機經過兩個多小時的飛行，我們在機上進了午餐之後，於七月二十四日下午二時五十分著陸香港。

香港，這顆已經逐漸褪色的「東方之珠」。以前我曾經多次有機會前來一遊，但終由於種種原因而未得如願以償；去年我曾隨團前往歐洲出席第六屆世界詩人大會，往返都路經香港，卻又兩過其門而不入。現在，在所謂一九九七年的陰影之下，我倒終於成為遲到的訪客。人生機緣，往往如此，似乎也勿須為之感嘆。

通過了入境的重重手續，走出機場大廈，香港的文友們何家驊（岳騫）、焦毅夫、萬里（文翰）、和胡振海（野火）等諸位先生，已經前來歡迎；此地的旅行社，也由李麗蓉小姐以專車來接。賓主一同上車，在開往我們下榻處的途中，岳騫兄表示：這次「文協」訪問團前來香港，是應「香港中國筆會」正式邀請而來的；所以在香港逗留期間，一切都由筆會招待，並且預先已經指定由野火先生擔任招待組長，負其全責。但是我們訪問東南亞的全部行程，在臺北出發之前，已經協調旅行社安排妥當，其勢難以變更或延長日期；於是經過臨時的商量，將活動內容酌予抽換。而此時我們的下榻之處已經到了。

我們訪問團一行，下榻於九龍彌敦道的「美麗華大酒店」，我和團長朱嘯秋兄同住在四〇一〇號房間；裝有電腦鎖鑰，頗為別緻而方便。岳騫兄和毅夫兄都來房間裏相與聊天，岳騫兄的「抗戰史話」正在青年戰士報連載，說起抗戰期間的種種往事，倒不禁同聲感嘆一番。五時前，彼此訂好晤面再談的後約，他們幾位乃興辭而去。

五時許，下樓集合上車，由九龍經海底隧道而前往香港，逛了一圈，然後到「海珠海上夜總會」晚餐，一面進餐，一面在這隻「載著歌的船」的來回航行中，瀏覽一下維多利亞海灣的風光。飯後乘車去上「半山」，欣賞萬家燈火的香港夜景；今天的日程節目，也就是如此而已。

下山後，導遊李小姐應大家的要求，臨時帶我們到免稅商店去購物。由於一般觀念，香港的東西比較便宜，所以到此之後，大家不免都想多抽出些購物的時間；港幣雖然還沒有來得及兌換，而美金和新臺幣在此時此地正是行情看好之際，當然也可以應用不誤。等大家都買好了東西，已是九點多鐘，登車再由香港返回九龍，下車之後，還意猶未盡的在酒店附近和樓下商店街逛了又逛，這才上樓就眠。

到港的次日──七月二十五日，照例一早起床，下樓上車，先去吃了廣東式飲茶的早餐，然後按照日程，以一個上午的時間去購買東西。李小姐先帶大家去銀行換了港幣，之後就一連串光顧了幾家商店和百貨公司；以我個人來說，看來看去，要想動手去買的並不算多，似乎該買的東西還沒有找到，而時間已是中午了。

中午，在一家名爲「潮園」的潮州酒家吃了午餐，隨即上車又過海前往香港遊覽。先到淺水灣，也沒有什麼好看的；之後到了海洋公園，我因爲血壓關係，不願意去坐纜車，於是就叫了一部計程車，獨自返回九龍下楊的酒店，立即把握時間，在附近的窩打老道一帶大逛特逛，總算買到一些受家人之託而要買的東西。

六時，到「泰豐樓」出席香港中國筆會的茶會座談，並且舉行小型展覽會，展示由本團所提供的國內所出刊的各種文藝雜誌，和介紹國內進步情形的攝影名家作品。茶會由筆會名譽會長王世昭先生與岳騫兄共同主持，香港作家出席者有李繼錚、林仁超、焦毅夫、朱志泰、金達凱、萬里、余玉書、藍海文、野火，以及俞淵若女士等多人。

因爲時間關係，由岳騫兄和朱團長嘯秋等分別致詞之後，即在「泰豐樓」歡宴，也好不拘形式，且吃且談。林仁超先生和我是曾出席美國舊金山第五屆世界大會的「老友記」，又是喜愛金石的同好；詩人金達凱先生是來自臺北的；焦毅夫兄和我也曾一同出席過在韓國舉行的世界筆會；而余玉書、藍海文、和野火等幾位年輕朋友，我們也曾同在臺北出席過亞洲華文作家會議。其餘諸位也都互相知名，一見如故，因而在彼此暢談之下，收益也相當豐富。

我們訪問團在這一次行程之中，到處向東道主所致贈的禮物，都是由隨團而來的畫家楊濟賢所作的國畫；「濟公」筆下的人物畫，以美女、羅漢、與壽星，號稱三絕，不僅神韻生動，而且畫中人物都各有其喜怒哀樂與顧盼生姿的表情，實乃最獨特的與衆不同之處。這次本團致贈香港筆會的紀念禮物，當然也是出自「濟公」手筆的人物畫；而「泰豐樓」的主人恰巧也是一位風雅人士，慕畫若渴，他從旁看到了這幅畫，立即「不揣冒昧」，託王世昭先生轉請「濟公」也能賜畫一幀，「以增光寵」。我們這位濟賢老弟，爲人熱心而又灑脫，不但一口答應下來，而且當場對酒揮毫，畫了一幅笑逐顏開的老壽星，贈送給「泰豐樓」主人；主人則在旁邊爲他磨墨、添酒，使全樓的吃客都聞訊而來，圍觀如堵，一時傳爲美談。

晚餐之後，岳騫兄和幾位東道主人，又陪著我們步行在街上走走，隨手購買了一些藥品之類的東西；回到飯店房間，又聊天甚久，他們幾位才分別告辭而去。

七月二十六日，仍是一早起來，下樓集合，上車前往一家餐廳，吃了日本式的早餐，然後登車出發，經新界等地而往訪自由地區與鐵幕的交界之地——勒馬洲。與港九緊相毗連的新界，可以說一個正在開發的地區，公寓大廈，連地而起，到處林立。但是自從中共發出要在一九九七年收回新界租借權，並且連香港和九龍也要一併收回的叫囂之後，不但新界所有正在進行建築的工程，大部自動停頓；而已經落成的新廈，雖然降價以求，還是乏人問津。甚至連港九的房價，據說也在日漸下跌之中。因而我們車行經過新界，在直覺上感到頗爲淒涼與荒寂，似乎氣壓也相當之低。

到了勒馬洲，上坡登山，遠眺大陸山河，內心感慨萬千，無言可喻；乃在匆忙中未經推敲，口占一絕云：

「離家去國幾經秋，遊子天涯欲白頭；勒馬洲前遙望處，河山破碎使人愁！」

大家在勒馬洲也購買了一些紀念品，我也在無意中選購一對石章，匆匆下山，登車走向回程；中途，在沙田「馬料水」香港中文大學附近的「雍雅山房」，吃了午飯，然後一直返回九龍。下午又用半天的時間購物，從「永安公司」到飯店附近街上的商店，走得精疲力竭，有些預定的東西（例如大孫子拜託我買的桌球拍），仍然沒有買到。

晚七時，我們訪問團一行前往「飛龍大酒樓」，出席「香港中國文化協會」的歡宴，由該會祕書長馮鎬先生主持接待。曾在舊金山一同出席世界詩人大會的老友丁淼夫婦都來了，青年反共作家方丹也應邀前來參加。飯後我們並且上到三樓，去參觀文化協會寬暢的會所，和附設的圖書館，規模都相當可觀。馮鎬先生熱誠待客，平易近人，在我們大家的印象之中，兼有學者與長者之風；然而誰也不曾想到，就在我們訪問團離港返臺之後，消息傳來，馮先生卻已由於宿疾猝發而遽然逝世了，人生靡常，老成凋謝，使人惋嘆不置。

告辭了文化協會，岳騫兄和許多文友們，又都同車來到我們下榻的飯店，為我們明天就要離港返國而殷殷話別。大家紛紛彼此交換作品書籍，我除了贈書之外，也曾和金石同好林仁超兄交換了彼此的印稿。之後，大家又下樓去喝咖啡聊天，夜深才依依握別；我們一再「拜託」，請他們明天千萬不必勞步再來送行了。

七月二十七日，是我們訪問東南亞全部行程最末的一天，下午就要離開香港而返回臺北了。一早起床，收拾行李，然後下樓去吃早餐。之後，大家個別的把握最後機會，再到街上逛逛，去購買些必要的物品。在微雨濛濛中，我和朱嘯秋兄與朱「小弟」慧夫，先在飯店附近走了一圈，買了一些零碎東西；之後，又跟呼嘯、林鵬和朱慧夫等人，趕到廣東道走走，逛逛玉器市場，當然也不能空手而歸。朱慧夫老弟是廣東人，一口道地的廣東話，在東南亞各地到處可以派得上用場，到了香港當然更是如魚得水，深得人和地利之便。我自己雖然是「廣東女婿」，但對於粵語始終是「識聽沒識講」，所以出門購物，多半是跟著他走。因此之故，也湊成兩句「回目」，以題贈他與臧冠華兄曰：「朱慧夫人地兩利，臧冠華伉儷同飛」。

臧冠華這次皆同新婚夫人隨團出國，一路上眞正是「比翼雙飛」，而且伉儷情篤，夫唱婦隨，堪稱標準一對，值得特爲記上一筆。回頭加以檢視，訪問團一行成員的其人其事，都已各列「回目」而有餘；如果據此而寫成一篇章回體裁的遊記，內容之充實精彩，亦當不在話下。

時近中午，全團在飯店樓下集合；而岳騫兄又在百忙之中趕來送行，如此盛情，可感亦復可佩。中午，我們在一家四川菜館進餐之後，立即登車直駛啓德機場，辦好手續，又各自購買了適量的煙酒等物，於一時半登上「新航」班機，二時二十分飛向回國的歸程。別了香港、別了九龍，此行只覺得來也匆匆，去也匆匆……。

六、訪問歸來

「新航」班機載著我們訪問團一行，也載著我們的似箭歸心，於七月二十七日下午三時二十分，準時而且安然的在桃園中正機場著陸。

由兒子翟翬作爲先頭部隊，把我接出機場大廈以後，賢妻已經率領全家三代大小，和本團的家人親友們都在等待已久了。因爲天已下雨，匆匆和朱團長嘯秋兄等人互道再見，連忙各自上車，駛回臺北家中。我們全家由翟翬駕車而行，剛出桃園，大雨驟至，在高速公路上能見度極低，開車得格外小心；幸而不久就雨過天青，終於順利而歡樂的回到臺北家裏，結束了此次的訪問東南亞之行。而去時隔海躲颱風，歸來中途逢豪雨，也可算得是巧合了。

此次隨「文協」組團出國訪問東南亞，經歷菲、新、泰、港四個國家和地區，爲時十二天，雖然走馬匆匆，而就見聞所及，當然也有些印象觀感之類的收穫，成爲個人的一得之愚。如果就文藝工作向海外的開拓與交流而言，我對這四個地區的看法是：

——菲律賓華僑社會文藝風氣久已甚盛，作家亦多，不僅根基深厚，而且具有發展潛力，今後應該採取積極有效的方式，繼續加強文藝交流；並且力謀菲華文藝界的團結合作，進而鞏固愛國的文藝陣容。

——新加坡方面，有待拓展我們接觸與交流的層面，作更加深廣、更爲提昇文藝性的層次、與更爲密切的往返，藉以由增進瞭解而厚結友誼，推誠合作；而不僅僅是禮尙往來，一曝十寒。此外，對於和新加坡一向同稱「星馬」的吉隆坡等地，也有待我們作同等的努力。

——這次我們取道訪問泰國，雖然近似純爲觀光旅遊，但在耳聞目見之間，以曼谷華僑之衆，華文報紙之多，這一在海內外文藝交流工作上亟待開墾的「處女地」，其具有相當潛力的發展前途，當可預見。而如何積極的進行開拓，想像中也並非困難，只待我們如何去努力起步了。

——如所週知，香港由於地緣條件的關係，環境複雜，龍蛇雜處，其情況勿須筆者在此多加說明。而「香港中國筆會」之在港九文藝界中，不僅屹立於文化戰鬥的第一線，而且旗幟鮮明，壁壘森嚴，堅守眞理正義與自由民主的崗位，發揮筆槍紙彈的威力，克奏口誅筆伐之膚功。對於這些抱持著無畏精神的文藝戰友們，我們除了衷心欽敬之外，自當竭盡所能，全力予以支援，非僅三十年只能訪問一次的所謂「交流」而已。

再則，就文藝交流的工作使命與負荷而言，也並非如「文協」這樣一個常年經費短絀的民間團體，所可勉力承擔而能勝任愉快的。今後的再接再厲，必須有賴於政府有關機構的策劃輔助，大力支援，予以有計劃、有步驟的推動進行，而後才可以收其宏效，竟其全功。「文協」訪問團在此次訪問行程之中，歸納海外文藝人士與我們本身的意見和期望，都是深盼政府今後能夠爲文藝交流而具體的釐訂計劃，寬列經費，以從事於以下各種工作的拓展：

——輔助並運用「文協」等文藝社團，由充實本身的工作，進而開展並促進海內外的文藝交流，以有助於三民主義統一中國的大業。

——輔助國內具有規模的出版事業，在海外設立分支機構，同時並輔助海外各地由華僑經營的書店，作有計劃的文化宣揚與文藝書刊的輸出，以有助於「向心力」的潛移默化。

——由黨政有關機構，會同「文協」等文藝社團，組成專案小組或委員會，經常而有計劃的向海外各地報紙副刊及雜誌，供應各類文藝創作稿件，同時也介紹海外作家的創作文稿，經常在國內報刊雜誌刊登。

——訂定計劃方案，經常在國內及海外舉行各種類型的文藝集會；一方面使國內作家都有出國觀摩訪問的機會，同時也可以使海外作家都有回國觀光、及瞭解祖國進步實況的親身體驗。（例如菲華詩人若艾，三十餘年來，才在去年第一次返回祖國；而至今尚未來過臺灣的海外作家，也還大有人在。）

——政府和民間的有關團體，所設的各種文藝獎金和獎章，儘量主動的頒贈給海外作家和文藝工作者；並且儘可能的供給得獎人來往旅費，請其親自前來領受。

當然，各方提出的意見並不止於以上數端，而如果能將上列幾項，配合經費的運用而加以具體有效的實施，相信今後海內外的文藝交流工作，必然不至於再像以前三十年如一日的徒託空言，進展緩慢。

我個人曾在行政院文建會成立之初，借調擔任處長之職，前後歷時十個月，後來因為任用條件關係，改聘為該會顧問，重返「坐擁書城」的原單位工作。由於這十個月義務服務的體驗，深知經費難列與公僕難為之苦。但是像「文協」這樣具有歷史基礎的民間文藝團體，一切工作之仰賴於政府的實際支援，政府單位亦應當仁不讓；今後海內外文藝交流工作的繼續開展，要從這一契機上大步邁進，為時未晚；政府如能善盡策劃輔助之功，則「行者常至，為者常成」，在共同致力之下，其豐碩的成果必然指日可期。

訪問歸來之後，個人因為工作崗位關係，曾經先後晉見蔣祕書長彥士，吳副祕書長俊才，和秦主任委員孝儀，報告此行經過及見聞重點，承蒙面予嘉勉，衷心至感欣慰。八月九日中午，中央文工會周主任應龍及沈副主任旭步，在「大三元」歡宴訪問團全體人員，慰勉之外，周主任並指示了今後有關文藝交流工作的方向，以作爲共策努力的南針。八月十日下午，嚴前總統以「文復會」會長身分，在該會二樓召見「文協」訪問團全體人員，並舉行茶會，即席致詞訓勉，對於文化建設及文藝的發展，都有詳切的指示；「文建會」陳主任委員奇祿（兼文復會祕書長）也同時在座，表示對於「文協」以及今後有關文藝工作的開展，當予全力支持。使大家在精神上得到了莫大的慰藉與鼓舞。

這篇紀行的文章，是在「文協」訪問團啓程之前，應「新文藝」主編胡秀兄的事先預約而寫的，同爲「文協」的常務理事，共襄盛舉，自屬義不容辭，但出國之後，一路行色匆匆，見聞所限，不免有掛一漏萬之處；因而標題雖爲「文協訪問東南亞紀行」，而行文仍爲「第一人稱」，內容亦爲個人隨團去來的遊記，筆隨意到，倉促成篇。未週之處，尙望方家有以匡正，而讀者諸君，亦幸勿以「官樣文章」視之。是爲記！

七十二年八月二十四日臺北市

「青年戰士報」副刊，七十二年八月二十七日—九月四日

翟君石《鍾雷》簡介

翟君石，筆名鍾雷，河南人，北平中國大學畢業。抗戰時投筆從戎，曾任團、旅、師政治主任及參謀長等職，三十八年以上校退役。歷任組長、專門委員、總幹事、秘書、中央月刊總編輯，孫逸仙博士圖書館館長，行政院文建會第二處處長；暨中央電影公司董事兼製片委員，中國電視公司、中國電影製片廠、及台灣電影公司顧問。中國話劇欣賞演出委員會、及中國戲劇藝術中心常務委員。曾任中華民國新詩學會理事長，中國文藝協會、中國作家協會、中華民國編劇學會、青溪新文藝學會常務理事；中華民國電影戲劇協會常務監事；國軍新文藝運動榮譽委員；並曾擔任金馬獎、金鐘獎、亞太影展，及多項文藝、影劇獎之評審委員。作品甚多，詩集有《生命的火花》、《偉大的舵手》、《在青天白日旗幟下》、《天涯詩草》、《春之版圖》、《拾夢草》等；小說集有《榴火紅》、《江湖戀》、《青年神》、《小鎮春曉》等；綜合選集有《片羽集》、《鍾雷自選集》等；話劇劇本有《尾巴的悲哀》、《雙城復國記》、《長虹》、《海宇春回》、《石破天驚》等廿餘種；電影劇本有《碧海同舟》、《歸來》、《梨園子弟》、《唐山過台灣》、《美夢成眞》（三六〇度九銀幕影片）等廿餘種；電視劇本有《清宮殘夢》、《一代暴君》、《天怒》、《戰國風雲》、《大漢天威》等百餘部。曾獲中華文藝獎、中山文藝獎、國家文藝獎，中國文藝協會榮譽獎章，台灣省作家協會中興文藝獎章，編劇學會「魁星獎」及「榮譽魁星獎」，全國詩人大會「詩教獎」及「詩運獎」，中委會及三民主義大同盟編劇獎狀。並膺任我國代表，出席國際筆會，亞洲及亞太影展，亞洲作家會議，亞洲華文作家會議，世界華文作家會議；又多次出席世界詩人大會，獲贈「世界詩學獎章」及美國「世界藝術文化學院」榮譽文學博士學位。列名於「中國當代名人錄」、「中華民國現代名人錄」、「中國電影視名人錄」、「中華民國文化發展史」、「中華民國文藝史」、「中國話劇史」、「中華民國電影史」、及「中華民國作家作品目錄」、英國國際名人錄《Who is who in poetry》等多種。

•附錄•

鍾雷作品目錄

①尾巴的悲哀	（三幕劇本）	新生出版社	四十年三月
②風聲鶴唳	（三幕劇本）	新生出版社	四十年六月
③生命的火花	（詩集）	重光文藝出版社	四十年九月
④農村進行曲	（電影劇本）	農教電影公司	四十三年九月
⑤在青天白日旗幟下	（詩集）	中央文物供應社	四十四年九月
⑥偉天的舵手	（詩集）	文壇社	四十四年十月
⑦碧海同舟	（電影劇本）	中央電影公司	四十五年三月
⑧天涯比鄰	（電影劇本）	國華影業公司	四十六年二月
⑨歸來	（電影劇本）	中央電影公司	四十六年八月
⑩邊塞英烈傳	（四幕劇本）	中國萬歲劇團	四十七年一月

⑪苦女尋親記	（電影劇本）	中央電影公司	四十七年六月
⑫良宵驚魂	（電影劇本）	中國影業公司	四十七年七月
⑬榴火紅	（短篇小說集）	中原出版社	四十七年七月
⑭蕩婦與聖女	（電影劇本）	中央電影公司	四十七年十二月
⑮雙城復國記	（三幕九場史劇）	正中書局	四十八年六月
⑯春愁	（電影劇本）	僑聯影業公司	四十八年十二月
⑰哀樂青春	（電影劇本）	中國影業公司	四十八年十二月
⑱文協十年	（文藝史）	中國文藝協會	四十九年五月
⑲辛亥大革命	（電影劇本）	中央電影公司	四十九年六月
⑳華夏八年	（四幕六場劇本）	中央文物供應社	五十年五月
㉑金馬風雲	（電影劇本）	香港海燕公司	五十一年三月
㉒毋忘在莒	（電影劇本）	中央電影公司	五十一年七月
㉓天之一角	（電影劇本）	東方影業公司	五十二年八月
㉔希望在春天	（電影劇本）	台灣電影製片廠	五十二年十二月
㉕江湖戀	（中篇小說集）	文壇社	五十三年四月
㉖紅塵	（電影劇本）	東方影業公司	五十三年五月

㉗溫暖人間（電影劇本）台灣電影製片廠 五十三年十月
㉘青年神（中篇小說）幼獅書店 五十四年三月
㉙五十年來的中國電影（文藝史）正中書局 五十四年四月
㉚長虹（三幕劇本）正中書局 五十四年七月
㉛大同世界（四幕歌舞劇本）國父百年誕辰紀念大會 五十四年十一月
㉜梨園子弟（電影劇本）中央電影公司 五十五年八月
㉝小鎮春曉（長篇小說）台灣省新聞處 五十五年十二月
㉞金色傀儡（四幕改編劇本）菲律濱劇藝出版社 五十六年一月
㉟柳暗花明（三幕四場劇本）華實出版社 五十六年七月
㊱清宮殘夢（電視連續劇本）台灣電視公司 五十九年十二月
㊲開國前後（電視連續劇本）台灣電視公司 六十年一月
㊳片羽集（選集）華實出版社 六十年五月
㊴欽差大人（四幕改編劇本）菲律濱劇藝出版社 六十年八月
㊵國父傳（四幕史劇）中國戲劇藝術中心 六十年十二月
㊶天涯詩草（詩集）華實出版社 六十一年六月

㊷萬古流芳（電視連續劇本） 中國電視公司 六十一年六月
㊸大路（電視連續劇本） 中國電視公司 六十一年十月
㊹氣壯山河（電視連續劇本） 中國電視公司 六十二年七月
㊺一代暴君（電視連續劇本） 中國電視公司 六十三年三月
㊻一代紅顏（電視連續劇本） 中國電視公司 六十四年二月
㊼大地風雷（電視連續劇本） 中國電視公司 六十四年七月
㊽香妃（電視連續劇本） 中國電視公司 六十四年十二月
㊾隋唐風雲（電視連續劇本） 中國電視公司 六十五年一月
㊿武則天（電視連續劇本） 中國電視公司 六十五年三月
51 赤地（電視連續劇本） 中國電視公司 六十五年三月
52 精忠報國（五幕八場史劇） 中國戲劇藝術中心 六十五年四月
53 一代霸王（電視連續劇本） 中國電視公司 六十五年八月
54 天怒（電視連續劇本） 中國電視公司 六十五年十月
55 鍾雷自選集（選集） 黎明文化公司 六十七年五月
56 大時代的故事（電視連續劇本） 中國電視公司 六十八年六月
57 戰國風雲（電視連續劇本） 中國電視公司 六十九年十一月

㊽電視編劇的理論與實務	（文藝理論）	中視周刊社	七十年三月
㊾開國黃帝	（廣播連續劇本）	中國廣播公司	七十年七月
㊿大漢天威	（電視連續劇本）	中國電視公司	七十年十月
(61)苦海餘生	（電視連續劇本）	中國電視公司	七十一年十月
(62)風雨燕歸來	（四幕五場劇本）	中華電視公司	七十二年九月
(63)海宇春回	（四幕六場劇本）	行政院文建會	七十二年十二月
(64)書劍千秋	（電視連續劇本）	中國電視公司	七十三年九月
(65)石破天驚	（五幕史劇）	行政院文建會	七十三年十月
(66)唐山過台灣	（電影劇本）	台灣省電影製片廠	七十五年十月
(67)青年之神	（長篇傳記小說）	近代中國出版社	七十六年二月
(68)美夢成眞	（九銀幕電影劇本）	台灣電影公司	七十七年六月
(69)春之版圖	（詩集）	華實出版社	八十一年五月
(70)拾夢草	（詩集）	華實出版社	八十五年十月